中华古籍保护

天津市和平區圖書館藏古籍圖録

天津市和平區圖書館 編

國家圖書館出版社

圖書在版編目（CIP）數據

天津市和平區圖書館藏古籍圖録 / 天津市和平區圖書館編. -- 北京：國家圖書館出版社，2015.4
ISBN 978-7-5013-5535-8

I. ①天… II. ①天… III. ①古籍－圖書目録－和平區 IV. ①Z838

中國版本圖書館CIP數據核字(2015)第015634號

書　名	天津市和平區圖書館藏古籍圖録
著　者	天津市和平區圖書館　編
責任編輯	南江濤
助理編輯	潘　竹
出　版	國家圖書館出版社（100034 北京市西城區文津街7號） （原書目文獻出版社　北京圖書館出版社）
發　行	(010)66114536 66126153 66151313 66175620 66121706(傳真) 66126156(門市部)
E-mail	btsfxb@nlc.gov.cn(郵購)
Website	www.nlcpress.com→投稿中心
经　销	新華書店
印　裝	北京信彩瑞禾印刷廠
版　次	2015年4月第1版　2015年4月第1次印刷
開　本	889×1194毫米　1/16
印　張	14.5
字　數	100千字
書　號	ISBN 978-7-5013-5535-8
定　價	280.00圓

《天津市和平區圖書館藏古籍圖録》
編輯委員會

學術顧問
李國慶　季秋華

主　　編
趙　濱

執行主編
李金玲

副 主 編
楊衛紅

編　　委
（按姓氏音序排列）
曹鑒非　梁岩　孫連青　張磊　支音

序

天津市和平區圖書館始建於1958年，經1979年、1998年、2009年三次重建，面積由80平方米擴大爲今天的6000平方米，總藏書量40餘萬册，工作人員38人。2004年被文化部命名爲國家一級公共圖書館。館藏圖書以社會科學爲主、自然科學爲輔，在藏書建設上注意從本區實際情況出發，有重點、有計劃地採購圖書，訂購報刊資料，收集有一定價值的古籍圖書、各個時期的圖書報刊和地方文獻。到2012年12月館藏圖書40餘萬册，其中普通圖書36萬册、報刊合訂本0.93萬册、古籍0.62萬册、音像資料2.13萬册（件），現刊675種、現報166種，還收藏1949年創刊以來的《天津日報》。隨著文獻載體的變化，從2000年開始訂閲人大複印資料光碟版及部分數據庫資源，便於讀者查閲，這也是和平區圖書館一個館藏特點。

2014年初，和平區圖書館積極參加了在全國範圍内進行的、頗具意義的古籍普查登記工作。在館藏古籍中，發現並重新鑒定了一些善本古籍。例如：明代毛晉汲古閣刻本《劍南詩稾》十六卷，每葉版心刻有“汲古閣”三字，刊印極精。清代康熙刻本《忠武誌》八卷，刊刻字體雋秀，行款疏朗，賞心悦目。清代乾隆二十一年刻本《邯鄲縣志》十二卷，是該縣傳世較早的一部志書。清代同治十年刻本《皇清地理圖》，設色印製。清代光緒二十七年鈐印本《琴鶴堂印譜》，收録近人印作及自刻印500餘方，經30餘年彙録而成。這部《天津市和平區圖書館藏古籍圖録》（以下簡稱《圖録》），就是此次古籍普查登記工作的直接成果。

本《圖録》在編製體例上，悉仿天津圖書館編印出版的《天津地區館藏珍貴古籍圖録》（國家圖書館出版社2012年出版），每種古籍擇取彩色書影一、二幅，配以説明文字，圖文並茂。在收録範圍上，僅收録館藏明清版古籍，民國版綫裝書此次不予收録。在書影編排上，按照古籍的版本类型和年代進行排序。

編印這本《圖録》，對和平區圖書館及和平區文化事業具有重要意義：本《圖録》以和平區圖書館館藏古籍爲收録範圍，其整理出版，充分揭示和展現了和平區圖書館收藏古籍情況及古籍保護取得的工作成果，填補了和平區圖書館古籍文獻出版方面的一個空白，也是和平區古籍普查登記工作取得的一項重要成果。

《圖録》的整理出版，爲一般文史愛好者瞭解和利用館藏古籍文獻提供了一個重要檢索工具。本《圖録》將多年收藏在書庫裏的古籍文獻予以揭示，每種古籍配以彩色書影，附以文字性説明，圖文並茂，雅俗共賞，滿足了不同層次讀者閲讀古籍的需求。

本《圖録》從選題策劃到工作落實，歷時半年有餘，凝聚了大家的智慧和汗水。和平區文化局對此項工作予以高度重視，並給予出版資金上的支持。天津市古籍保護中心李培主任對項目給予以大力支持，市館李國慶和季秋華兩位主任全程指導了館藏古籍普查及《圖録》編纂出版工作。參與具體指導和編輯的有關館領導和專業人員，上下一心，精誠團結、互相信任、互相協作，順利完成了《圖録》的編輯工作。本《圖録》的編纂完成，堪稱我市圖書館界通力協作的產物，是奉獻精神的結晶。

天津市和平區作爲一座多元文化交融的美麗城區，在現代時尚光芒四射的同時，依然飄溢著傳統文化的縷縷清香。面向未來，守護典籍，這是時代賦予我們的崇高使命。本《圖録》將和平區圖書館的歷史積澱，以鮮明的館藏特色揭示出來，成爲和平區的一張文化名片，既開和平區古籍文獻出版之先河，同時又以其獨特的文化品味，彰顯於世，影響未来。

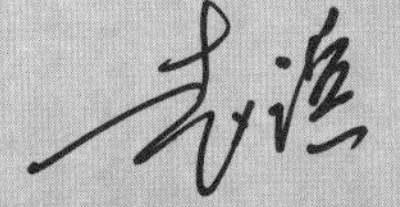

二〇一四年十月

凡例

一、收録範圍

和平區圖書館現在收藏的1912年以前印製和鈔寫的古籍209種。

二、編排次序

1. 本《圖録》所收古籍按照其版本類型編排，依次爲刻本、套印本、鈐印本、石印本、影印本、鉛印本。

2. 版本類型相同的，大致按成書年代排列。無具體年代者，排在該類最後。

三、選圖標準

1. 每種古籍，依據卷端、書名頁和序跋頁進行選圖，一般選圖一至二幅，視圖版清晰程度和價值高下來確定。

2. 拍攝圖版時悉依館藏原書，不採用複製件。

四、著録事項

1. 每種古籍，一般依據卷端、書名頁和序跋頁進行著録，包括書名和卷數、著者及著作方式、版本、版式及索書號等項。其中，著作方式一般依卷端原題著録。

2. 每種古籍加冠序號，一是起到排序的作用，二是表示本《圖録》收録古籍的種數。

五、目録索引

1. 在《圖録》正文之前，編製《圖録》書名目録。

2. 在《圖録》正文之後，編製《圖録》書名拼音索引。

目 録

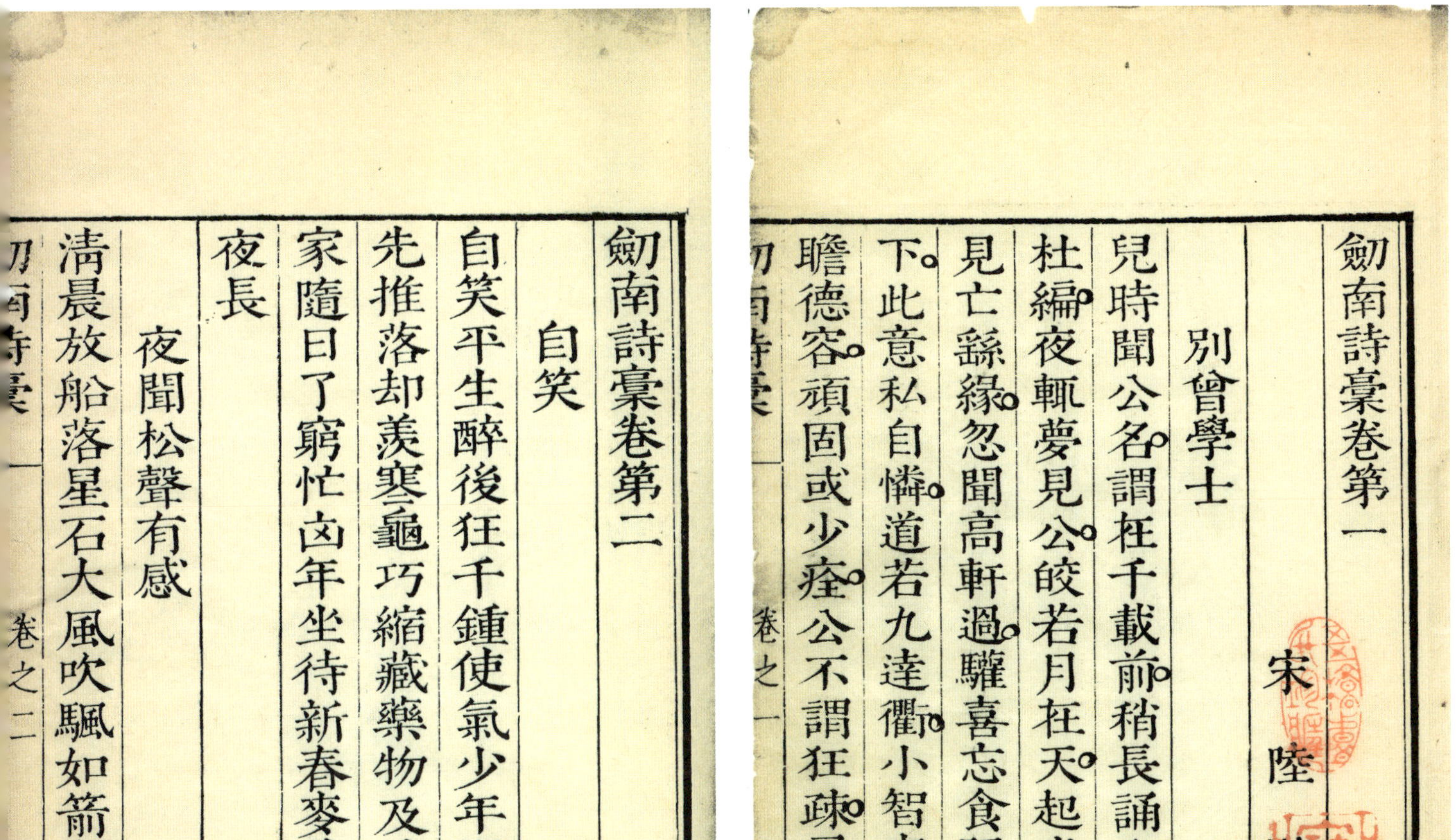
劒南詩稾卷第一

宋　陸游　務觀

別曾學士

兒時聞公名。謂在千載前。稍長誦公文。雜之韓杜編。夜輒夢見公。皎若月在天。起坐三歎息。欲見亡繇緣。忽聞高軒過。驩喜忘食眠。袖書拜轅下。此意私自憐。道若九達衢。小智忘鑿穿。所願瞻德容。頑固或少痊。公不謂狂踈。屈體與周旋

劒南詩稾　卷之一　汲古閣

劒南詩稾卷第二

自笑

自笑平生醉後狂千鍾使氣少年塲那知病棊先推落却羨寒龜巧縮藏藥物及時希老健山家隨日了窮忙凶年坐待新春麥莫厭清吟雪夜長

夜聞松聲有感

清晨放船落星石大風吹颿如箭激回頭已失

劒南詩稾　卷之二　汲古閣

001 劒南詩稾十六卷　（宋）陸游撰　明末汲古閣刻本

框高 18.5 釐米，寬 14.5 釐米。半葉八行，行十八字，白口，左右雙邊。

館藏索書號：403.3/24238

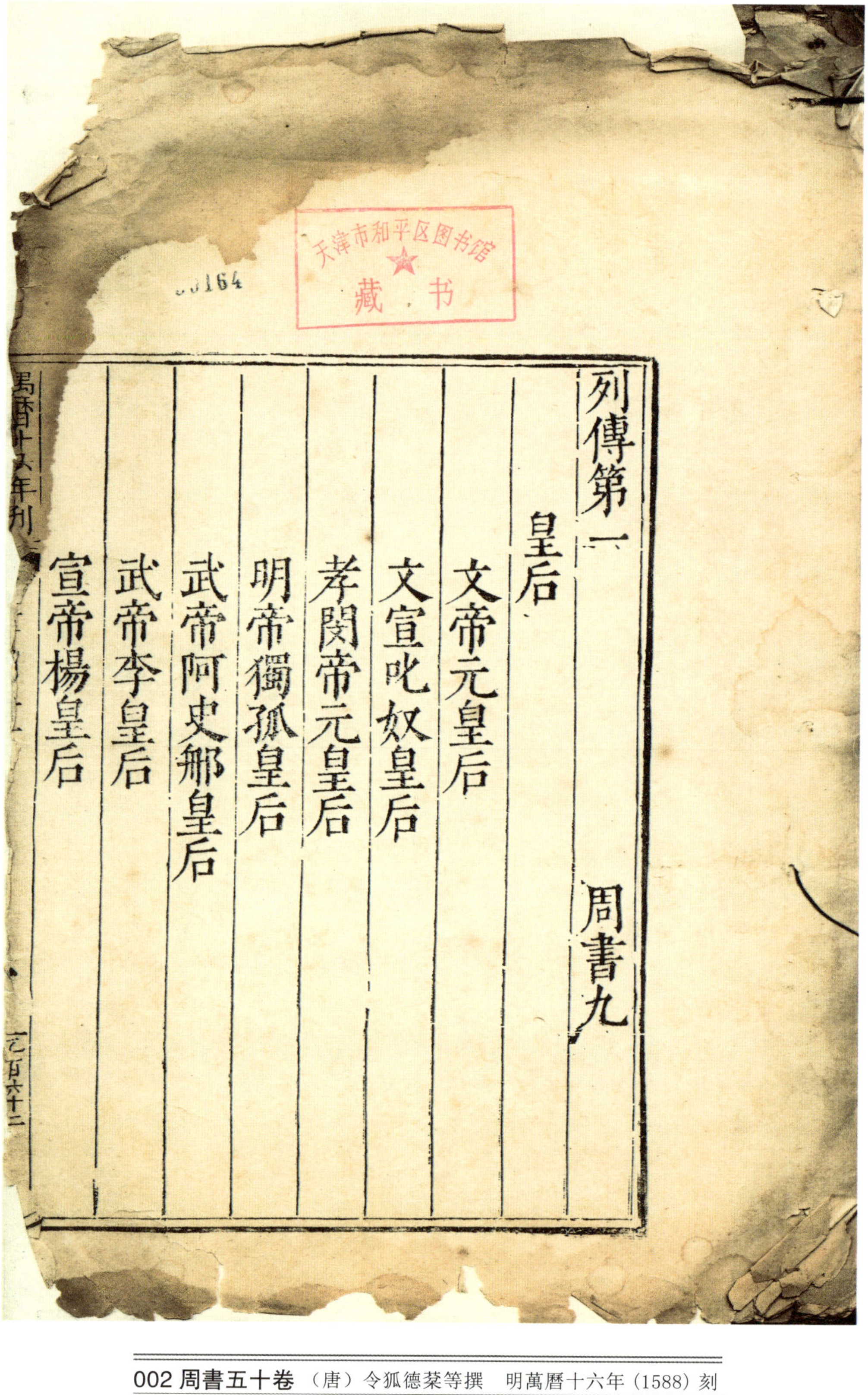

列傳第一　　　　　周書九

皇后

文帝元皇后

文宣叱奴皇后

孝閔帝元皇后

明帝獨孤皇后

武帝阿史那皇后

武帝李皇后

宣帝楊皇后

萬曆十六年刊

002 周書五十卷　（唐）令狐德棻等撰　明萬曆十六年（1588）刻清康熙補刻本

框高20.3釐米，寬14.9釐米。半葉九行，行十八字，白口，四周雙邊。

館藏索書號：201.3/80524

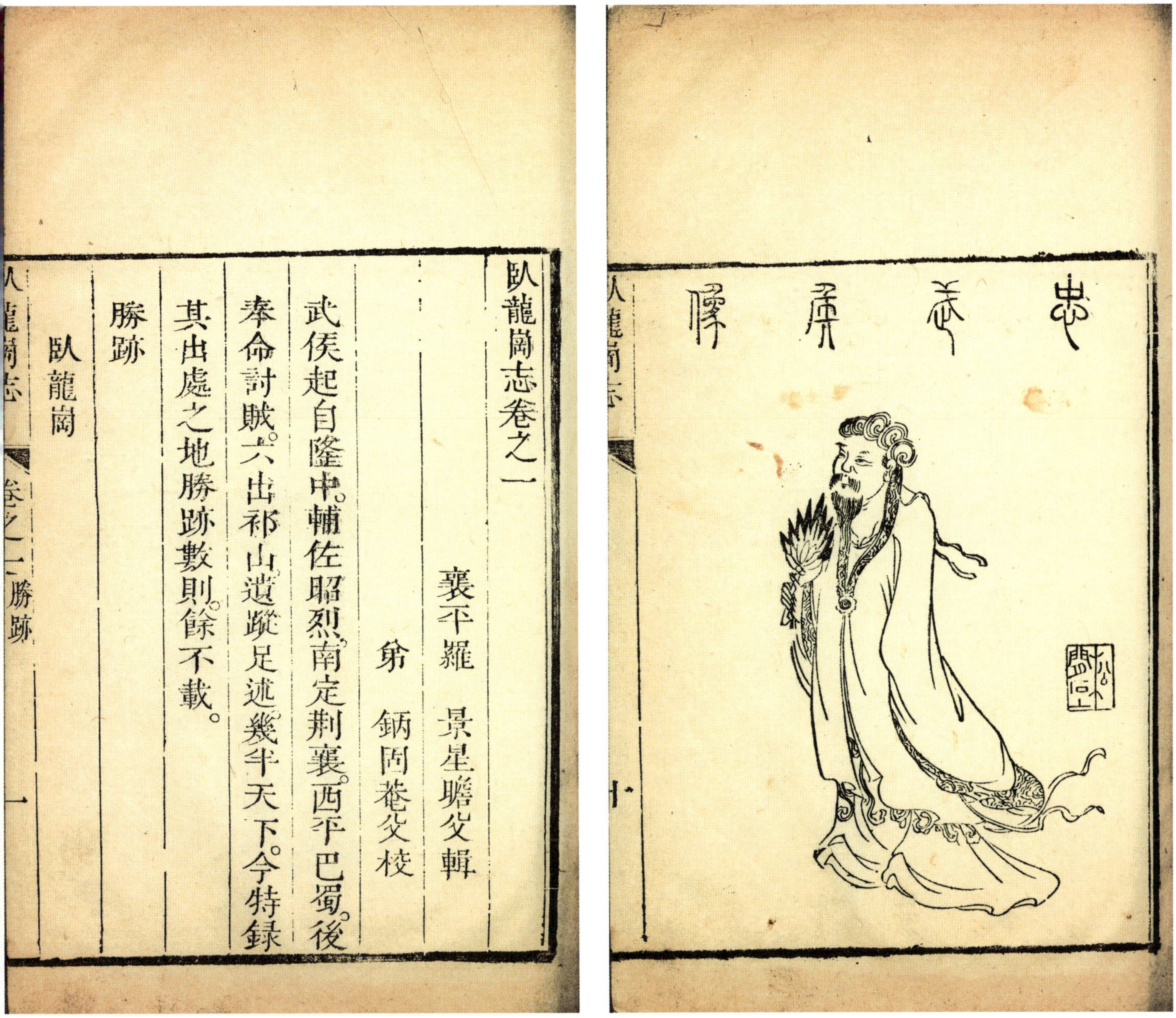

003 臥龍崗志二卷　（清）羅景輯　（清）羅鈉校　清康熙五十一年（1712）刻本

框高17.4釐米，寬13.4釐米。半葉八行，行二十字，白口，左右雙邊。

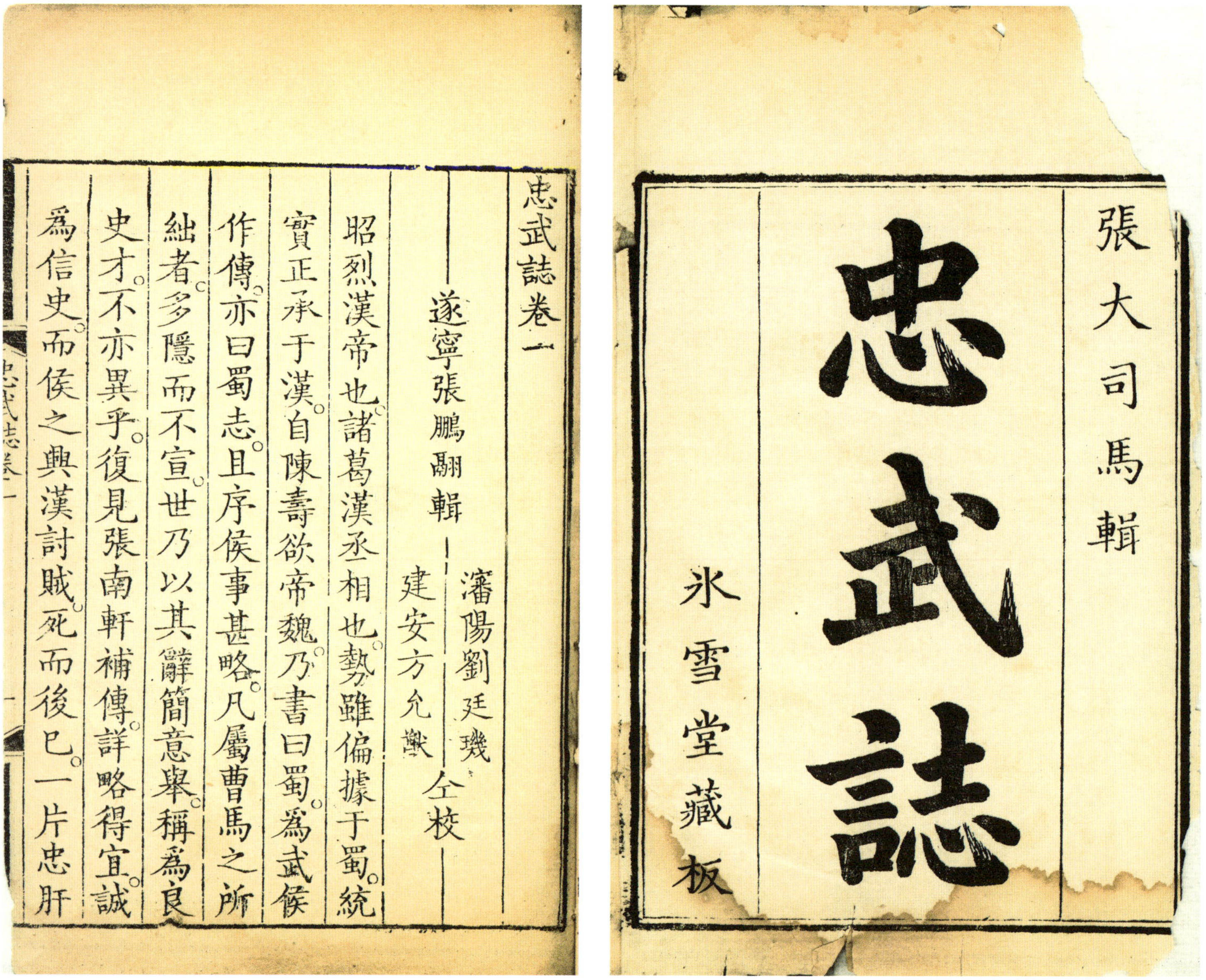

張大司馬輯

忠武誌

氷雪堂藏板

忠武誌卷一

遂寧張鵬翮輯

瀋陽劉廷璣 建安方允猷 仝校

昭烈漢帝也諸葛漢丞相也勢雖偏據于蜀統實正承于漢自陳壽欲帝魏乃書曰蜀爲武侯作傳亦曰蜀志且序侯事甚略凡屬曹馬之所絀者多隱而不宣世乃以其辭簡意舉稱爲良史才不亦異乎復見張南軒補傳詳略得宜誠爲信史而侯之與漢討賊死而後已一片忠肝

004 忠武誌八卷 （清）張鵬翮輯 （清）劉廷璣 （清）方允猷校

清康熙刻本

框高 19.6 釐米，寬 14.9 釐米。半葉九行，行十九字，黑口，左右雙邊。

館藏索書號：205.1/11271

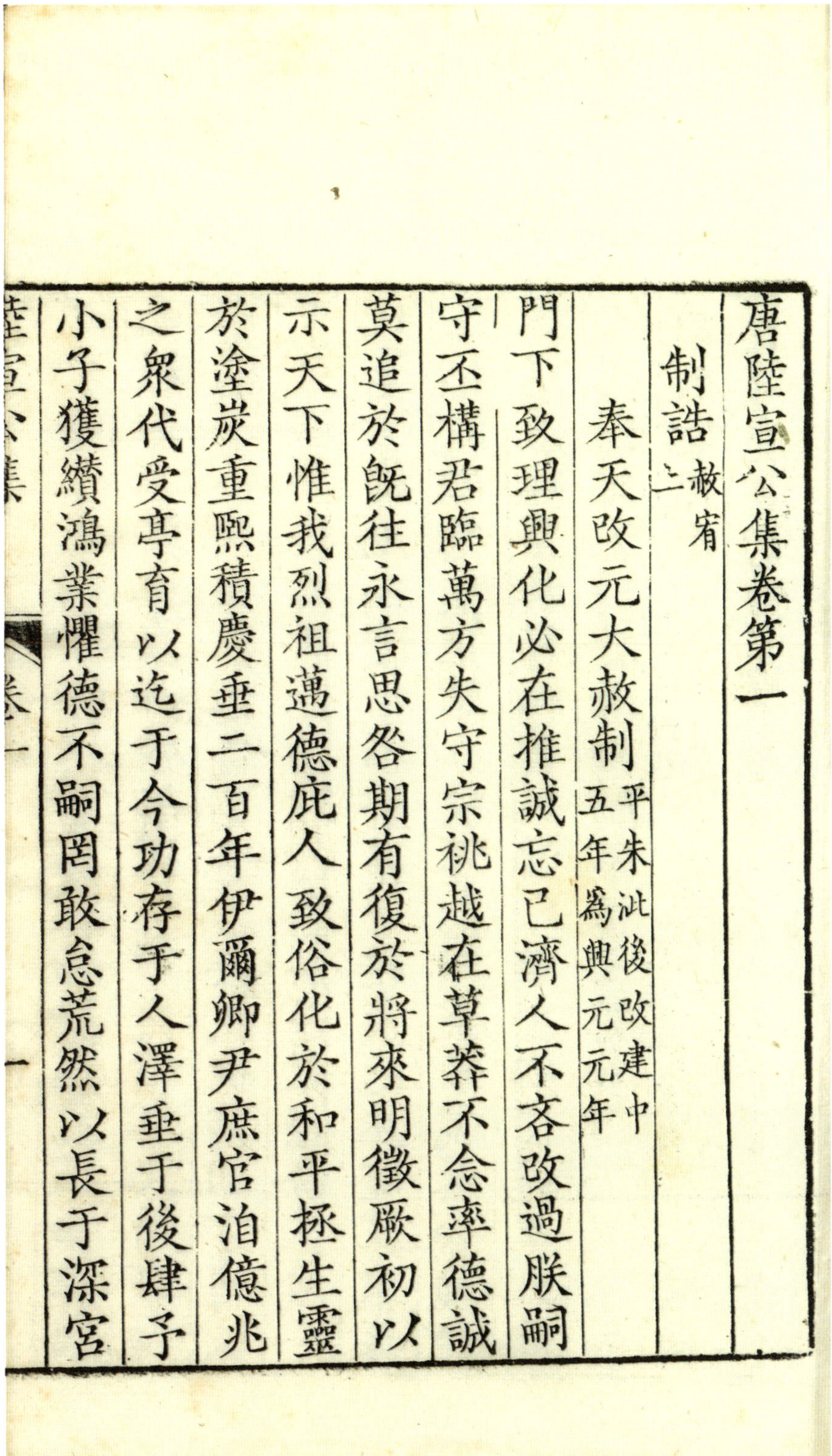
唐陸宣公集卷第一
制誥赦宥
奉天改元大赦制平朱泚後改建中五年爲興元元年
門下致理興化必在推誠忘己濟人不吝改過朕嗣
守丕構君臨萬方失守宗祧越在草莽不念率德誠
莫追於旣往永言思咎期有復於將來明徵厥初以
示天下惟我烈祖邁德庇人致俗化於和平拯生靈
於塗炭重熙積慶垂二百年伊爾卿尹庶官洎億兆
之衆代受亭育以迄于今功存于人澤垂于後肆予
小子獲纘鴻業懼德不嗣罔敢怠荒然以長于深宮

陸宣公集　卷一　一

005 唐陸宣公集二十二卷　（唐）陸贄撰　清雍正刻本

框高 18.6 釐米，寬 13.8 釐米。半葉十行，行二十字，小字雙行同，白口，四周單邊。

館藏索書號：201.1/74244

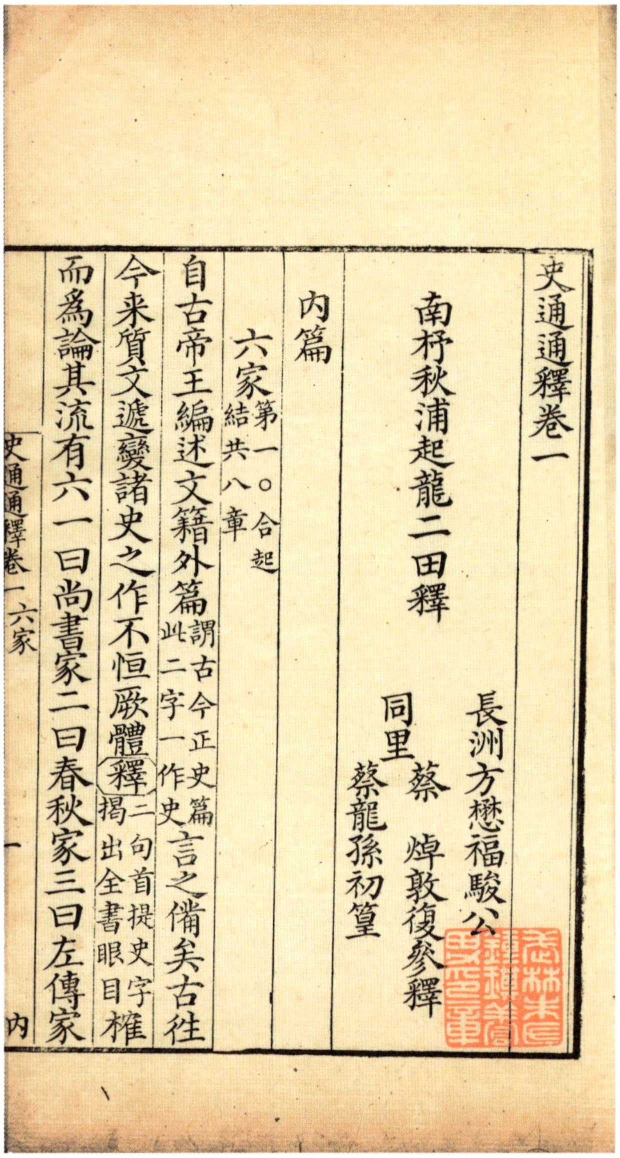
史通通釋卷一
南枰秋浦起龍二田釋
長洲方懋福駿公
同里蔡焯敦復參釋
蔡龍孫初篁
內篇
六家第一○合起結共八章
自古帝王編述文籍外篇謂古今正史篇此二字一作史言之備矣古往
今来質文遞變諸史之作不恆厥體釋二句首提史字揭出全書眼目權
而為論其流有六一曰尚書家二曰春秋家三曰左傳家
史通通釋卷一 六家 一 內

史通通釋
梁溪浦氏求放
心齋定本

006 史通通釋二十卷 （唐）劉知幾撰 （清）浦起龍釋 清乾隆十七年（1752）梁溪浦氏求放心齋刻本

框高 18.9 釐米，寬 13.7 釐米。半葉九行，行二十二字，小字雙行同，白口，左右雙邊。

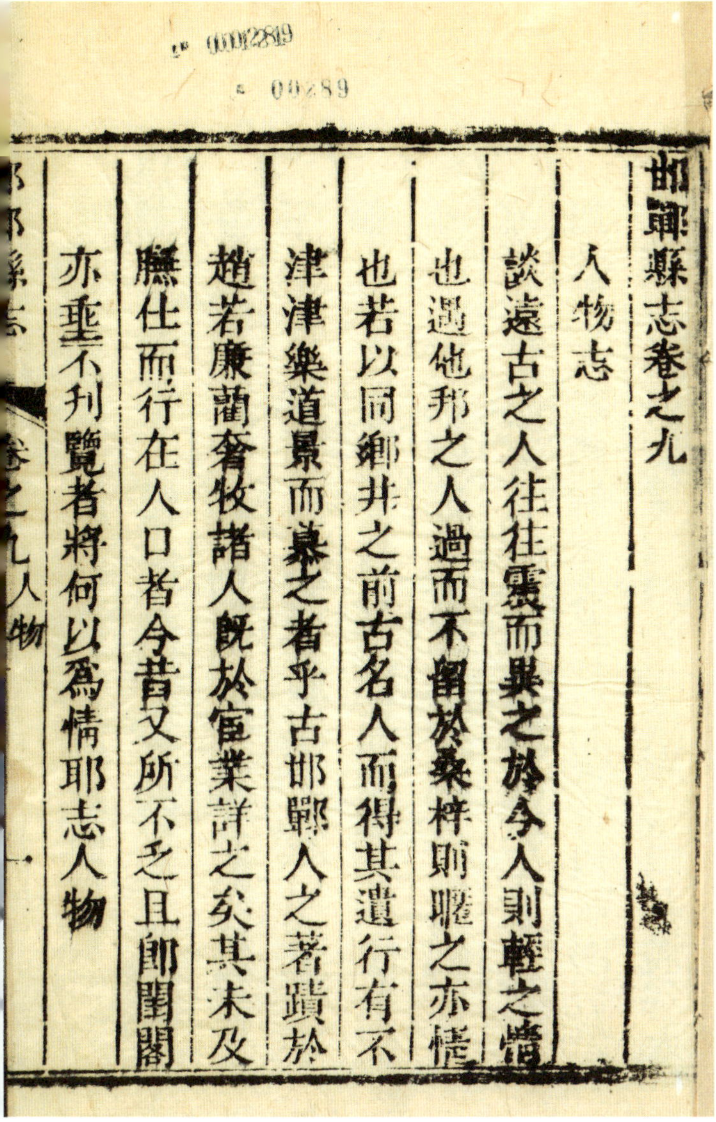
邯鄲縣志卷之九

人物志

談遠古之人往往震而異之於今人則輕之常也過他邦之人過而不留於桑梓則曬之亦情也若以同鄉井之前古名人而得其遺行有不津津樂道景而慕之者乎古邯鄲人之著蹟於趙若廉藺奢牧諸人旣於宦業詳之矣其未及膴仕而行在人口者今昔又所不乏且卽閭閻亦埀不刋覽者將何以爲情耶志人物

007［乾隆］邯鄲縣志十二卷首一卷（清）王炯纂修　清乾隆二十一年（1756）刻本

框高19.5釐米，寬13.6釐米。半葉九行，行二十字，白口，四周雙邊。

館藏索書號：213.2/47674

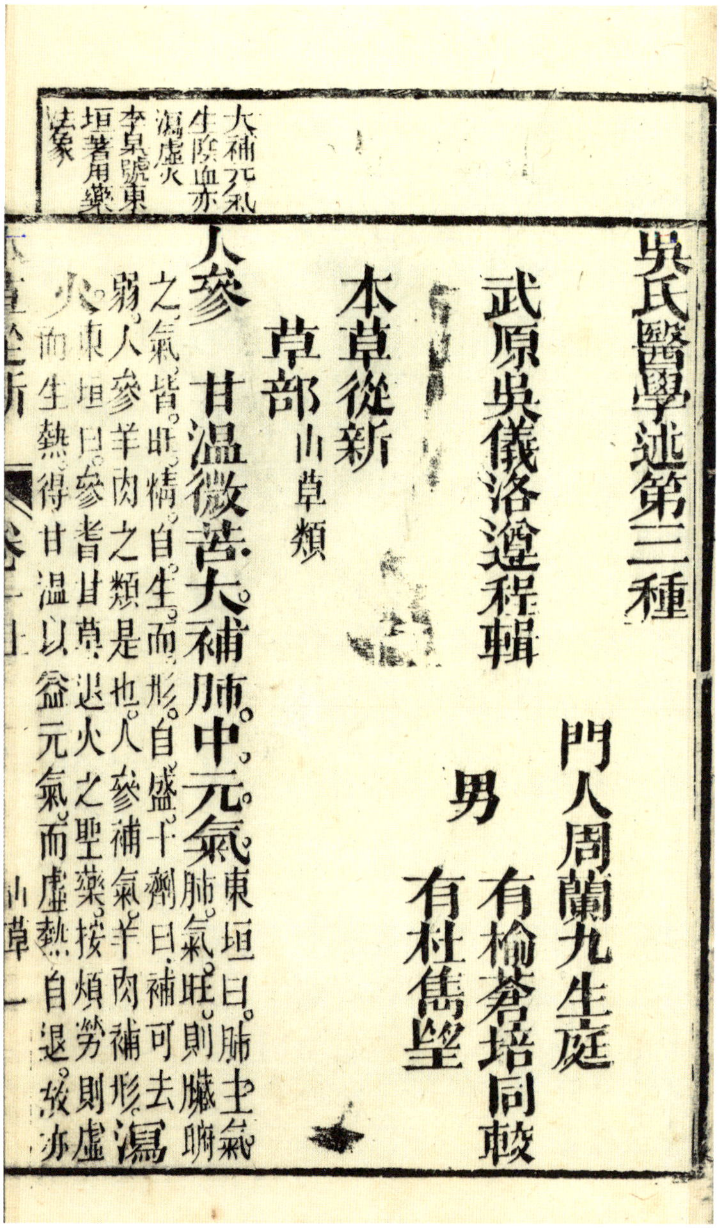

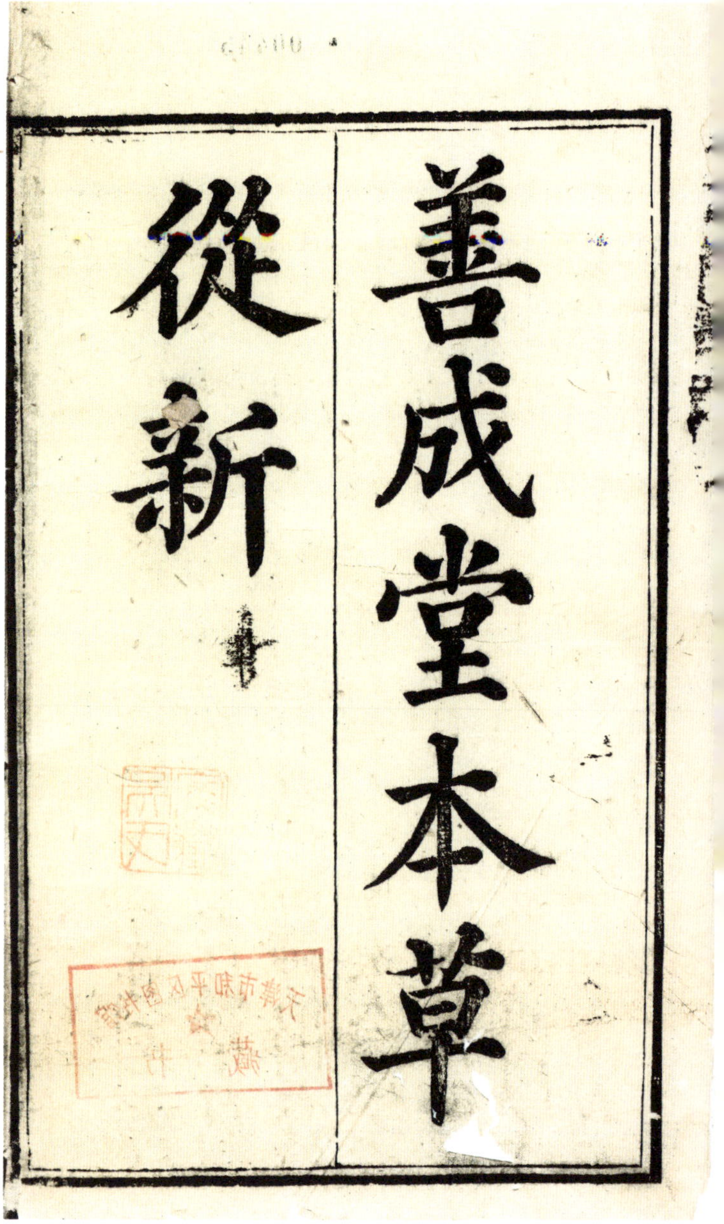

008 本草從新六卷 （清）吳儀洛輯 清乾隆二十二年（1757）

善成堂刻本

框高 18.8 釐米，寬 14 釐米。半葉九行，行十九字，小字雙行同，白口，左右雙邊。

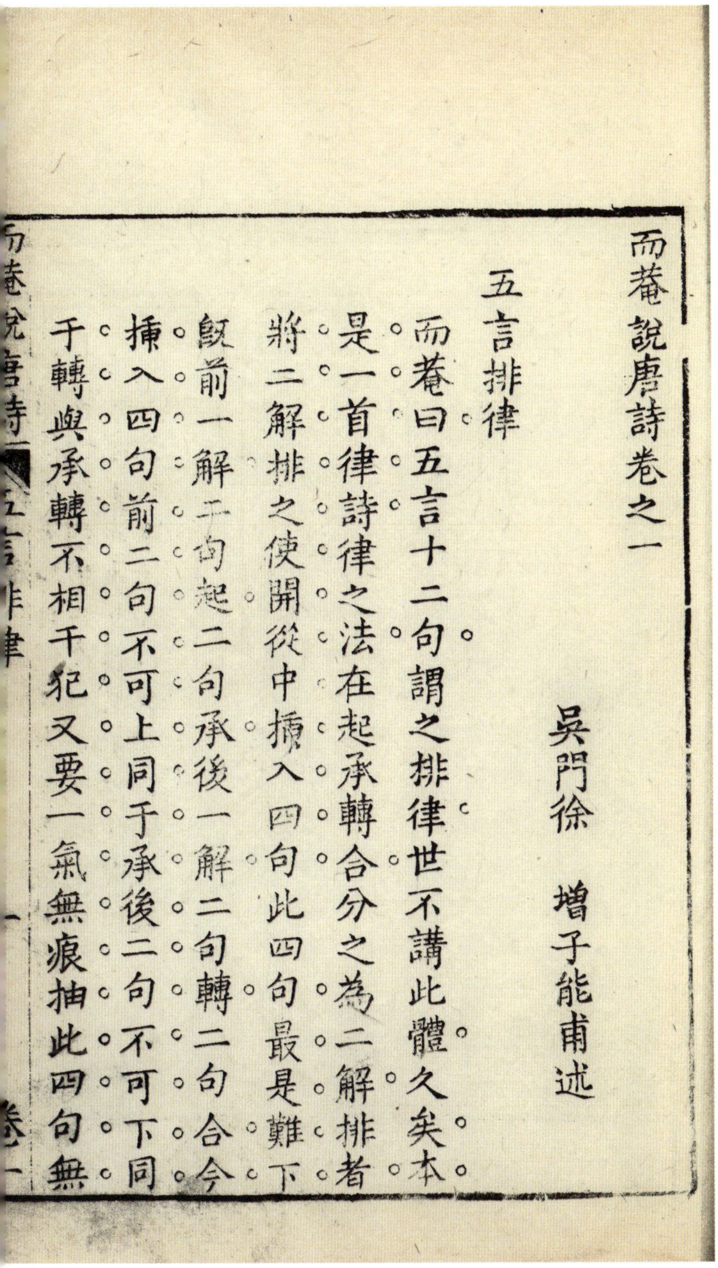
而菴說唐詩卷之一

吳門徐　增子能甫述

五言排律

而菴曰五言十二句謂之排律世不講此體久矣本是一首律詩律之法在起承轉合分之為二解排者將二解排之使開從中插入四句此四句最是難下斂前一解二句起二句承後一解二句轉二句合今插入四句前二句不可上同于承後二句不可下同于轉與承轉不相干犯又要一氣無痕抽此四句無

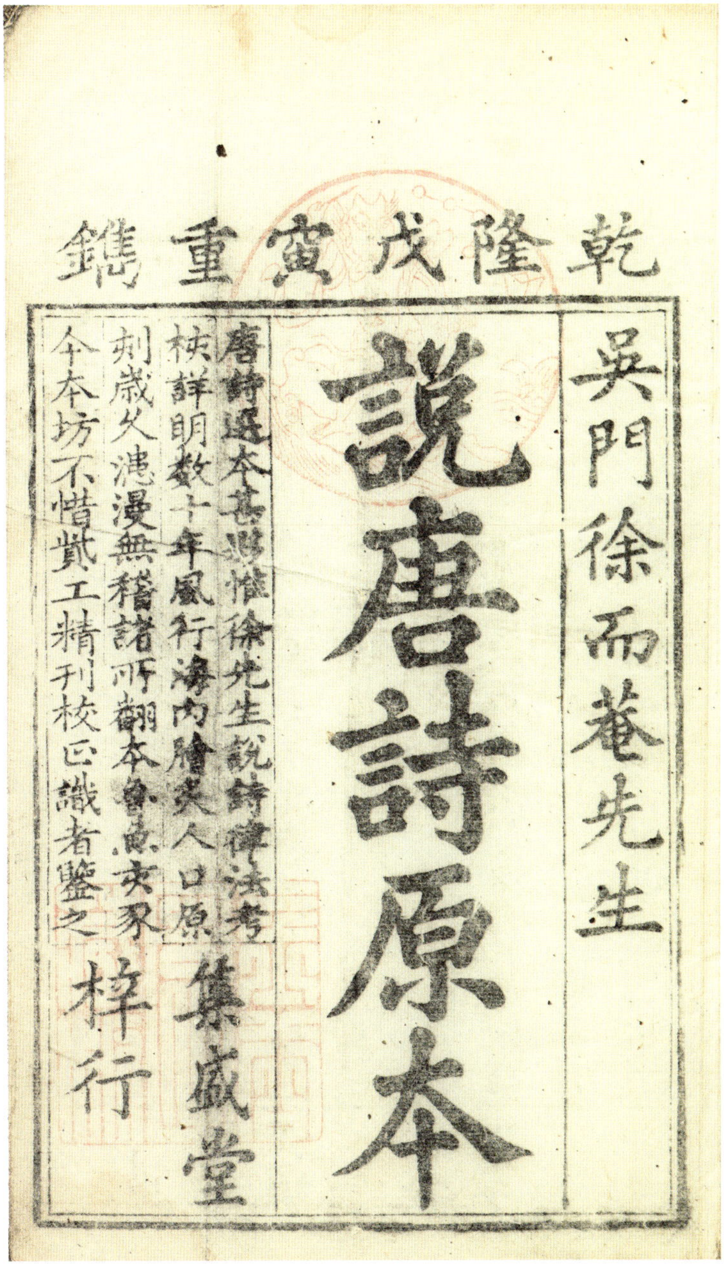
乾隆戊寅重鐫

吳門徐而菴先生

說唐詩原本

唐詩選本甚夥惟徐先生說詩律法考核詳明數十年風行海內膾炙人口原刻歲久漶漫無稽諸所翻本魚魯亥豕今本坊不惜貲工精刊校正識者鑒之

集盛堂梓行

009 而菴說唐詩二十二卷首一卷　（清）徐增撰　清乾隆二十三年（1758）集盛堂刻本

框高 19.7 釐米，寬 13.5 釐米。半葉九行，行二十二字，小字雙行同，白口，四周單邊。

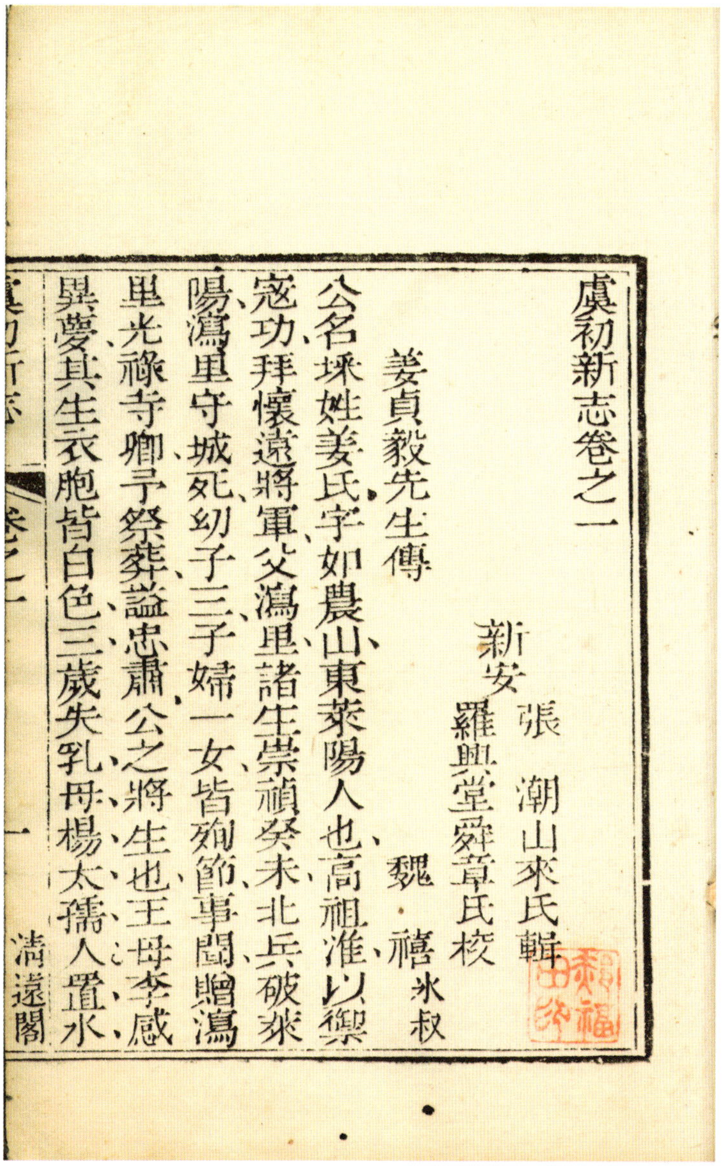
虞初新志卷之一

姜貞毅先生傳

新安 張 潮山來氏輯

羅興堂舜章氏校

魏 禧 冰叔

公名埰姓姜氏字如農山東萊陽人也高祖淮以禦寇功拜懷遠將軍父瀉里諸生崇禎癸未北兵破萊陽瀉里守城死幼子三子婦一女皆殉節事聞贈瀉里光祿寺卿予祭葬謚忠肅公之將生也王母李感異夢其生衣胞皆白色三歲失乳母楊太孺人置水

虞初新志 卷之一 一 清遠閣

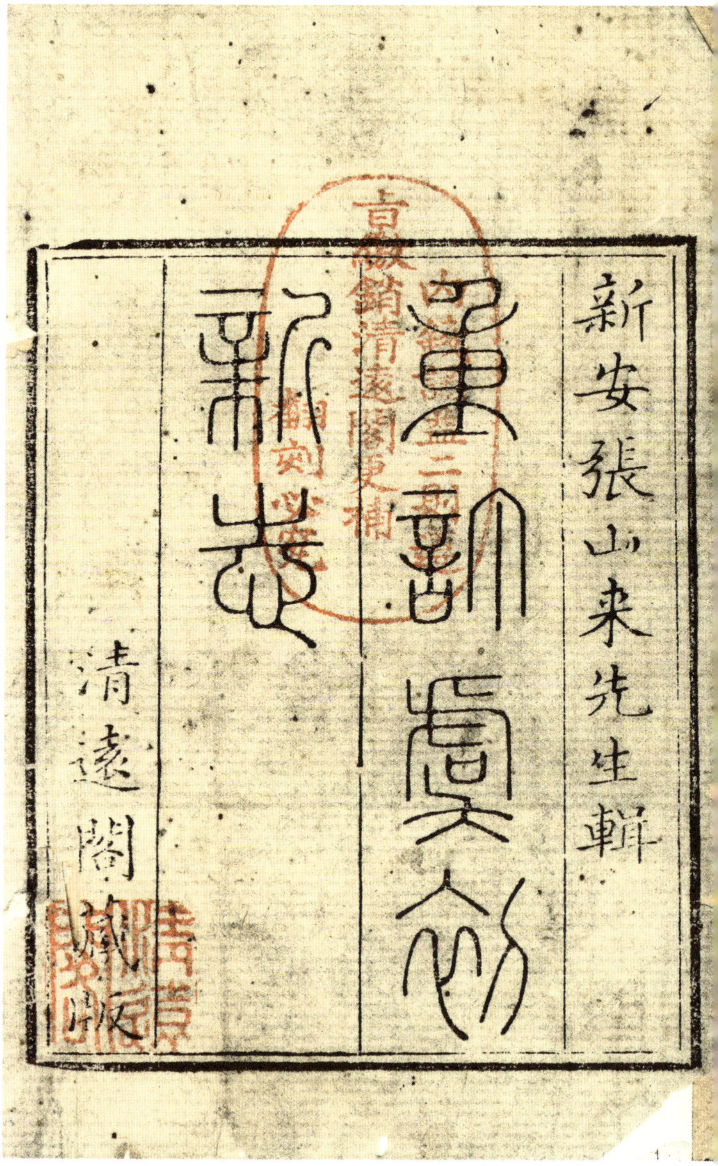
新安張山來先生輯

虞初新志

清遠閣藏版

010 虞初新志二十卷 （清）張潮輯 （清）羅興堂校 清乾隆二十九年（1764）清遠閣刻本

框高10.5釐米，寬8.5釐米。半葉九行，行二十字，白口，四周雙邊。

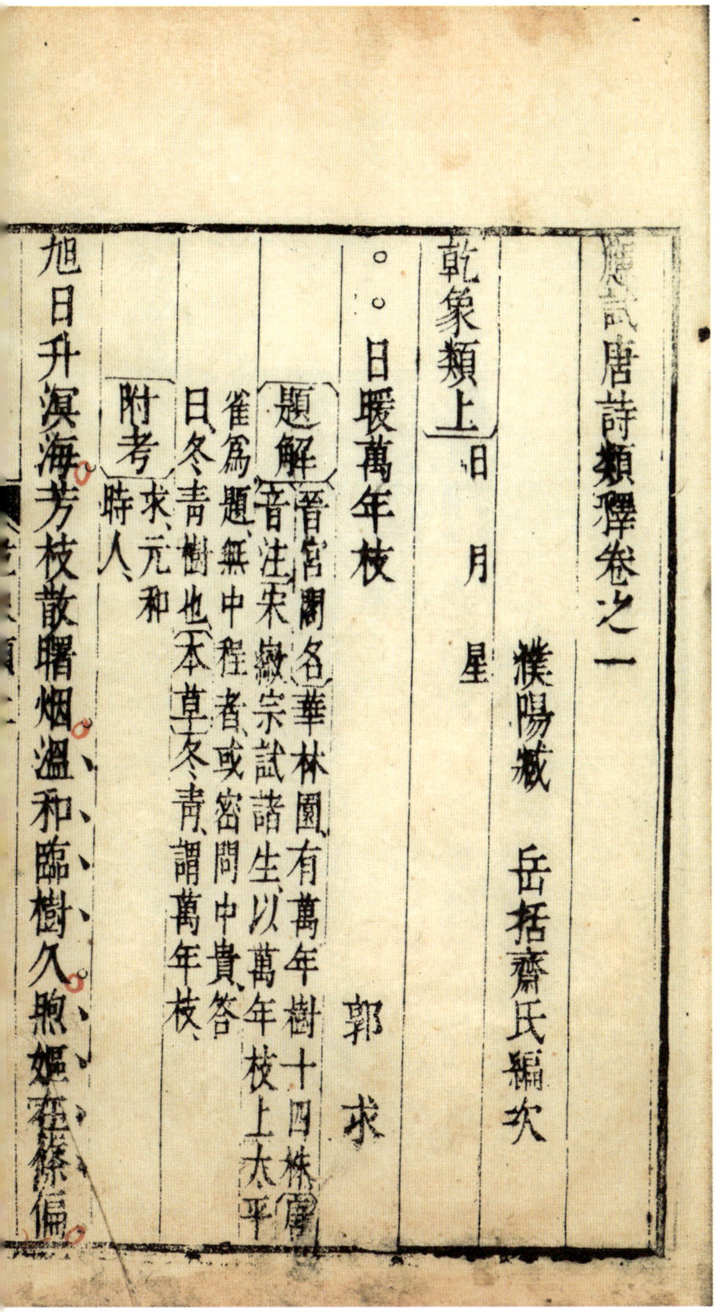

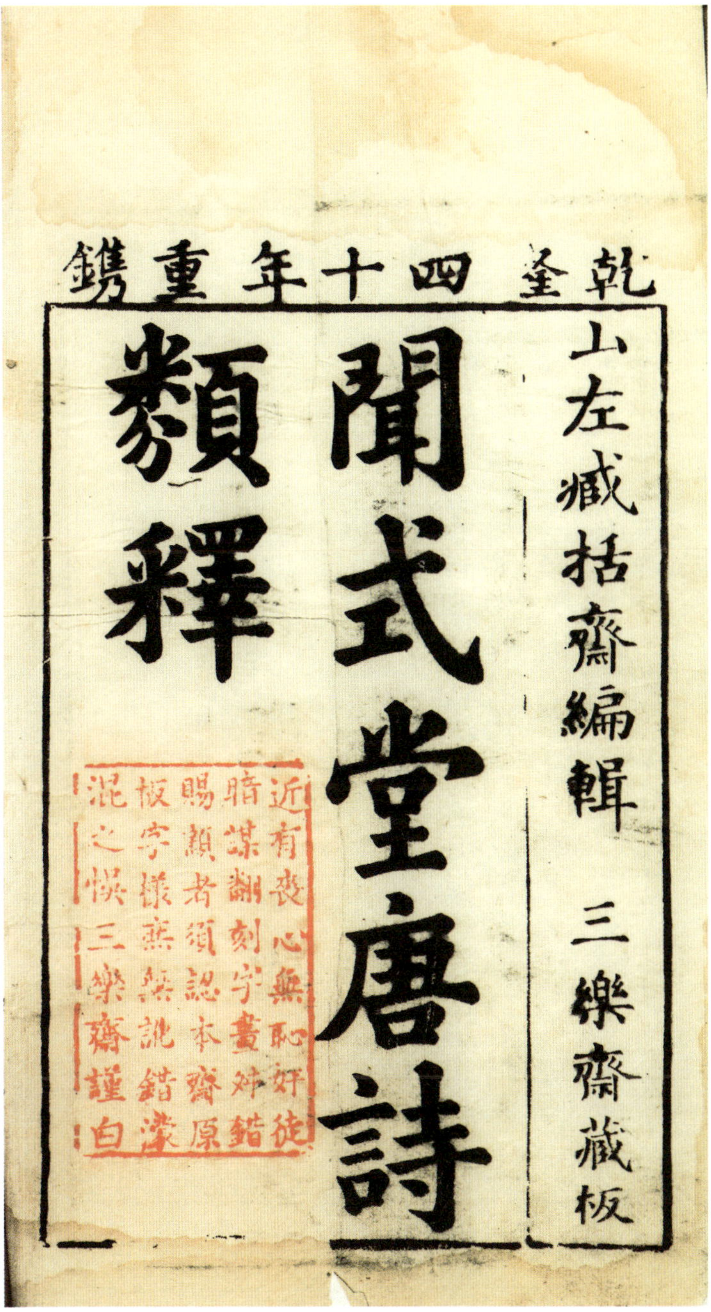

011 應試唐詩類釋十九卷（清）臧岳編　清乾隆四十年（1775）

刻本

框高 21 釐米，寬 13.2 釐米。半葉八行，行二十字，小字雙行同，白口，左右雙邊。

乾隆壬子春鐫

納書楹曲譜外集

納書楹藏板

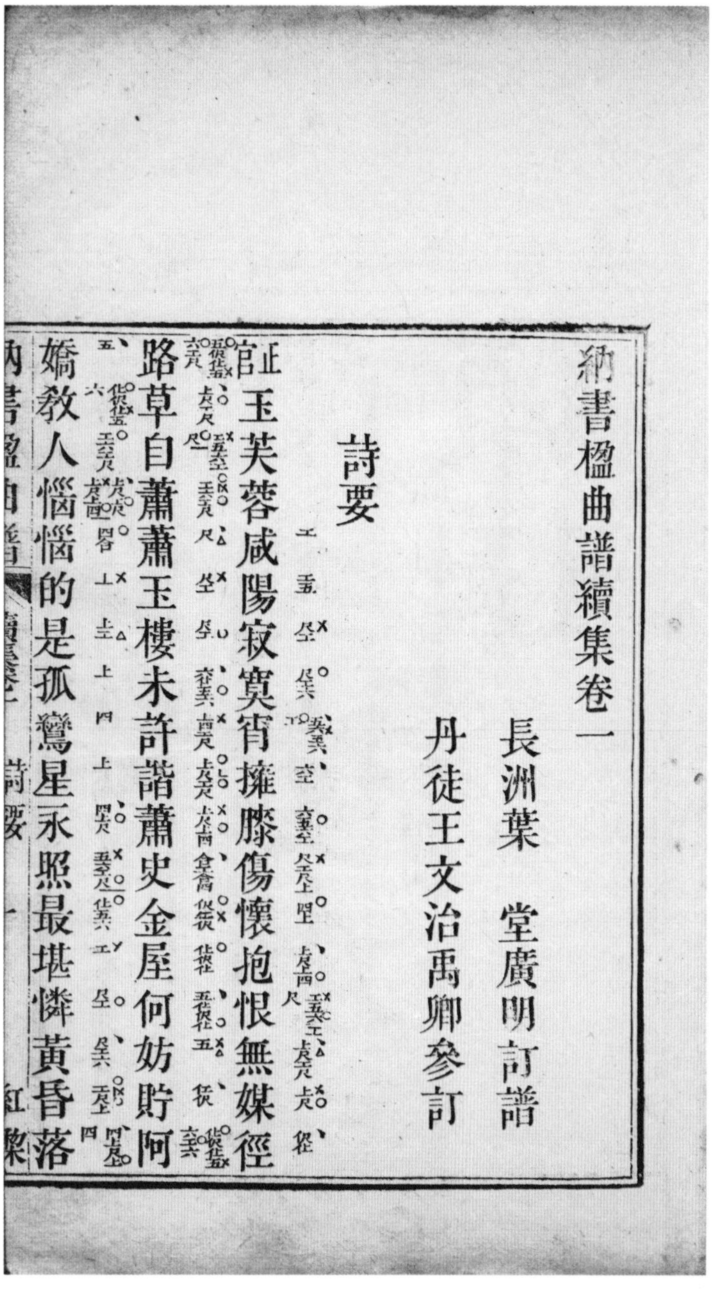

納書楹曲譜續集卷一

長洲葉　堂廣明訂譜

丹徒王文治禹卿參訂

詩要

正宮玉芙蓉咸陽寂寞宵擁膝傷懷抱恨無媒徑路草自蕭蕭玉樓未許諧蕭史金屋何妨貯阿嬌教人惱惱的是孤鸞星永照最堪憐黃昏落

012 納書楹曲譜正集四卷續集四卷外集二卷（清）葉堂撰

（清）王文治校訂　清乾隆五十七年（1792）納書楹刻本

框高 18.7 釐米，寬 14 釐米。半葉六行，行十八字，旁注工尺，白口，四周雙邊。

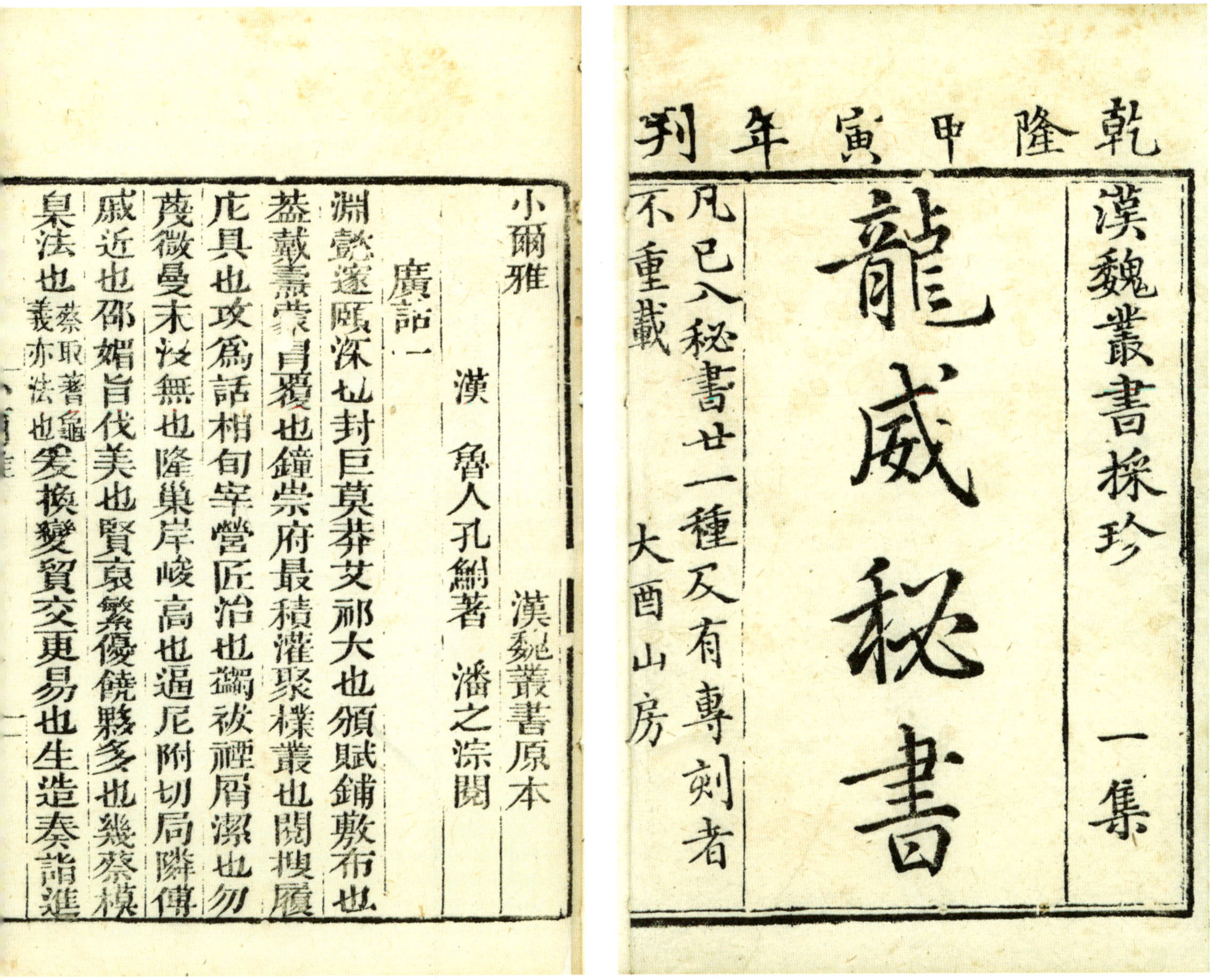

013 龍威秘書 （清）馬俊良輯　清乾隆五十九年（1794）大酉山房刻本

框高 12 釐米，寬 9.4 釐米。半葉九行，行二十字，小字雙行同，黑口，左右雙邊。

館藏索書號：313.5/71323

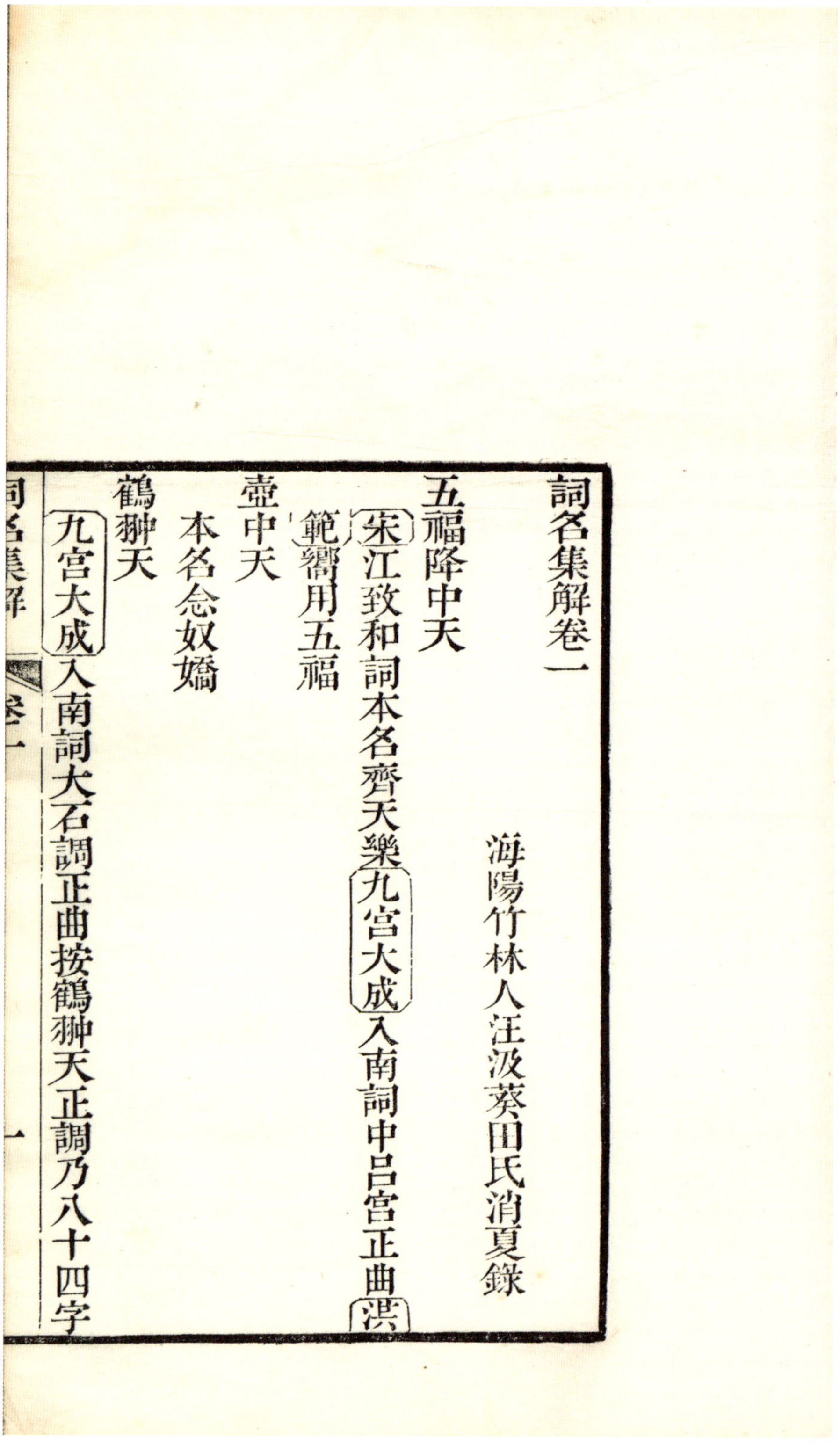
詞名集解卷一

海陽竹林人汪汲葵田氏消夏錄

五福降中天

宋江致和詞本名齊天樂九宮大成入南詞中呂宮正曲洪範嚮用五福

壺中天

本名念奴嬌

鶴翀天

九宮大成入南詞大石調正曲按鶴翀天正調乃八十四字

詞名集解 卷一 一

014 詞名集解六卷 （清）汪汲撰　清乾隆五十九年（1794）刻本

框高 14.3 釐米，寬 9.8 釐米。半葉九行，行二十四字，白口，四周單邊。

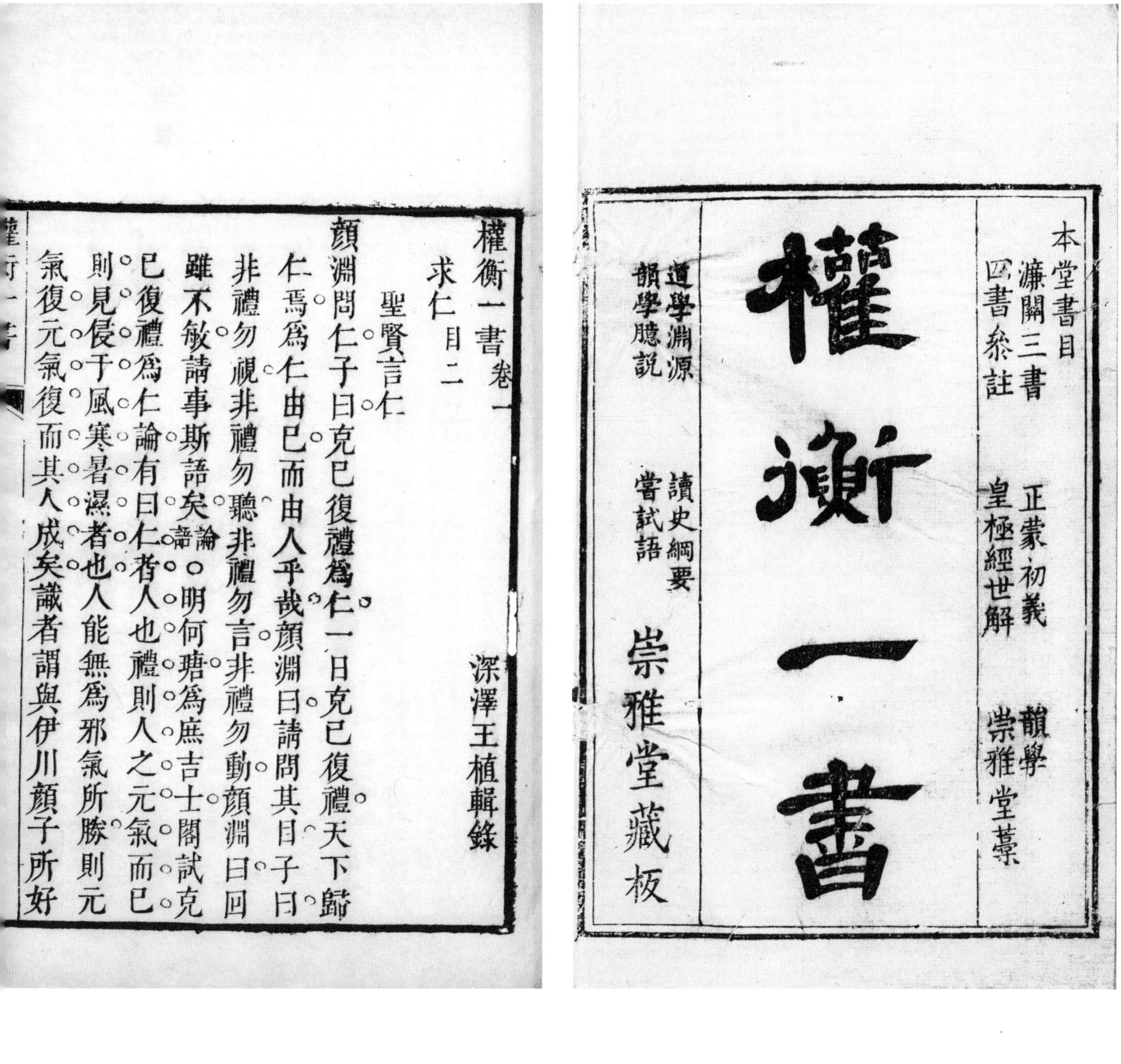

015 權衡一書四十一卷（清）王植輯　清乾隆崇雅堂刻本

框高 18.2 釐米，寬 13.1 釐米。半葉十行，行二十一字，白口，四周單邊。

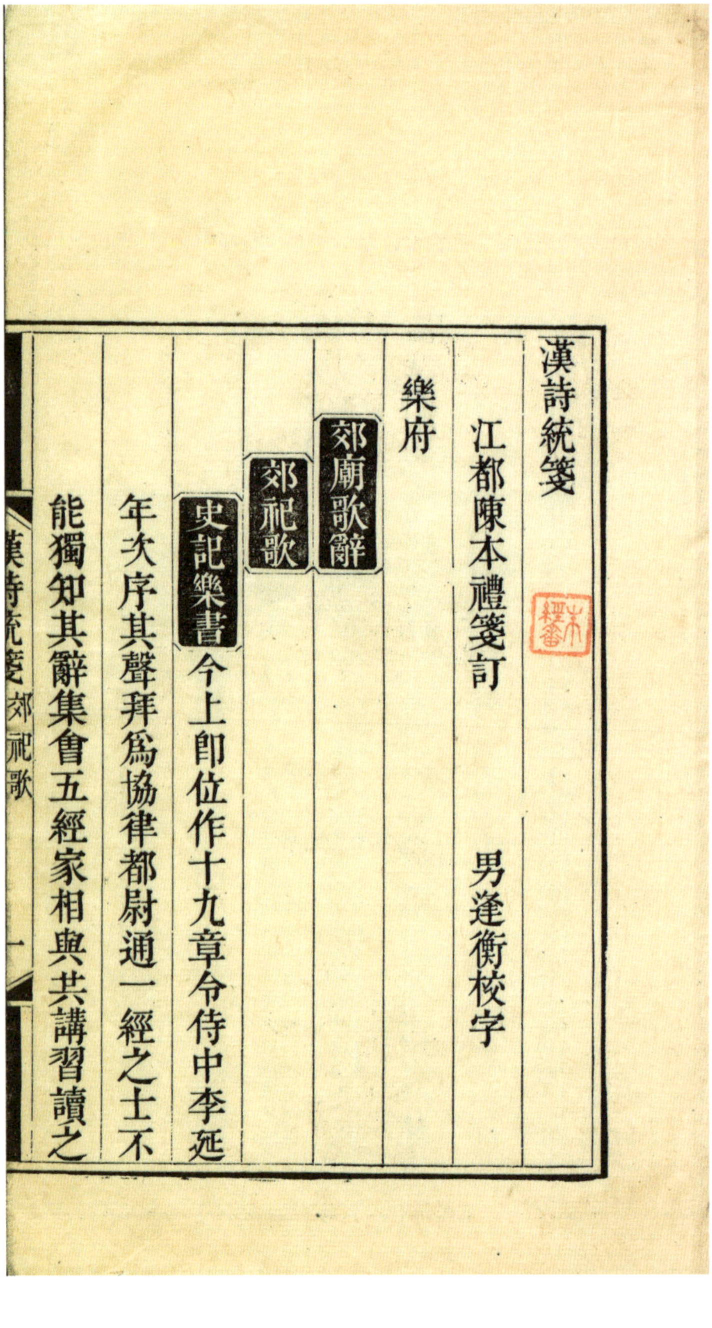

漢詩統箋

江都陳本禮箋訂　男逢衡校字

樂府

郊廟歌辭

郊祀歌

史記樂書　今上卽位作十九章令侍中李延年次序其聲拜爲協律都尉通一經之士不能獨知其辭集會五經家相與共講習讀之

漢詩統箋　郊祀歌　一

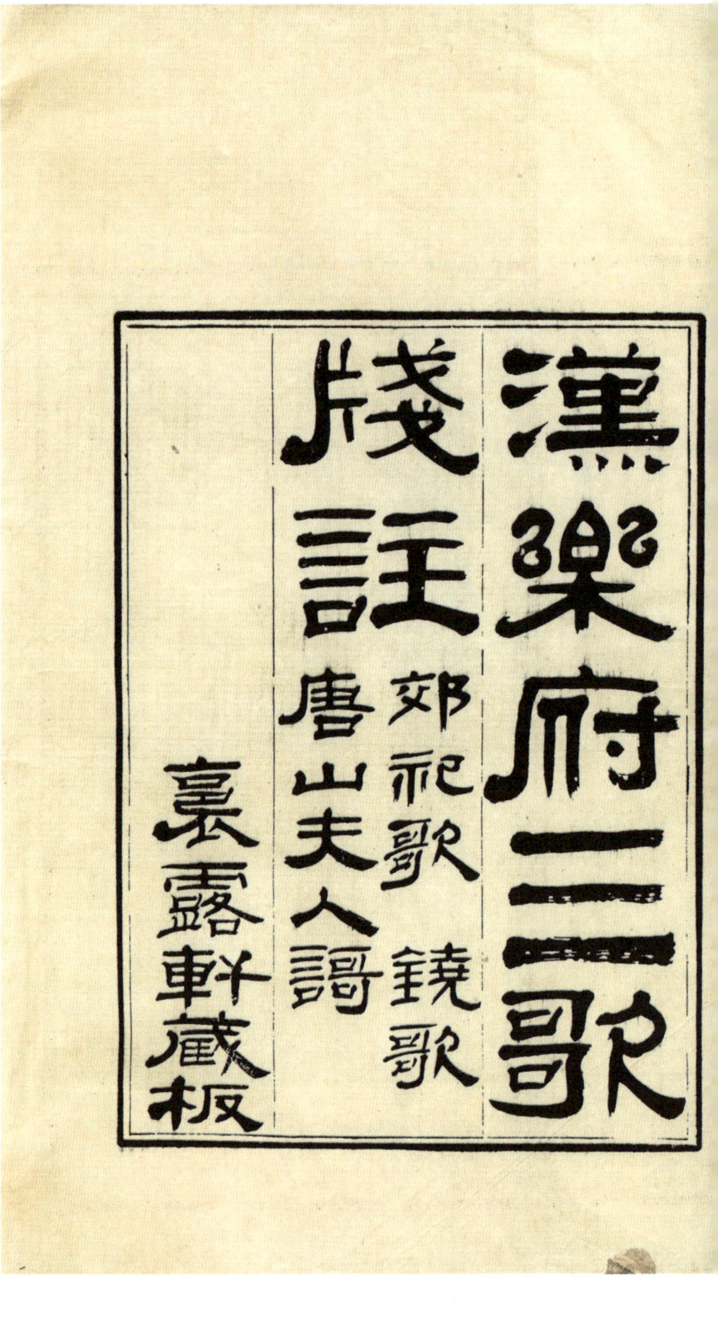

漢樂府三歌箋註

郊祀歌　鐃歌

唐山夫人謌

裛露軒藏板

016 漢詩統箋四卷　（清）陳本禮箋訂　清嘉慶十五年（1810）

刻本

框高 18.6 釐米，寬 12.8 釐米。半葉八行，行二十一字，小字雙行三十一字，黑口，四周雙邊。

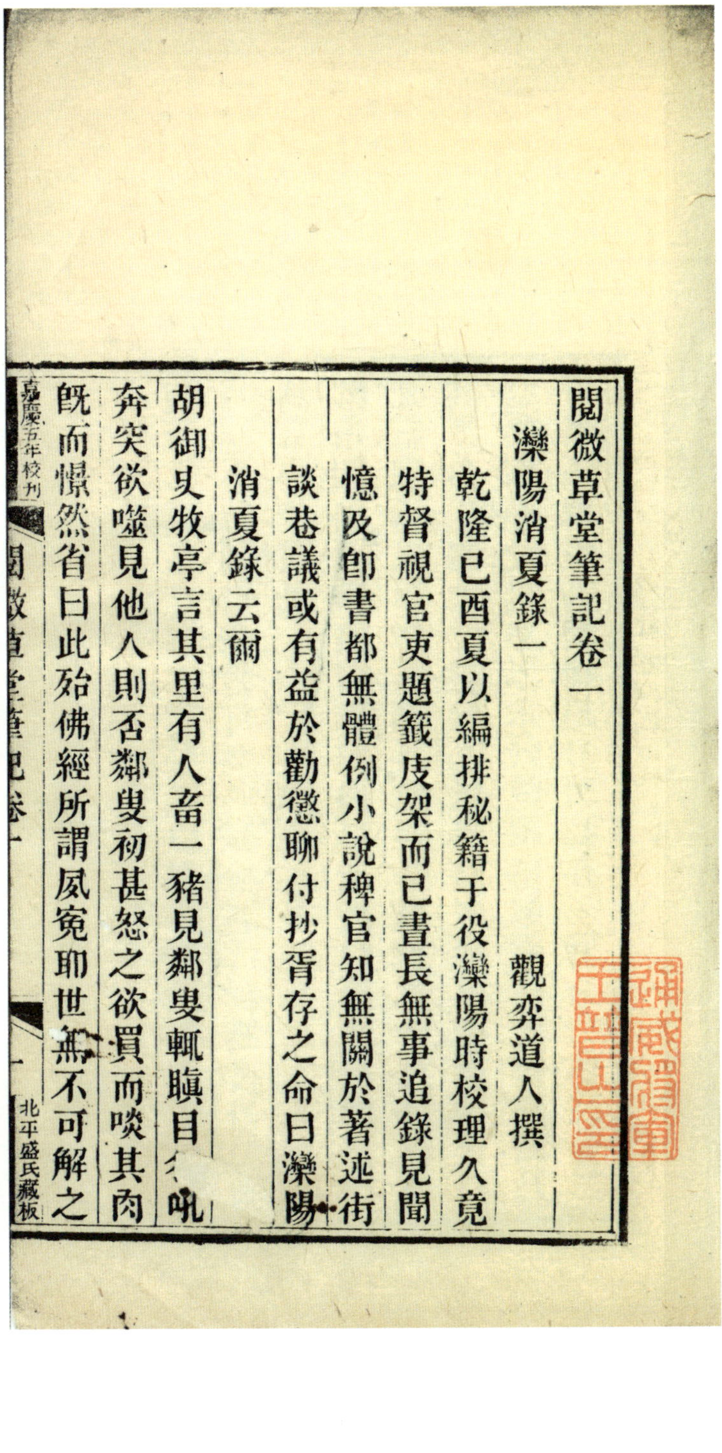
閱微草堂筆記卷一

灤陽消夏錄一　　觀弈道人撰

乾隆己酉夏以編排秘籍于役灤陽時校理久竟特督視官吏題籤庋架而已晝長無事追錄見聞憶及即書都無體例小說稗官知無關於著述街談巷議或有益於勸懲聊付抄胥存之命曰灤陽消夏錄云爾

胡御史牧亭言其里有人畜一豬見鄰叟輒瞋目狂吼奔突欲噬見他人則否鄰叟初甚怒之欲買而啖其肉既而憬然省曰此殆佛經所謂夙寃耶世無不可解之

嘉慶五年校刊　閱微草堂筆記卷一　北平盛氏藏板

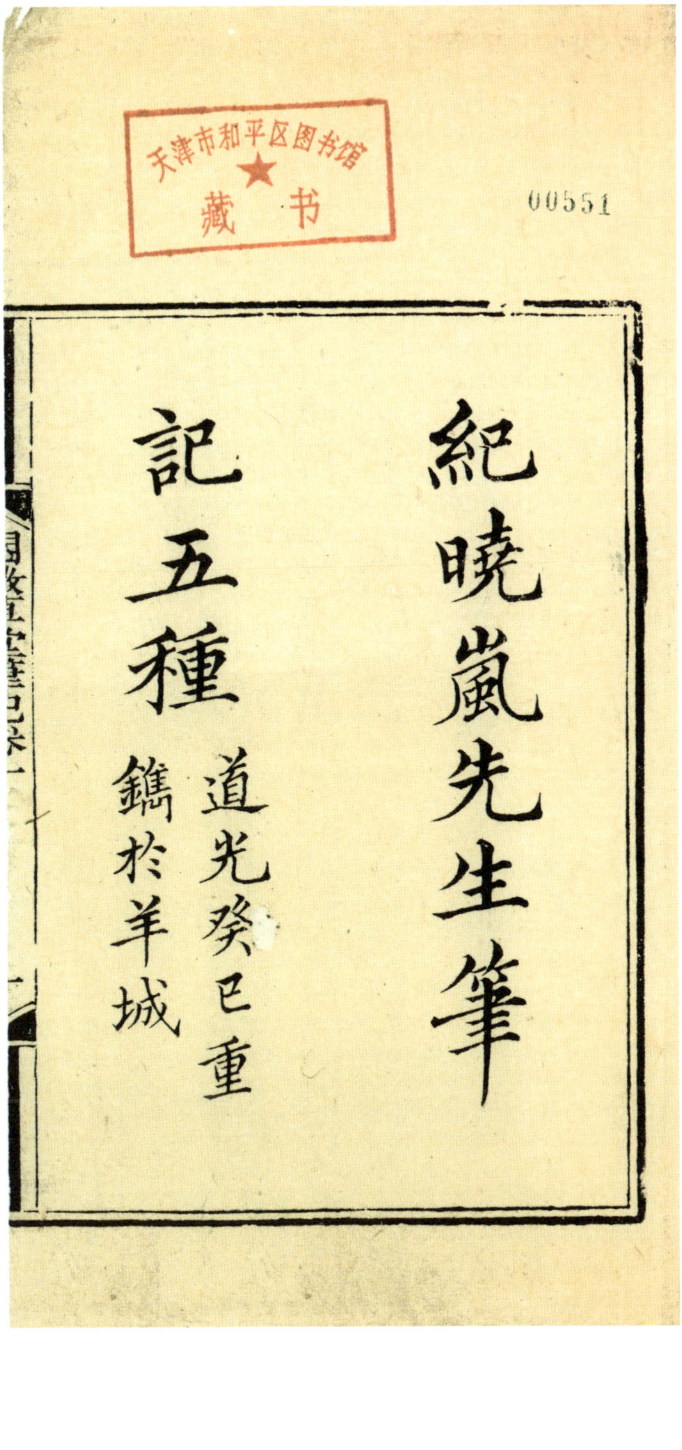

紀曉嵐先生筆記五種

道光癸巳重鐫於羊城

017 閱微草堂筆記二十四卷（清）紀昀撰　清道光十三年（1833）重刻本

框高 16.5 釐米，寬 11.2 釐米。半葉十行，行二十一字，黑口，四周雙邊。

館藏索書號 :407.12/47638

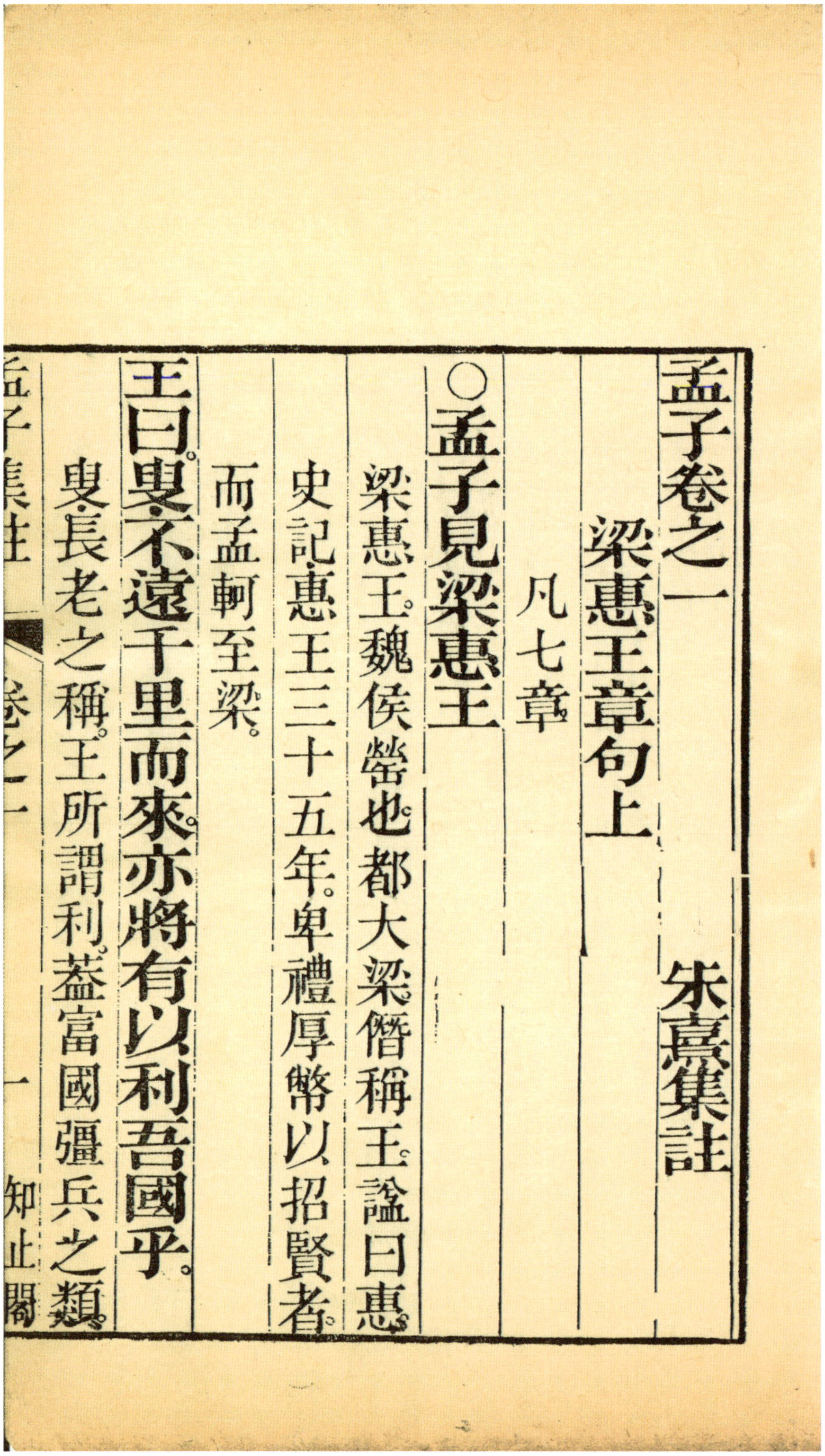

孟子卷之一

梁惠王章句上　朱熹集註

凡七章。

○孟子見梁惠王

梁惠王。魏侯罃也。都大梁。僭稱王。謚曰惠。

史記惠王三十五年。卑禮厚幣以招賢者。

而孟軻至梁。

王曰。叟。不遠千里而來。亦將有以利吾國乎。

叟。長老之稱。王所謂利。蓋富國彊兵之類。

孟子集注　卷之一　一　知止閣

018 孟子集註七卷（宋）朱熹集註　清嘉慶二十二年（1817）

知止閣刻本

框高 18.8 釐米，寬 14 釐米。半葉九行，行十八字，小字雙行同，白口，左右雙邊。

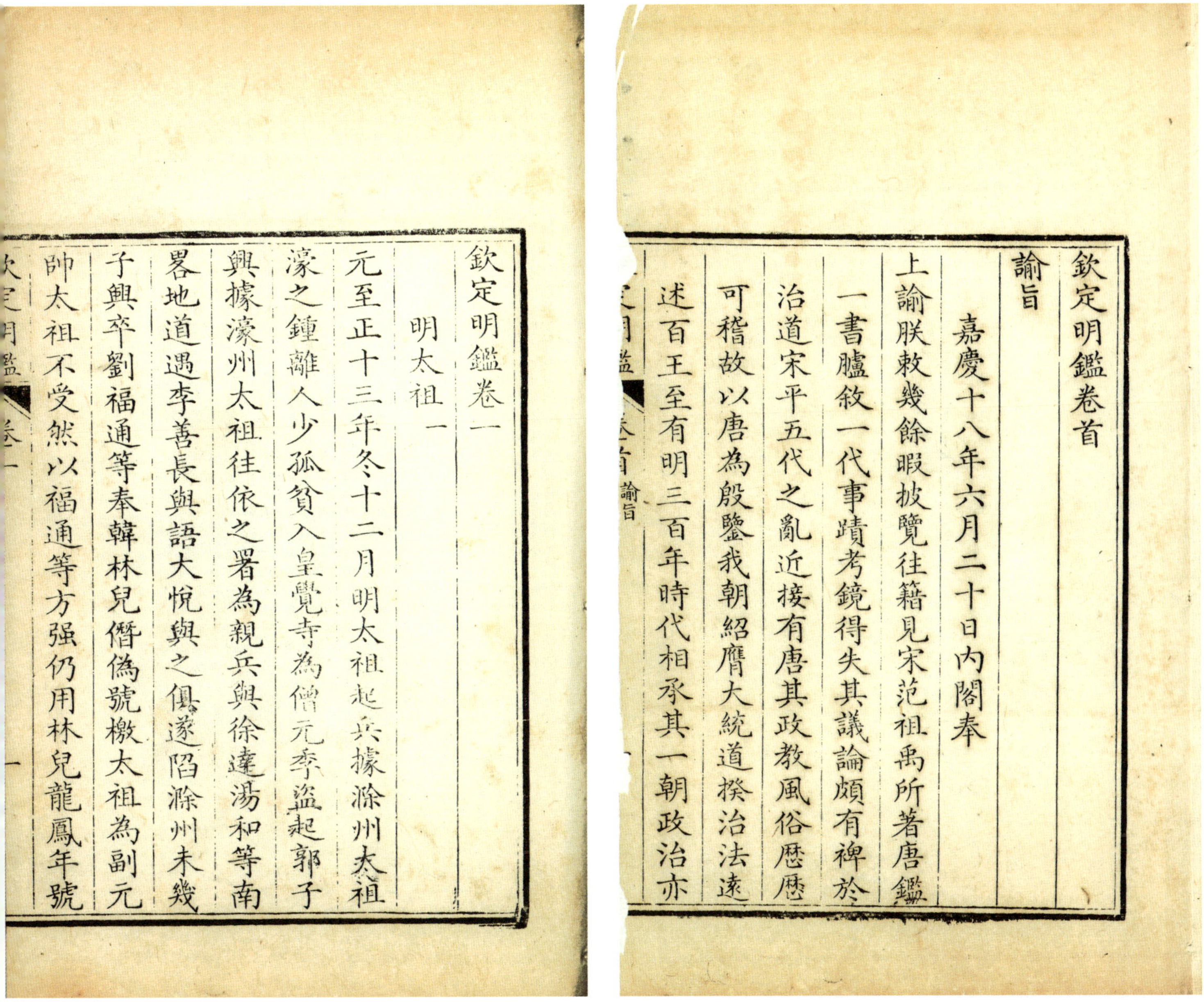

欽定明鑑卷首

諭旨

嘉慶十八年六月二十日内閣奉

上諭朕敕幾餘暇披覽往籍見宋范祖禹所著唐鑑
一書臚敘一代事蹟考鏡得失其議論頗有裨於
治道宋平五代之亂近接有唐其政教風俗歷歷
可稽故以唐為殷鑒我朝紹膺大統道揆治法遠
述百王至有明三百年時代相承其一朝政治亦

欽定明鑑 卷首 諭旨

欽定明鑑卷一

明太祖一

元至正十三年冬十二月明太祖起兵據滁州太祖
濠之鍾離人少孤貧入皇覺寺為僧元季盜起郭子
興據濠州太祖往依之署為親兵與徐達湯和等南
畧地道遇李善長與語大悅與之俱遂陷滁州未幾
子興卒劉福通等奉韓林兒僭偽號檄太祖為副元
帥太祖不受然以福通等方强仍用林兒龍鳳年號

欽定明鑑 卷一 一

019 欽定明鑑二十四卷首一卷 （清）托津編 （清）張培厚等校 清嘉慶二十三年（1818）刻本

框高18.1釐米，寬13.3釐米。半葉八行，行二十字，白口，四周雙邊。

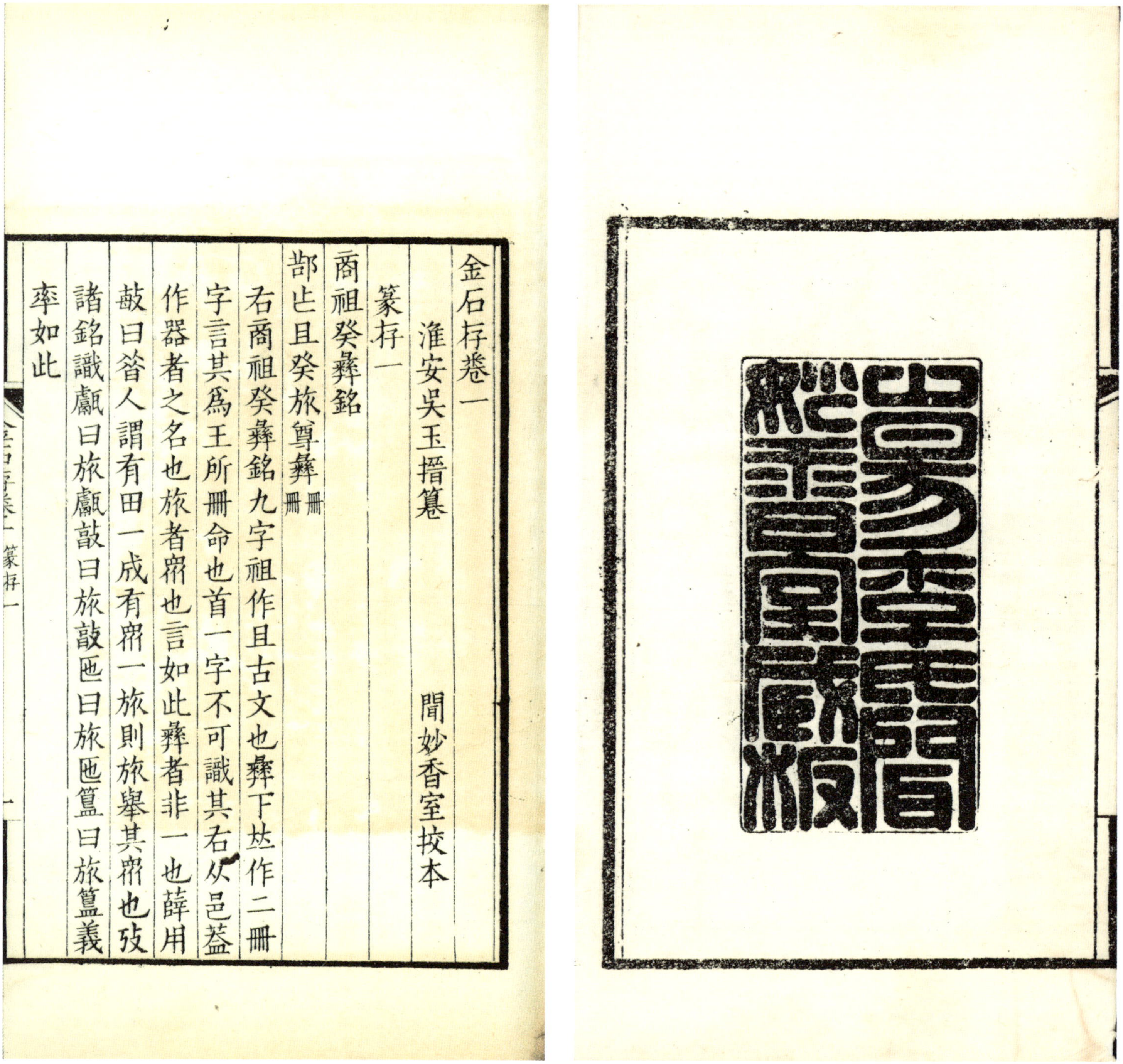
金石存卷一
淮安吳玉搢纂　聞妙香室校本
篆存一
商祖癸彝銘
鄗乍且癸旅尊彝冊冊
右商祖癸彝銘九字祖作且古文也彝下㚇作二冊
字言其爲王所冊命也首一字不可識其右从邑葢
作器者之名也旅者帑也言如此彝者非一也薛用
敀曰畬人謂有田一成有帑一旅則旅舉其帑也攷
諸銘識甗曰旅甗敀曰旅敀匜曰旅匜簋曰旅簋義
率如此

山陽李氏聞妙香室藏板

020 金石存十五卷（清）吳玉搢撰　清嘉慶二十四年（1819）山陽李氏聞妙香室刻本

框高11.8釐米，寬8.1釐米。半葉十一行，行二十一字，小字雙行同，黑口，左右雙邊。

館藏索書號：220.1/26415

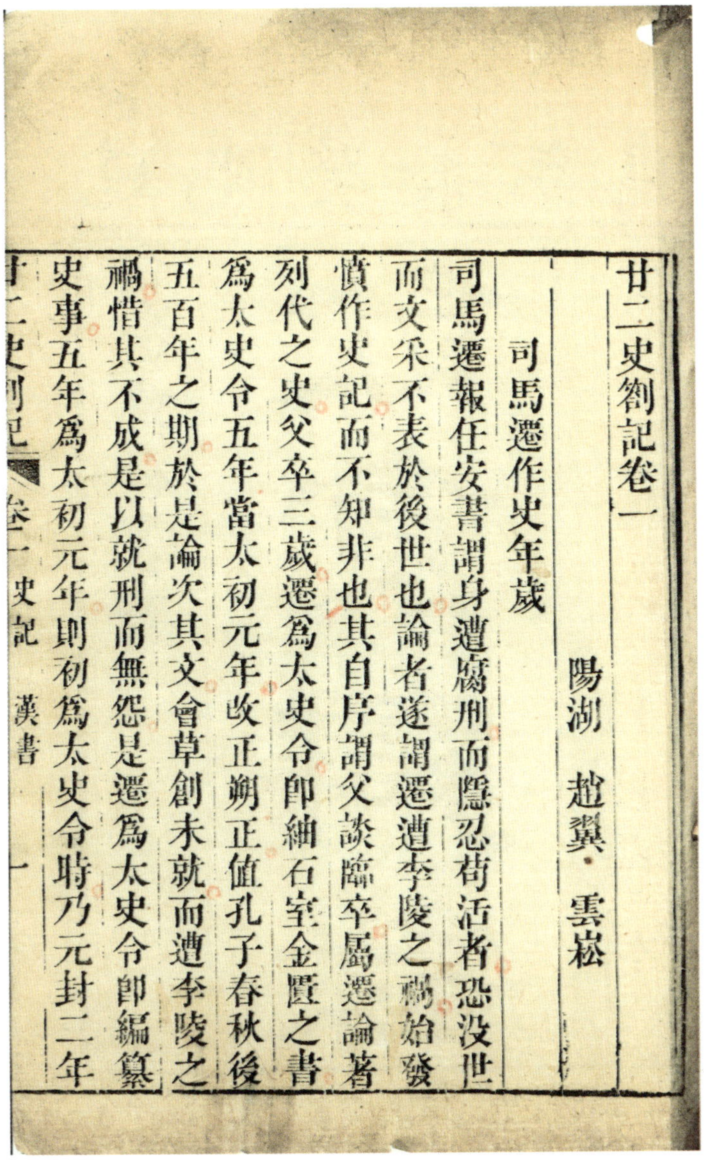

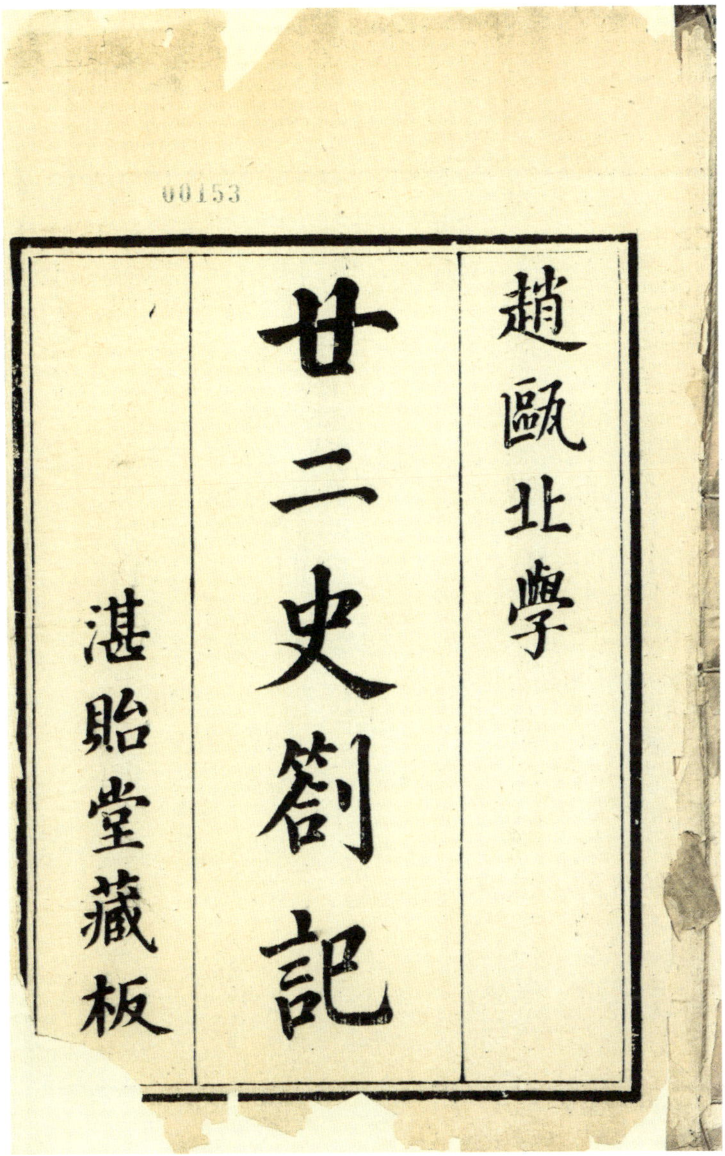

021 廿二史劄記三十六卷補遺一卷 （清）趙翼撰　清嘉慶湛貽堂刻甌北全集本

框高 18 釐米，寬 13.7 釐米。半葉十一行，行二十一字，白口，左右雙邊。

館藏索書號：208/49871

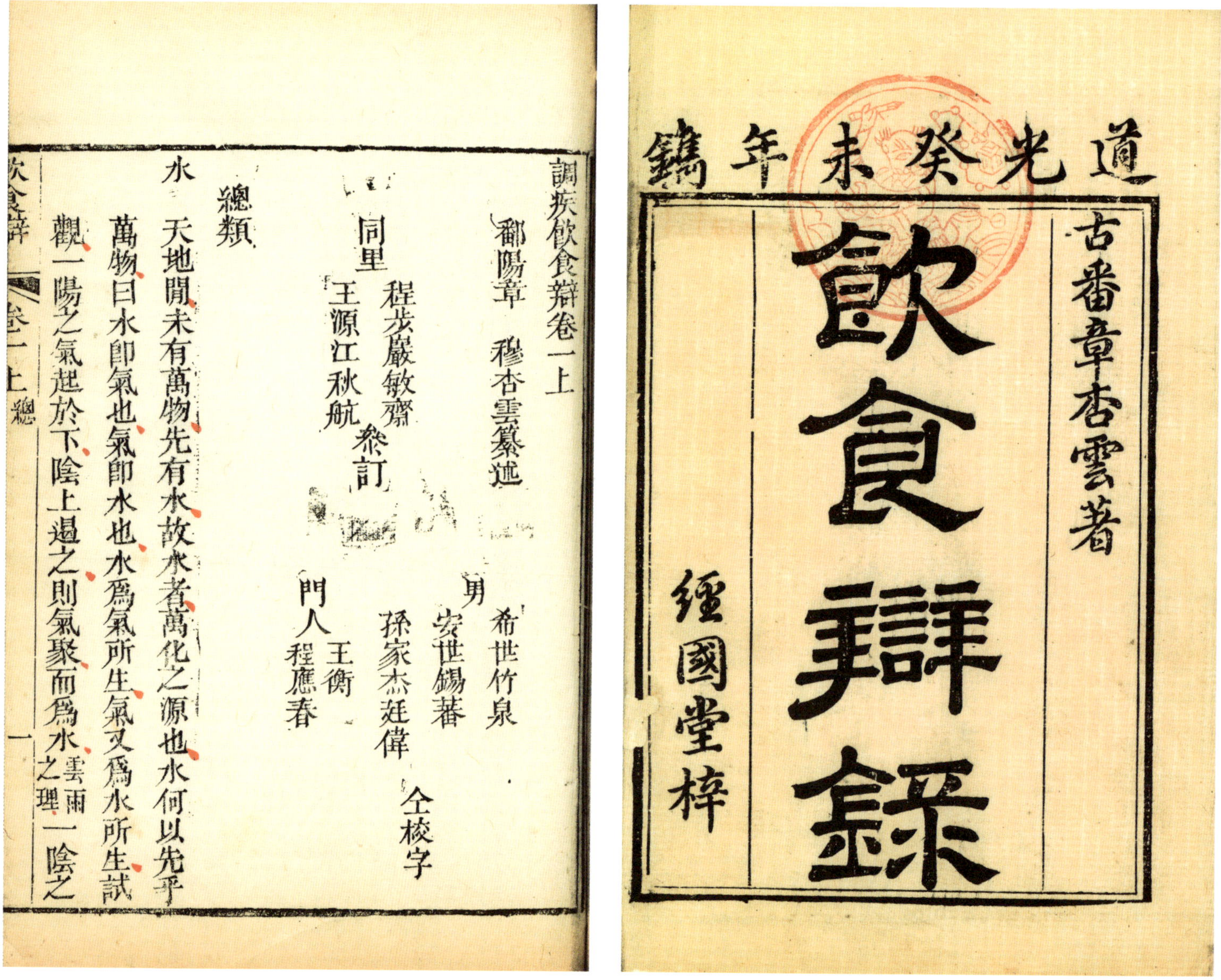
道光癸未年鐫
古番章杏雲著
飲食辯録
經國堂梓

調疾飲食辯卷一上
鄱陽章穆杏雲纂述
同里程炎巖敏齋　王源江秋航　參訂
男　希世竹泉　安世錫蕃　孫家杰廷偉　仝校字
門人　王衡　程應春
總類
水
天地間未有萬物先有水故水者萬化之源也水何以先乎萬物曰水即氣也氣即水也水爲氣所生氣又爲水所生試觀一陽之氣起於下陰上遏之則氣聚而爲水雲雨之理一陰之
飲食辯　卷一上　總　一

022 調疾飲食辯六卷（清）章穆撰　清道光三年（1823）經國堂刻本

框高 15.5 釐米，寬 11.6 釐米。半葉十行，行二十五字，小字雙行同，白口，左右雙邊。

館藏索書號：312.1/00441

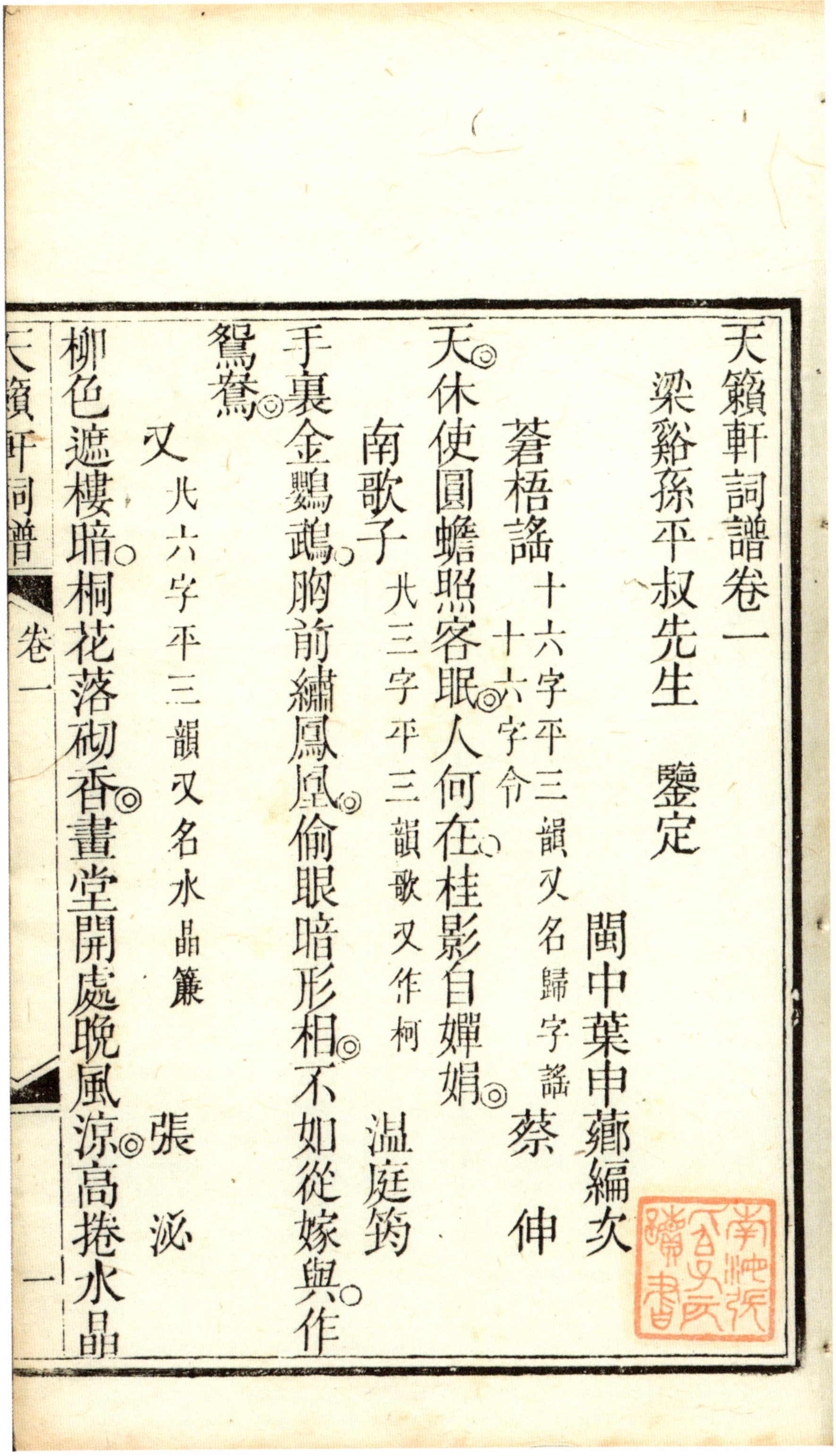
天籟軒詞譜卷一
梁谿孫平叔先生　鑒定
閩中葉申薌編次
蒼梧謠 十六字平三韻又名歸字謠 十六字令 蔡伸
天◎休使圓蟾照客眠◎人何在○桂影自嬋娟◎
南歌子 共三字平三韻歌又作柯 溫庭筠
手裏金鸚鵡○胸前繡鳳凰◎偷眼暗形相◎不如從嫁與○作
鴛鴦◎
又 共六字平三韻又名水晶簾 張泌
柳色遮樓暗○桐花落砌香◎畫堂開處晚風涼◎高捲水晶

天籟軒詞譜 卷一 一

023 天籟軒詞譜六卷（清）葉申薌編　清道光九年（1829）

刻本

框高 16.6 釐米，寬 12.2 釐米。半葉十行，行二十一字，小字双行同，白口，四周雙邊。

館藏索書號：404.1/44954

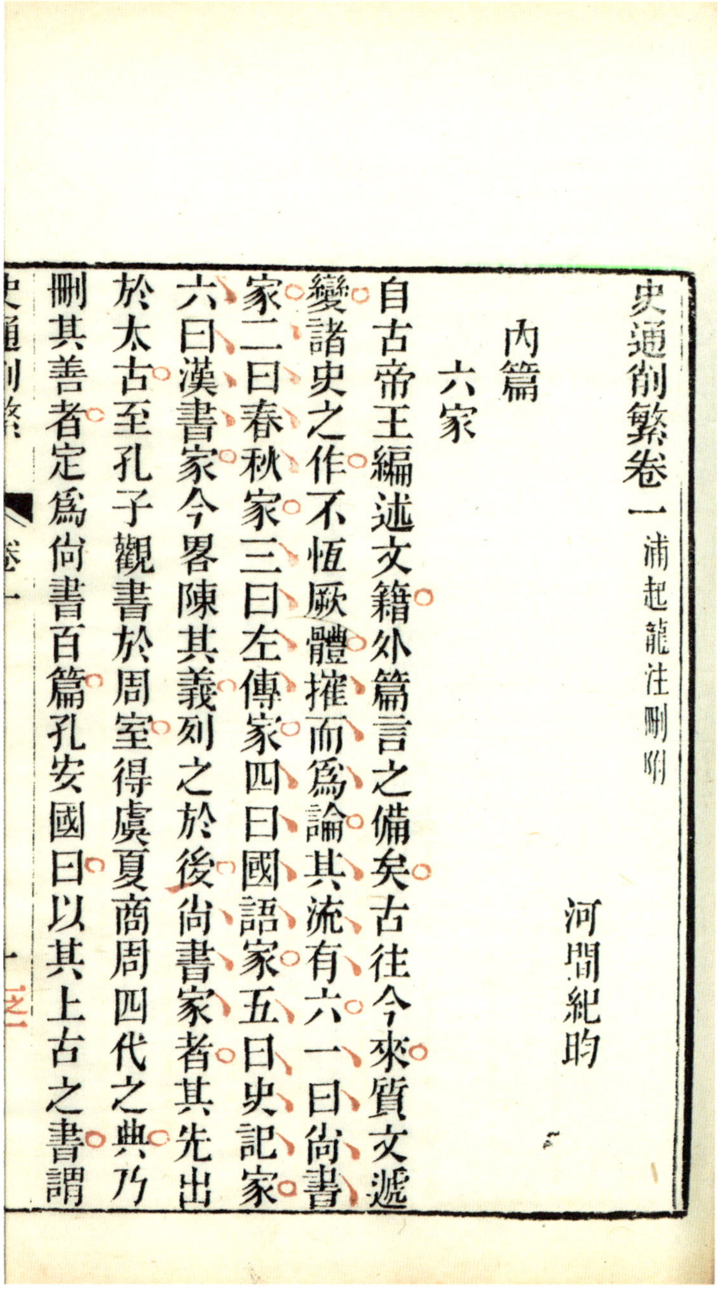
史通削繁卷一　浦起龍注刪附
河間紀昀
內篇
六家
自古帝王編述文籍外篇言之備矣古往今來質文遞
變諸史之作不恆厥體榷而爲論其流有六一曰尚書
家二曰春秋家三曰左傳家四曰國語家五曰史記家
六曰漢書家今畧陳其義列之於後尚書家者其先出
於太古至孔子觀書於周室得虞夏商周四代之典乃
刪其善者定爲尚書百篇孔安國曰以其上古之書謂
史通削繁　卷一

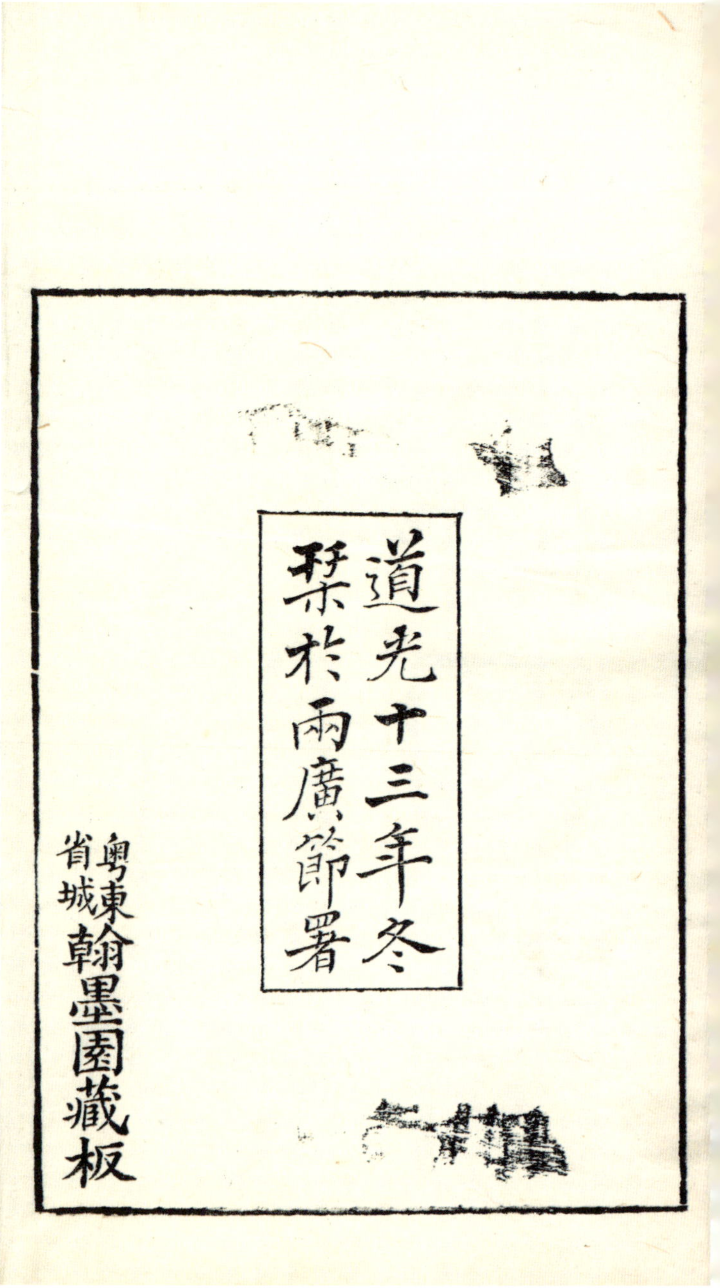
道光十三年冬
梓於兩廣節署
粵東省城翰墨園藏板

024 史通削繁四卷　（唐）劉知幾撰　（清）紀昀削繁

（清）浦起龍注　清道光十三年（1833）兩廣節署刻本

框高 17.8 釐米，寬 13 釐米。半葉十行，行二十一字，小字雙行同，白口，左右雙邊。

館藏索書號：208/02482

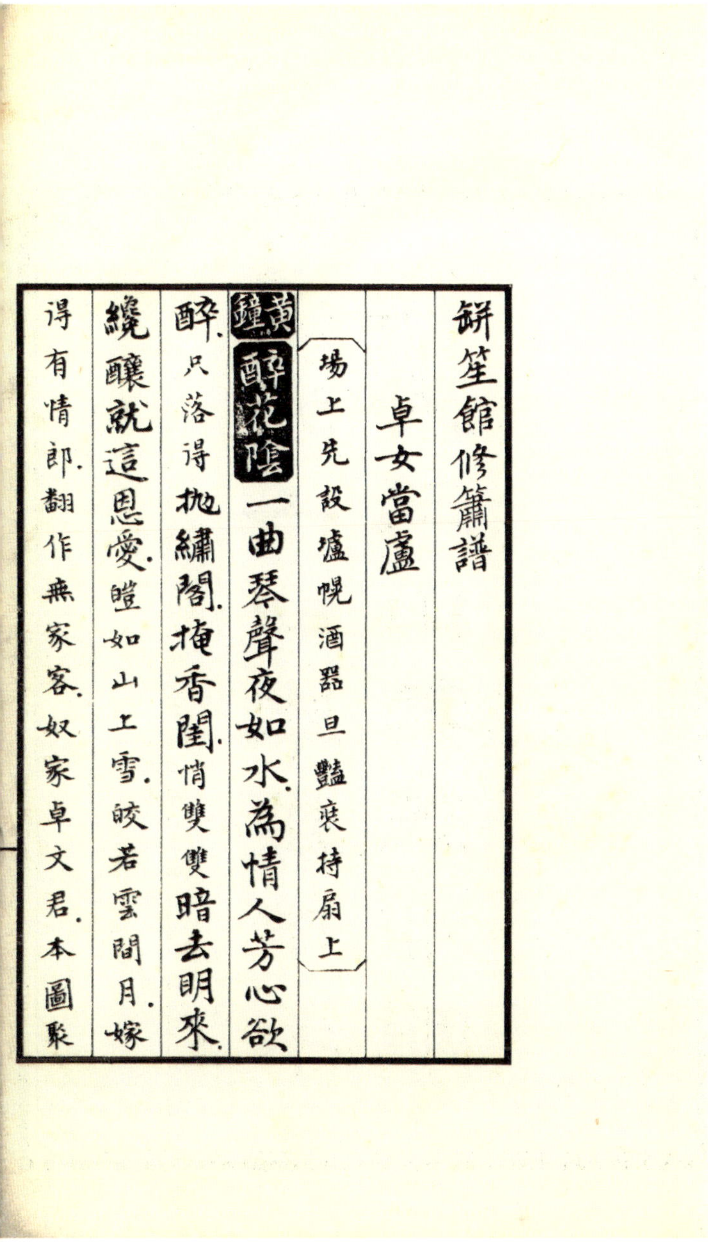
鉼笙館修簫譜
卓女當鑪
場上先設鑪幌酒器旦豔裝持扇上
黄鐘 醉花陰 一曲琴聲夜如水。爲情人芳心欲
醉。只落得抛繡閣。掩香閨。悄雙雙暗去明來。
纔釀就這恩愛。皚如山上雪。皎若雲間月。嫁
得有情郎。翻作無家客。奴家卓文君。本圖聚

025 鉼笙館修簫譜四卷 （清）舒位撰　清道光十三年（1833）

刻本

框高 18 釐米，寬 11.2 釐米。半葉七行，行十七字，白口，半葉四周單邊。

館藏索書號：405.1/83710

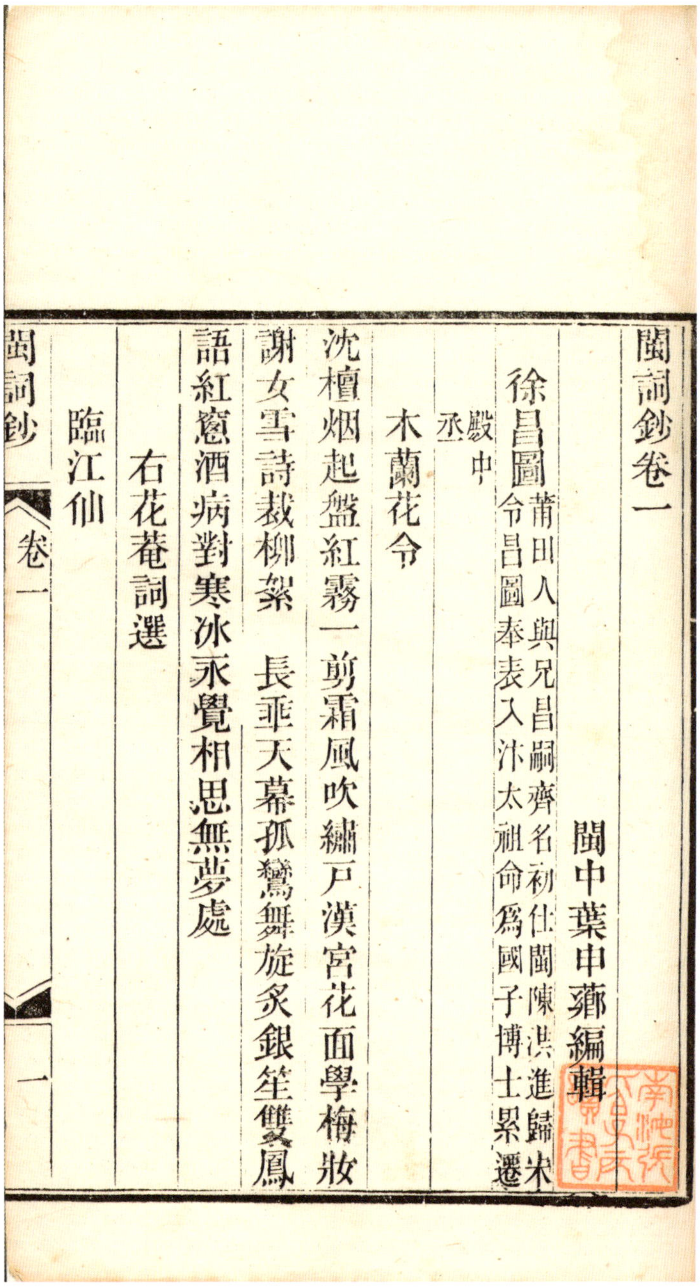
閩詞鈔卷一

閩中葉申薌編輯

徐昌圖莆田人與兄昌嗣齊名初仕閩陳洪進歸宋令昌圖奉表入汴太祖命爲國子博士累遷殿中丞

木蘭花令

沈檀烟起盤紅霧一剪霜風吹繡戸漢宮花面學梅妝謝女雪詩裁柳絮　長垂天幕孤鸞舞旋炙銀笙雙鳳語紅窻酒病對寒冰永覺相思無夢處

右花菴詞選

臨江仙

閩詞鈔　卷一　一

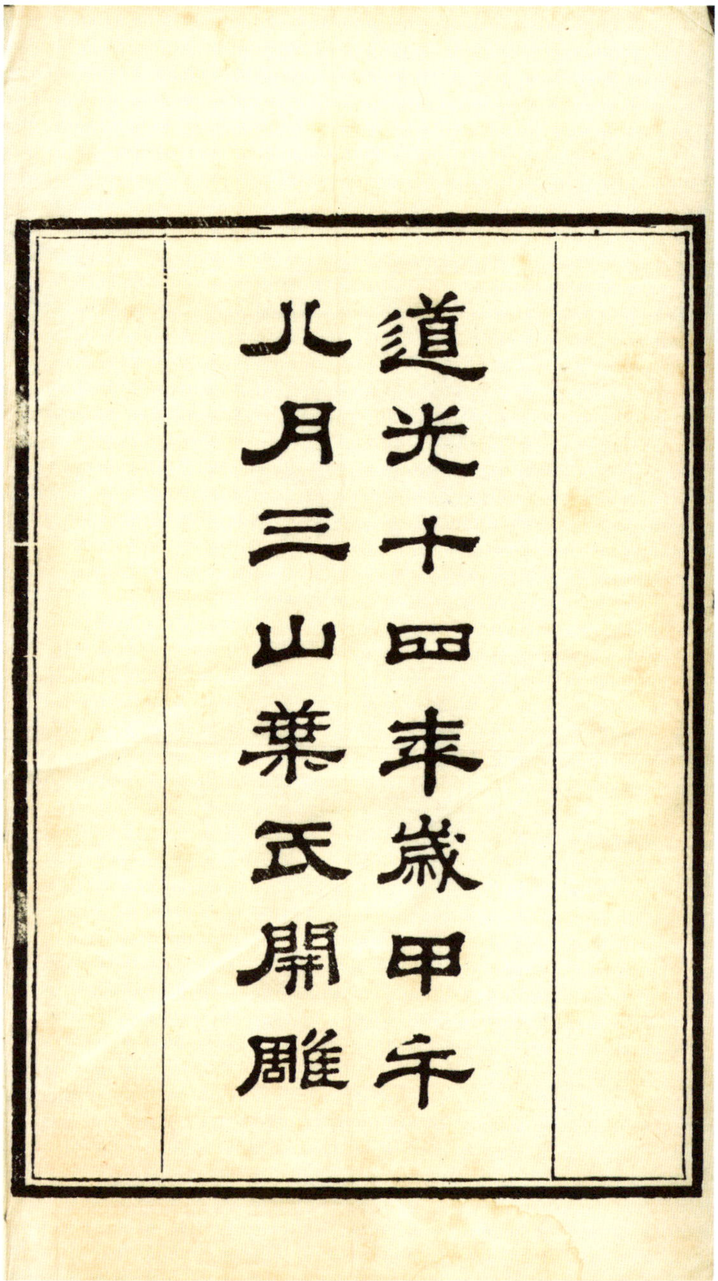
道光十四年歲甲午

八月三山葉氏開雕

026 閩詞鈔四卷　（清）葉申薌編　清道光十四年（1834）葉氏刻本

框高 15.7 釐米，寬 12.3 釐米。半葉十行，行二十一字，小字雙行同，白口，四周雙邊。

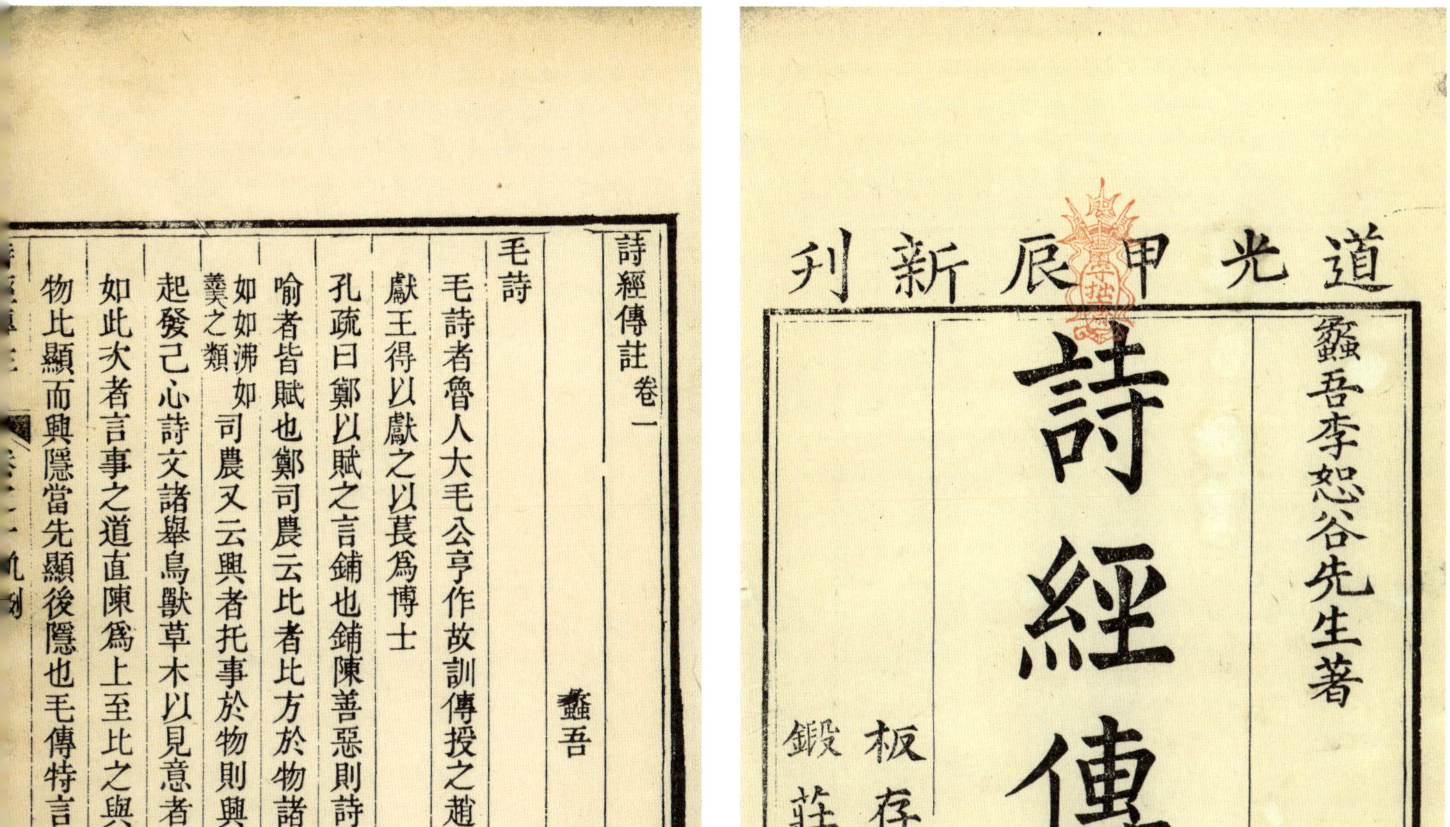
詩經傳註卷一

蠡吾 李塨 撰

毛詩

毛詩者魯人大毛公亨作故訓傳授之趙人小毛公萇河閒
獻王得以獻之以萇爲博士
孔疏曰鄭以賦之言鋪也鋪陳善惡則詩文直陳其事不譬
喻者皆賦也鄭司農云比者比方於物諸言如者皆比辭也
如如沸如羮之類 司農又云興者托事於物則興者起也取譬引類
起發己心詩文諸舉鳥獸草木以見意者皆興辭也賦比興
如此次者言事之道直陳爲上至比之與興雖同是附托外
物比顯而興隱當先顯後隱也毛傳特言興也爲其理隱故

道光甲辰新刊

蠡吾李恕谷先生著

詩經傳註

板存蠡吾趙
鍛莊靜穆堂

027 詩經傳註八卷 （清）李塨撰 （清）劉化南等校 清道光二十四年（1844）蠡吾趙鍛莊靜穆堂刻本

框高 18.9 釐米，寬 14.3 釐米。半葉十一行，行二十四字，白口，四周雙邊。

館藏索書號：104/40444

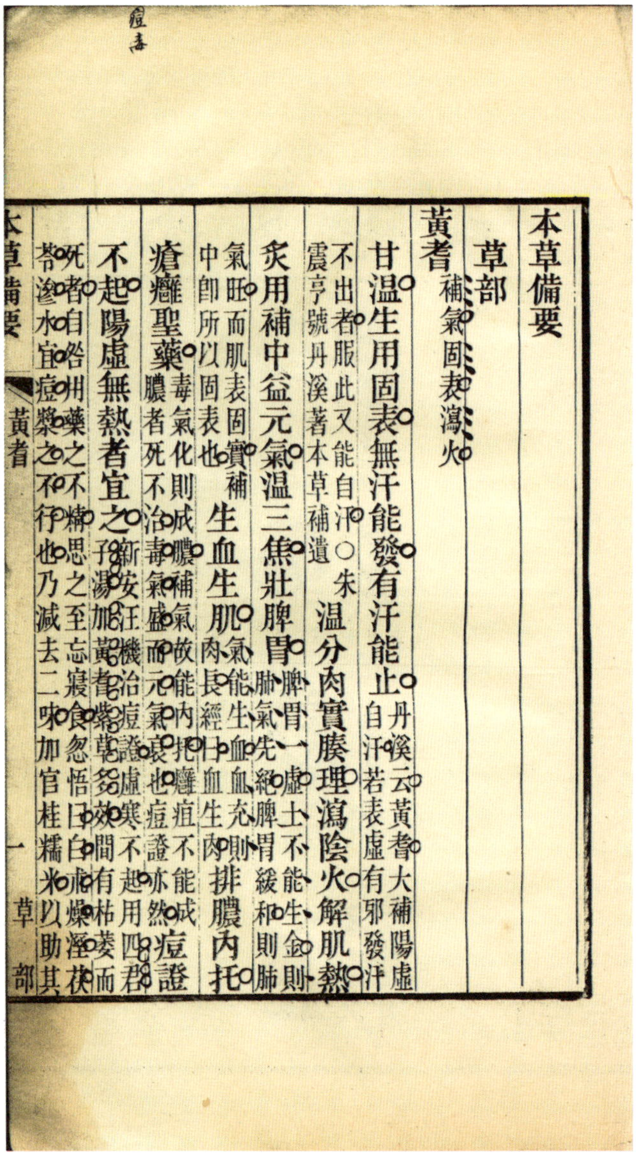

本草備要

草部

黃耆 補氣固表瀉火

甘温生用固表無汗能發有汗能止丹溪云黃耆大補陽虛自汗若表虛有邪發汗不出者服此又能自汗○朱震亨號丹溪著本草補遺温分肉實腠理瀉陰火解肌熱炙用補中益元氣温三焦壯脾胃脾胃一虛土不能生金則肺氣先絕脾胃緩和則肺氣旺而肌表固實補中即所以固表也生血生肌氣能生血血充則肉長經曰血生肉排膿內托瘡癰聖藥毒氣化則成膿補氣故能內托癰疽不能成膿者死不治毒氣盛而元氣衰也痘證亦然痘證不起陽虛無熱者宜之新安汪機治痘證虛寒不起用四君子湯加黃耆紫草多效間有枯萎而死者自怡用藥之不精思之至忘寢食忽悟曰白术燥溼茯苓滲水宜痘漿之不行也乃減去二味加官桂糯米以助其

本草備要　黃耆　一　草部

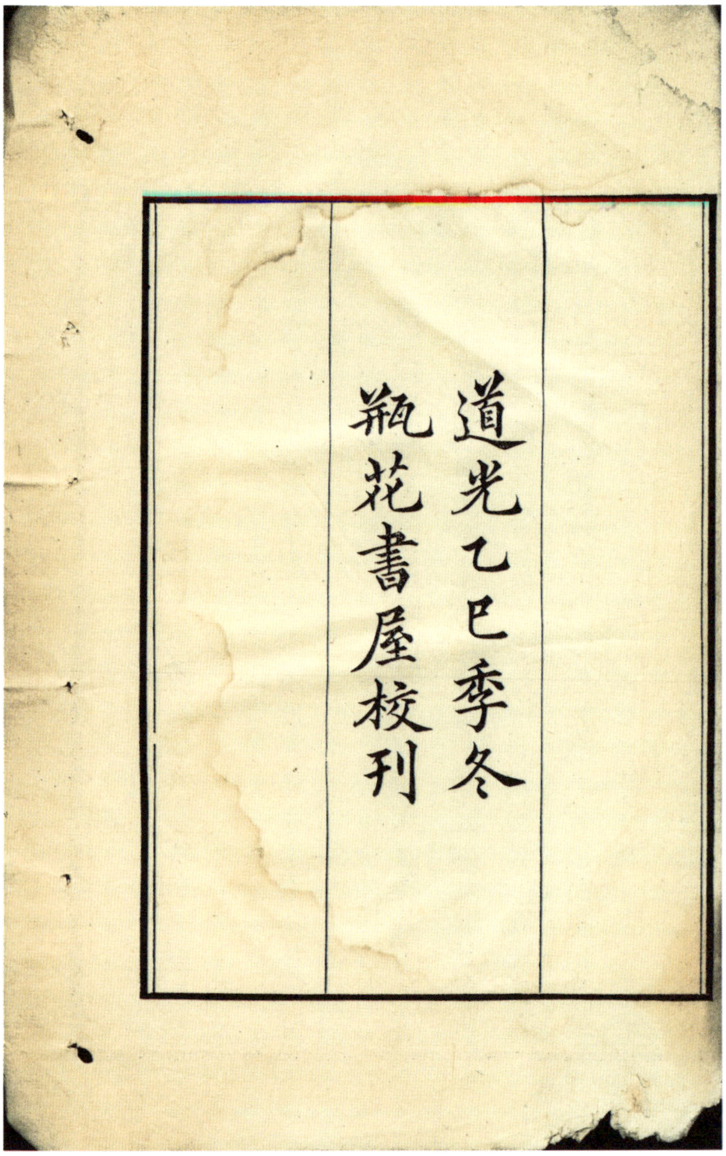

道光乙巳季冬

瓶花書屋校刊

028 本草備要八卷首一卷（清）汪昂撰　清道光二十五年（1845）瓶花書屋刻本

框高 20 釐米，寬 14.5 釐米。半葉十行，行二十四字，小字雙行同，白口，左右雙邊。

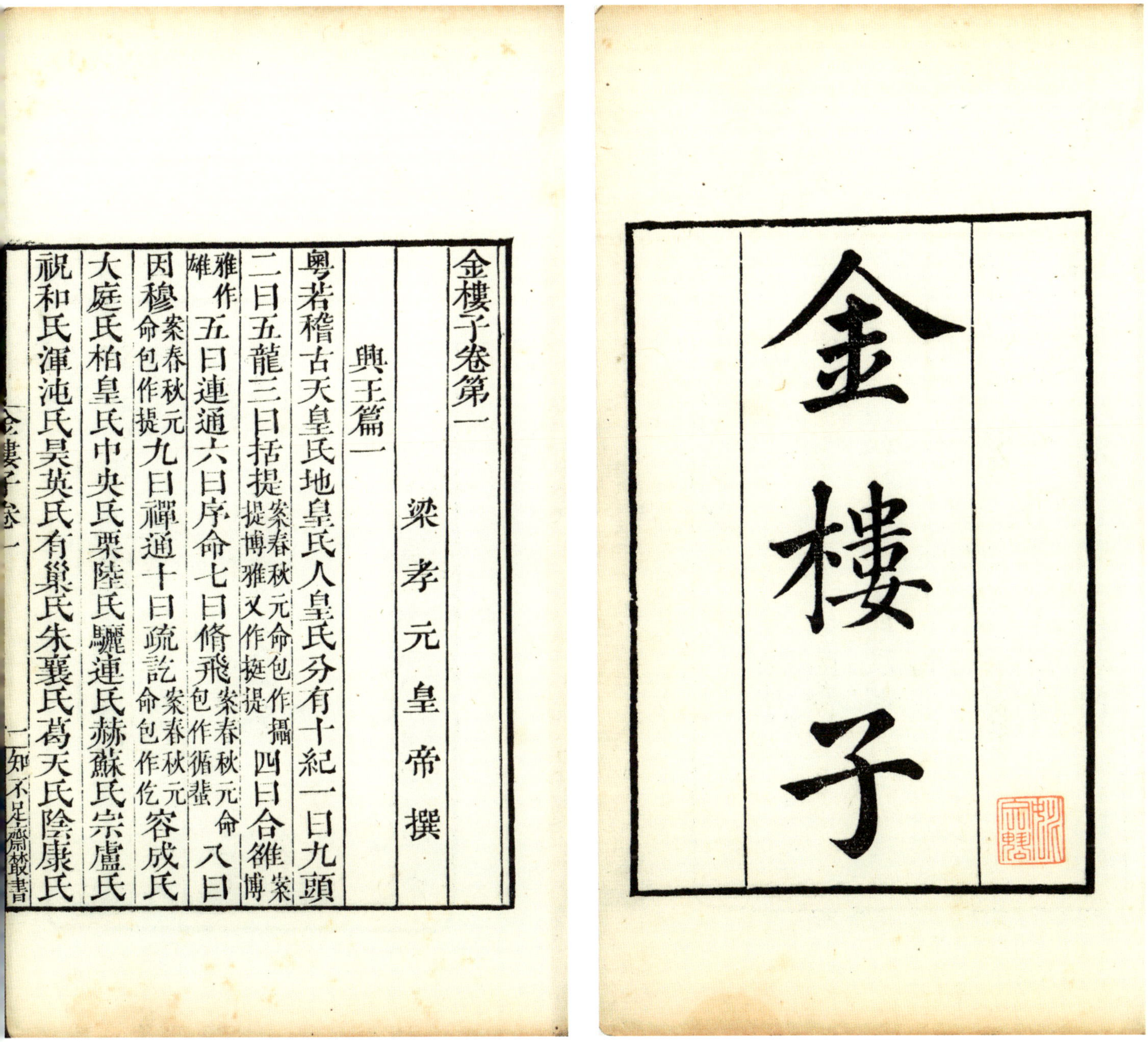

金樓子卷第一　梁孝元皇帝撰
興王篇一
粤若稽古天皇氏地皇氏人皇氏分有十紀一曰九頭二曰五龍三曰括提案春秋元命包作攝提博雅又作挻提四曰合雒案博雅作雄五曰連通六曰序命七曰脩飛案春秋元命包作循蜚八曰因穆案春秋元命包作提九曰禪通十曰疏訖案春秋元命包作仡容成氏大庭氏柏皇氏中央氏栗陸氏驪連氏赫蘇氏宗盧氏祝和氏渾沌氏昊英氏有巢氏朱襄氏葛天氏陰康氏
金樓子卷一　二　知不足齋叢書

金樓子

029 金樓子六卷（南朝梁）蕭繹撰　清道光長塘鮑氏刻本

框高 13.1 釐米，寬 9.8 釐米。半葉九行，行二十一字，小字雙行同，黑口，左右雙邊。

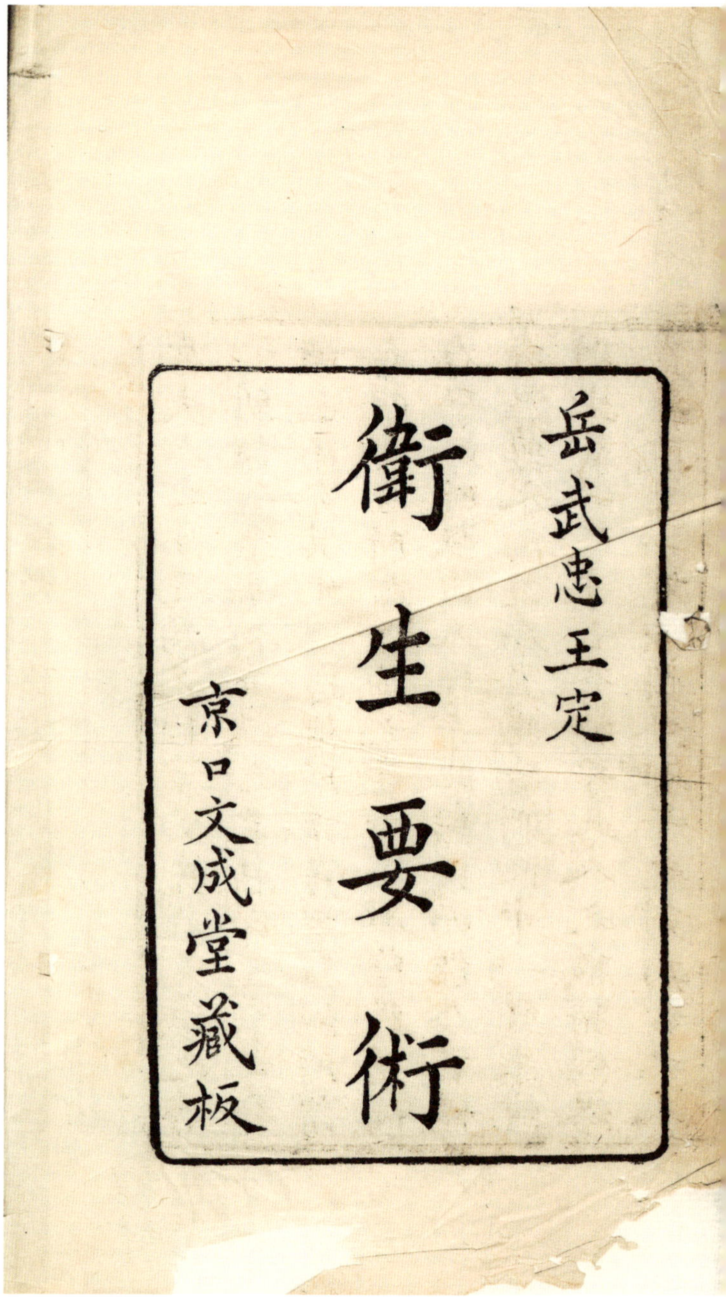

岳武忠王定

衛生要術

京口文成堂藏板

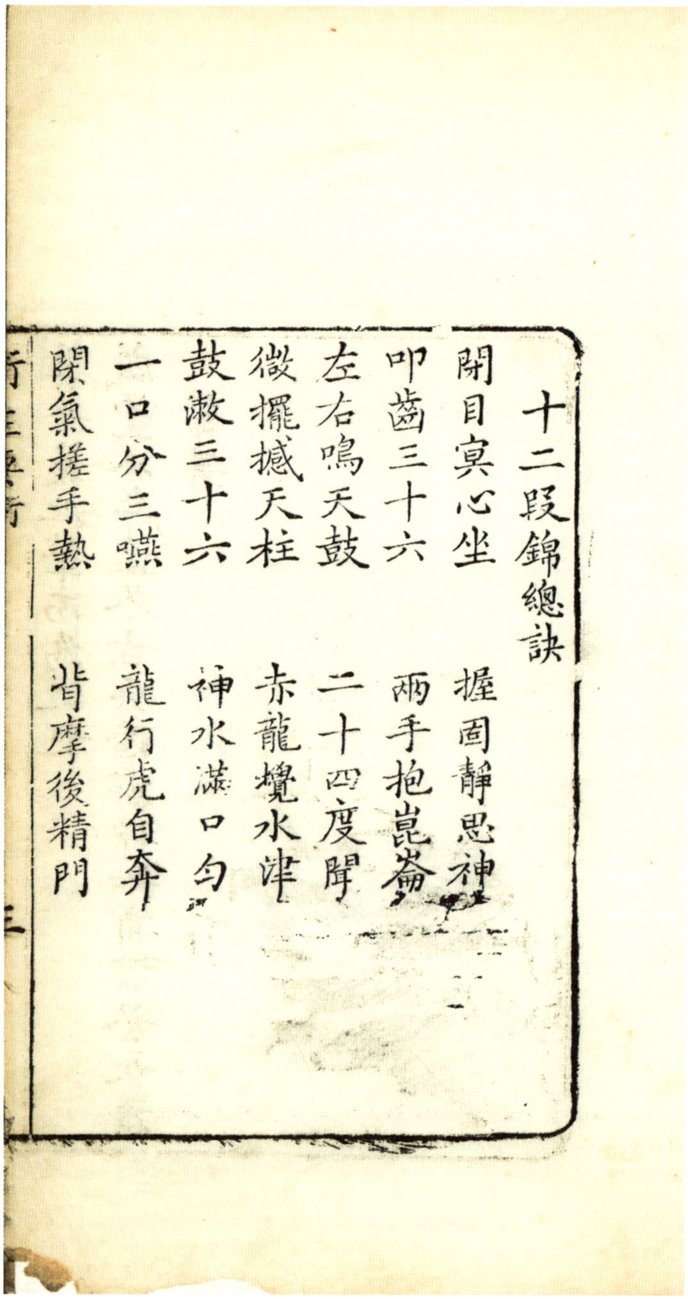

十二段錦總訣

閉目冥心坐　握固靜思神

叩齒三十六　兩手抱崑崙

左右鳴天鼓　二十四度聞

微擺撼天柱　赤龍攪水津

鼓漱三十六　神水滿口勻

一口分三嚥　龍行虎自奔

閉氣搓手熱　背摩後精門

030 衛生要術一卷 （清）潘霨撰　清咸豐八年（1858）京口文成堂刻本

框高 15.6 釐米，寬 11 釐米。行字不等，白口，四周單邊。

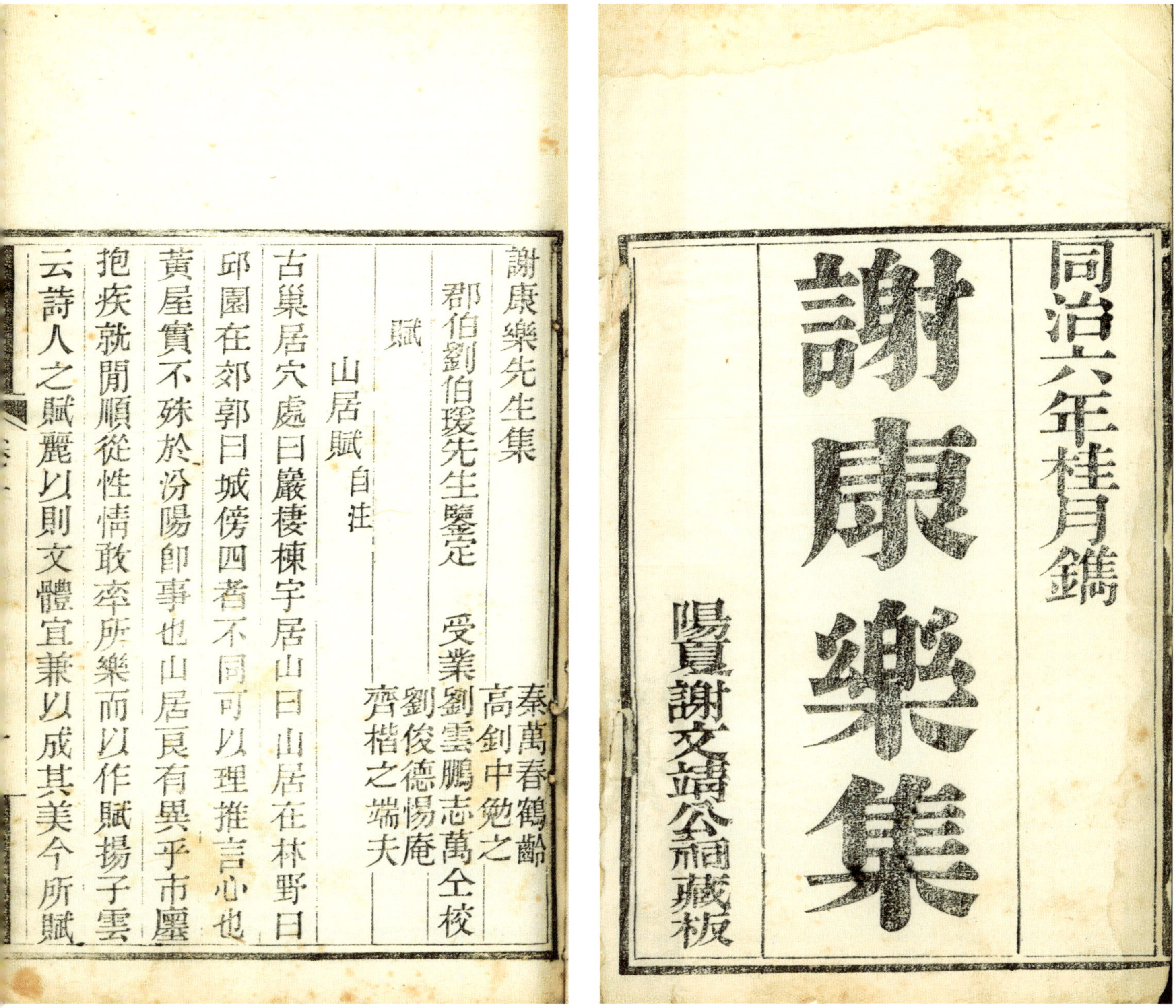

同治六年桂月鐫

謝康樂集

陽夏謝文靖公祠藏板

謝康樂先生集

郡伯劉伯琰先生鑒定

受業 秦萬春鶴齡 高釗中勉之 劉雲鵬志萬 劉俊德惕庵 齊楷之端夫 仝校

賦

山居賦 自注

古巢居穴處曰巖棲棟宇居山曰山居在林野曰
邱園在郊郭曰城傍四者不同可以理推言心也
黃屋實不殊於汾陽卽事也山居良有異乎市廛
抱疾就閒順從性情敢率所樂而以作賦揚子雲
云詩人之賦麗以則文體宜兼以成其美今所賦

031 謝康樂集四卷（南朝宋）謝靈運撰　清同治六年（1867）

謝文靖公祠刻本

框高 16.8 釐米，寬 13.2 釐米。半葉九行，行十九字，小字雙行同，黑口，四周雙邊。

館藏索書號：403.3/04613

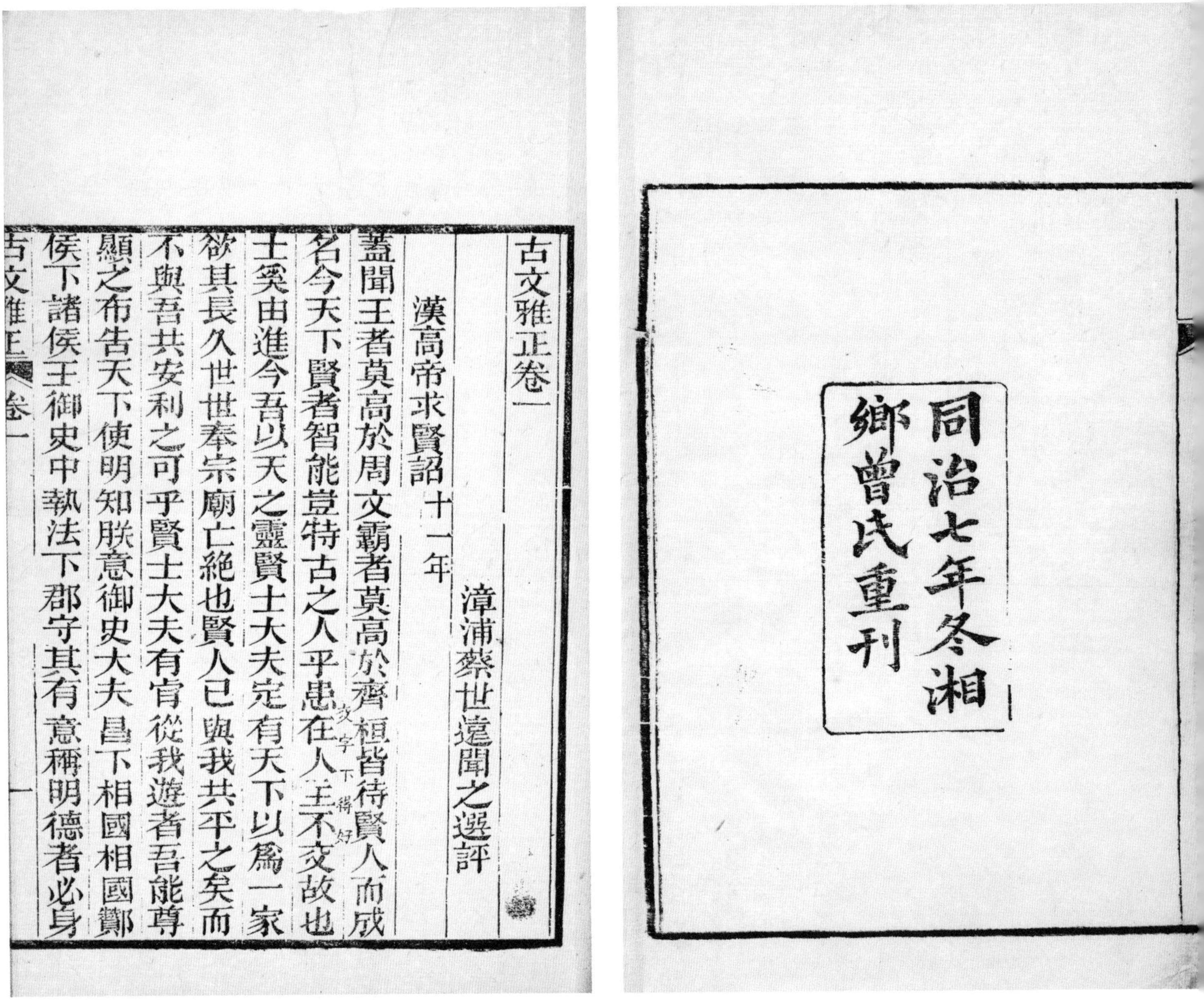
同治七年冬湘鄉曾氏重刊

古文雅正卷一

漳浦蔡世遠聞之選評

漢高帝求賢詔 十一年

蓋聞王者莫高於周文霸者莫高於齊桓皆待賢人而成名今天下賢者智能豈特古之人乎患在人主不交故也文字下得好士奚由進今吾以天之靈賢士大夫定有天下以爲一家欲其長久世世奉宗廟亡絶也賢人已與我共平之矣而不與吾共安利之可乎賢士大夫有肯從我遊者吾能尊顯之布告天下使明知朕意御史大夫昌下相國相國酇侯下諸侯王御史中執法下郡守其有意稱明德者必身

古文雅正 卷一 一

032 古文雅正十四卷 （清）蔡世遠選評　清同治七年（1868）湘鄉曾氏刻本

框高 17.6 釐米，寬 14 釐米。半葉十行，行二十二字，小字雙行同，白口，左右雙邊。

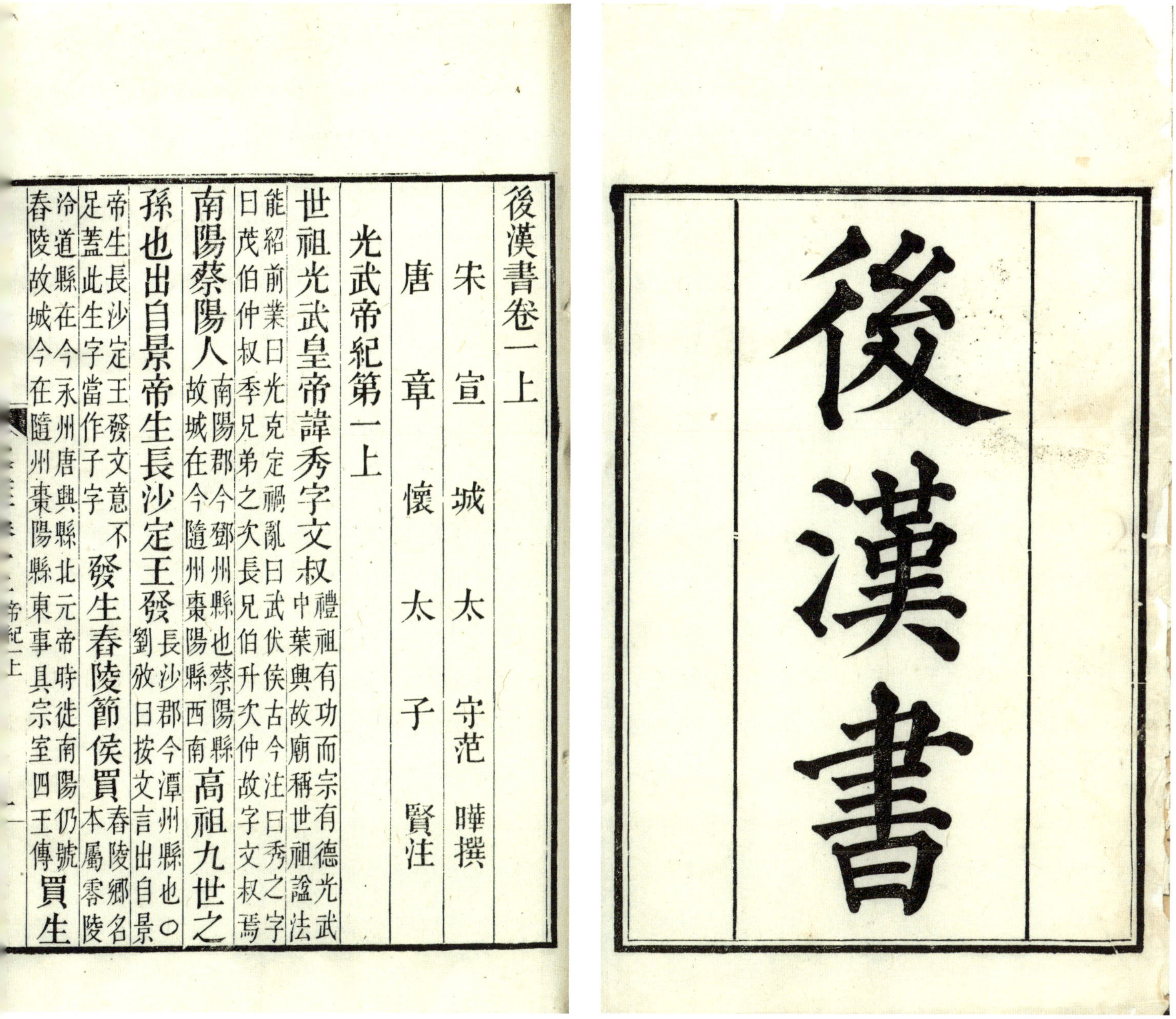
後漢書

後漢書卷一上

宋宣城太守范　曄撰

唐章懷太子賢注

光武帝紀第一上

世祖光武皇帝諱秀字文叔禮祖有功而宗有德光武中葉興故廟稱世祖謚法能紹前業曰光克定禍亂曰武伏侯古今注曰秀之字曰茂伯仲叔季兄弟之次長兄伯升次仲故字文叔焉南陽蔡陽人南陽郡今鄧州縣也蔡陽縣故城在今隨州棗陽縣西南高祖九世之孫也出自景帝生長沙定王發長沙郡今潭州縣也○劉攽曰按文言出自景帝生長沙定王發文意不足蓋此生字當作子字發生春陵節侯買春陵鄉名本屬零陵泠道縣在今永州唐興縣北元帝時徙南陽仍號春陵故城今在隨州棗陽縣東事具宗室四王傳買生

帝紀一上　一

033 後漢書一百二十卷（南朝宋）范曄撰（唐）李賢注

清同治八年（1869）嶺南葄古堂刻二十四史本

框高21.3釐米，寬15.1釐米。半葉十行，行二十一字，小字雙行同，白口，左右雙邊。

館藏索書號：201.2/44164

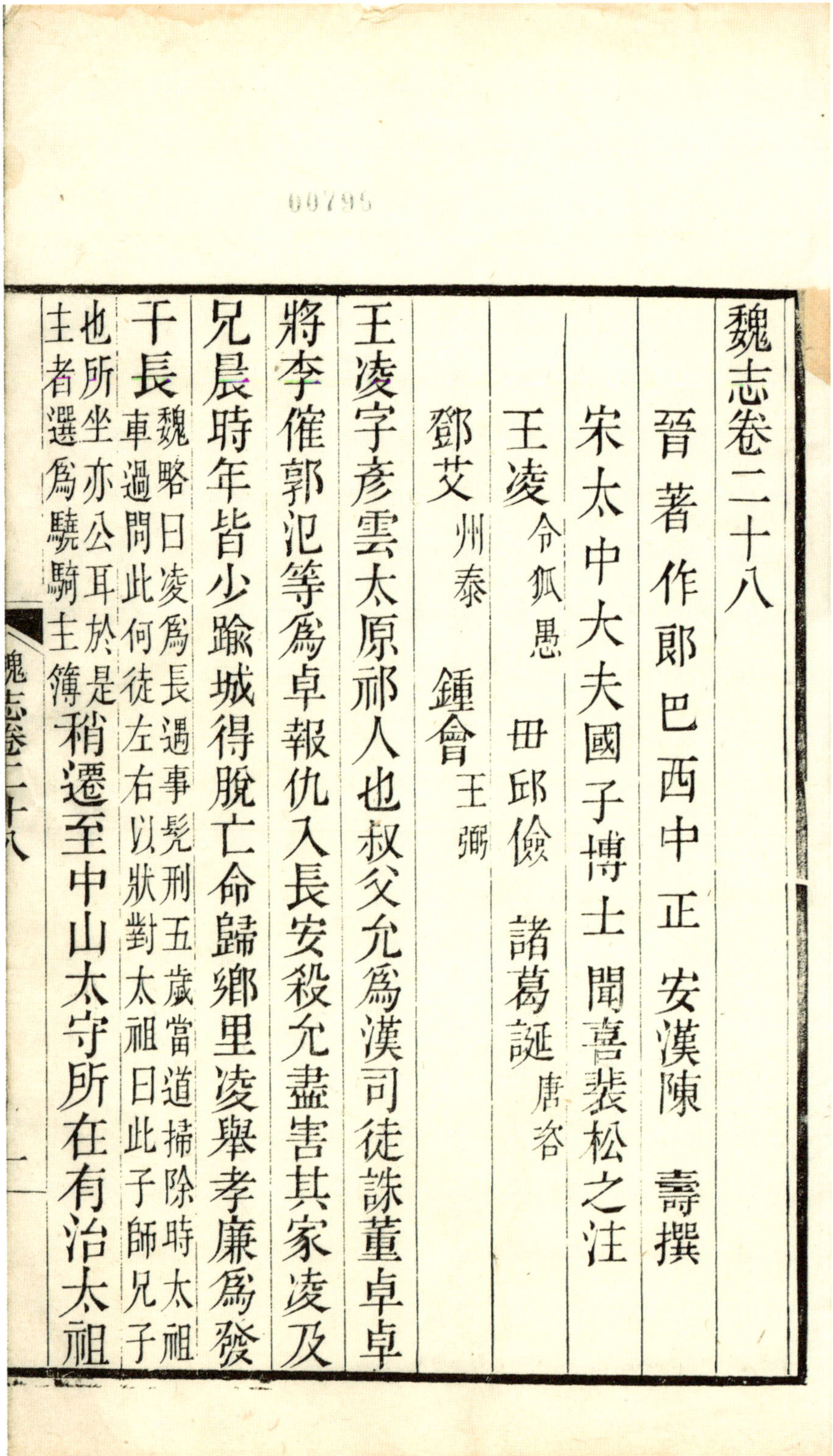

魏志卷二十八

晉著作郎巴西中正安漢陳壽撰

宋太中大夫國子博士聞喜裴松之注

王淩 令狐愚 毌丘儉 諸葛誕 唐咨

鄧艾 州泰 鍾會 王弼

王淩字彥雲太原祁人也叔父允爲漢司徒誅董卓卓將李傕郭汜等爲卓報仇入長安殺允盡害其家淩及兄晨時年皆少踰城得脫亡命歸鄉里淩舉孝廉爲發干長魏略曰淩爲長遇事髡刑五歲當道掃除時太祖車過問此何徒左右以狀對太祖曰此子師兄子也所坐亦公耳於是主者選爲驍騎主簿稍遷至中山太守所在有治太祖

魏志卷二十八 一

034 三國志六十五卷 （晉）陳壽撰 （南朝宋）裴松之注

清同治八年（1869）嶺南葄古堂刻二十四史本

框高 21.3 釐米，寬 15.1 釐米。半葉十行，行二十一字，小字雙行同，白口，左右雙邊。

館藏索書號：201.2/75250

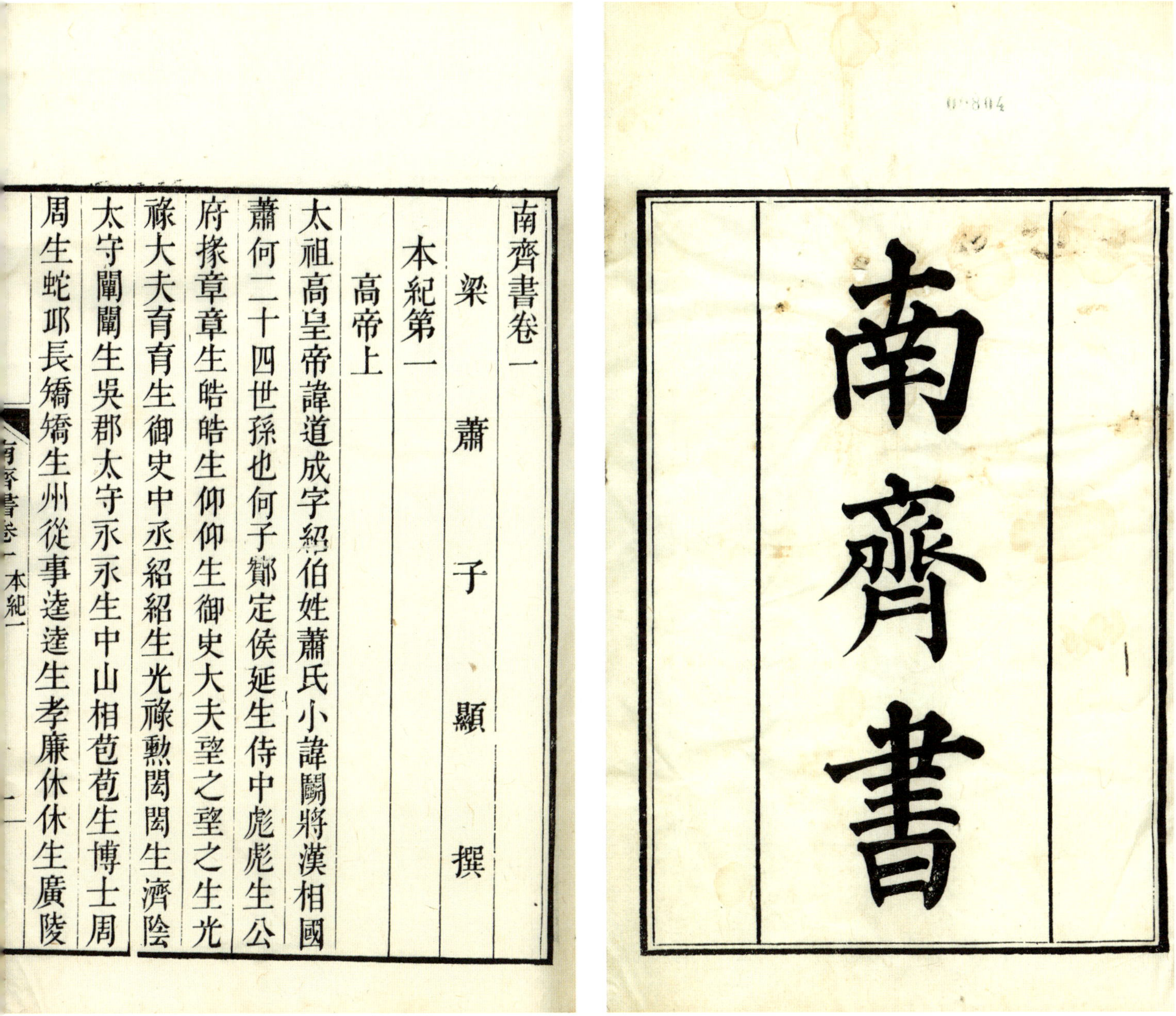

南齊書

南齊書卷一

梁　蕭子顯　撰

本紀第一

高帝上

太祖高皇帝諱道成字紹伯姓蕭氏小諱鬬將漢相國蕭何二十四世孫也何子酇定侯延生侍中彪彪生公府掾章章生皓皓生仰仰生御史大夫望之望之生光祿大夫育育生御史中丞紹紹生光祿勳閎閎生濟陰太守闡闡生吳郡太守永永生中山相苞苞生博士周周生蛇邱長矯矯生州從事逵逵生孝廉休休生廣陵

南齊書卷一　本紀一　一

035 南齊書五十九卷（南朝梁）蕭子顯撰　清同治八年（1869）嶺南葄古堂刻二十四史本

框高 21.3 釐米，寬 15.1 釐米。半葉十行，行二十一字，小字雙行同，白口，左右雙邊。

館藏索書號：201.2/44216

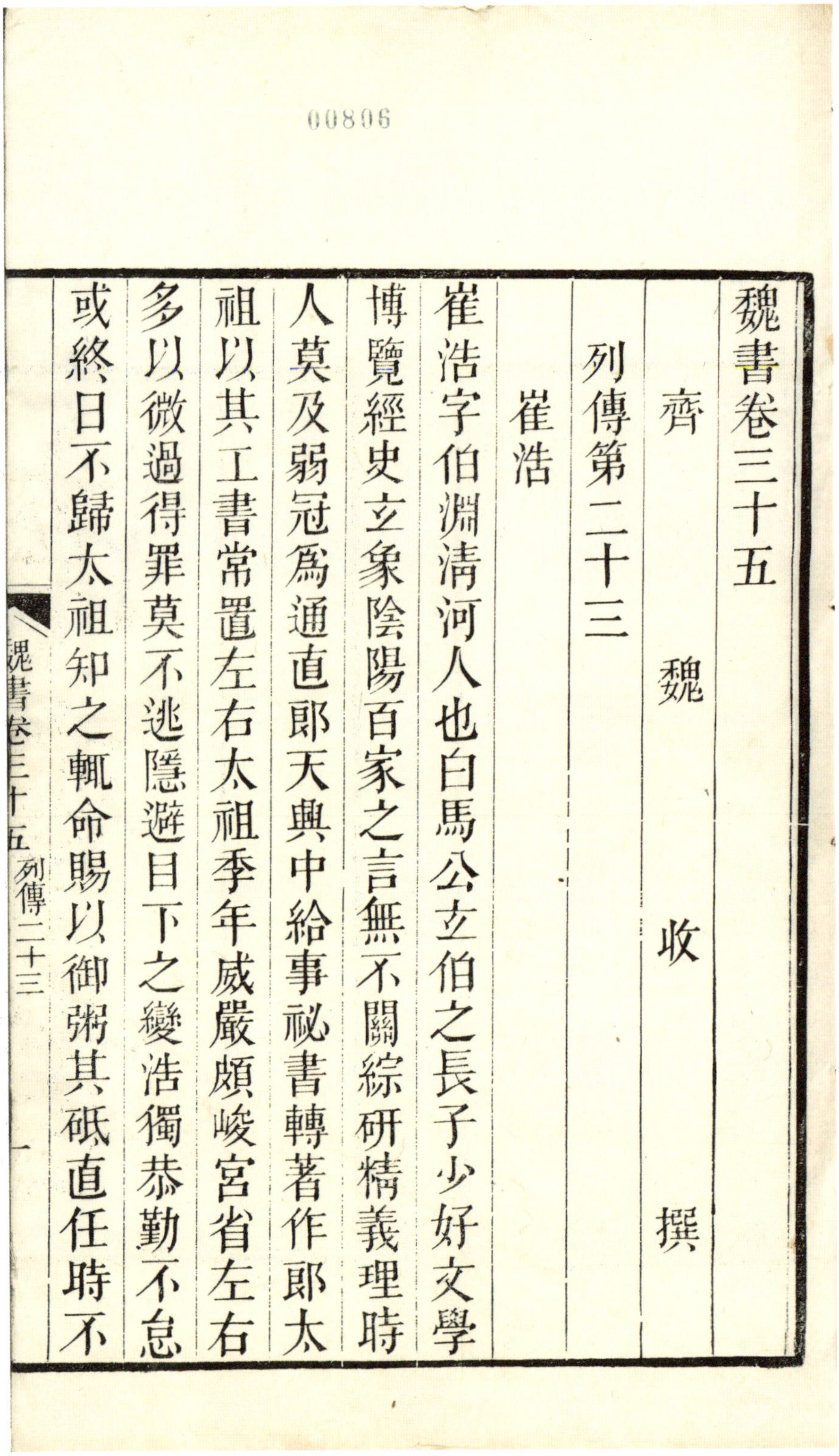

魏書卷三十五

齊　魏收　撰

列傳第二十三

崔浩

崔浩字伯淵清河人也白馬公玄伯之長子少好文學博覽經史玄象陰陽百家之言無不關綜研精義理時人莫及弱冠爲通直郎天興中給事祕書轉著作郎太祖以其工書常置左右太祖季年威嚴頗峻宮省左右多以微過得罪莫不逃隱避目下之變浩獨恭勤不怠或終日不歸太祖知之輒命賜以御粥其砥直任時不

魏書卷三十五　列傳二十三　一

036 魏書一百十四卷（北齊）魏收撰　清同治八年（1869）

嶺南葄古堂刻二十四史本

框高21.3釐米，寬15.1釐米。半葉十行，行二十一字，小字雙行同，白口，左右雙邊。

館藏索書號：201.2/26428

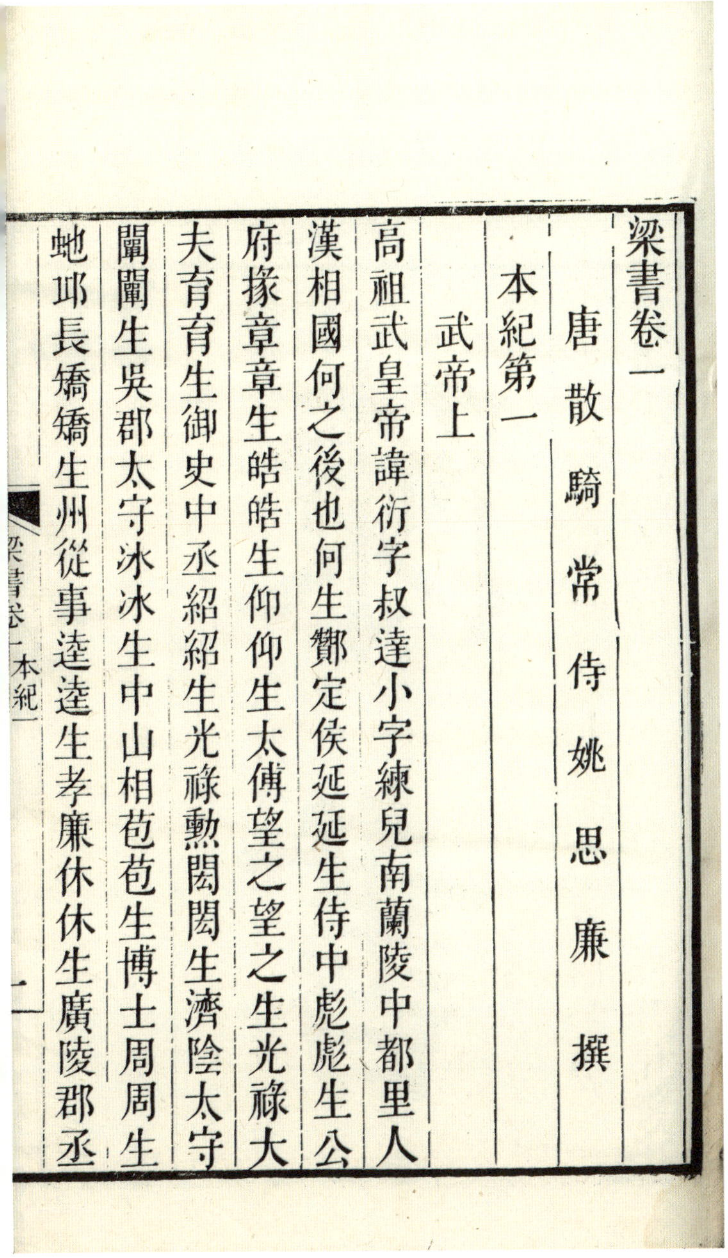

梁書卷一

唐散騎常侍姚思廉撰

本紀第一

武帝上

高祖武皇帝諱衍字叔達小字練兒南蘭陵中都里人漢相國何之後也何生酇定侯延延生侍中彪彪生公府掾章章生皓皓生仰仰生太傅望之望之生光祿大夫育育生御史中丞紹紹生光祿勳閎閎生濟陰太守闡闡生吳郡太守冰冰生中山相苞苞生博士周周生虵邱長矯矯生州從事逵逵生孝廉休休生廣陵郡丞

梁書卷一 本紀一 一

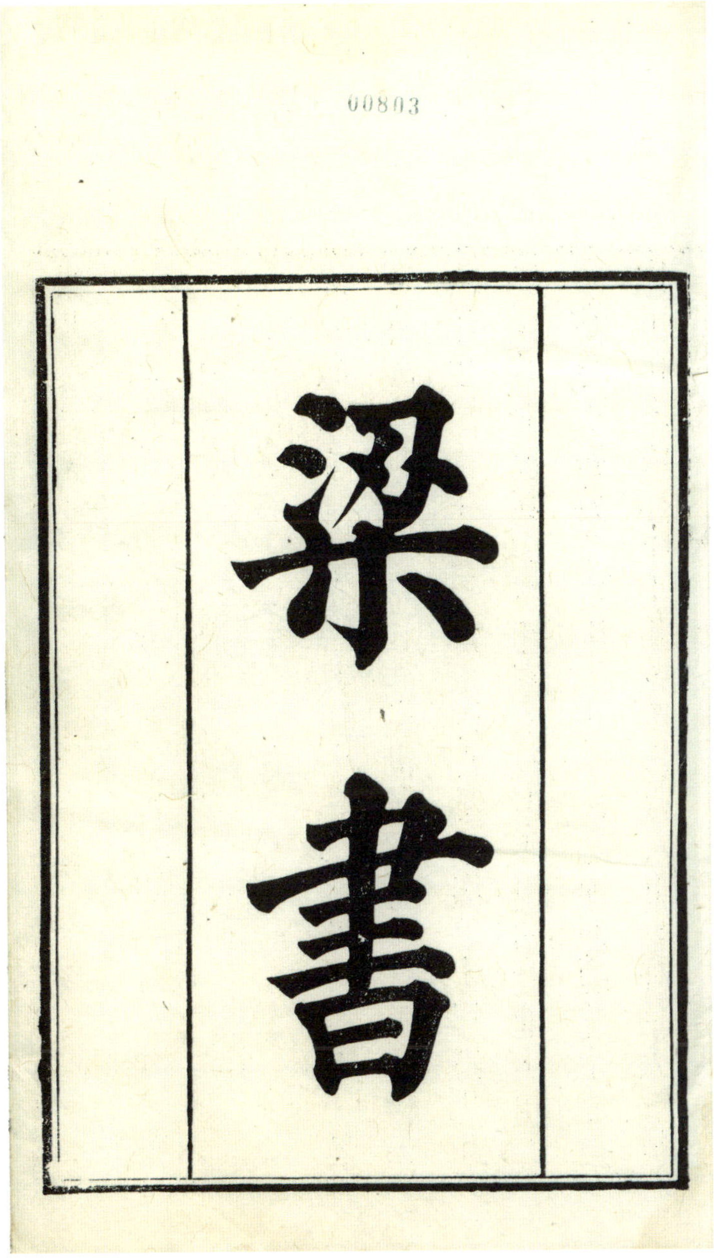

037 梁書五十六卷 （唐）姚思廉撰　清同治八年（1869）嶺南葄古堂刻二十四史本

框高21.3釐米，寬15.1釐米。半葉十行，行二十一字，小字雙行同，白口，左右雙邊。

館藏索書號：201.2/42460

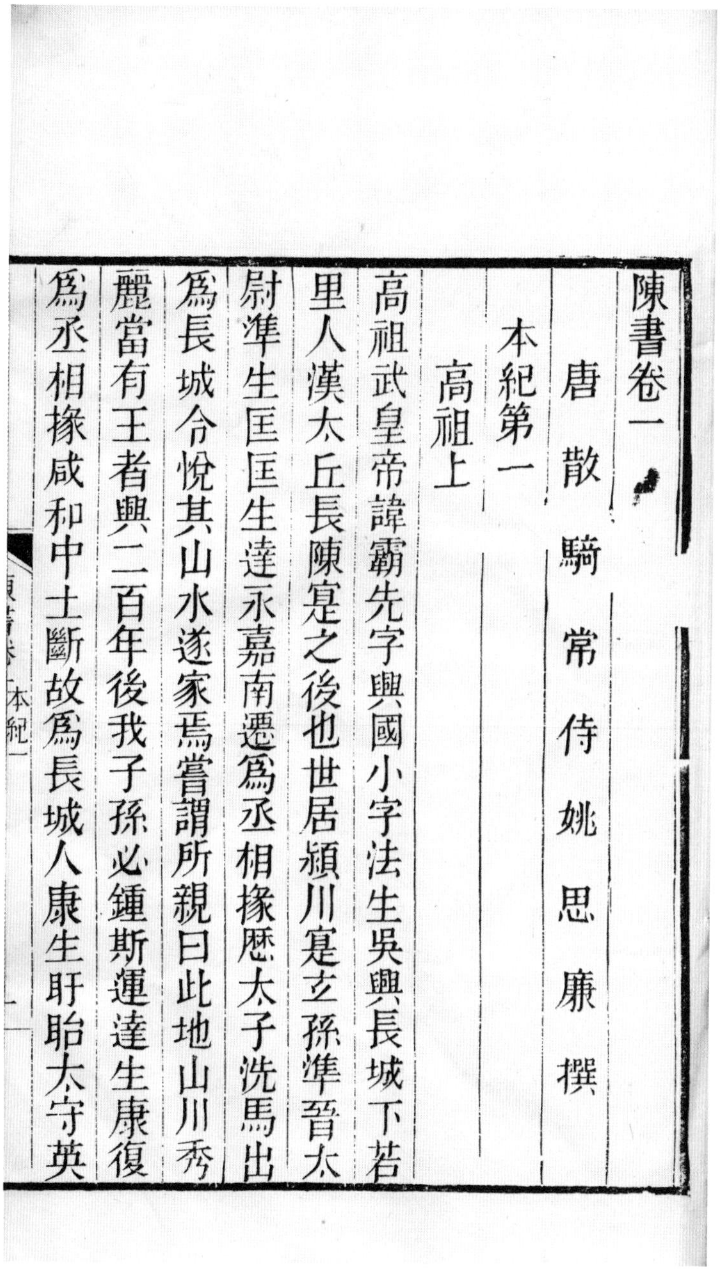
陳書卷一

唐　散　騎　常　侍　姚　思　廉　撰

本紀第一

高祖上

高祖武皇帝諱霸先字興國小字法生吳興長城下若里人漢太丘長陳寔之後也世居潁川寔玄孫準晉太尉準生匡匡生達永嘉南遷爲丞相掾歷太子洗馬出爲長城令悅其山水遂家焉嘗謂所親曰此地山川秀麗當有王者興二百年後我子孫必鍾斯運達生康復爲丞相掾咸和中土斷故爲長城人康生盱眙太守英

00805

陳書

038 陳書三十六卷　（唐）姚思廉撰　清同治八年（1869）嶺南葄古堂刻二十四史本

框高 21.3 釐米，寬 15.1 釐米。半葉十行，行二十一字，小字雙行同，白口，左右雙邊。

館藏索書號：201.2/42460

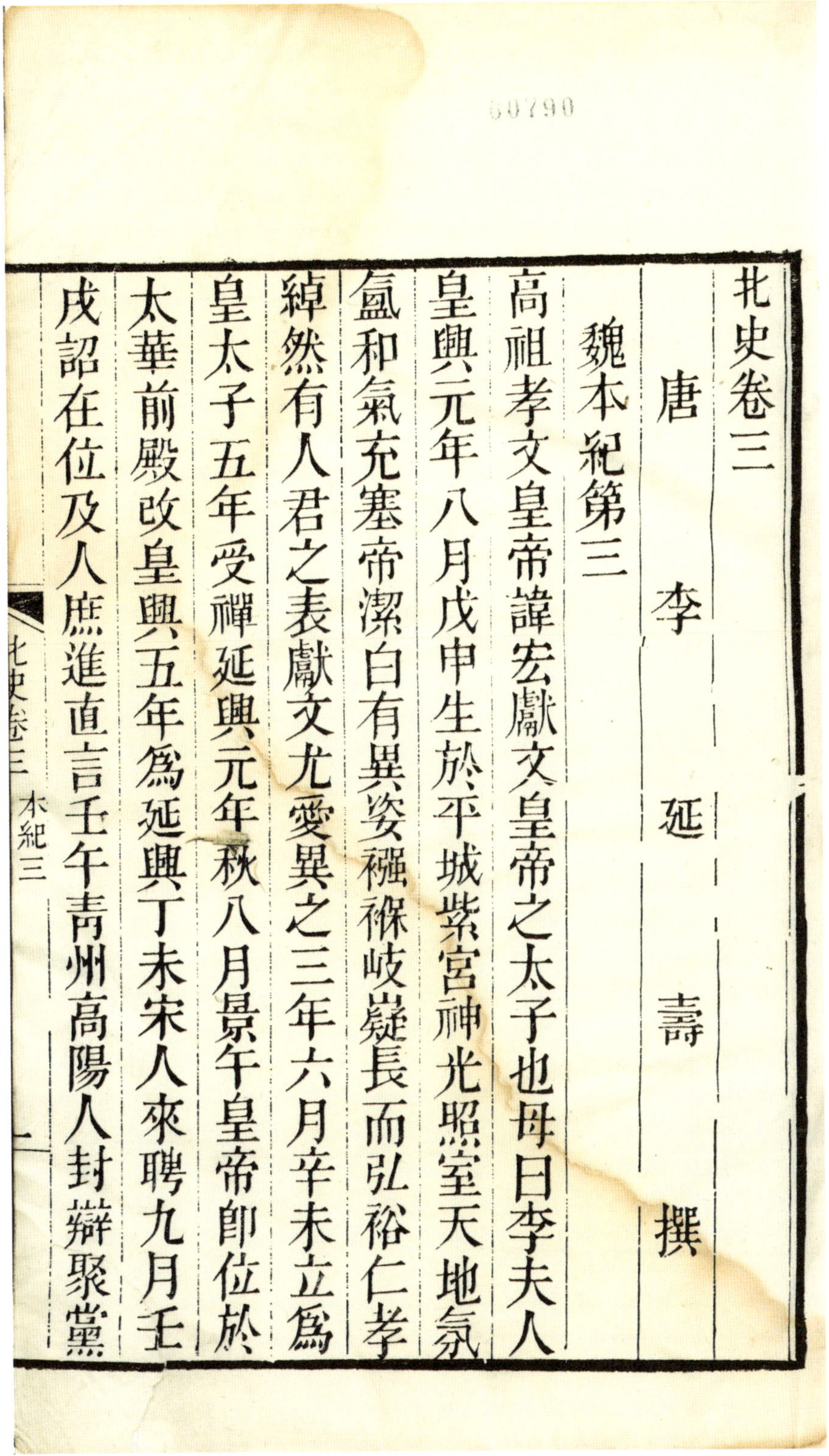
北史卷三
唐　李　延　壽　撰
魏本紀第三
高祖孝文皇帝諱宏獻文皇帝之太子也母曰李夫人
皇興元年八月戊申生於平城紫宮神光照室天地氛
氲和氣充塞帝潔白有異姿襁褓岐嶷長而弘裕仁孝
綽然有人君之表獻文尤愛異之三年六月辛未立爲
皇太子五年受禪延興元年秋八月景午皇帝即位於
太華前殿改皇興五年爲延興丁未宋人來聘九月壬
戌詔在位及人庶進直言壬午青州高陽人封辯聚黨
北史卷三　本紀三　一

039 北史一百卷 （唐）李延壽撰　清同治八年（1869）嶺南葄古堂刻二十四史本

框高21.3釐米，寬15.1釐米。半葉十行，行二十一字，小字雙行同，白口，左右雙邊。

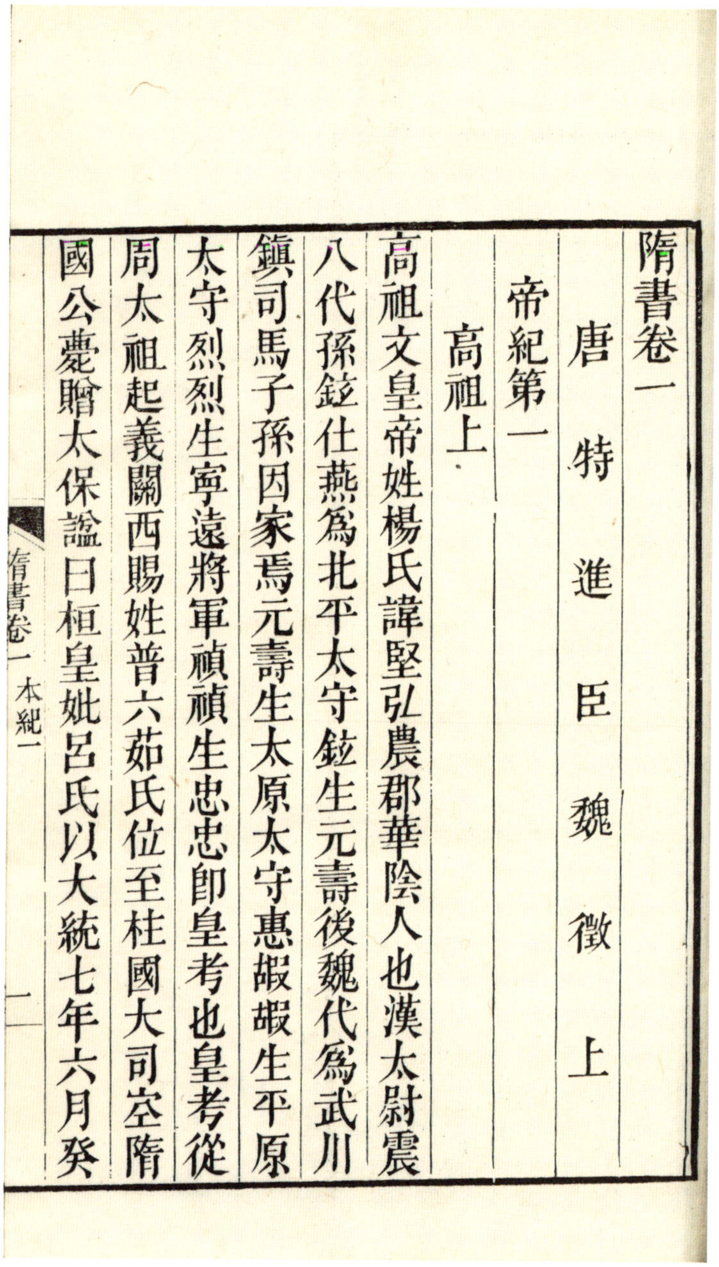
隋書卷一

唐 特 進 臣 魏 徵 上

帝紀第一

高祖上

高祖文皇帝姓楊氏諱堅弘農郡華陰人也漢太尉震八代孫鉉仕燕為北平太守鉉生元壽後魏代為武川鎮司馬子孫因家焉元壽生太原太守惠嘏嘏生平原太守烈烈生寧遠將軍禎禎生忠忠即皇考也皇考從周太祖起義關西賜姓普六茹氏位至柱國大司空隋國公薨贈太保謚曰桓皇妣呂氏以大統七年六月癸

隋書卷一 本紀一 一

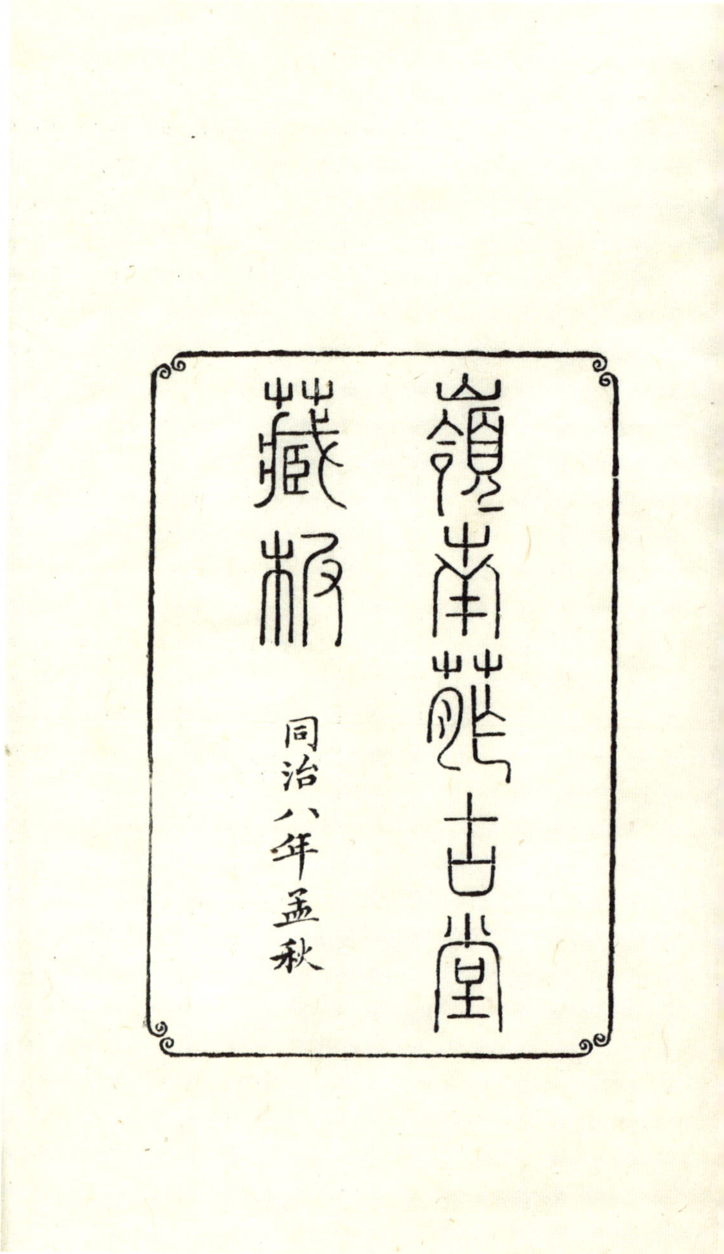

040 隋書八十五卷 （唐）魏徵撰　清同治八年（1869）嶺南葄古堂刻二十四史本

框高 21.3 釐米，寬 15.1 釐米。半葉十行，行二十一字，小字雙行同，白口，左右雙邊。

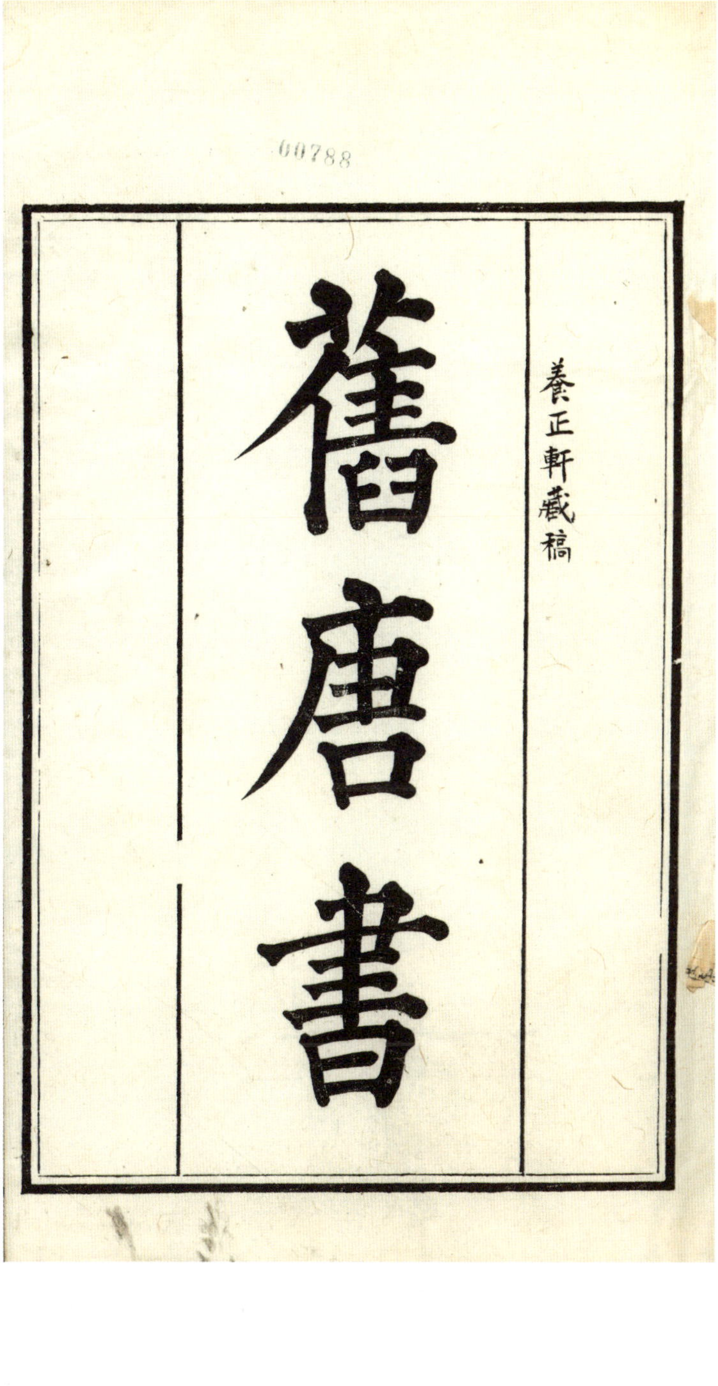
00788

舊唐書

養正軒藏稿

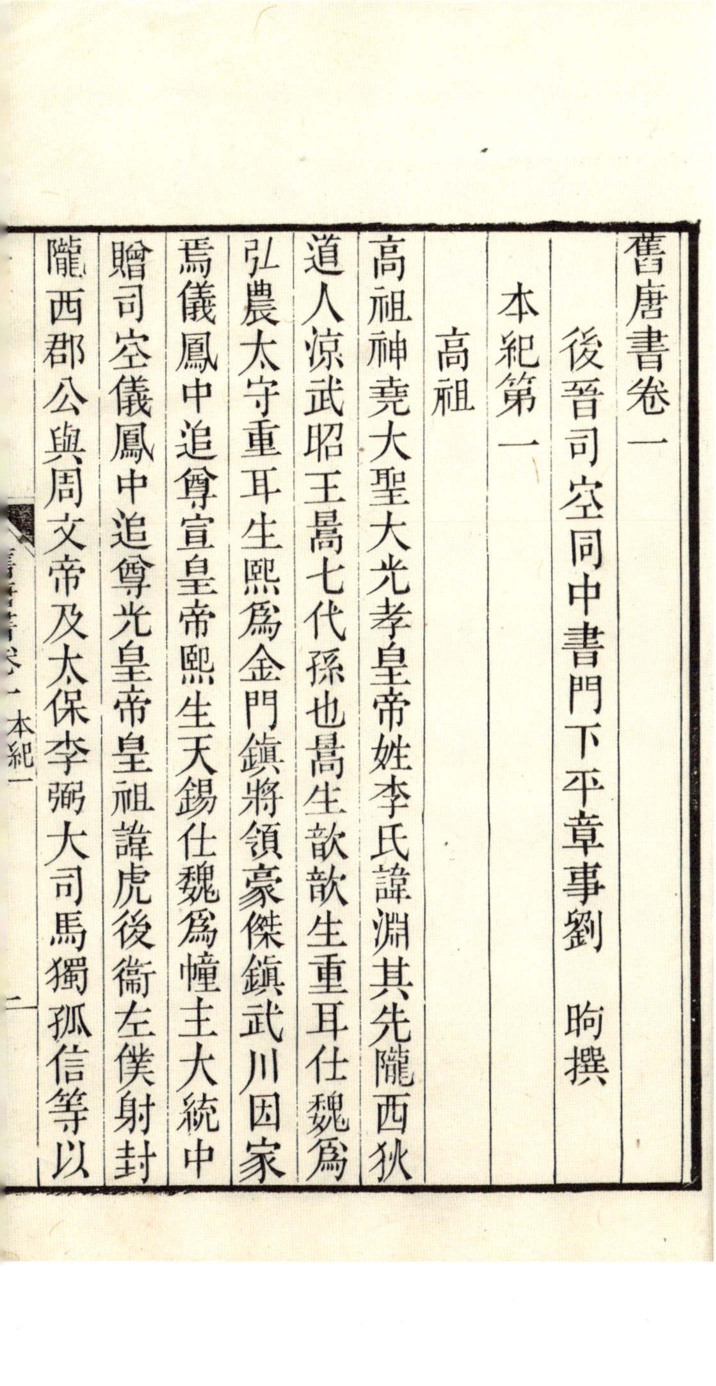
舊唐書卷一

後晉司空同中書門下平章事劉　昫撰

本紀第一

高祖

高祖神堯大聖大光孝皇帝姓李氏諱淵其先隴西狄道人涼武昭王暠七代孫也暠生歆歆生重耳仕魏爲弘農太守重耳生熙爲金門鎮將領豪傑鎮武川因家焉儀鳳中追尊宣皇帝熙生天錫仕魏爲幢主大統中贈司空儀鳳中追尊光皇帝皇祖諱虎後衛左僕射封隴西郡公與周文帝及太保李弼大司馬獨孤信等以

舊唐書卷一　本紀一　二

041 舊唐書二百卷 （後晉）劉昫撰　清同治八年（1869）嶺南葄古堂刻二十四史本

框高 21.3 釐米，寬 15.1 釐米。半葉十行，行二十一字，小字雙行同，白口，左右雙邊。

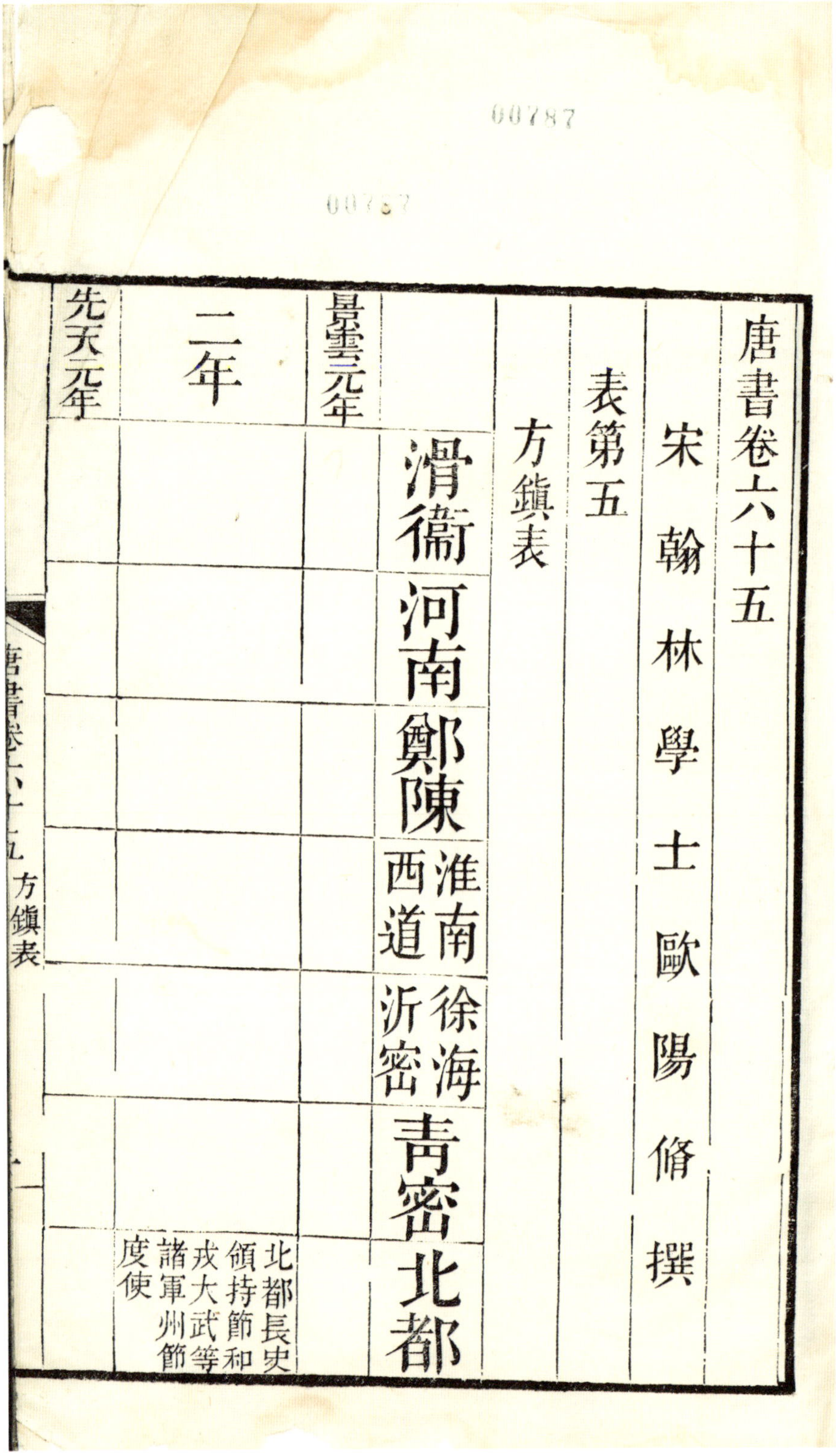

唐書卷六十五

宋翰林學士歐陽脩撰

表第五

方鎮表

滑衛 河南 鄭陳 淮南西道 徐海沂密 青密 北都

景雲元年

二年 北都長史領持節和戎大武等諸軍州節度使

先天元年

唐書卷六十五 方鎮表

042 唐書二百五十五卷 （宋）歐陽修等撰 清同治八年（1869）嶺南葄古堂刻二十四史本

框高21.3釐米，寬15.1釐米。半葉十行，行二十一字，小字雙行同，白口，左右雙邊。

館藏索書號：201.2/77772

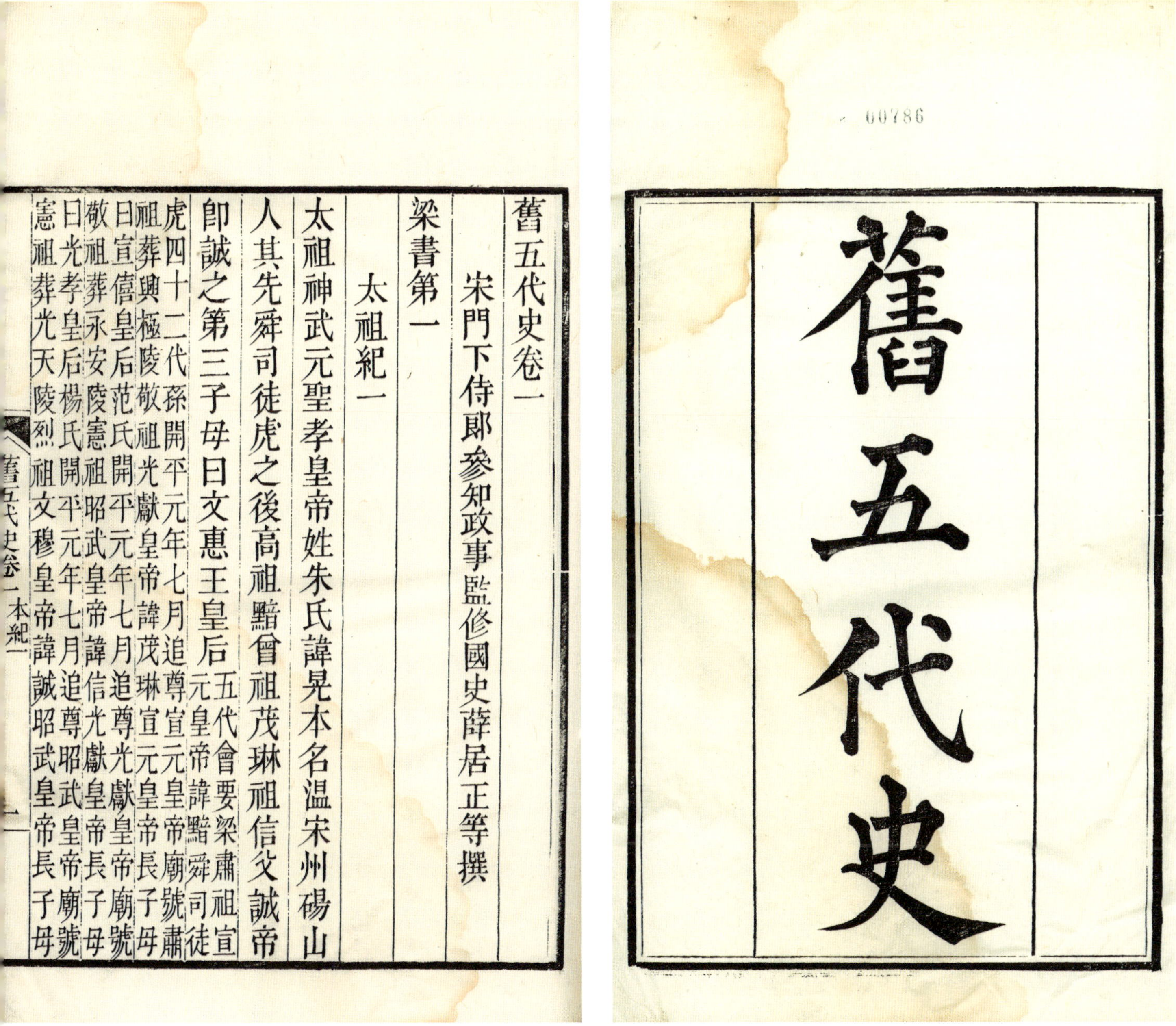
00786

舊五代史

舊五代史卷一

宋門下侍郎參知政事監修國史薛居正等撰

梁書第一

太祖紀一

太祖神武元聖孝皇帝姓朱氏諱晃本名温宋州碭山人其先舜司徒虎之後高祖黯曾祖茂琳祖信父誠帝卽誠之第三子母曰文惠王皇后五代會要梁肅祖宣元皇帝諱黯舜司徒虎四十二代孫開平元年七月追尊宣元皇帝廟號肅祖葬興極陵敬祖光獻皇帝諱茂琳宣元皇帝長子母曰宣僖皇后范氏開平元年七月追尊光獻皇帝廟號敬祖葬永安陵憲祖昭武皇帝諱信光獻皇帝長子母曰光孝皇后楊氏開平元年七月追尊昭武皇帝廟號憲祖葬光天陵烈祖文穆皇帝諱誠昭武皇帝長子母

舊五代史卷一　本紀一　一

043 舊五代史一百五十卷 （宋）薛居正等撰　清同治八年（1869）嶺南葄古堂刻二十四史本

框高21.3釐米，寬15.1釐米。半葉十行，行二十一字，小字雙行同，白口，左右雙邊。

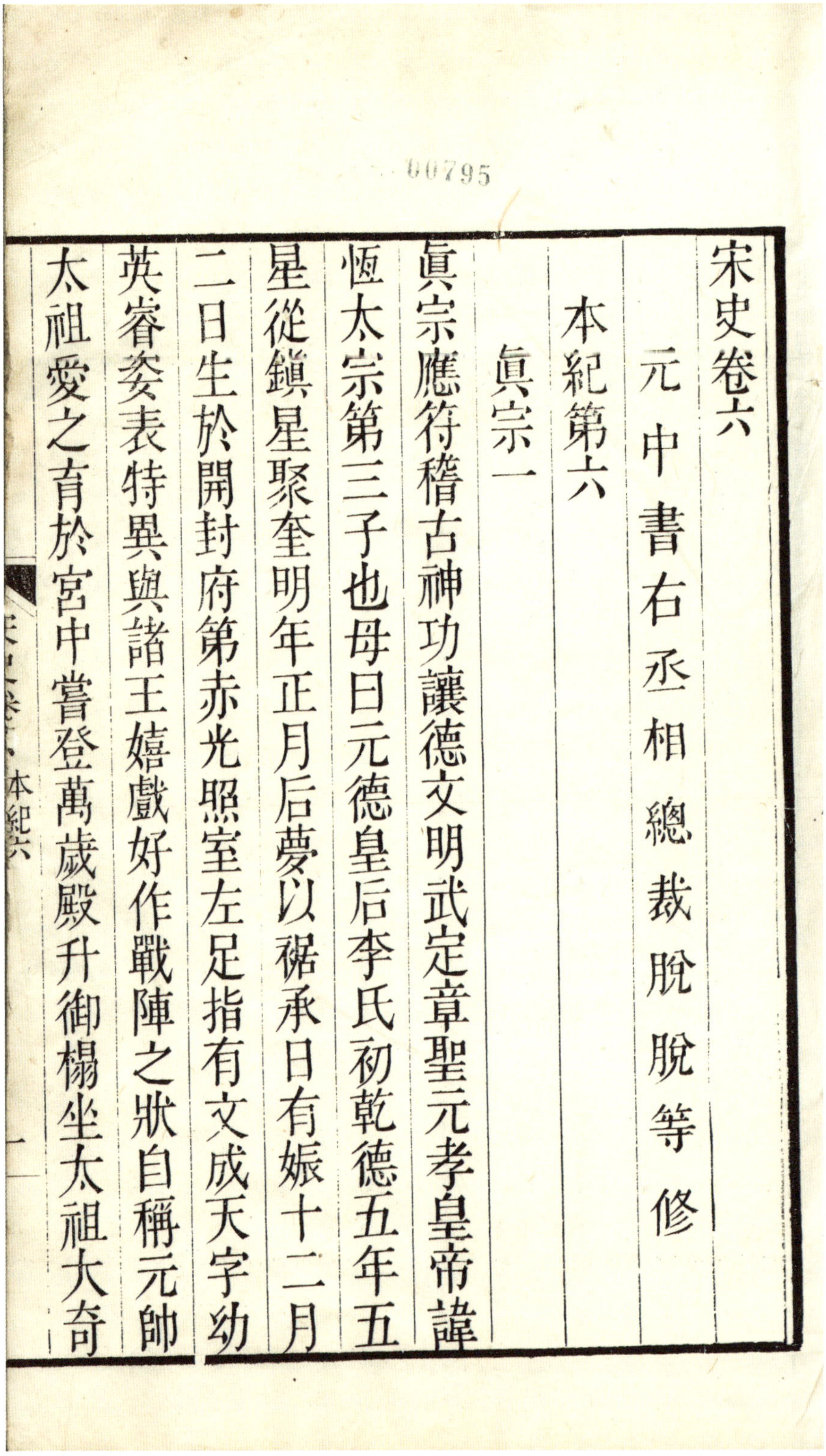

宋史卷六

元 中書右丞相總裁脫脫等修

本紀第六

眞宗一

眞宗應符稽古神功讓德文明武定章聖元孝皇帝諱恒太宗第三子也母曰元德皇后李氏初乾德五年五星從鎭星聚奎明年正月后夢以裾承日有娠十二月二日生於開封府第赤光照室左足指有文成天字幼英睿姿表特異與諸王嬉戲好作戰陣之狀自稱元帥太祖愛之育於宮中嘗登萬歲殿升御榻坐太祖大奇

044 宋史四百九十六卷 （元）脫脫等撰　清同治八年（1869）嶺南葄古堂刻二十四史本

框高 21.3 釐米，寬 15.1 釐米。半葉十行，行二十一字，小字雙行同，白口，左右雙邊。

館藏索書號：201.2/52045（78278）

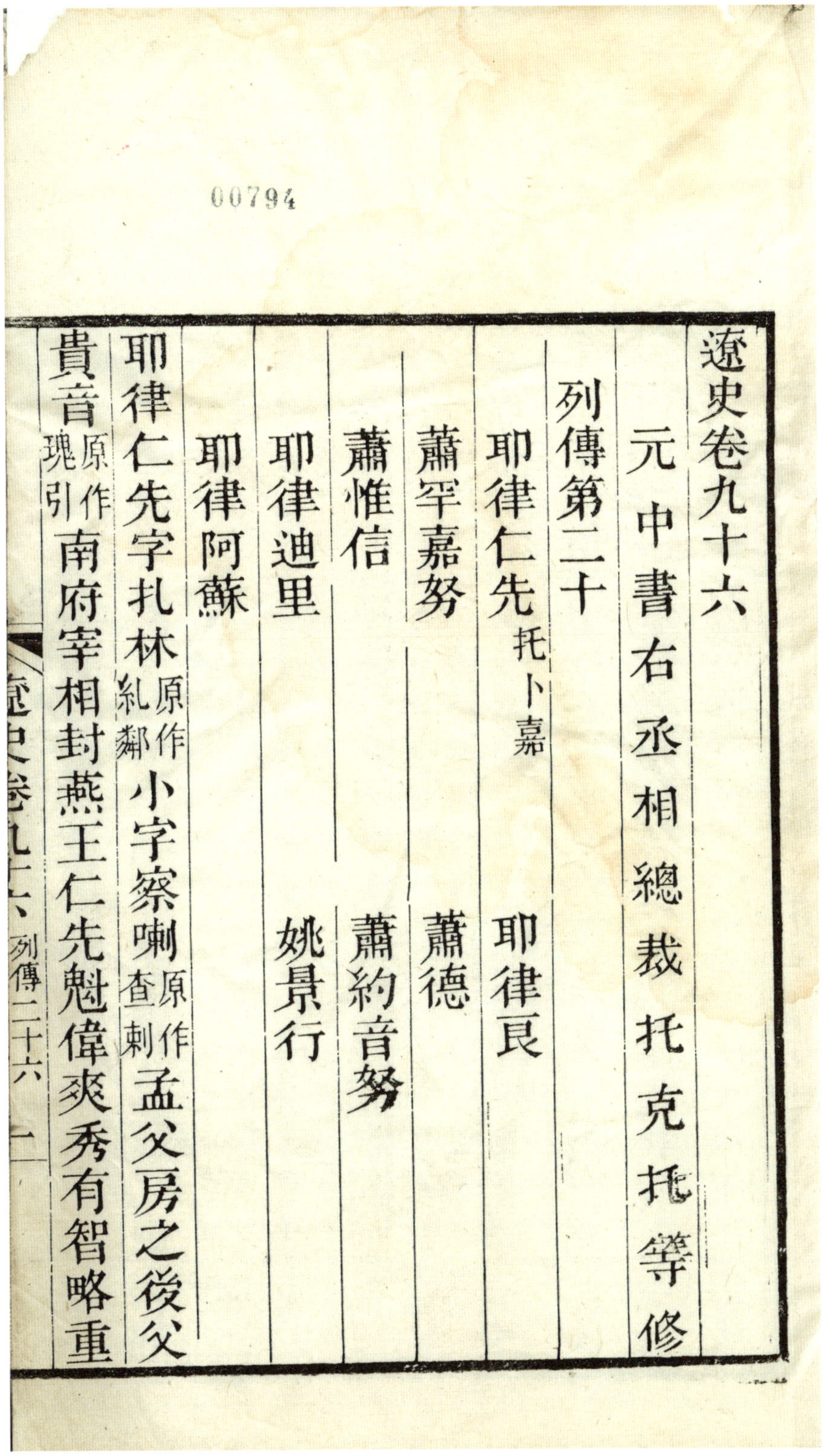
00794

遼史卷九十六

元中書右丞相總裁托克托等修

列傳第二十

耶律仁先 托卜嘉　耶律艮

蕭罕嘉努　蕭德

蕭惟信　蕭約音努

耶律迪里　姚景行

耶律阿蘇

耶律仁先字扎林原作糺鄰小字察喇原作查剌孟父房之後父

貴音原作瑰引南府宰相封燕王仁先魁偉爽秀有智略重

遼史卷九十六　列傳二十六　一

045 遼史一百十六卷　（元）脱脱等撰　清同治八年（1869）

嶺南葄古堂刻二十四史本

框高21.3釐米，寬15.1釐米。半葉十行，行二十一字，小字雙行同，白口，左右雙邊。

館藏索書號：201.2/52045

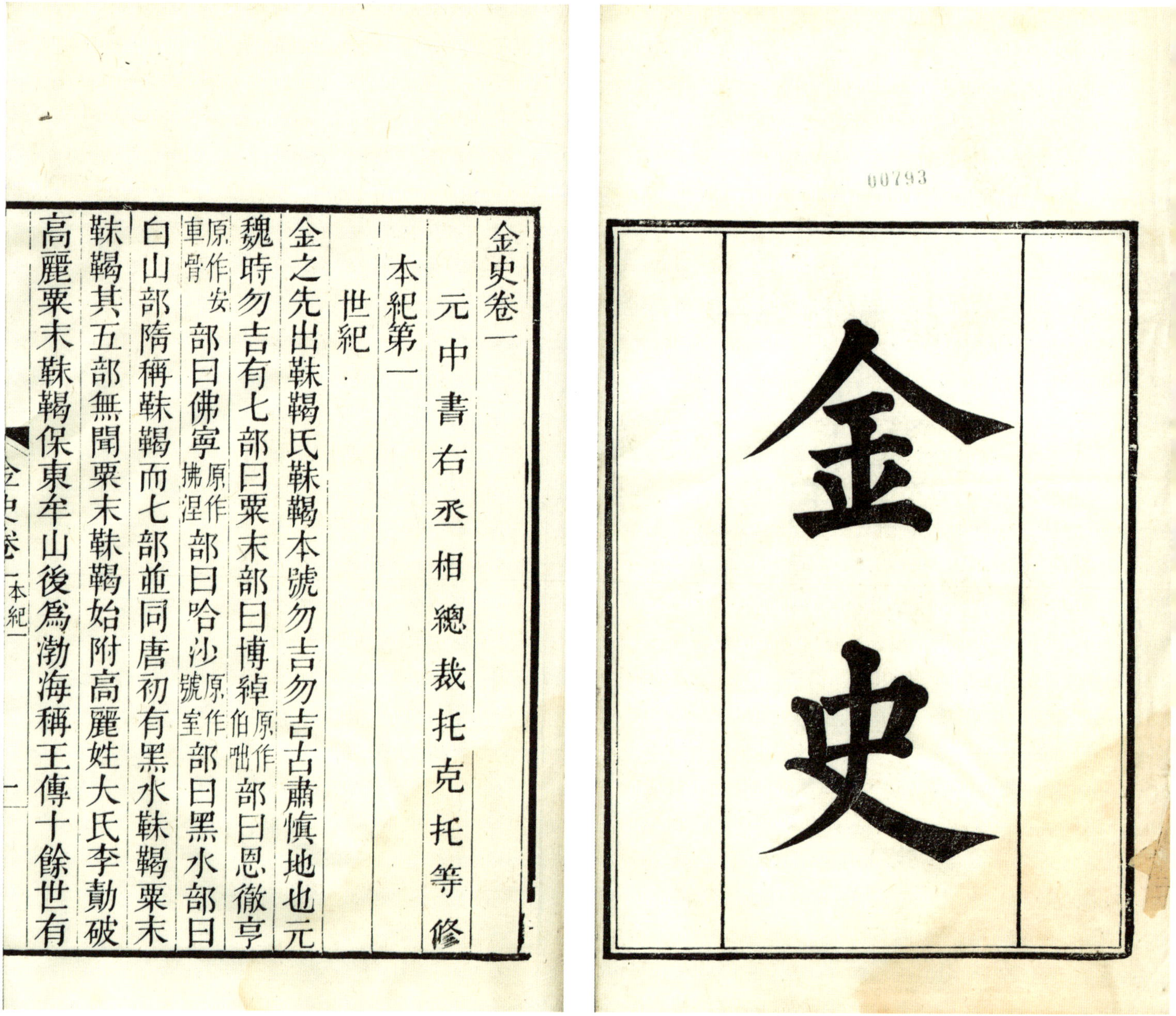
金史

金史卷一
元中書右丞相總裁托克托等修
本紀第一
世紀
金之先出靺鞨氏靺鞨本號勿吉勿吉古肅慎地也元
魏時勿吉有七部曰粟末部曰博䘲原作伯咄部曰恩徹亨原作安車骨部曰佛寧原作拂涅部曰哈沙原作號室部曰黑水部曰
白山部隋稱靺鞨而七部並同唐初有黑水靺鞨粟末
靺鞨其五部無聞粟末靺鞨始附高麗姓大氏李勣破
高麗粟末靺鞨保東牟山後爲渤海稱王傳十餘世有

金史卷一　本紀一　一

046 金史一百三十五卷　（元）脱脱等撰　清同治八年（1869）

嶺南葄古堂刻二十四史本

框高 21.3 釐米，寬 15.1 釐米。半葉十行，行二十一字，小字雙行同，白口，左右雙邊。

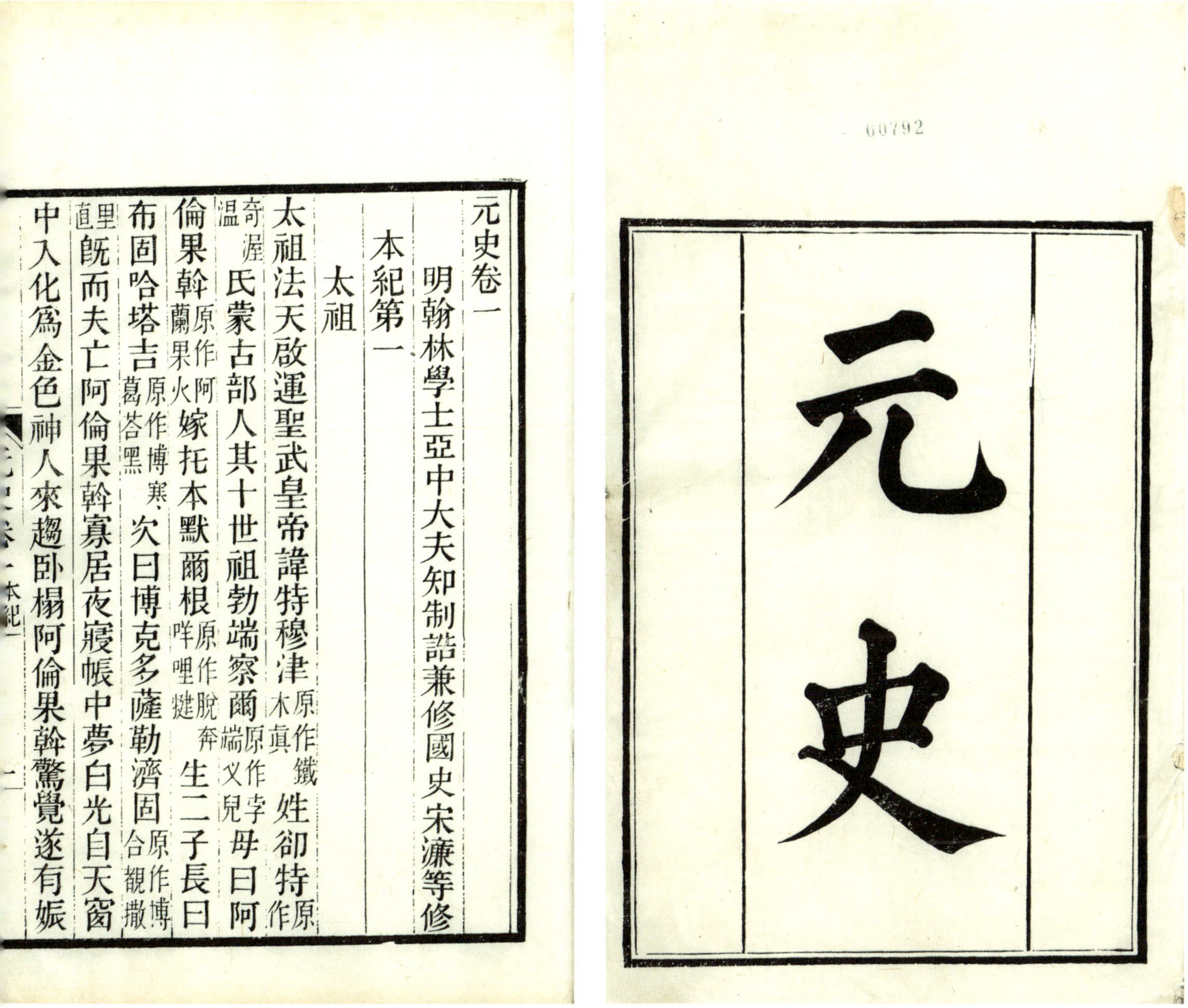
元史卷一　明翰林學士亞中大夫知制誥兼修國史宋濂等修
本紀第一
太祖
太祖法天啟運聖武皇帝諱特穆津（原作鐵木真）姓卻特（原作奇渥溫）氏蒙古部人其十世祖勃端察爾（原作孛端乂兒）母曰阿倫果斡（原作阿蘭果火）嫁托本默爾根（原作脫奔咩哩犍）生二子長曰布固哈塔吉（原作博寒葛答黑）次曰博克多薩勒濟固（原作博合覩撒里直）既而夫亡阿倫果斡寡居夜寢帳中夢白光自天窗中入化爲金色神人來趨臥榻阿倫果斡驚覺遂有娠

元史卷一　本紀一　一

元史

047 元史二百十卷　（明）宋濂等撰　清同治八年（1869）嶺南葄古堂刻二十四史本

框高 21.3 釐米，寬 15.1 釐米。半葉十行，行二十一字，小字雙行同，白口，左右雙邊。

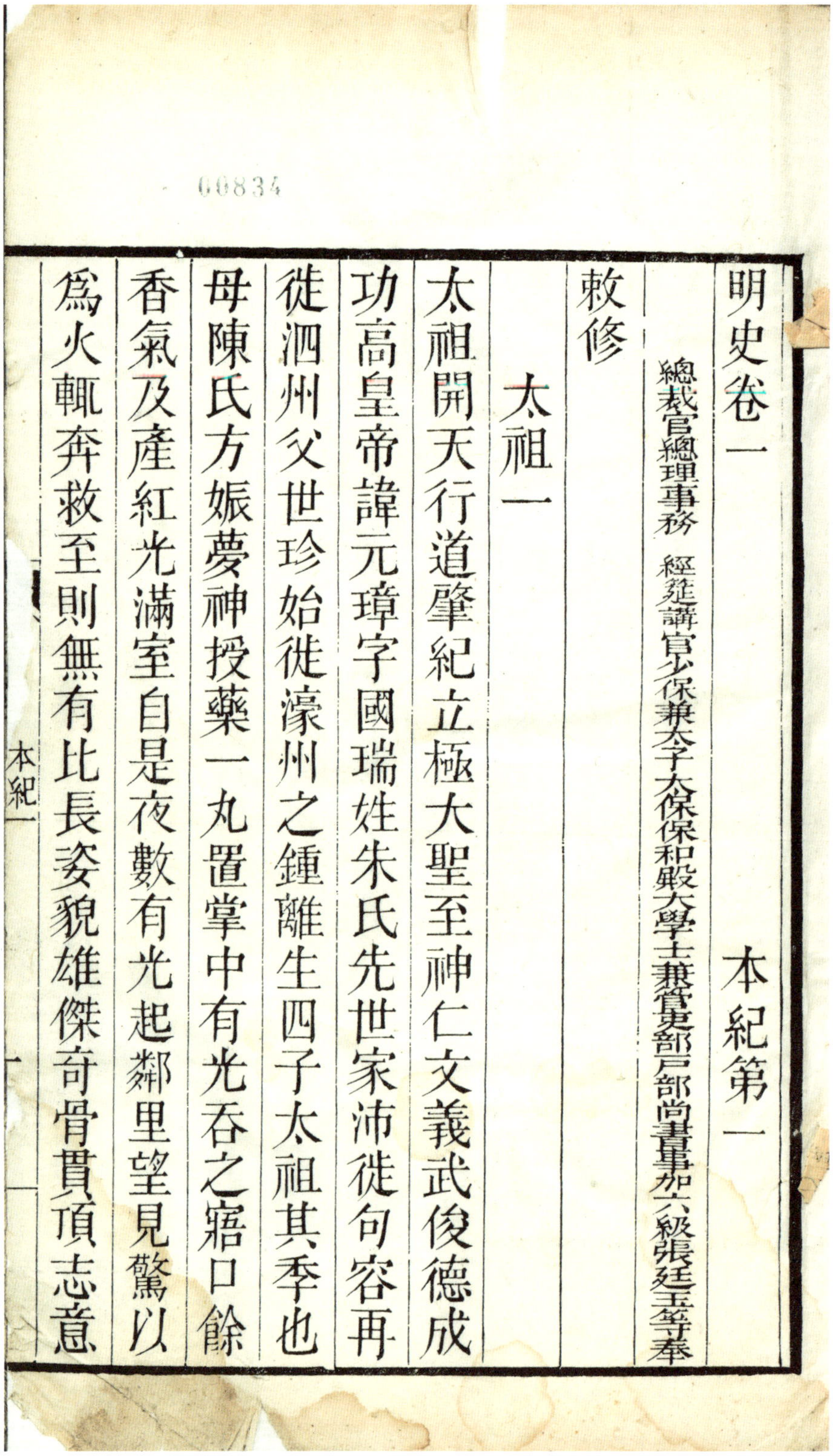

明史卷一　本紀第一

總裁官總理事務經筵講官少保兼太子太保保和殿大學士兼管吏部戶部尚書事加六級張廷玉等奉

敕修

太祖一

太祖開天行道肇紀立極大聖至神仁文義武俊德成功高皇帝諱元璋字國瑞姓朱氏先世家沛徙句容再徙泗州父世珍始徙濠州之鍾離生四子太祖其季也母陳氏方娠夢神授藥一丸置掌中有光吞之寤口餘香氣及產紅光滿室自是夜數有光起鄰里望見驚以爲火輒奔救至則無有比長姿貌雄傑奇骨貫頂志意

本紀一

048 明史三百六十卷（清）張廷玉等撰　清同治八年（1869）嶺南葄古堂刻二十四史本

框高 21.3 釐米，寬 15.1 釐米。半葉十行，行二十一字，小字雙行同，白口，左右雙邊。

館藏索書號：201.2/11211

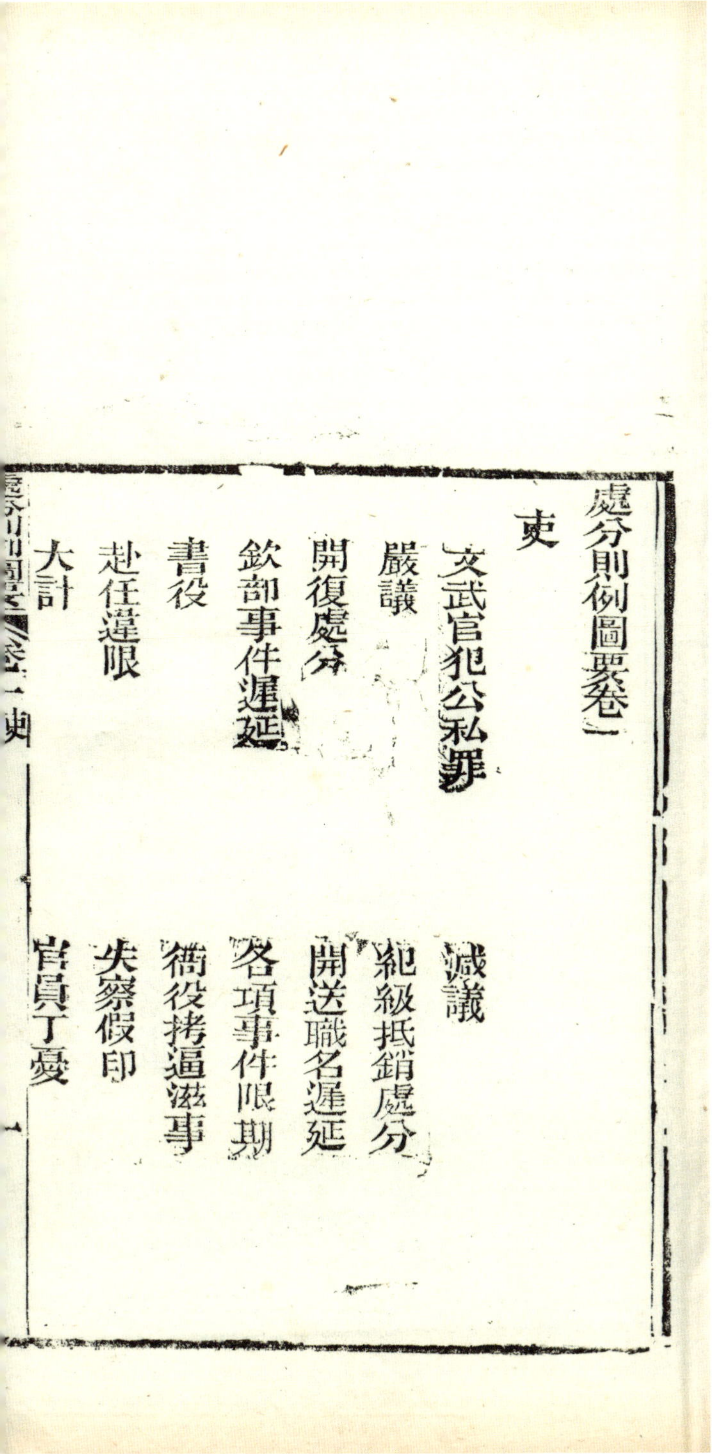

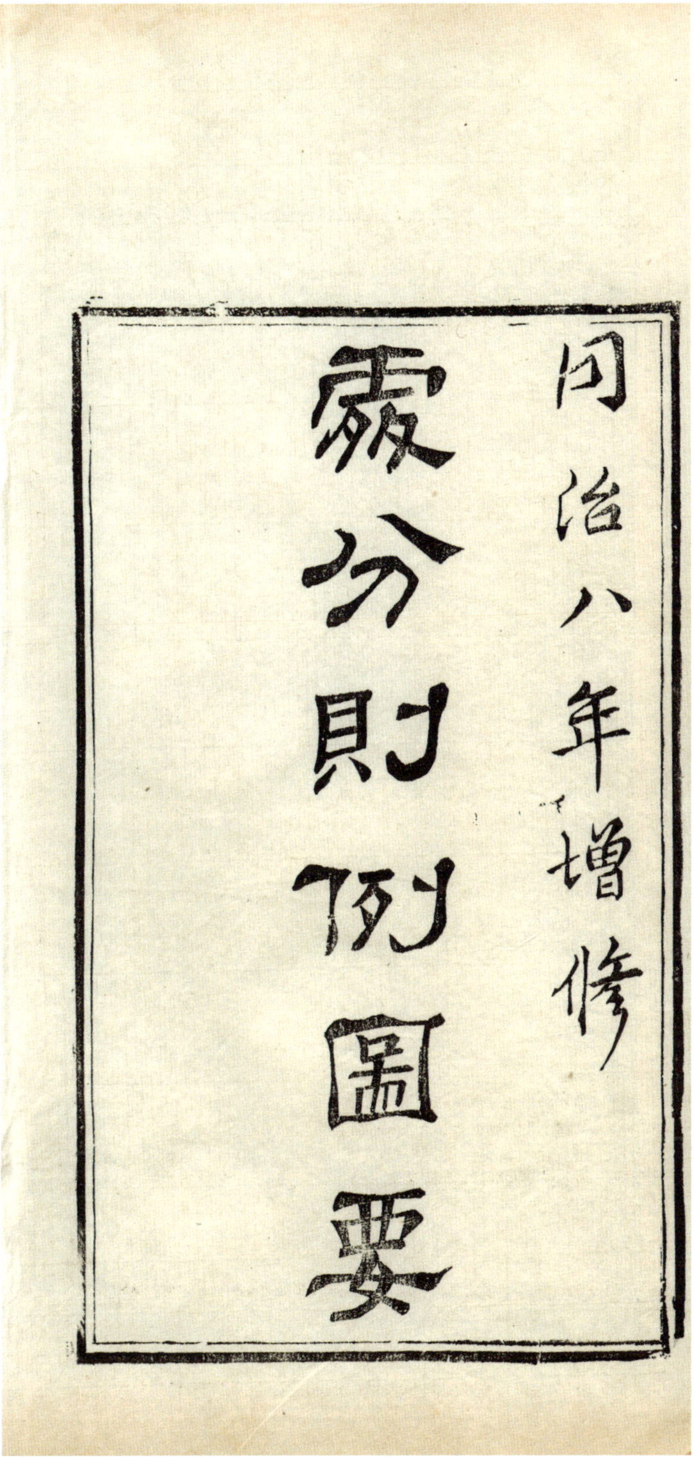

049 律例便覽八卷 （清）蔡嵩年編 **處分則例圖要六卷**

（清）蔡逢年繪編　清同治八年（1869）刻本

框高 16 釐米，寬 12.2 釐米。半葉九行，行二十四字，小字雙行同，白口，左右雙邊。

館藏索書號：201.3/44938

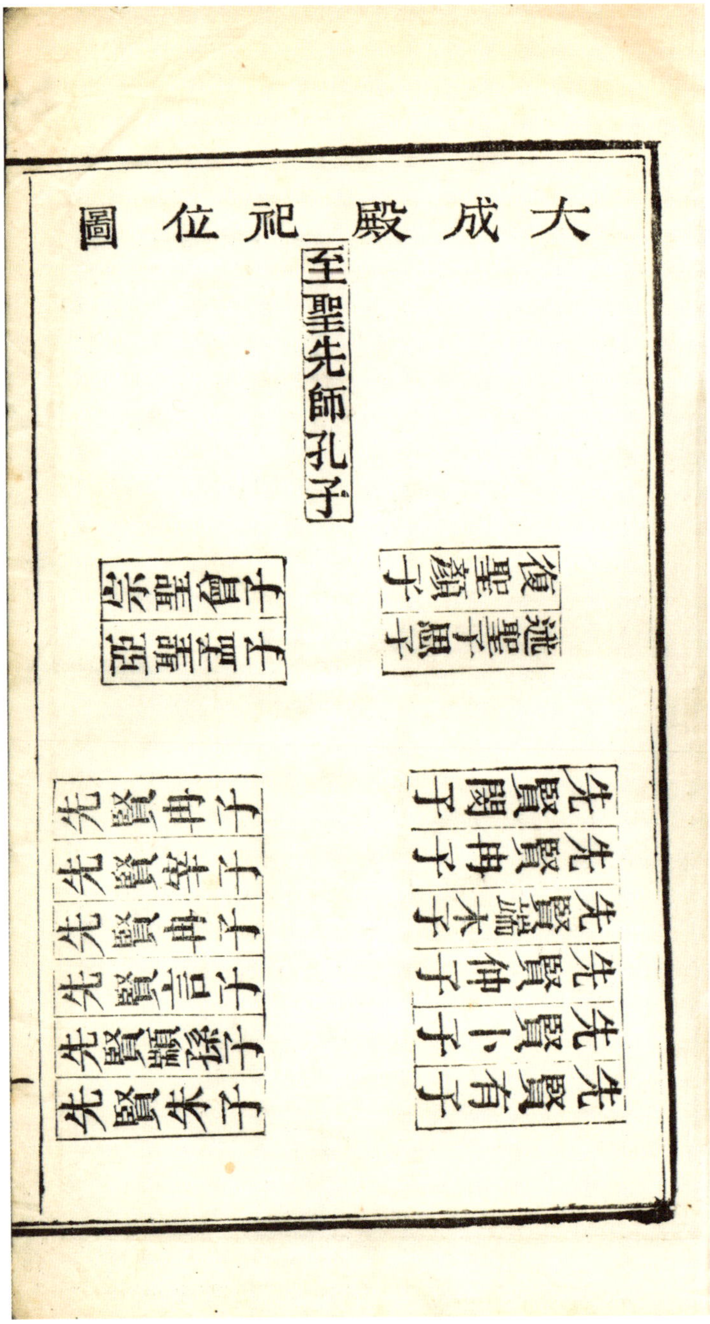
大成殿祀位圖

至聖先師孔子

復聖顏子　述聖子思子

宗聖曾子　亞聖孟子

先賢閔子　先賢冉子　先賢端木子　先賢仲子　先賢卜子　先賢有子

先賢冉子　先賢宰子　先賢冉子　先賢言子　先賢顓孫子　先賢朱子

文廟祀位

050 文廟祀位不分卷　（清）倭什琿布輯　清同治八年（1869）

崇文書局刻本

框高 24.2 釐米，寬 14.5 釐米。半葉十二行，行二十字，小字雙行同，白口，四周雙邊。

館藏索書號：2091.2/77057

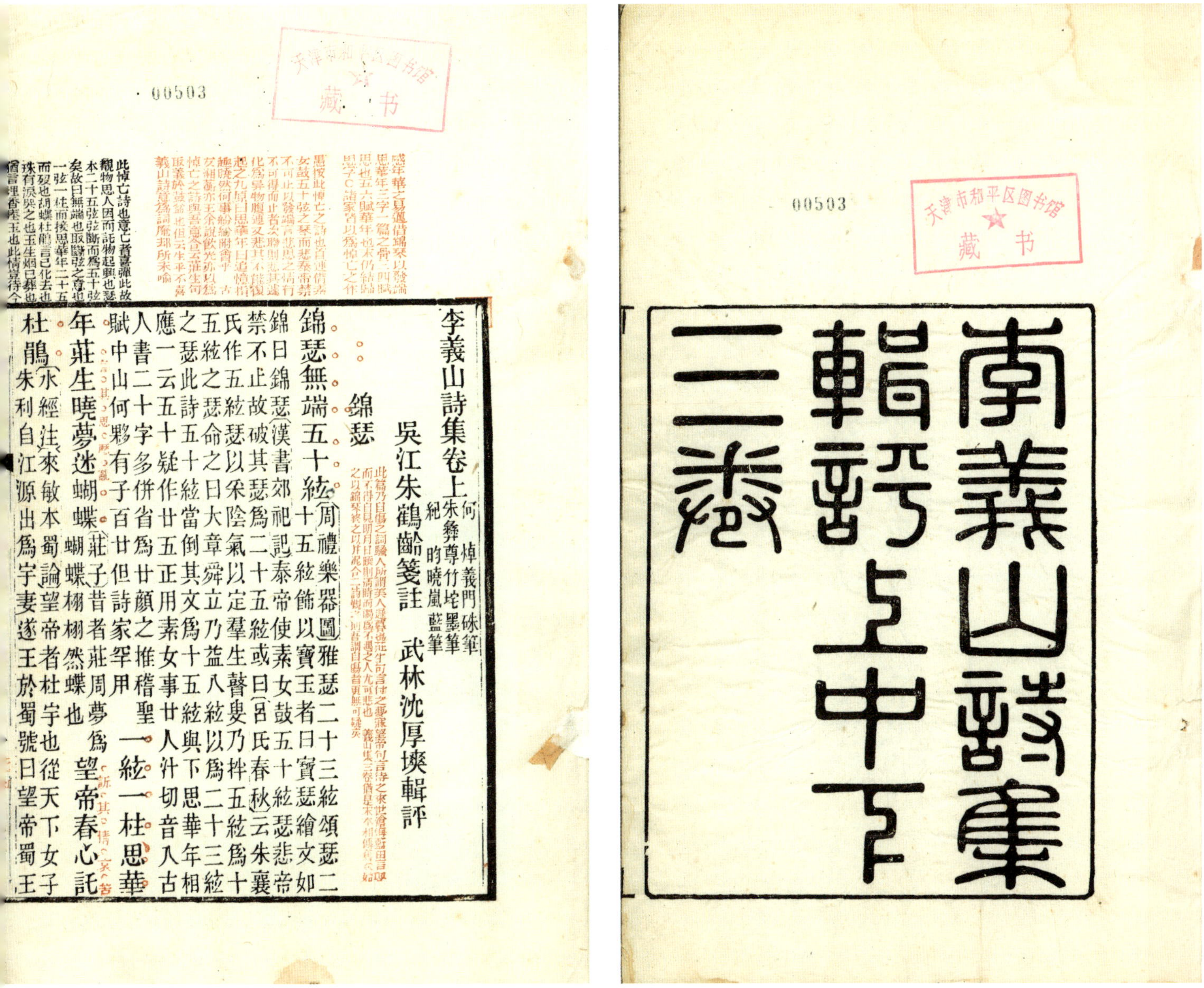

051 李義山詩集三卷 （唐）李商隱撰 （清）朱鶴齡箋註

（清）沈厚塽輯評 清同治九年（1870）廣州倅署刻三色套印本

框高17.6釐米，寬14.3釐米。半葉十行，行二十一字，小字雙行同，白口，左右雙邊。

館藏索書號：403.2/40407

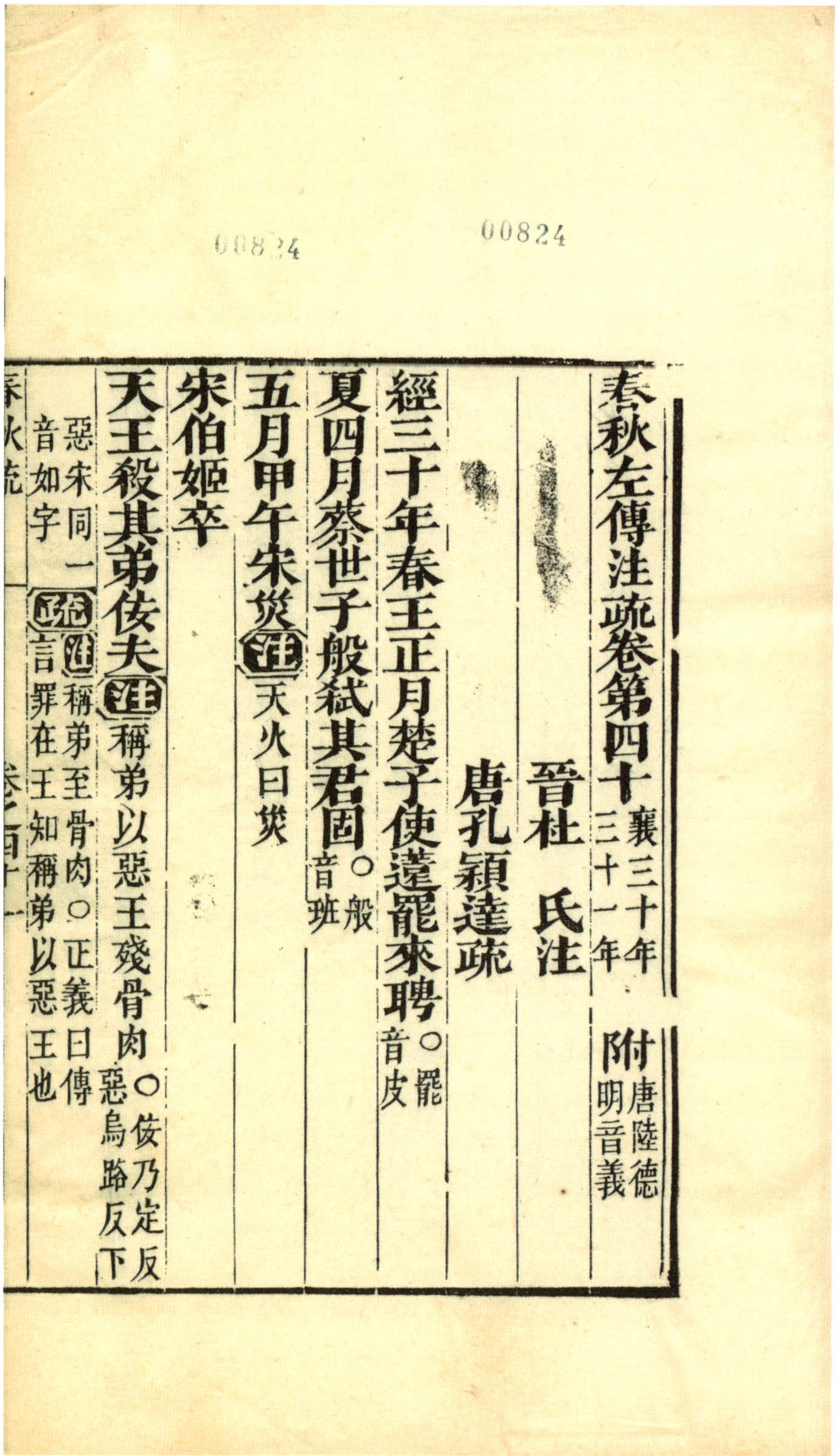

春秋左傳注疏卷第四十 襄三十年 三十一年 附唐陸德明音義

晉杜 氏注

唐孔穎達疏

經三十年春王正月楚子使薳罷來聘○罷音皮

夏四月蔡世子般弒其君固○般音班

五月甲午宋災【注】天火曰災

宋伯姬卒

天王殺其弟佞夫【注】稱弟以惡王殘骨肉○佞乃定反惡烏路反下惡宋同一音如字【疏】注稱弟至骨肉○正義曰傳言罪在王知稱弟以惡王也

052 春秋左傳注疏六十卷 （晉）杜預注 （唐）孔穎達疏

（唐）陸德明音義　清同治十年（1871）湖南省城尊經閣刻本

框高 18.2 釐米，寬 12.5 釐米。半葉九行，行二十一字，小字雙行同，白口，左右雙邊。

館藏索書號：106.1/44972

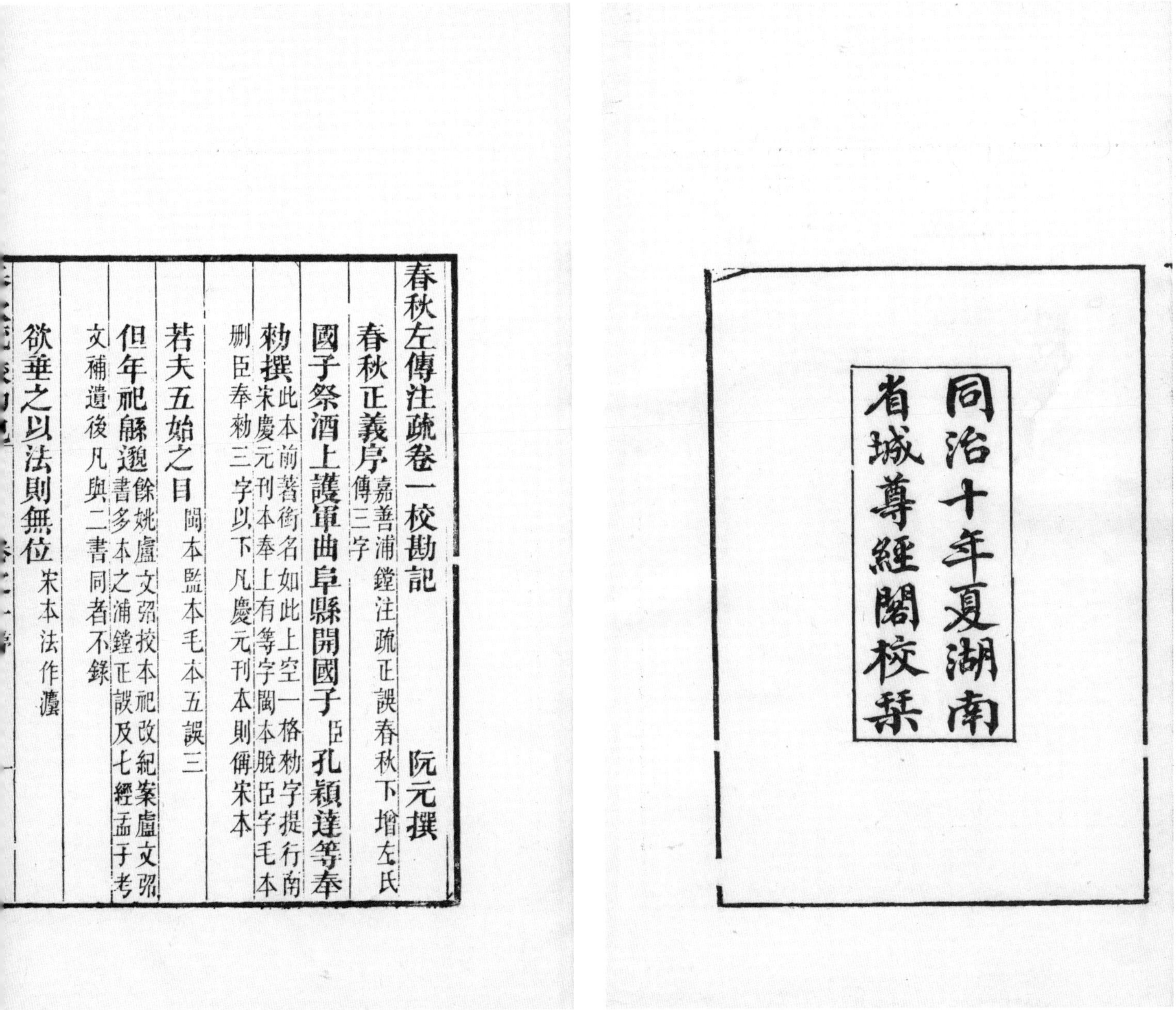
同治十年夏湖南
省城尊經閣校栞

春秋左傳注疏卷一校勘記　阮元撰
春秋正義序嘉善浦鏜注疏正誤春秋下增左氏傳三字
國子祭酒上護軍曲阜縣開國子臣孔穎達等奉
勑撰此本前著銜名如此上空一格勑字提行南宋慶元刊本奉上有等字閩本脫臣字毛本刪臣奉勑三字以下凡慶元刊本則偁宋本
若夫五始之目閩本監本毛本五誤三
但年祀縣邈餘姚盧文弨校本祀改紀案盧文弨書多本之浦鏜正誤及七經孟子考文補遺後凡與二書同者不錄
欲垂之以法則無位宋本法作灋

053 春秋左傳注疏校勘記六十卷（清）阮元撰　清同治十年（1871）湖南省城尊經閣刻本

框高 17.9 釐米，寬 12.5 釐米。半葉九行，行二十一字，小字雙行同，白口，左右雙邊。

館藏索書號：106.1/71210

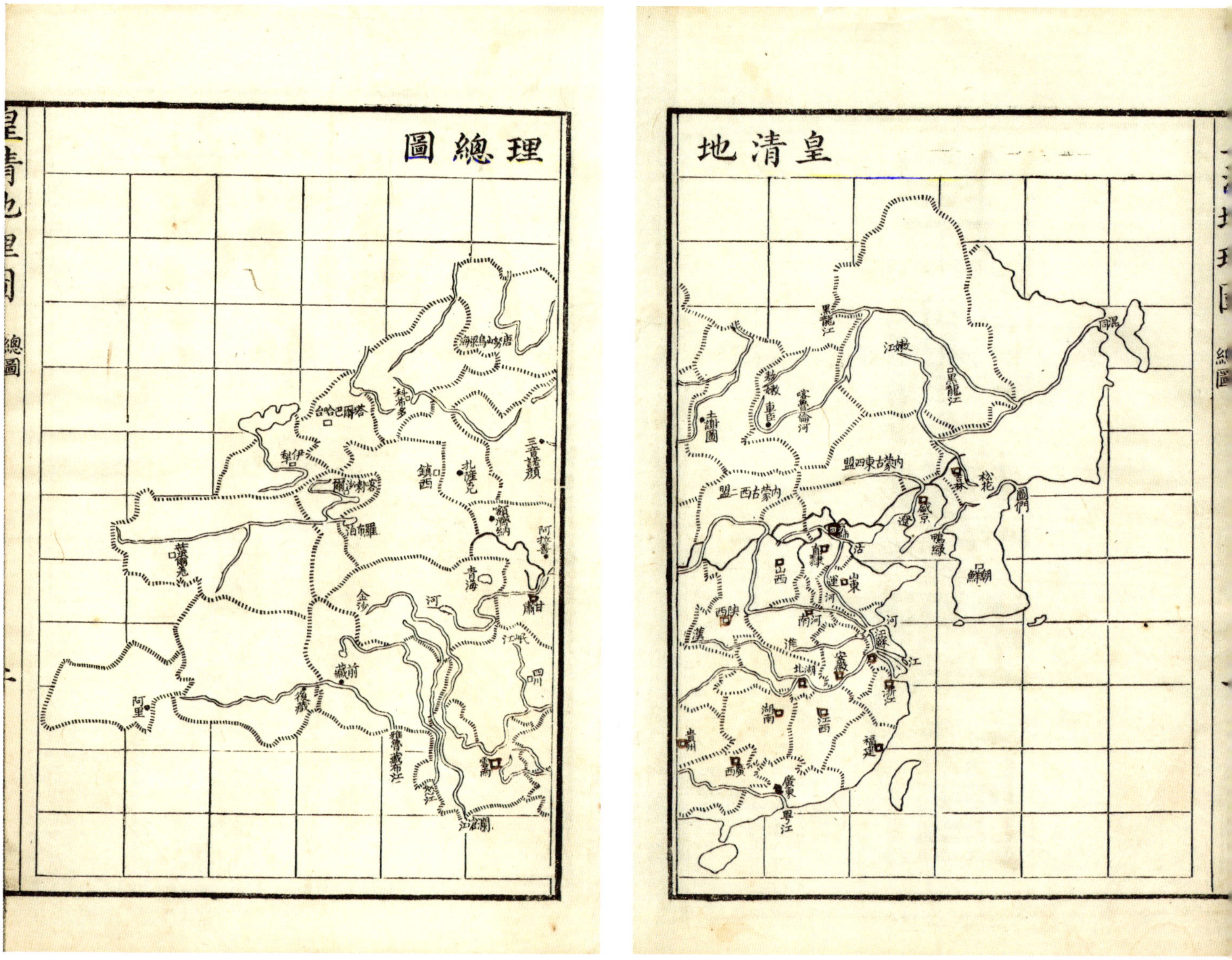

054 皇清地理圖 （清）董方立繪　（清）李兆洛編　清同治十年（1871）刻本

框高 21.6 釐米，寬 15.1 釐米。半葉十一行，行二十八字，白口，左右雙邊。

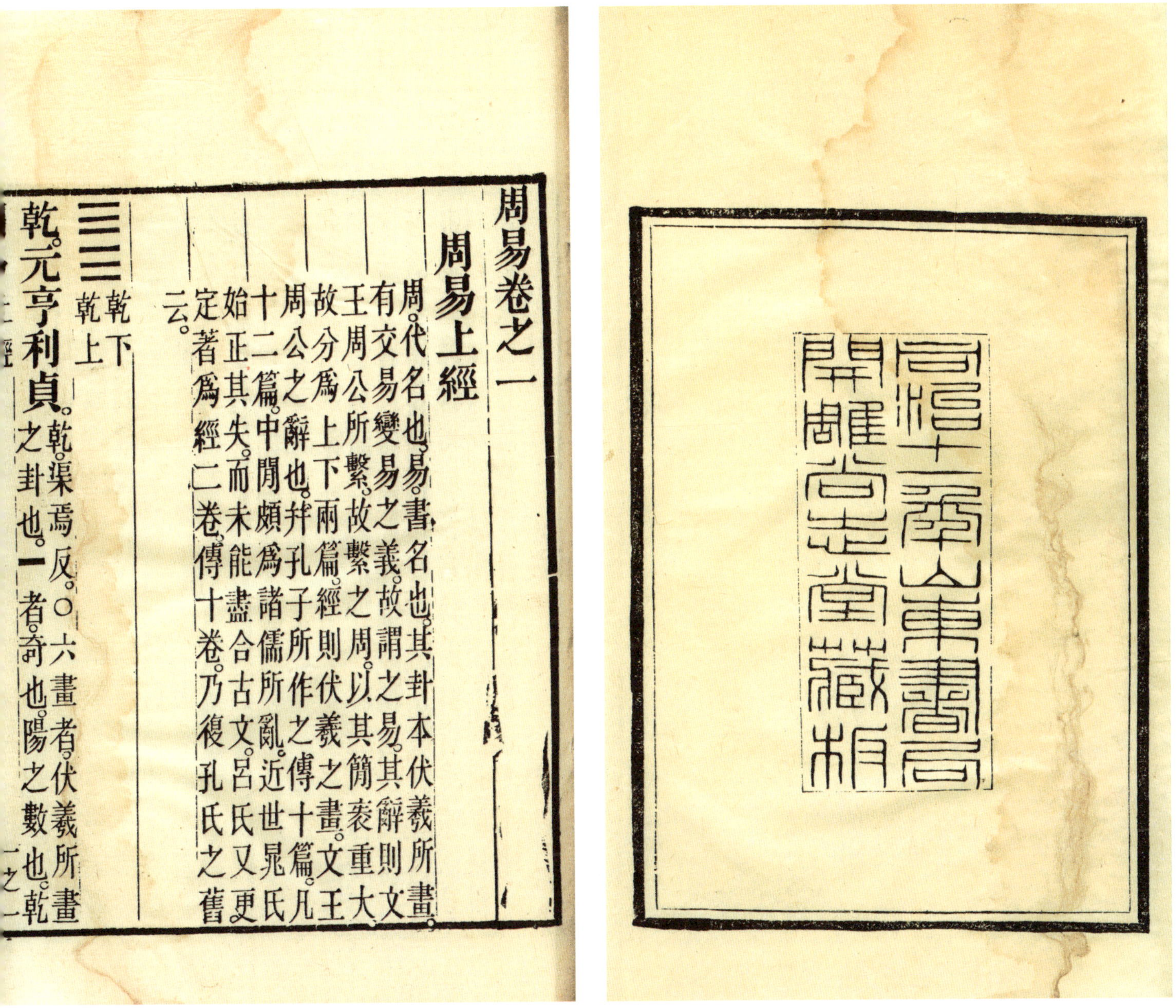
周易卷之一
周易上經
周代名也易書名也其卦本伏羲所畫
有交易變易之義故謂之易其辭則文
王周公所繫故繫之周以其簡袠重大
故分爲上下兩篇經則伏羲之畫文王
周公之辭也并孔子所作之傳十篇凡
十二篇中閒頗爲諸儒所亂近世晁氏
始正其失而未能盡合古文呂氏又更
定著爲經二卷傳十卷乃復孔氏之舊
云
☰☰ 乾下乾上
乾元亨利貞。乾渠焉反。○六畫者伏羲所畫之卦也。一者奇也陽之數也乾

同治十一年山東書局
開雕尚志堂藏板

055 周易四卷 （宋）朱熹本義 （清）丁寶楨校刊 清同治十一年（1872）山東書局刻十三經讀本本

框高 19.8 釐米，寬 14.5 釐米。半葉九行，行十七字，小字雙行同，白口，四周單邊。

館藏索書號：102/10233

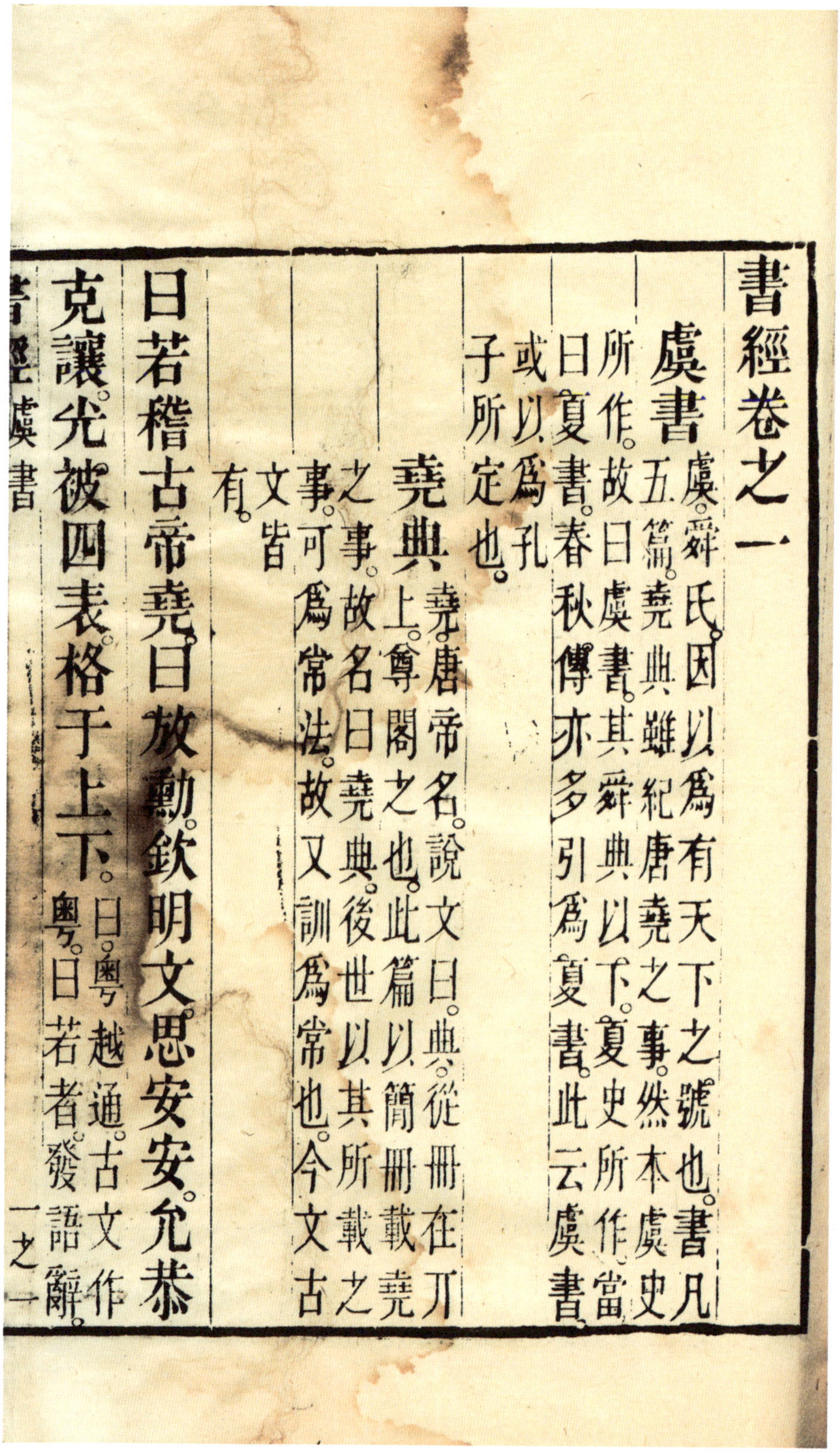
書經卷之一

虞書虞舜氏因以爲有天下之號也書凡五篇堯典雖紀唐堯之事然本虞史所作故曰虞書其舜典以下夏史所作當曰夏書春秋傳亦多引爲夏書此云虞書或以爲孔子所定也

堯典堯唐帝名說文曰典从冊在丌上尊閣之也此篇以簡冊載堯之事故名曰堯典後世以其所載之事可爲常法故又訓爲常也今文古文皆有

曰若稽古帝堯曰放勳欽明文思安安允恭克讓光被四表格于上下曰粵越通古文作粵曰若者發語辭

書經虞書　一之一

056 書經六卷（宋）朱熹本義　清同治十一年（1872）山東書局刻十三經讀本本

框高 19.8 釐米，寬 14.5 釐米。半葉九行，行十七字，小字雙行同，白口，四周單邊。

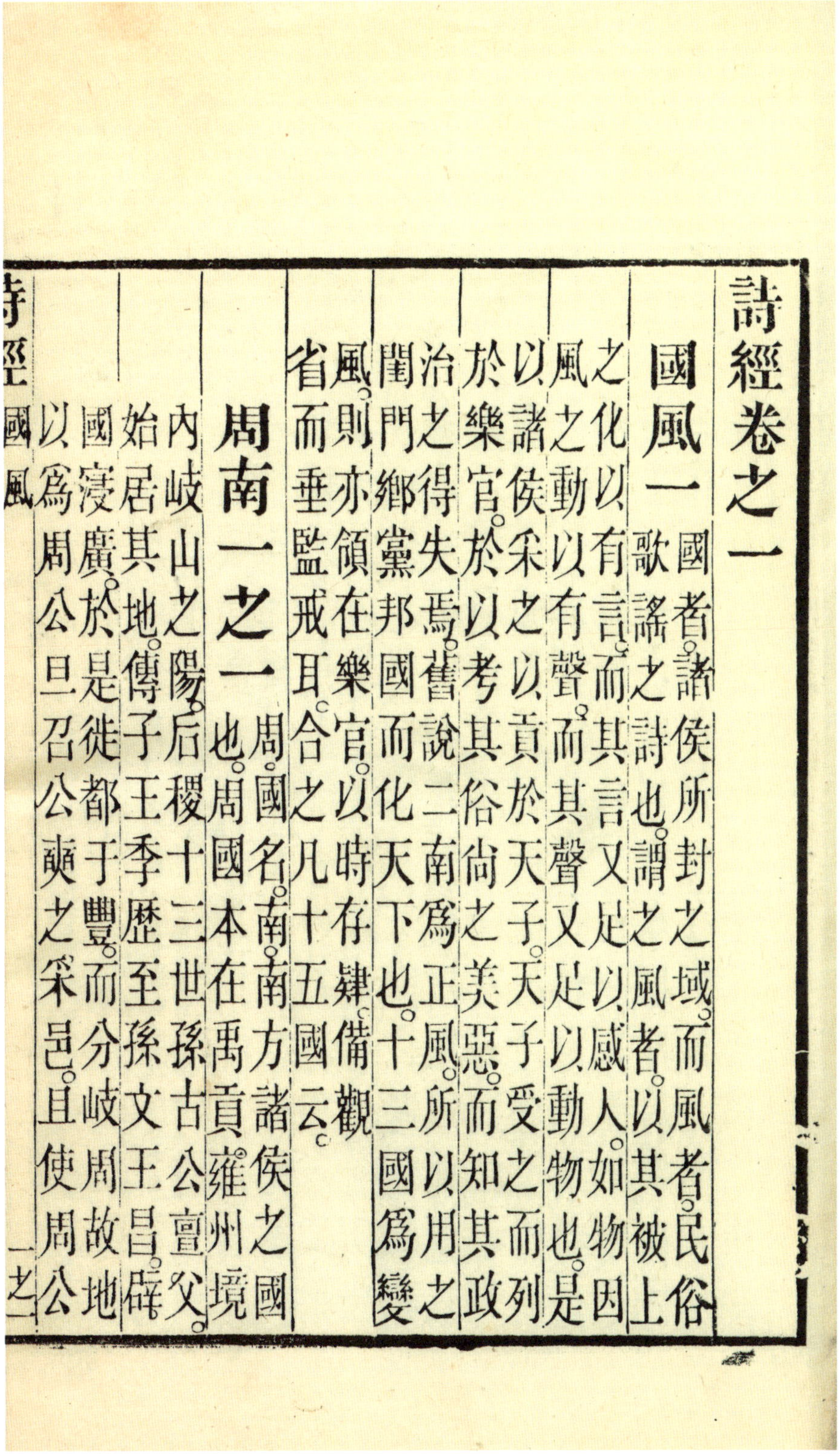
詩經卷之一

國風一 國者諸侯所封之域而風者民俗歌謠之詩也謂之風者以其被上之化以有言而其言又足以感人如物因風之動以有聲而其聲又足以動物也是以諸侯采之以貢於天子天子受之而列於樂官於以考其俗尚之美惡而知其政治之得失焉舊說二南爲正風所以用之閨門鄉黨邦國而化天下也十三國爲變風則亦領在樂官以時存肄備觀省而垂監戒耳合之凡十五國云

周南一之一 周國名南南方諸侯之國也周國本在禹貢雍州境內岐山之陽后稷十三世孫古公亶父始居其地傳子王季歷至孫文王昌辟國寖廣於是徙都于豐而分岐周故地以爲周公旦召公奭之采邑且使周公

詩經 國風 一之

057 詩經八卷 （宋）朱熹集傳　清同治十一年（1872）山東書局刻十三經讀本本

框高 19.8 釐米，寬 14.5 釐米。半葉九行，行十七字，小字雙行同，白口，四周單邊。

館藏索書號：104/25940

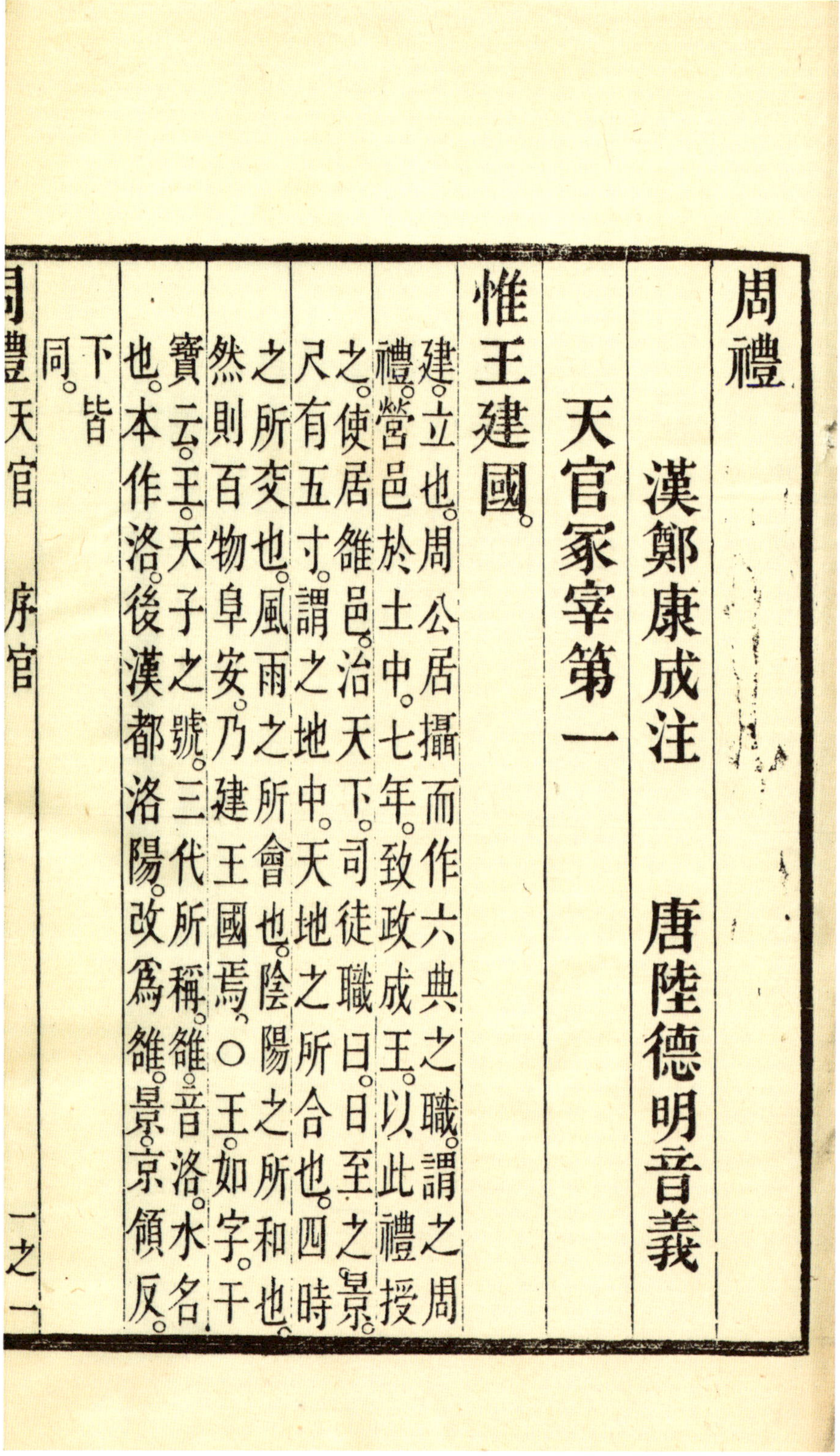
周禮

漢鄭康成注　唐陸德明音義

天官冢宰第一

惟王建國。

建立也。周公居攝而作六典之職。謂之周禮。營邑於土中。七年。致政成王。以此禮授之。使居雒邑。治天下。司徒職曰。日至之景。尺有五寸。謂之地中。天地之所合也。四時之所交也。風雨之所會也。陰陽之所和也。然則百物阜安。乃建王國焉。○王如字。干寶云。王。天子之號。三代所稱。雒音洛。水名也。本作洛。後漢都洛陽。改爲雒。景京領反。下皆同。

周禮天官　序官　一之一

058 周禮四卷　（漢）鄭玄注　（唐）陸德明音義　清同治十一年（1872）山東書局刻十三經讀本本

框高 19.8 釐米，寬 14.5 釐米。半葉九行，行十七字，小字雙行同，白口，四周單邊。

館藏索書號：105.1/87405

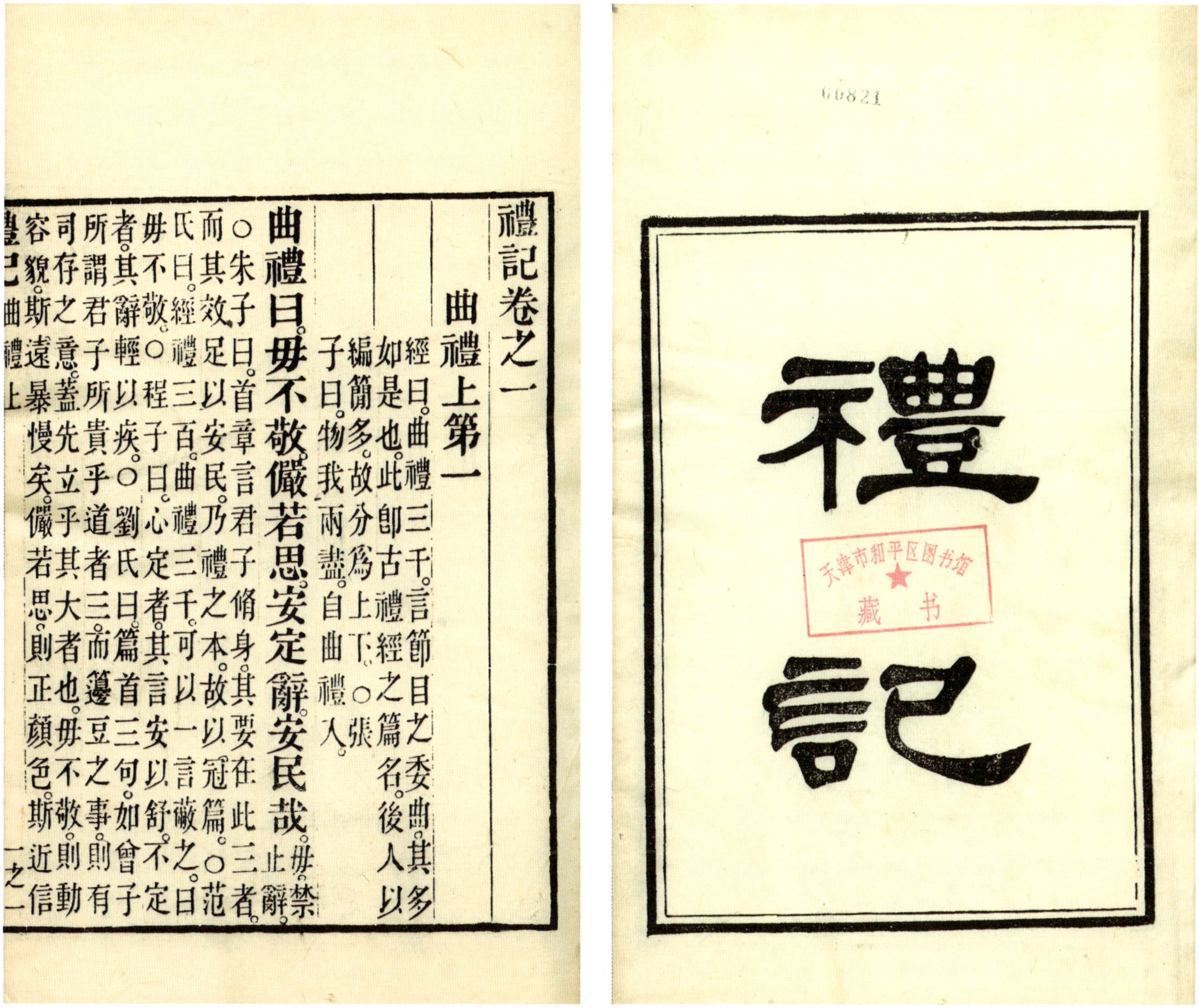

059 禮記六卷　（元）陳澔集說　清同治十一年（1872）山東書局刻十三經讀本本

框高 19.8 釐米，寬 14.5 釐米。半葉九行，行十七字，小字雙行同，白口，四周單邊。

館藏索書號：105.3/75234

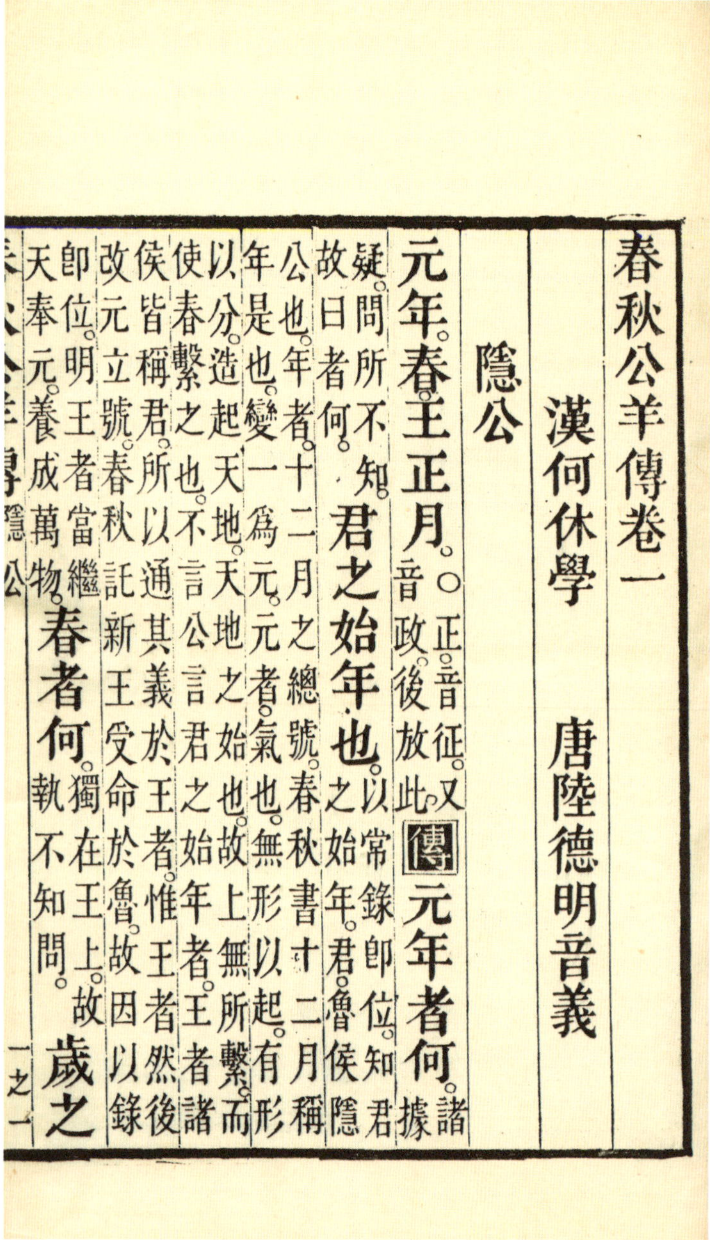
春秋公羊傳卷一

漢何休學　唐陸德明音義

隱公

元年。春王正月。○正音征又音政後放此 傳 元年者何。諸據疑。問所不知。故曰者何。君之始年也。以常錄即位知君之始年。君魯侯隱公也。年者十二月之總號。春秋書十二月稱年是也。變一爲元。元者氣也。無形以起。有形以分。造起天地。天地之始也。故上無所繫。而使春繫之也。不言公言君之始年者。王者諸侯皆稱君。所以通其義於王者。惟王者然後改元立號。春秋託新王受命於魯。故因以錄即位。明王者當繼天奉元。養成萬物。春者何。獨在王上。故執不知問。歲之

春秋公羊傳　隱公　一之一

060 春秋公羊傳十一卷（漢）何休撰　（唐）陸德明音義

清同治十一年（1872）山東書局刻十三經讀本本

框高 19.8 釐米，寬 14.5 釐米。半葉九行，行十七字，小字雙行同，白口，四周單邊。

館藏索書號：106.2/21224

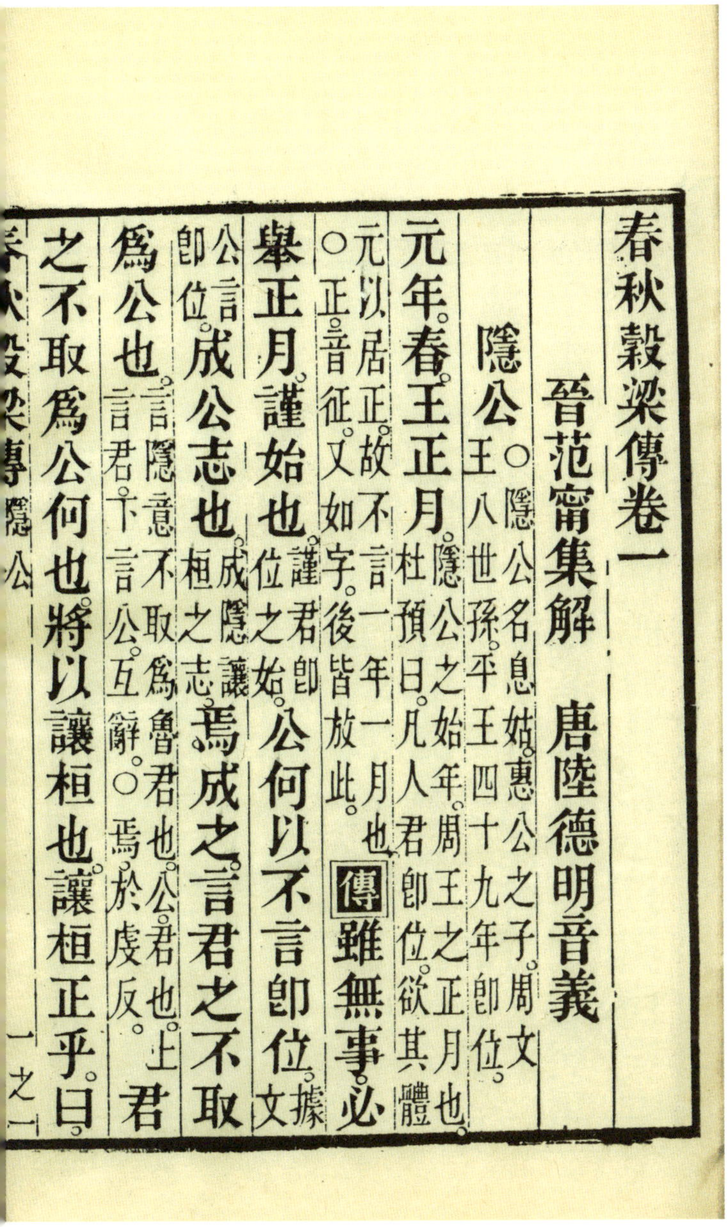
春秋穀梁傳卷一
晉范甯集解　唐陸德明音義
隱公○隱公名息姑惠公之子周文王八世孫平王四十九年卽位
元年春王正月隱公之始年周王之正月也杜預曰凡人君卽位欲其體元以居正故不言一年一月也○正音征又如字後皆放此傳雖無事必舉正月謹始也謹君卽位之始公何以不言卽位據文公言卽位成公志也成隱讓桓之志焉成之言君之不取爲公也言隱意不取爲魯君也公君也上言君下言公互辭○焉於虔反君之不取爲公何也將以讓桓也讓桓正乎曰
春秋穀梁傳　隱公　一之一

00828
穀梁傳

061 春秋穀梁傳十二卷　（晉）范甯集解　（唐）陸德明音義

清同治十一年（1872）山東書局刻十三經讀本本

框高 19.8 釐米，寬 14.5 釐米。半葉九行，行十七字，小字雙行同，白口，四周單邊。

館藏索書號：106.3/44130

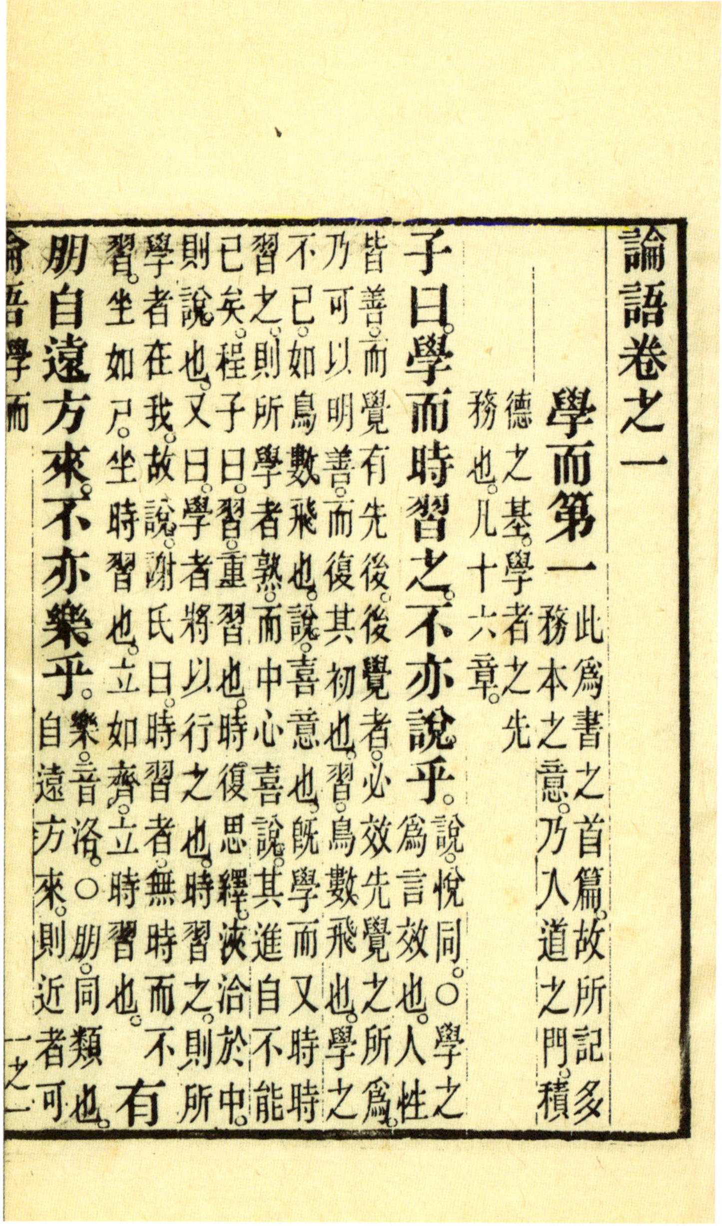
論語卷之一

學而第一 此爲書之首篇故所記多務本之意乃入道之門積德之基學者之先務也凡十六章。

子曰學而時習之不亦說乎。說悅同。○學之爲言效也。人性皆善而覺有先後後覺者必效先覺之所爲乃可以明善而復其初也。習鳥數飛也。學之不已如鳥數飛也。說喜意也。既學而又時時習之則所學者熟而中心喜說其進自不能已矣。程子曰習重習也。時復思繹浹洽於中則說也。又曰學者將以行之也。時習之則所學者在我故說。謝氏曰時習者無時而不習。坐如尸坐時習也。立如齊立時習也。有朋自遠方來不亦樂乎。樂音洛。○朋同類也。自遠方來則近者可

論語學而　一之一

論語

062 論語十卷 （宋）朱熹集注　清同治十一年（1872）山東書局刻十三經讀本本

框高 19.8 釐米，寬 14.5 釐米。半葉九行，行十七字，小字雙行同，白口，四周單邊。

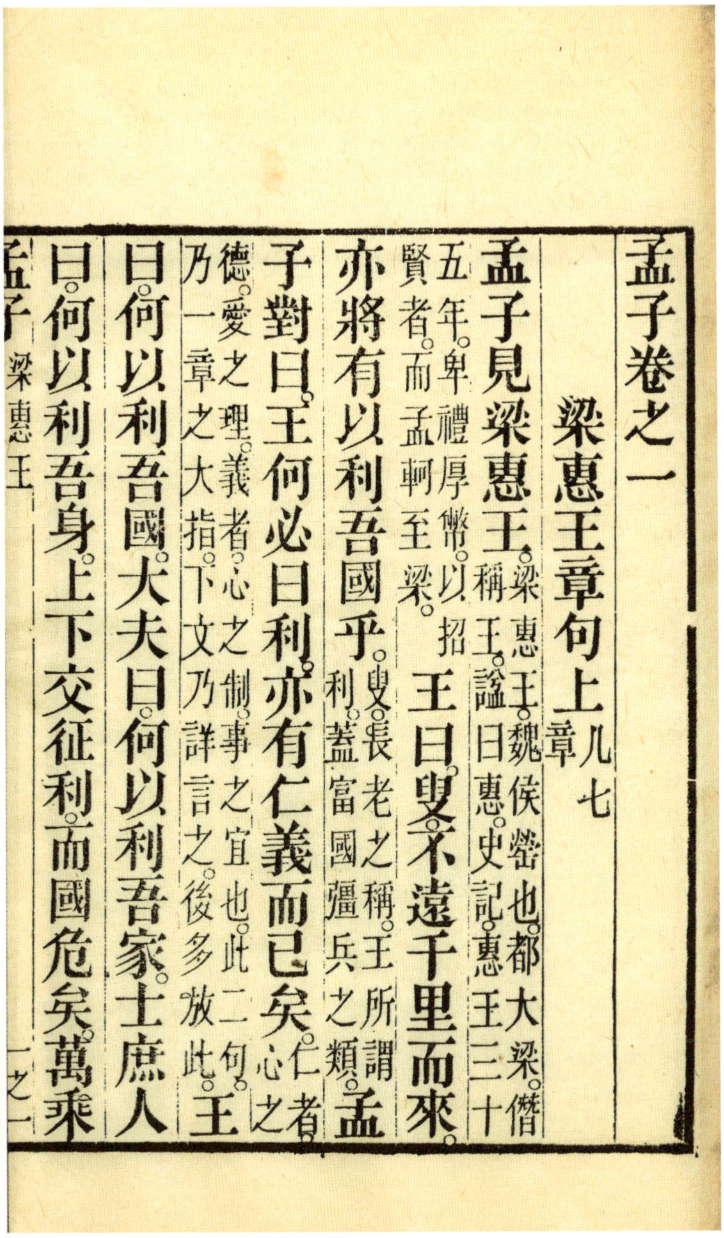
孟子卷之一
梁惠王章句上凡七章
孟子見梁惠王。梁惠王魏侯罃也。都大梁。僭稱王。謚曰惠。史記惠王三十五年。卑禮厚幣以招賢者。而孟軻至梁。王曰叟不遠千里而來。亦將有以利吾國乎。叟長老之稱。王所謂利蓋富國彊兵之類。孟子對曰。王何必曰利。亦有仁義而已矣。仁者心之德。愛之理。義者心之制。事之宜也。此二句乃一章之大指。下文乃詳言之。後多放此。王曰何以利吾國。大夫曰何以利吾家。士庶人曰何以利吾身。上下交征利而國危矣。萬乘
孟子　梁惠王　一之一

孟子

063 孟子七卷　（宋）朱熹集注　清同治十一年（1872）山東書局刻十三經讀本本

框高 19.8 釐米，寬 14.5 釐米。半葉九行，行十七字，小字雙行同，白口，四周單邊。

館藏索書號：108.2/17151

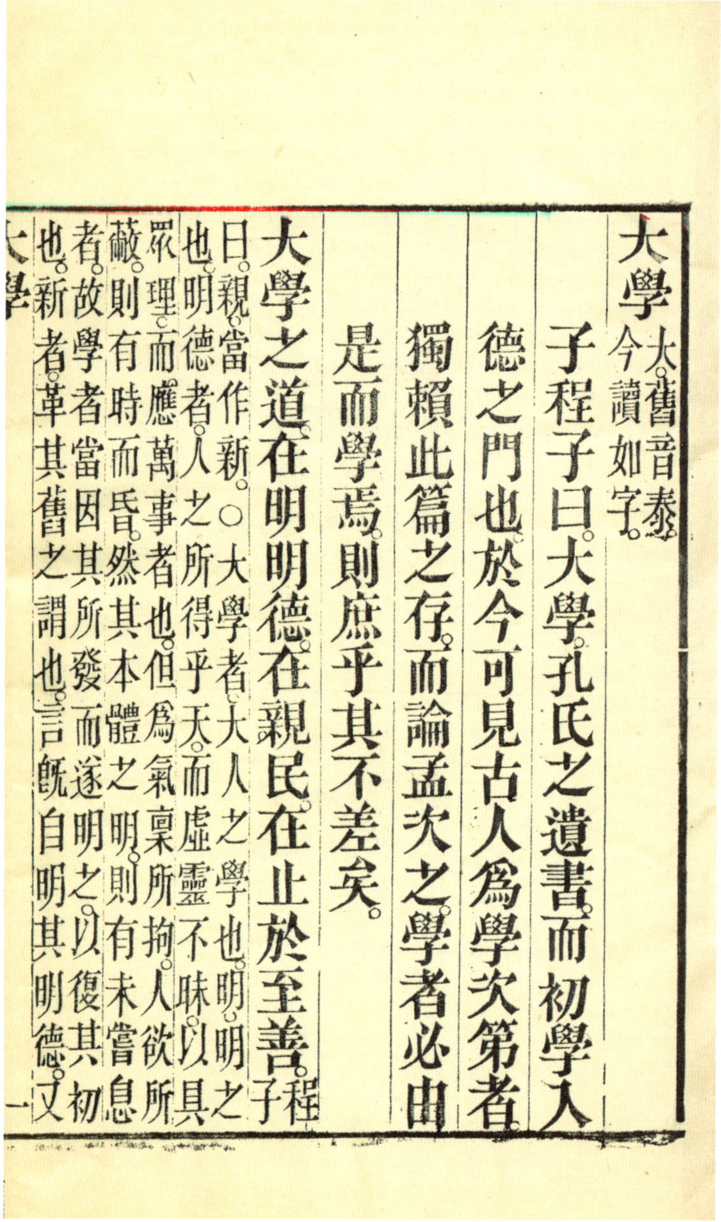
大學 大舊音泰今讀如字。

子程子曰。大學孔氏之遺書。而初學入德之門也。於今可見古人爲學次第者。獨賴此篇之存。而論孟次之。學者必由是而學焉。則庶乎其不差矣。

大學之道。在明明德。在親民。在止於至善。程子曰。親當作新。○大學者。大人之學也。明。明之也。明德者。人之所得乎天。而虛靈不昧。以具衆理而應萬事者也。但爲氣稟所拘。人欲所蔽。則有時而昏。然其本體之明。則有未嘗息者。故學者當因其所發而遂明之。以復其初也。新者。革其舊之謂也。言既自明其明德。又

大學　一

學庸

064 大學一卷中庸一卷（宋）朱熹章句　清同治十一年（1872）山東書局刻十三經讀本本

框高 19.8 釐米，寬 14.5 釐米。半葉九行，行十七字，小字雙行同，白口，四周單邊。

館藏索書號：108.34/25940

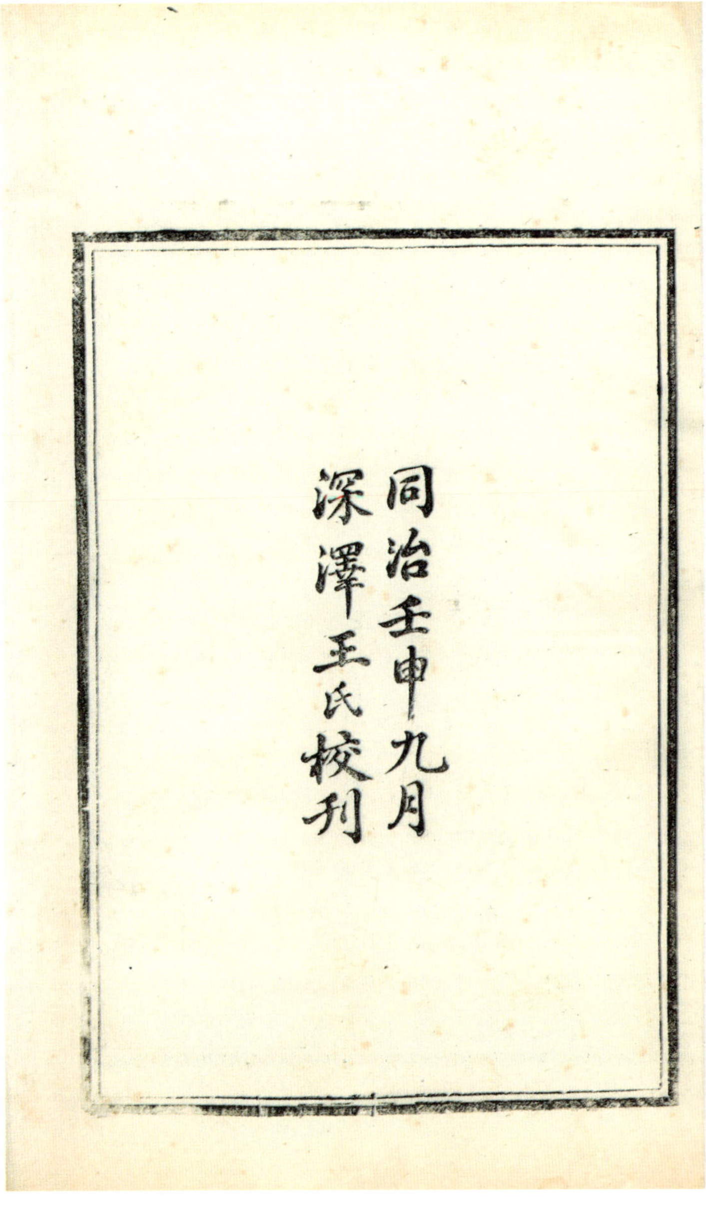

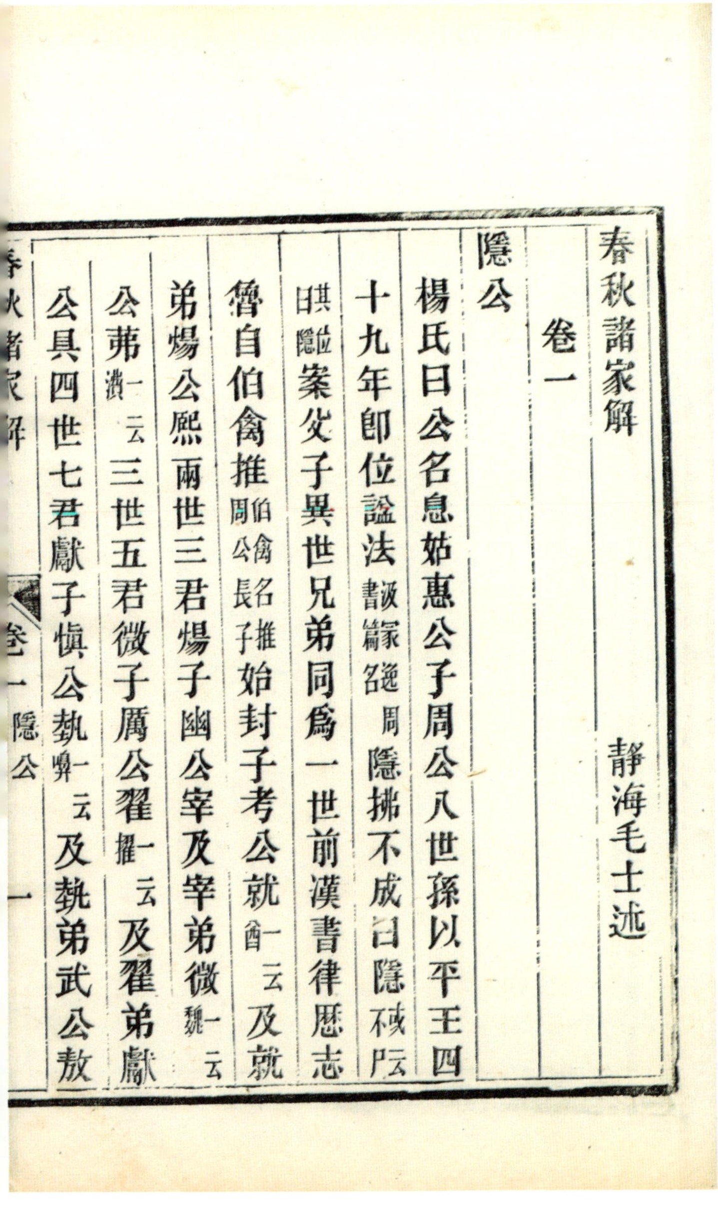

065 春秋諸家解十二卷 （清）毛士撰　清同治十一年（1872）

深澤王氏刻毛氏春秋三種本

框高 18.7 釐米，寬 13.6 釐米。半葉十行，行二十字，小字雙行同，白口，四周雙邊。

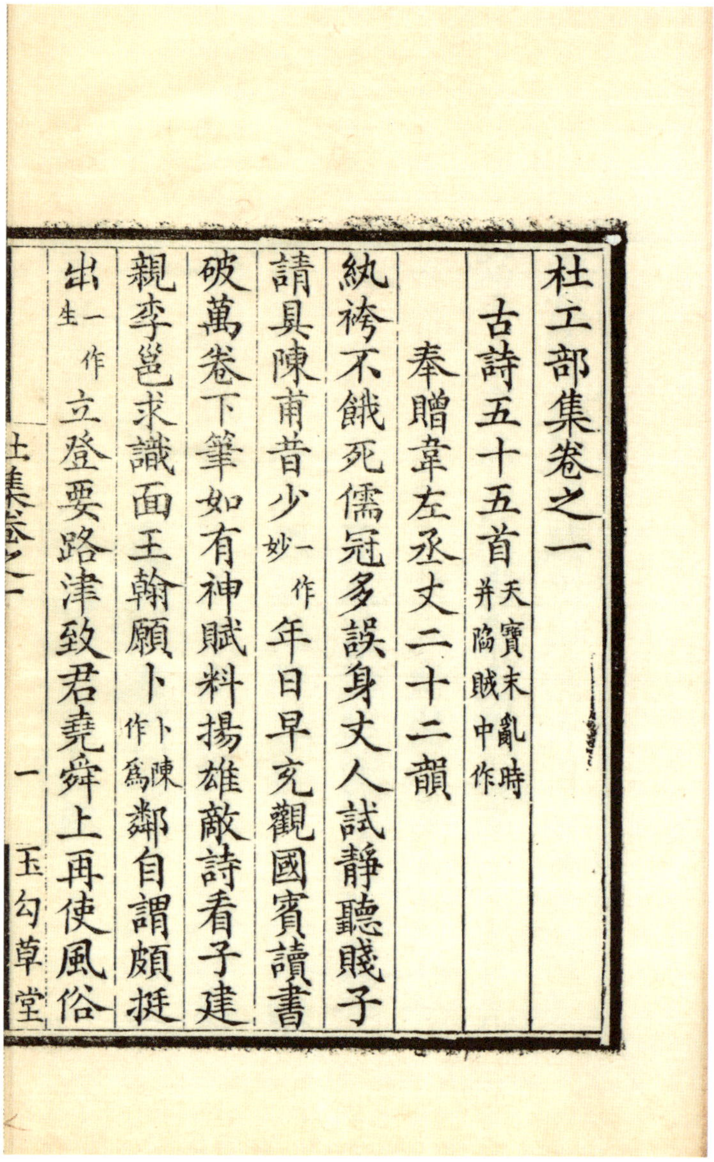
杜工部集卷之一
古詩五十五首 天寶末亂時并陷賊中作
奉贈韋左丞丈二十二韻
紈袴不餓死儒冠多誤身丈人試靜聽賤子請具陳甫昔少 一作妙 年日早充觀國賓讀書破萬卷下筆如有神賦料揚雄敵詩看子建親李邕求識面王翰願卜 卜陳作爲 鄰自謂頗挺出 一作生 立登要路津致君堯舜上再使風俗
杜集卷之一　一　玉勾草堂

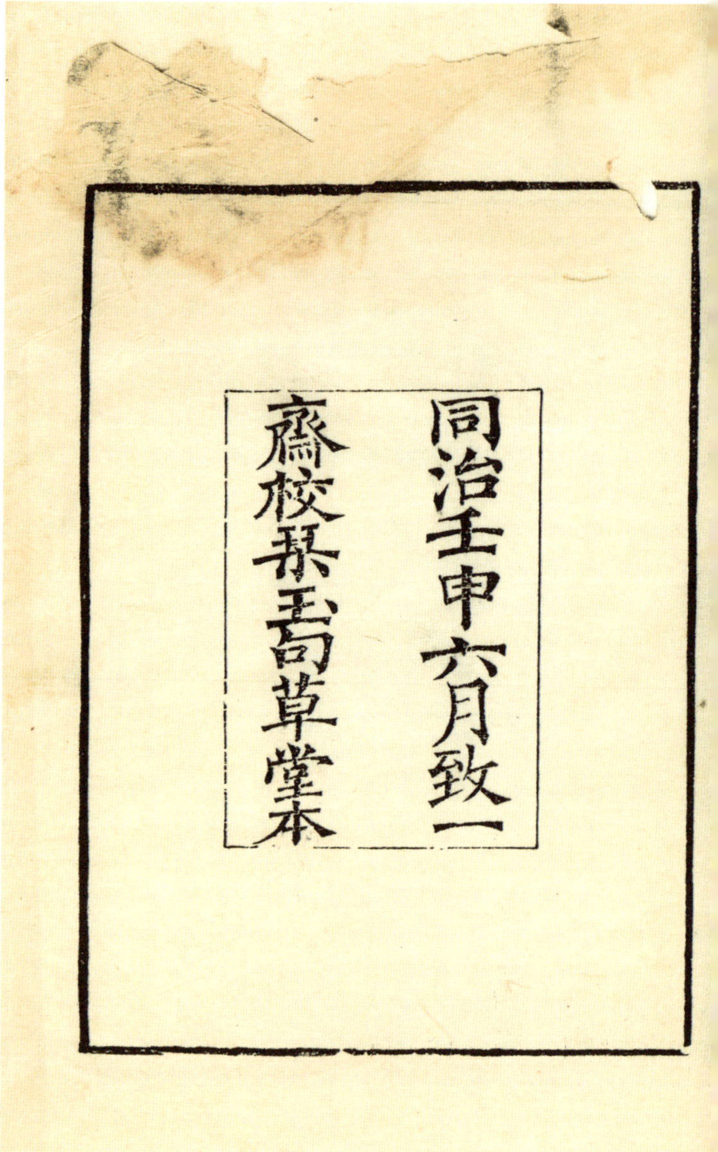
同治壬申六月致一齋校栞玉勾草堂本

066 杜工部集二十卷首一卷 （唐）杜甫撰　（清）鄭澐編

清同治十一年（1872）致一齋刻本

框高 12.3 釐米，寬 9.4 釐米。半葉八行，行十七字，小字雙行同，黑口，四周雙邊。

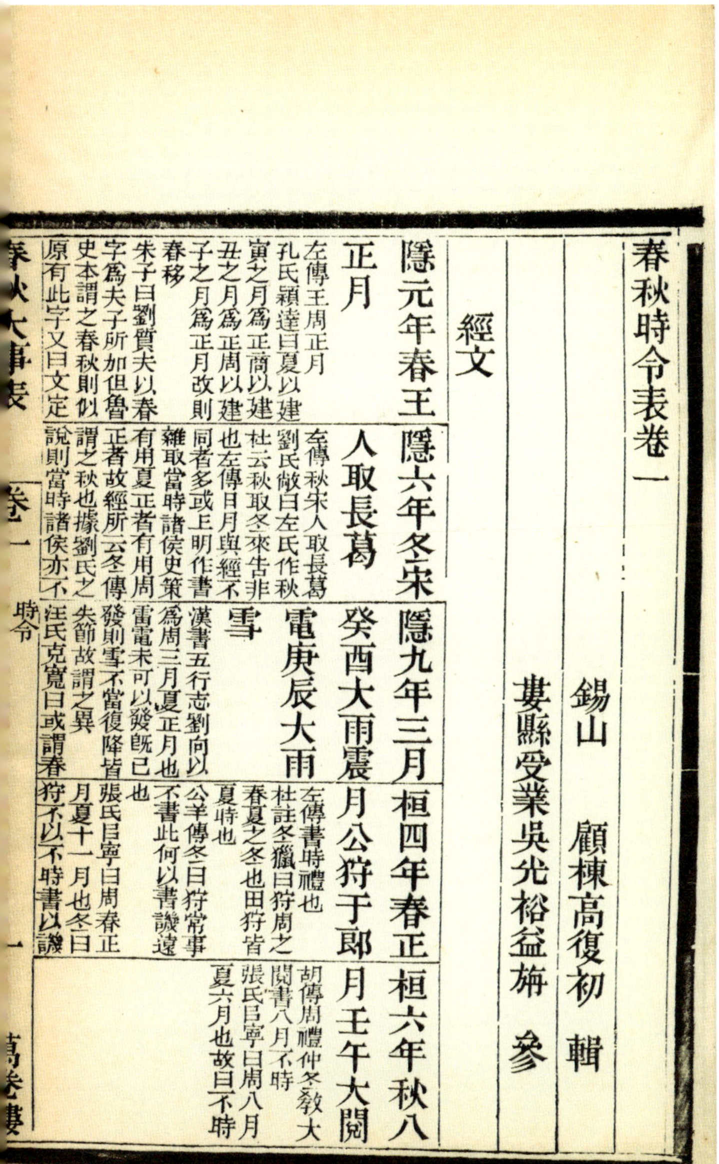

春秋時令表卷一

錫山　顧棟高復初　輯

婁縣受業吳兆裕益旃　參

經文

隱元年春王正月

左傳王周正月 孔氏穎達曰夏以建寅之月爲正商以建丑之月爲正周以建子之月爲正月改則春移 朱子曰劉質夫以春字爲夫子所加但魯史本謂之春秋則似原有此字又曰文定

隱六年冬宋人取長葛

左傳秋宋人取長葛 劉氏敞曰左氏作秋杜云秋取冬來告非也左傳日月與經不同者多或上明作書雜取當時諸侯史策有用夏正者有用周正者故經所云冬傳謂之秋也據劉氏之說則當時諸侯亦不

隱九年三月癸酉大雨震電庚辰大雨雪

漢書五行志劉向以爲周三月夏正月也雷電未可以發既已發則雪不當復降皆失節故謂之異 汪氏克寬曰或謂春

桓四年春正月公狩于郎

左傳書時禮也 杜註冬獵曰狩周之春夏之冬也田狩皆夏時也 公羊傳冬曰狩常事不書此何以書譏遠 張氏曰寧曰周春正月夏十一月也冬曰狩不以不時書以譏

桓六年秋八月壬午大閱

胡傳周禮仲冬教大閱書八月不時 張氏曰寧曰周八月夏六月也故曰不時

春秋大事表　卷一　時令　一

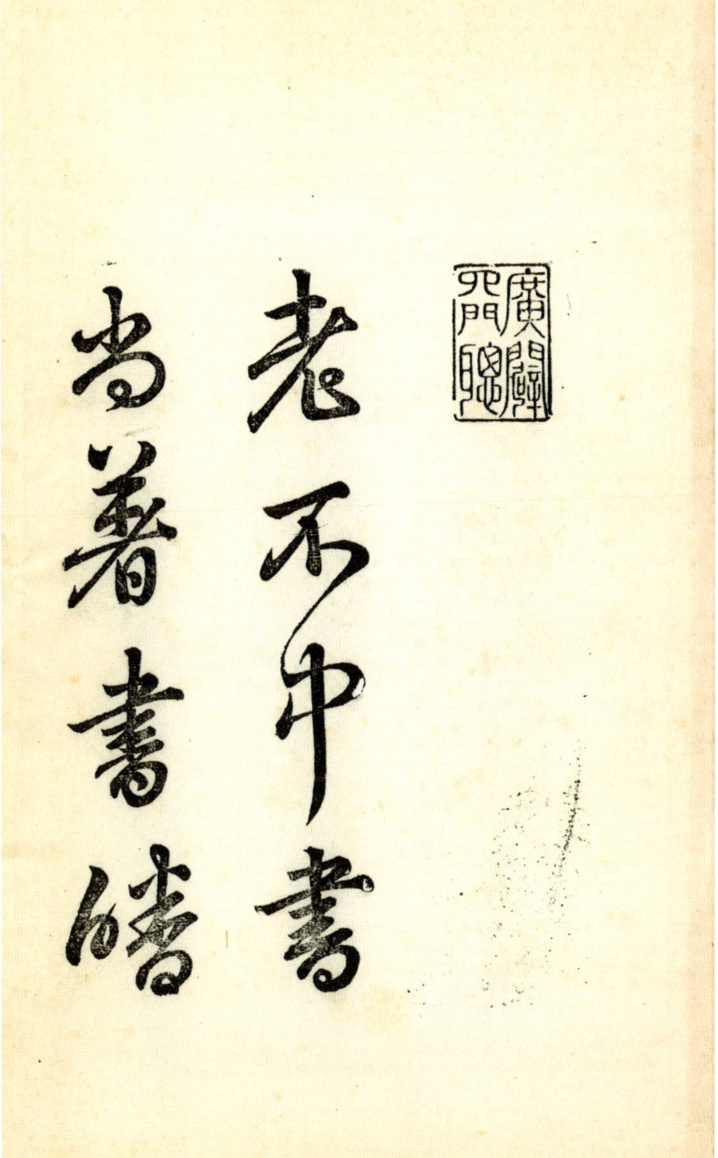

老不中書

尚著書繕

067 春秋大事表五十卷　（清）顧棟高輯　清同治十二年（1873）

山東尚志堂刻本

框高 21.4 釐米，寬 15.3 釐米。半葉十一行，行二十五字，小字雙行四十字，白口，四周雙邊。

館藏索書號：106.4/31240

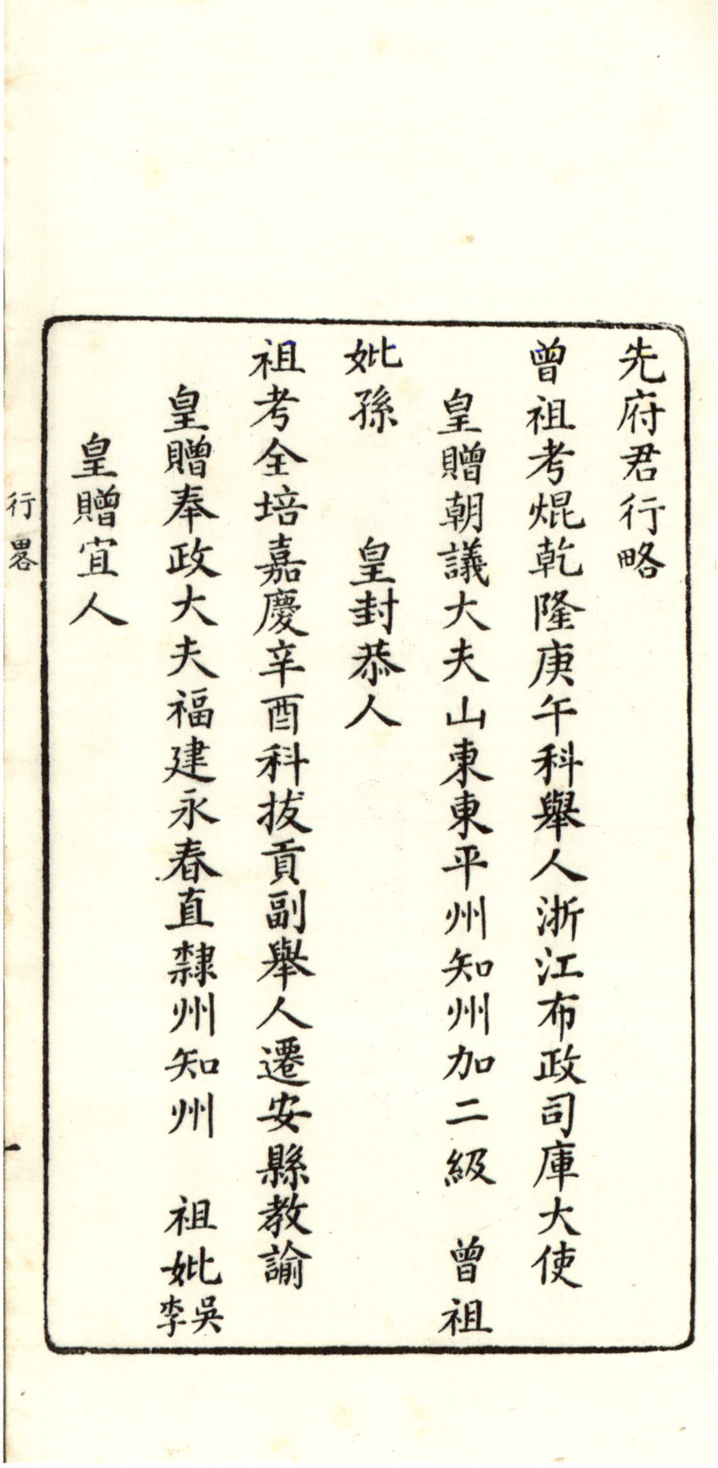

先府君行略

曾祖考焜乾隆庚午科舉人浙江布政司庫大使

皇贈朝議大夫山東東平州知州加二級 曾祖

妣孫 皇封恭人

祖考全培嘉慶辛酉科拔貢副舉人遷安縣教諭

皇贈奉政大夫福建永春直隸州知州 祖妣吳李

皇贈宜人

行畧

068 優詔褒忠録不分卷（清）王用臣等撰　清同治十二年（1873）

刻本

框高 18.3 釐米，寬 11.5 釐米。半葉七行，行二十字，小字雙行同，白口，半葉四周單邊。

館藏索書號：205.5/10130

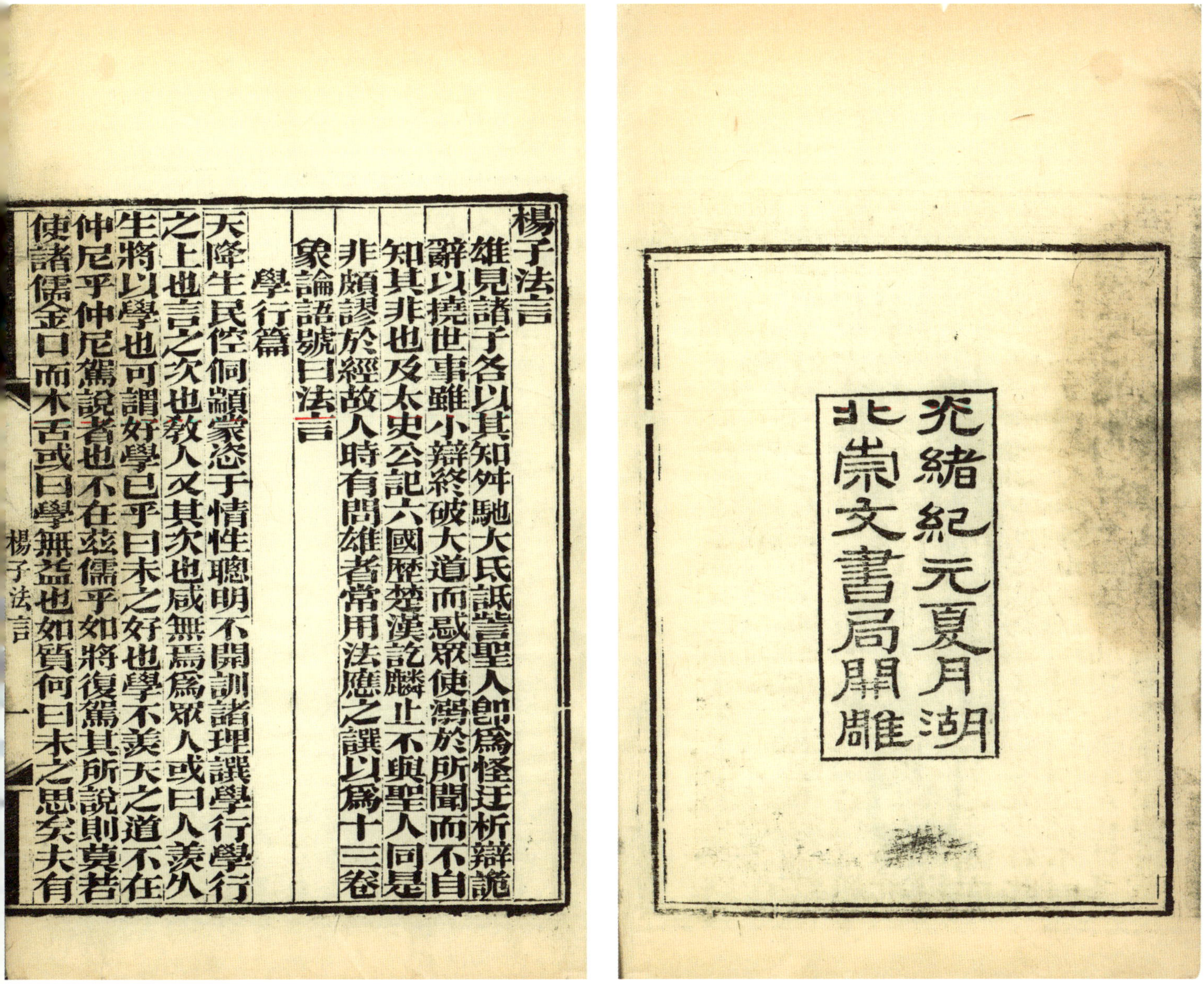
光緒紀元夏月湖
北崇文書局開雕

楊子法言
雄見諸子各以其知舛馳大氐詆訾聖人即爲怪迂析辯詭辭以撓世事雖小辯終破大道而惑衆使溺於所聞而不自知其非也及太史公記六國歷楚漢訖麟止不與聖人同是非頗謬於經故人時有問雄者常用法應之譔以爲十三卷象論語號曰法言

學行篇
天降生民倥侗顓蒙恣于情性聰明不開訓諸理譔學行學行之上也言之次也教人又其次也咸無焉爲衆人或曰人羨久生將以學也可謂好學已乎曰未之好也學不羨天之道不在仲尼乎仲尼駕說者也不在茲儒乎如將復駕其所說則莫若使諸儒金口而木舌或曰學無益也如質何曰未之思矣夫有

楊子法言　一

069 楊子法言一卷方言十三卷（漢）揚雄撰　（晉）郭璞注

清光緒元年（1875）湖北崇文書局刻子書百家本

框高 19.1 釐米，寬 14.9 釐米。半葉十二行，行二十四字，小字雙行同，黑口，四周雙邊。

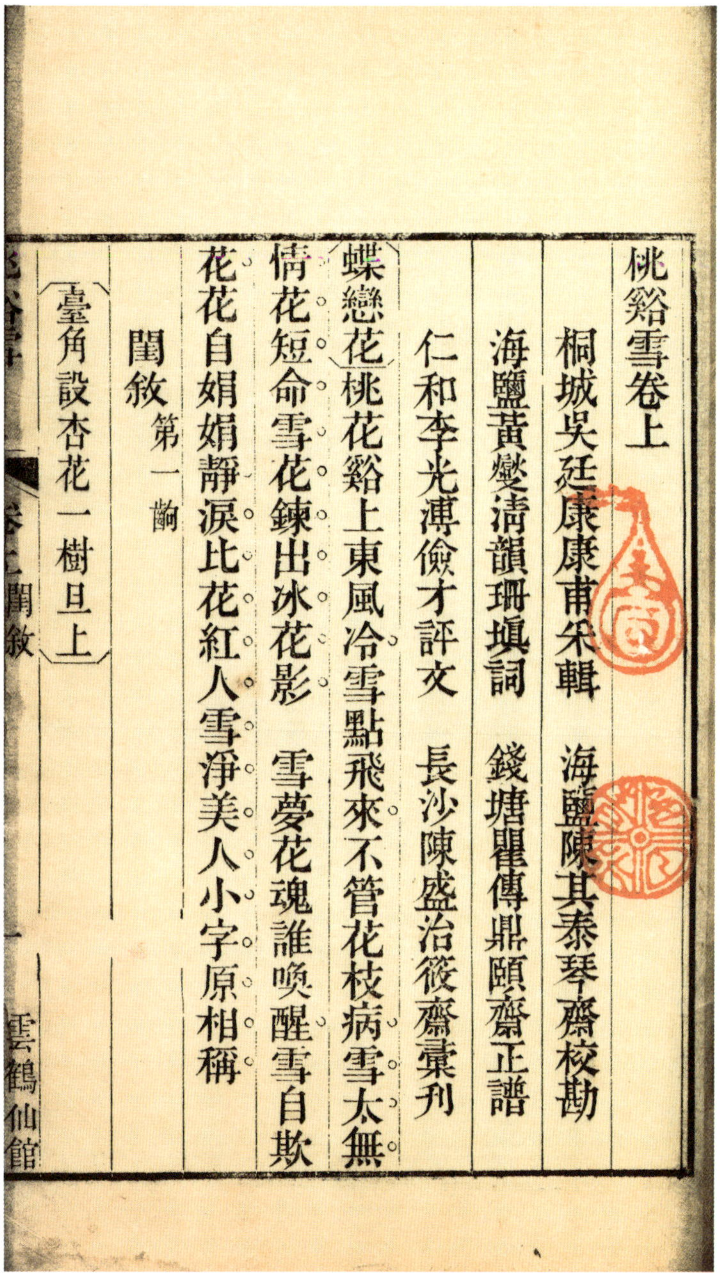

桃谿雪卷上

桐城吴廷康康甫采輯　海鹽陳其泰琴齋校勘

海鹽黃燮清韻珊填詞　錢塘瞿傳鼎頤齋正譜

仁和李光溥儉才評文　長沙陳盛治筱齋彙刊

蝶戀花　桃花谿上東風冷雪點飛來不管花枝病雪太無情花短命雪花鍊出冰花影　雪夢花魂誰喚醒雪自欺花花自娟娟靜淚比花紅人雪淨美人小字原相稱

閨敘　第一齣

臺角設杏花一樹旦上

雲鶴仙館

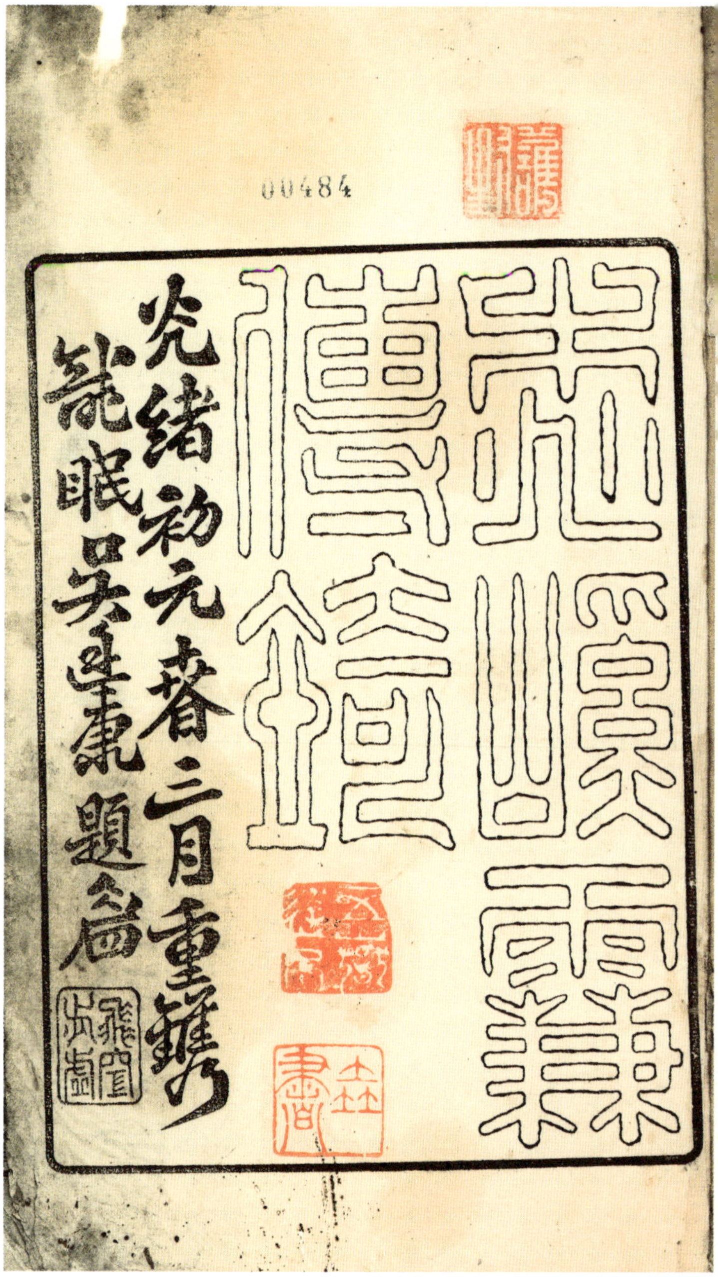

00484

桃谿雪傳奇

光緒初元春三月重鐫

毅眠吳廷康題耑

070 桃谿雪二卷　（清）吴廷康輯　（清）黄燮清填詞　清光緒元年（1875）雲鶴仙館刻本

框高 16.5 釐米，寬 12.2 釐米。半葉九行，行二十二字，白口，左右雙邊。

館藏索書號：405.2/26410

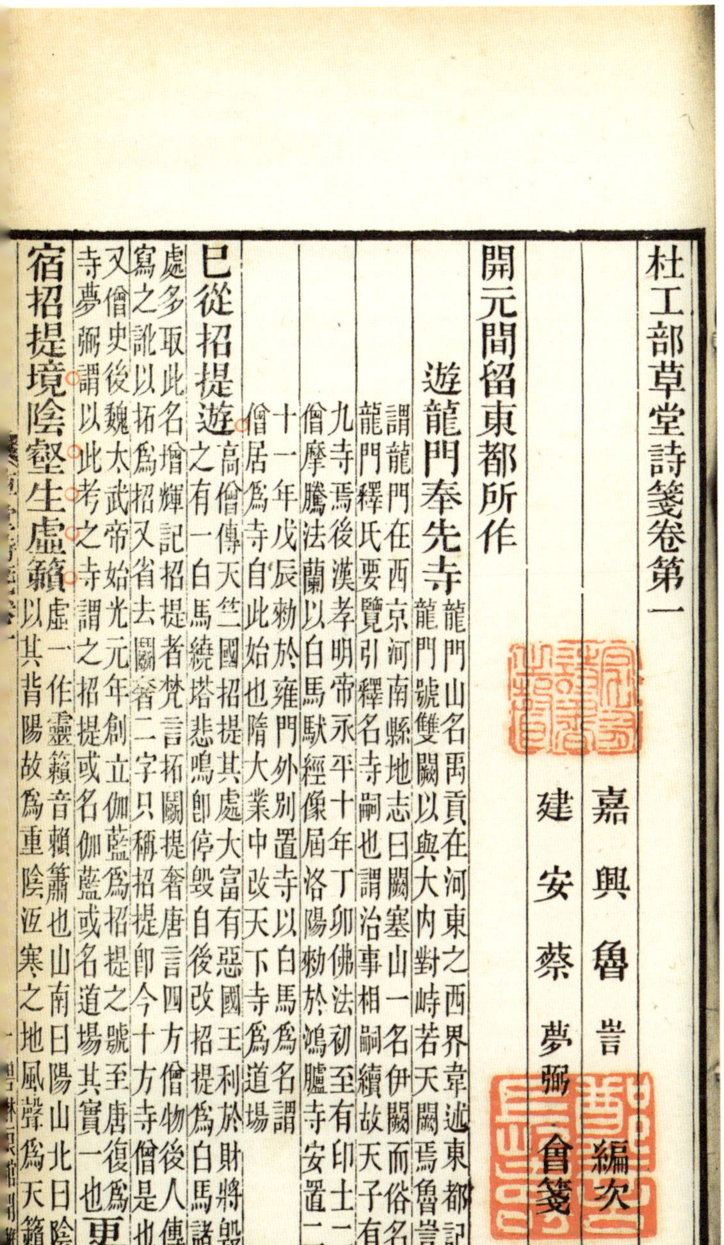

杜工部草堂詩箋卷第一

嘉興魯　訔　編次

建安蔡夢弼　會箋

開元間留東都所作

遊龍門奉先寺龍門山名禹貢在河東之西界韋述東都記龍門號雙闕以與大内對峙若天闕焉魯訔謂龍門在西京河南縣地志曰闕塞山一名伊闕而俗名龍門釋氏要覽引釋名寺嗣也謂治事相嗣續故天子有九寺焉後漢孝明帝永平十年丁卯佛法初至有印土二僧摩騰法蘭以白馬䭾經像届洛陽勑於鴻臚寺安置二十一年戊辰勑於雍門外別置寺以白馬爲名謂僧居爲寺自此始也隋大業中改天下寺爲道場

已從招提遊高僧傳天竺國招提其處大富有惡國王利於財將毀之有一白馬繞塔悲鳴即停毀自後改招提爲白馬諸處多取此名增輝記招提者梵言拓鬭提奢唐言四方僧物後人傳寫之訛以拓爲招又省去鬭奢二字只稱招提即今十方寺僧是也又僧史後魏太武帝始光元年創立伽藍爲招提之號至唐復爲寺夢弼謂以此考之寺謂之招提或名伽藍或名道場其實一也更

宿招提境陰壑生虛籟虛一作靈籟音賴簫也山南曰陽山北曰陰以其背陽故爲重陰沍寒之地風聲爲天籟

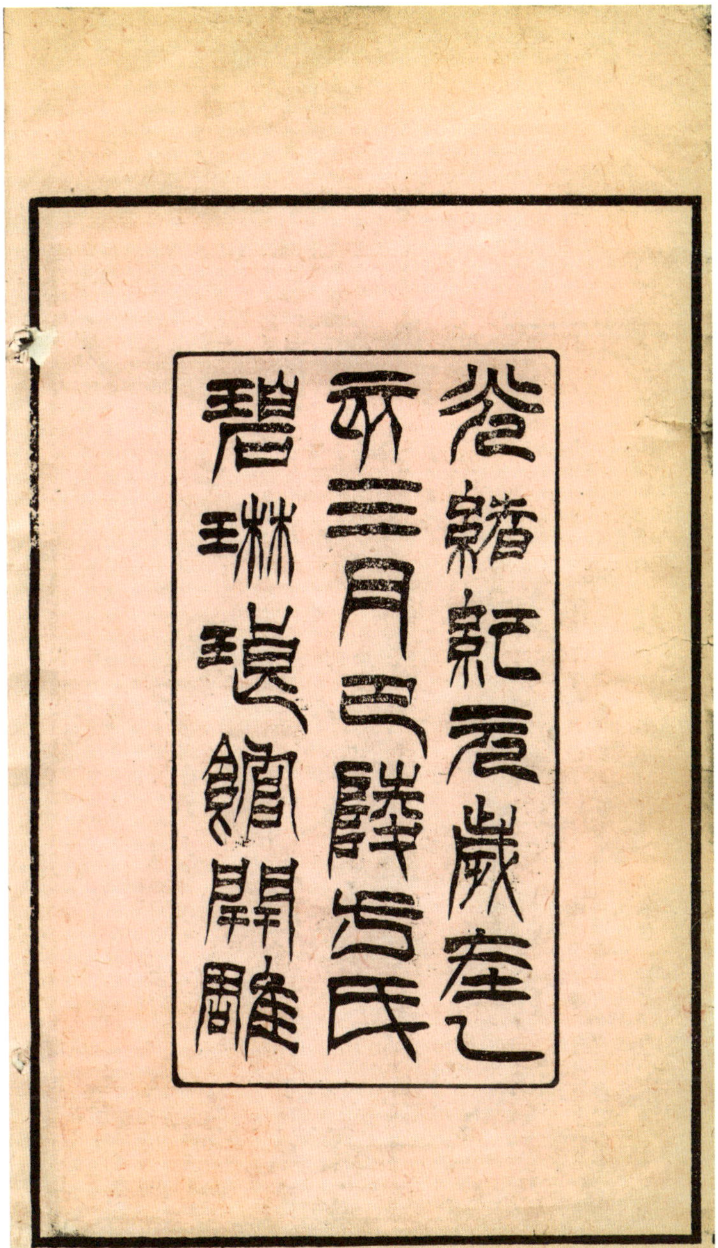

光緒紀元歲在乙亥三月巴陵方氏碧琳琅館開雕

071 杜工部草堂詩箋二十二卷　（唐）杜甫撰（宋）魯訔編（宋）蔡夢弼箋　（清）方功惠校訂　清光緒元年（1875）巴陵方氏碧琳琅館刻本

框高 19.5 釐米，寬 13 釐米。半葉十二行，行二十六字，小字雙行同，黑口，左右雙邊。

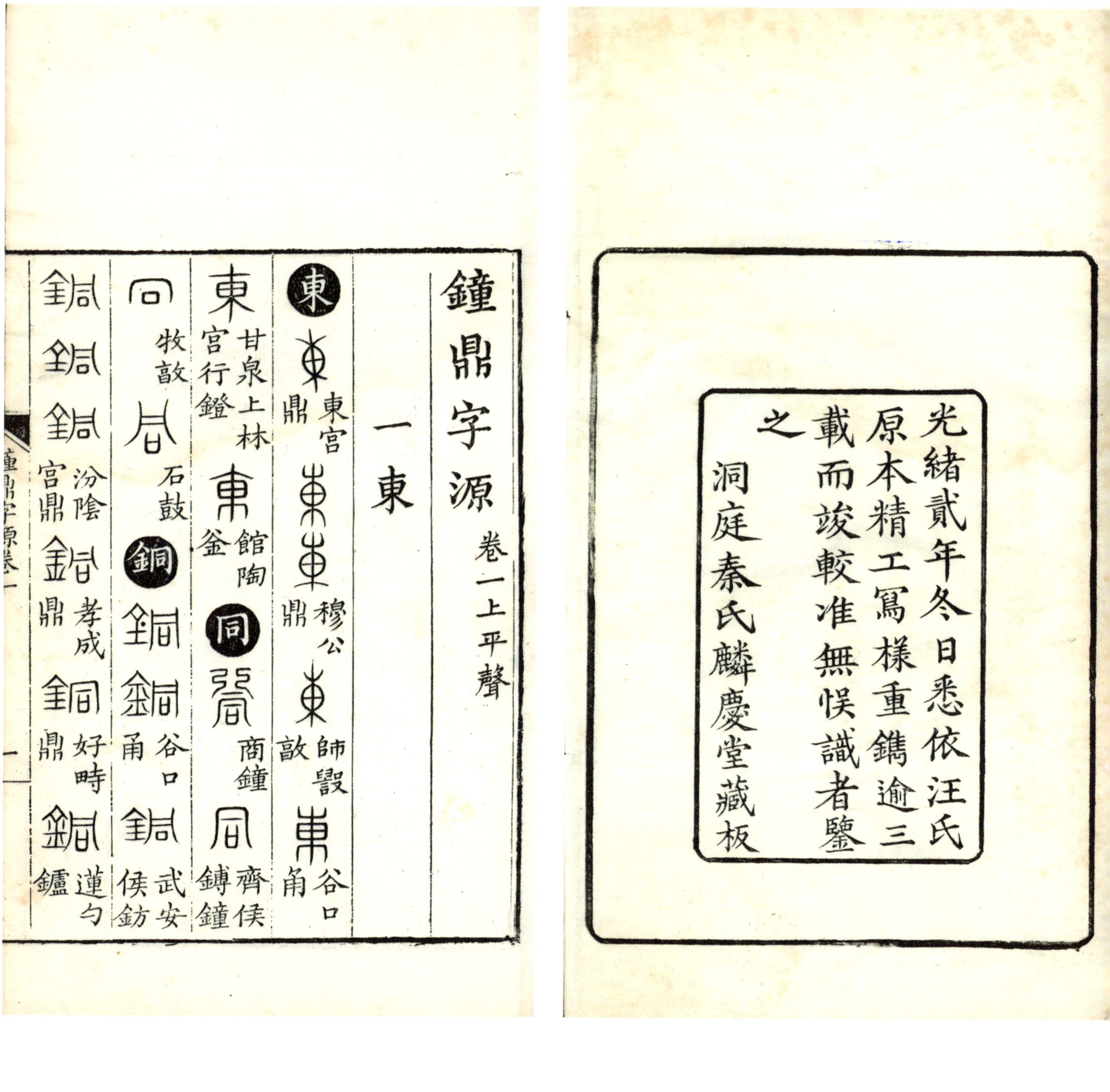

072 鐘鼎字源五卷附録一卷 （清）汪立名編　清光緒二年（1876）洞庭秦氏麟慶堂刻本

框高 17.4 釐米，寬 13 釐米。半葉六行，行十字，小字雙行二十字，白口，左右雙邊。

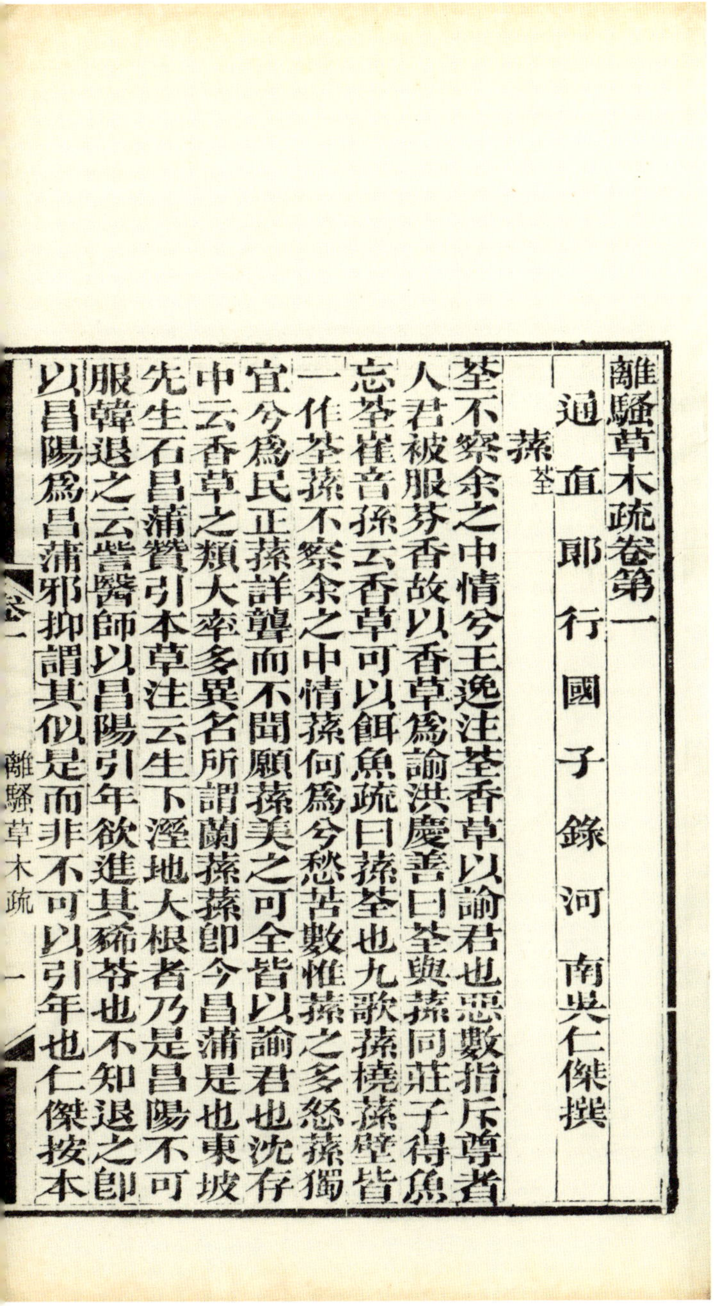
離騷草木疏卷第一
通直郎行國子錄河南吳仁傑撰
蓀 荃
荃不察余之中情兮王逸注荃香草以諭君也惡數指斥尊者
人君被服芬香故以香草爲諭洪慶善曰荃與蓀同莊子得魚
忘荃崔音孫云香草可以餌魚疏曰蓀荃也九歌蓀橈蓀壁皆
一作荃蓀不察余之中情蓀何爲兮愁苦數惟蓀之多怒蓀獨
宜兮爲民正蓀詳聾而不聞願蓀美之可全皆以諭君也沈存
中云香草之類大率多異名所謂蘭蓀蓀卽今昌蒲是也東坡
先生石昌蒲贊引本草注云生下溼地大根者乃是昌陽不可
服韓退之云訾醫師以昌陽引年欲進其豨苓也不知退之卽
以昌陽爲昌蒲邪抑謂其似是而非不可以引年也仁傑按本
卷一 離騷草木疏 一

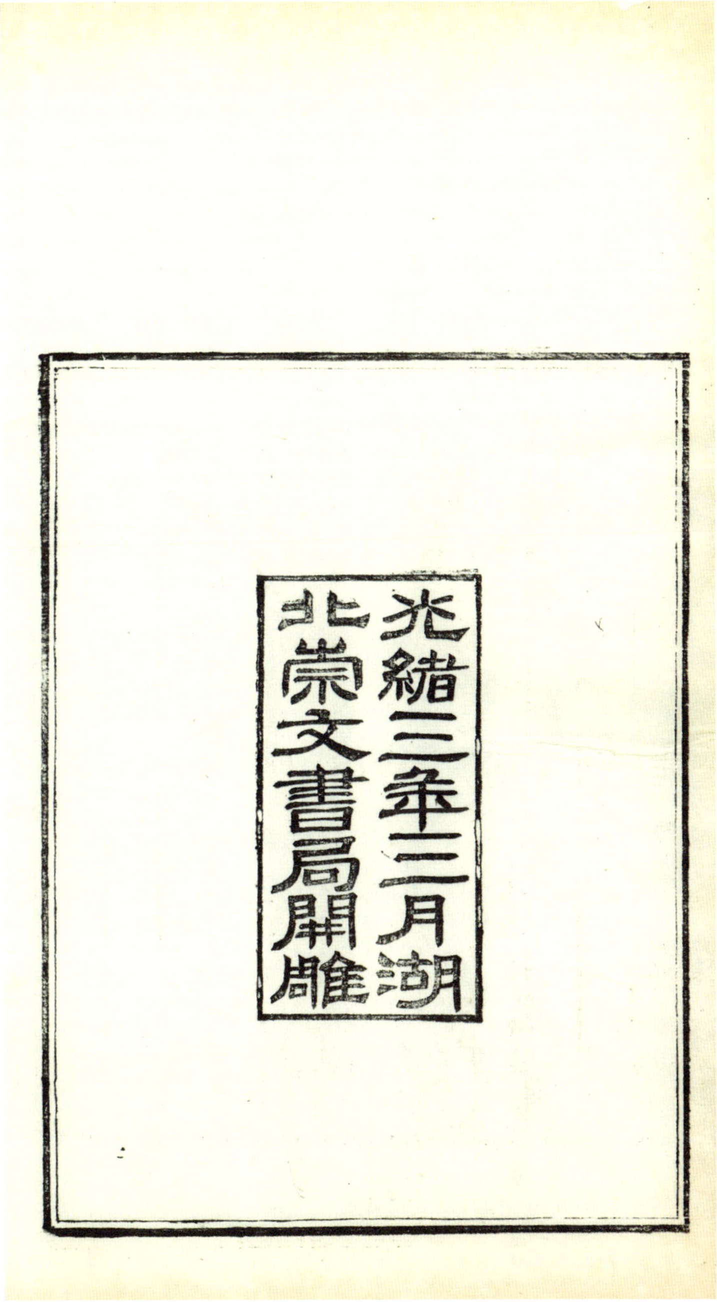
光緒三年三月湖北崇文書局開雕

073 離騷草木疏四卷（宋）吳仁傑撰 清光緒三年（1877）湖北崇文書局刻本

框高 19.7 釐米，寬 14.9 釐米。半葉十二行，行二十四字，小字雙行同，黑口，四周雙邊。

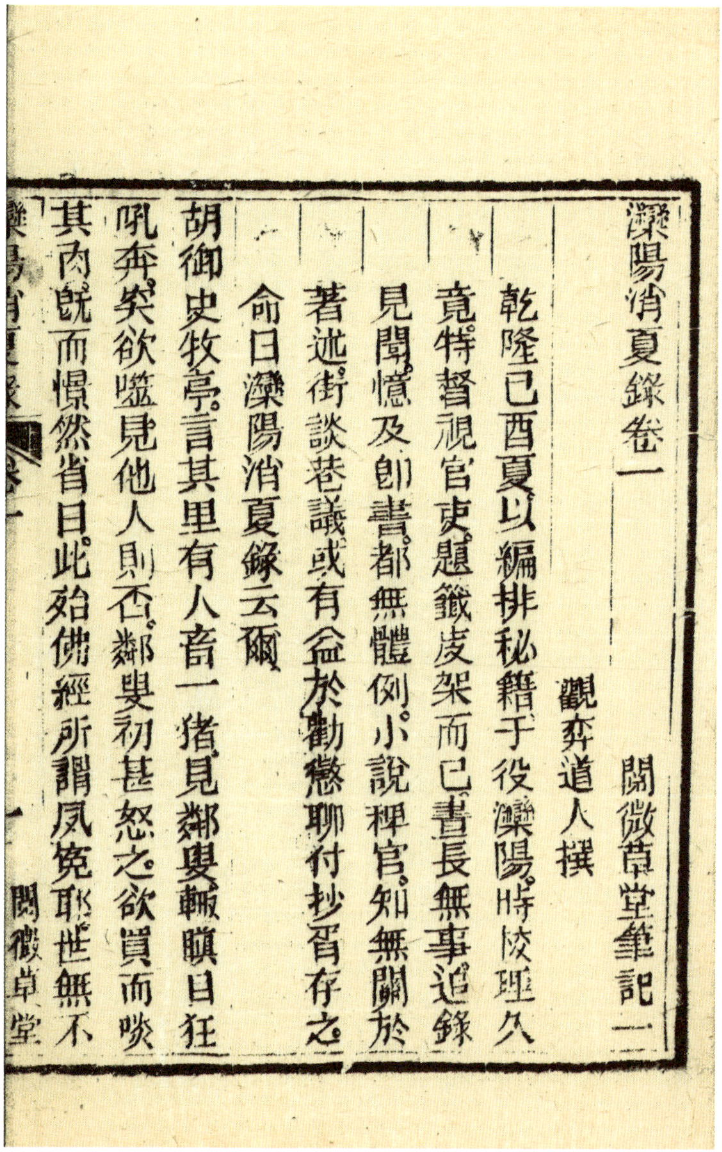

灤陽消夏錄卷一　閱微草堂筆記一

觀弈道人撰

乾隆己酉夏以編排秘籍于役灤陽時校理久竟特督視官吏題籤庋架而已晝長無事追錄見聞憶及即書都無體例小說稗官知無關於著述街談巷議或有益於勸懲聊付抄胥存之命曰灤陽消夏錄云爾

胡御史牧亭言其里有人畜一猪見鄰叟輒瞋目狂吼奔突欲噬見他人則否鄰叟初甚怒之欲買而啖其肉既而憬然省曰此殆佛經所謂夙冤耶世無不

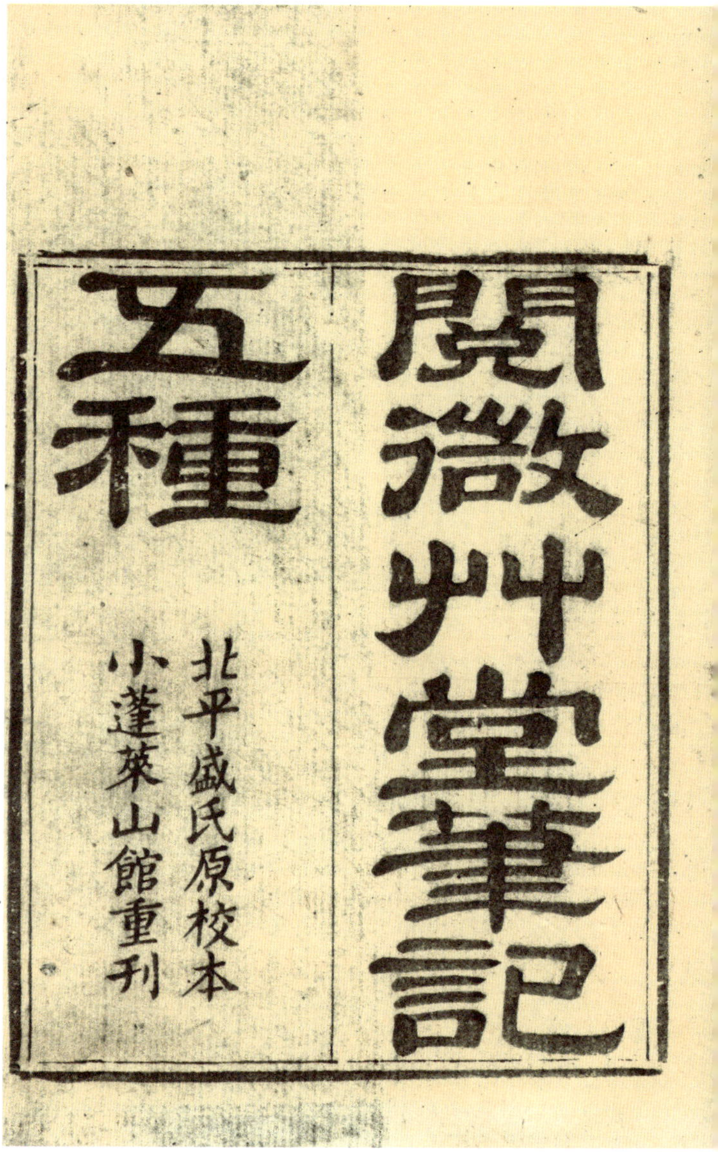

閱微艸堂筆記

五種

北平盛氏原校本

小蓬萊山館重刊

074 閲微草堂筆記二十四卷（清）紀昀撰　清光緒三年（1877）小蓬萊山館刻本

框高 13.4 釐米，寬 10.5 釐米。半葉十行，行二十字，小字雙行同，白口，四周雙邊。

館藏索書號：407.1/47038

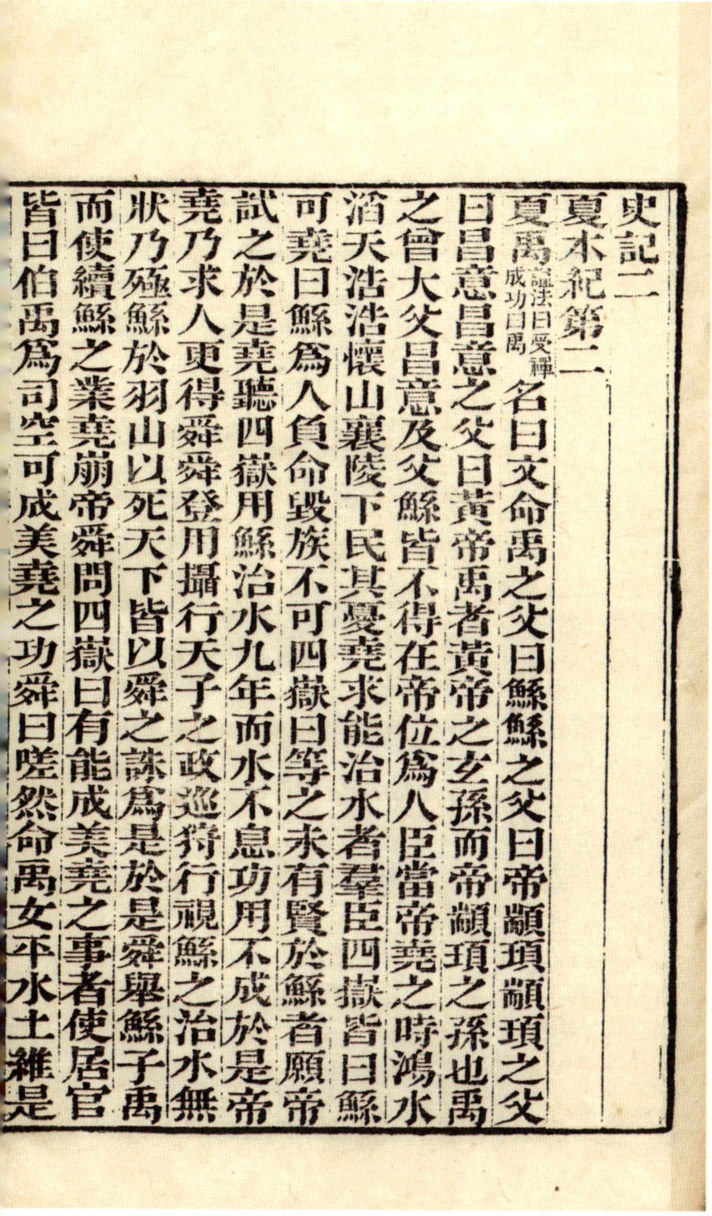
史記二

夏本紀第二

夏禹謚法曰受禪成功曰禹名曰文命禹之父曰鯀鯀之父曰帝顓頊顓頊之父曰昌意昌意之父曰黃帝禹者黃帝之玄孫而帝顓頊之孫也禹之曾大父昌意及父鯀皆不得在帝位爲人臣當帝堯之時鴻水滔天浩浩懷山襄陵下民其憂堯求能治水者羣臣四嶽皆曰鯀可堯曰鯀爲人負命毀族不可四嶽曰等之未有賢於鯀者願帝試之於是堯聽四嶽用鯀治水九年而水不息功用不成於是帝堯乃求人更得舜舜登用攝行天子之政巡狩行視鯀之治水無狀乃殛鯀於羽山以死天下皆以舜之誅爲是於是舜舉鯀子禹而使續鯀之業堯崩帝舜問四嶽曰有能成美堯之事者使居官皆曰伯禹爲司空可成美堯之功舜曰嗟然命禹女平水土維是

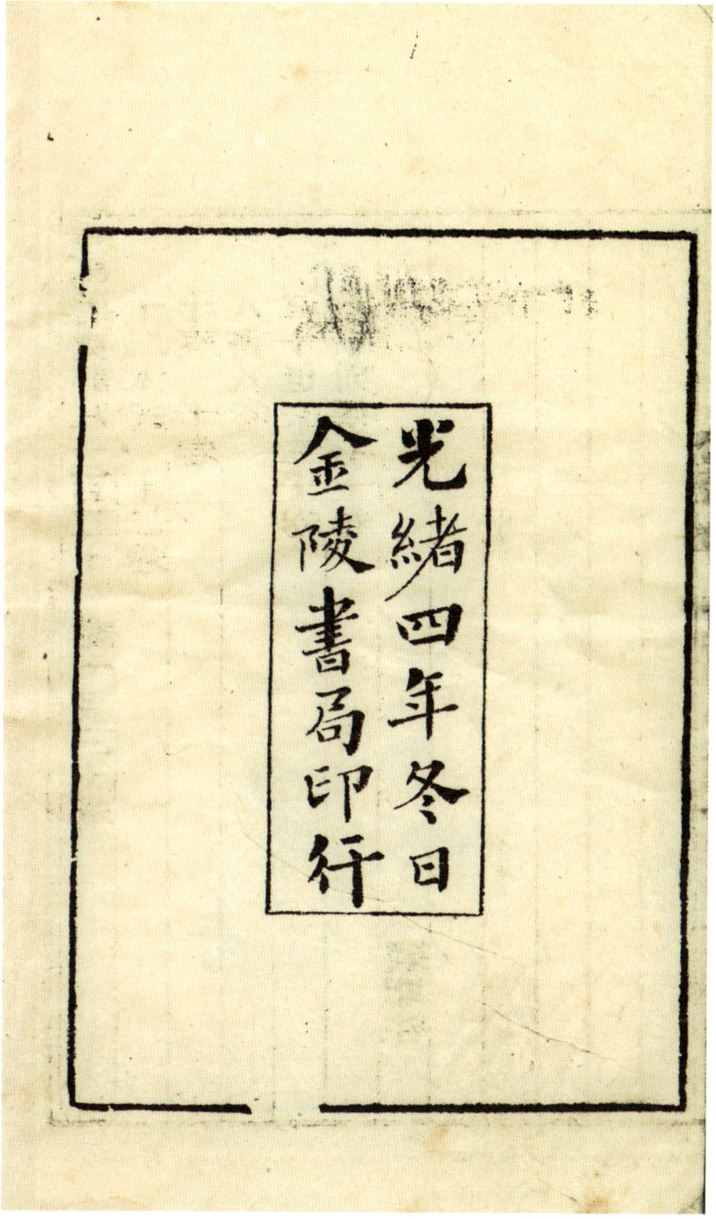
光緒四年冬日

金陵書局印行

075 史記一百三十卷　（漢）司馬遷撰　（南朝宋）裴駰集解

清光緒四年（1878）金陵書局刻本

框高 21 釐米，寬 15.4 釐米。半葉十二行，行二十五字，小字雙行三十七字，白口，左右雙邊。

館藏索書號：201.2/17673

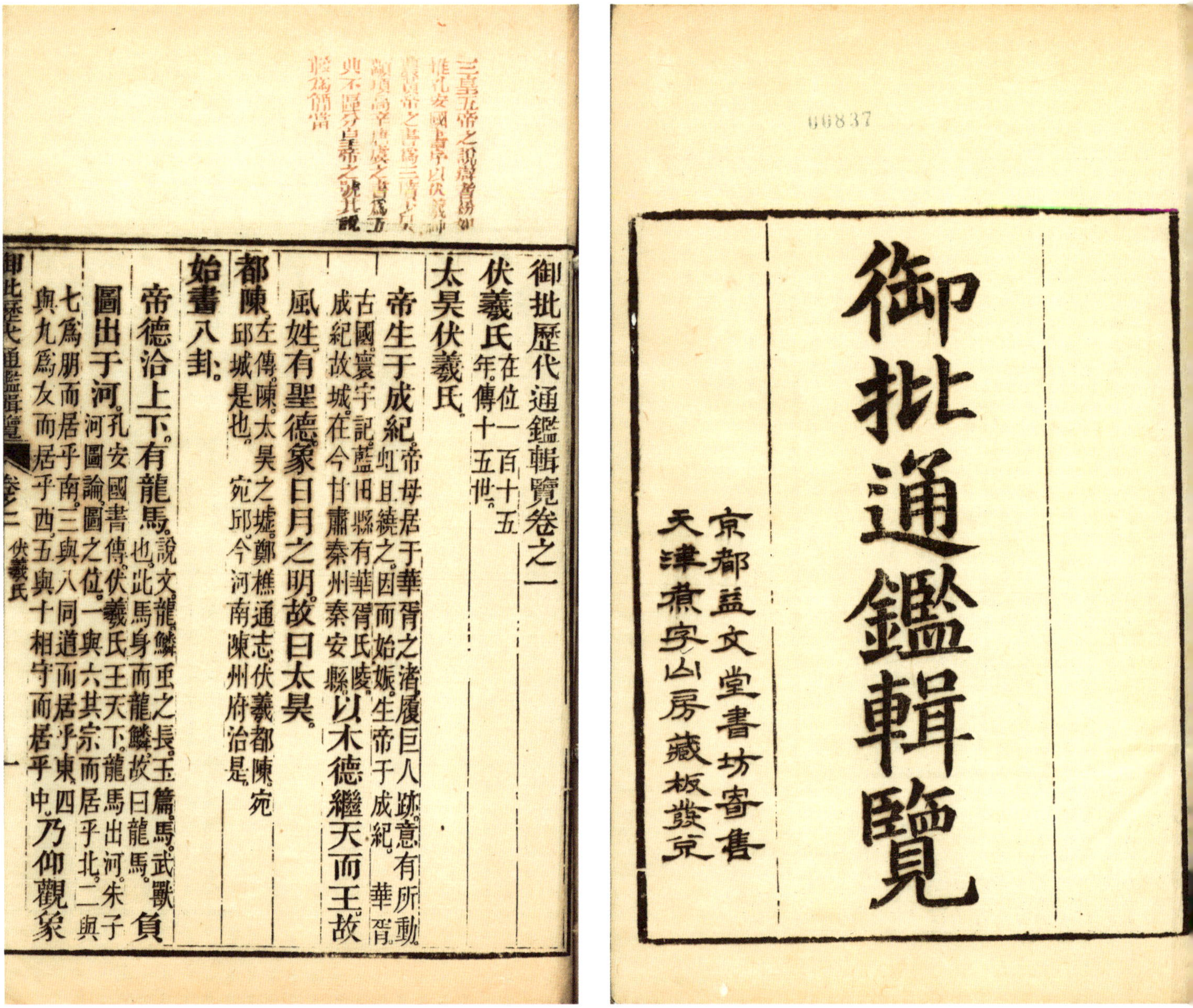

00837

御批通鑑輯覽

京都益文堂書坊寄售
天津煮字山房藏板發兑

御批歷代通鑑輯覽卷之一

伏羲氏 在位一百十五年。傳十五世。

太昊伏羲氏

帝生于成紀。帝母居于華胥之渚，履巨人跡，意有所動，虹且繞之，因而始娠，生帝于成紀。華胥古國，寰宇記藍田縣有華胥氏陵。成紀故城在今甘肅秦州秦安縣。以木德繼天而王，故風姓。有聖德，象日月之明，故曰太昊。

都陳。左傳陳，太昊之墟。鄭樵通志伏羲都陳，宛丘城是也。宛丘今河南陳州府治是。

始畫八卦。

帝德洽上下，有龍馬。說文龍，鱗虫之長。玉篇馬，武獸也。此馬身而龍鱗，故曰龍馬。負圖出于河。孔安國書傳伏羲氏王天下，龍馬出河。朱子河圖論圖之位，一與六共宗而居乎北，二與七爲朋而居乎南，三與八同道而居乎東，四與九爲友而居乎西，五與十相守而居乎中。乃仰觀象

御批歷代通鑑輯覽 卷之一 伏羲氏 一

076 御批歷代通鑑輯覽一百二十卷 （清）傅恒等纂 清光緒五年（1879）天津煮字山房刻本

框高 17.8 釐米，寬 14.5 釐米。半葉十一行，行二十二字，小字雙行同，白口，四周雙邊。

館藏索書號：202.1/48472

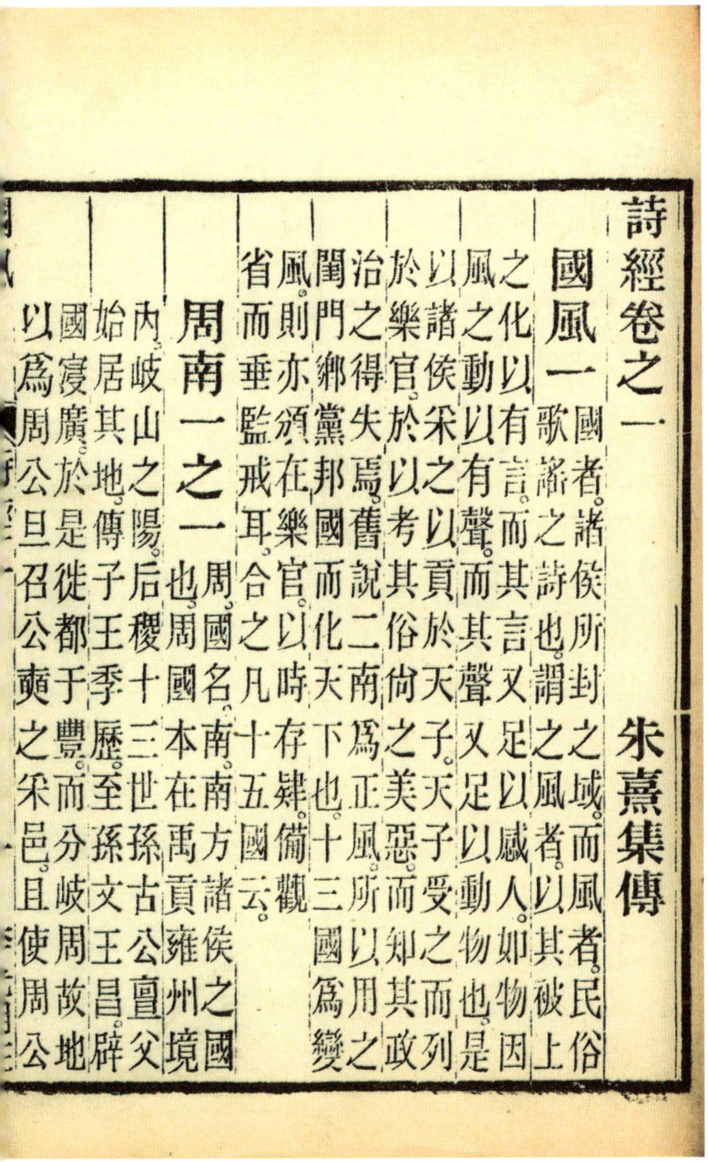

詩經卷之一　朱熹集傳

國風一　國者，諸侯所封之域，而風者，民俗歌謠之詩也。謂之風者，以其被上之化以有言，而其言又足以感人，如物因風之動以有聲，而其聲又足以動物也。是以諸侯采之以貢於天子，天子受之而列於樂官，於以考其俗尚之美惡，而知其政治之得失焉。舊說二南爲正風，所以用之閨門鄉黨邦國而化天下也。十三國爲變風，則亦須在樂官，以時存肄，備觀省而垂監戒耳。合之凡十五國云。

周南一之一　周，國名。南，南方諸侯之國也。周國本在禹貢雍州境內岐山之陽，后稷十三世孫古公亶父始居其地，傳子王季歷，至孫文王昌，辟國寖廣，於是徙都于豐，而分岐周故地以爲周公旦、召公奭之采邑，且使周公

光緒庚辰刊

監本詩經

狀元閣印

077 詩經八卷　（宋）朱熹集傳　清光緒六年（1880）江南狀元閣刻本

框高 18.2 釐米，寬 14 釐米。半葉九行，行十七字，小字雙行同，白口，左右雙邊。

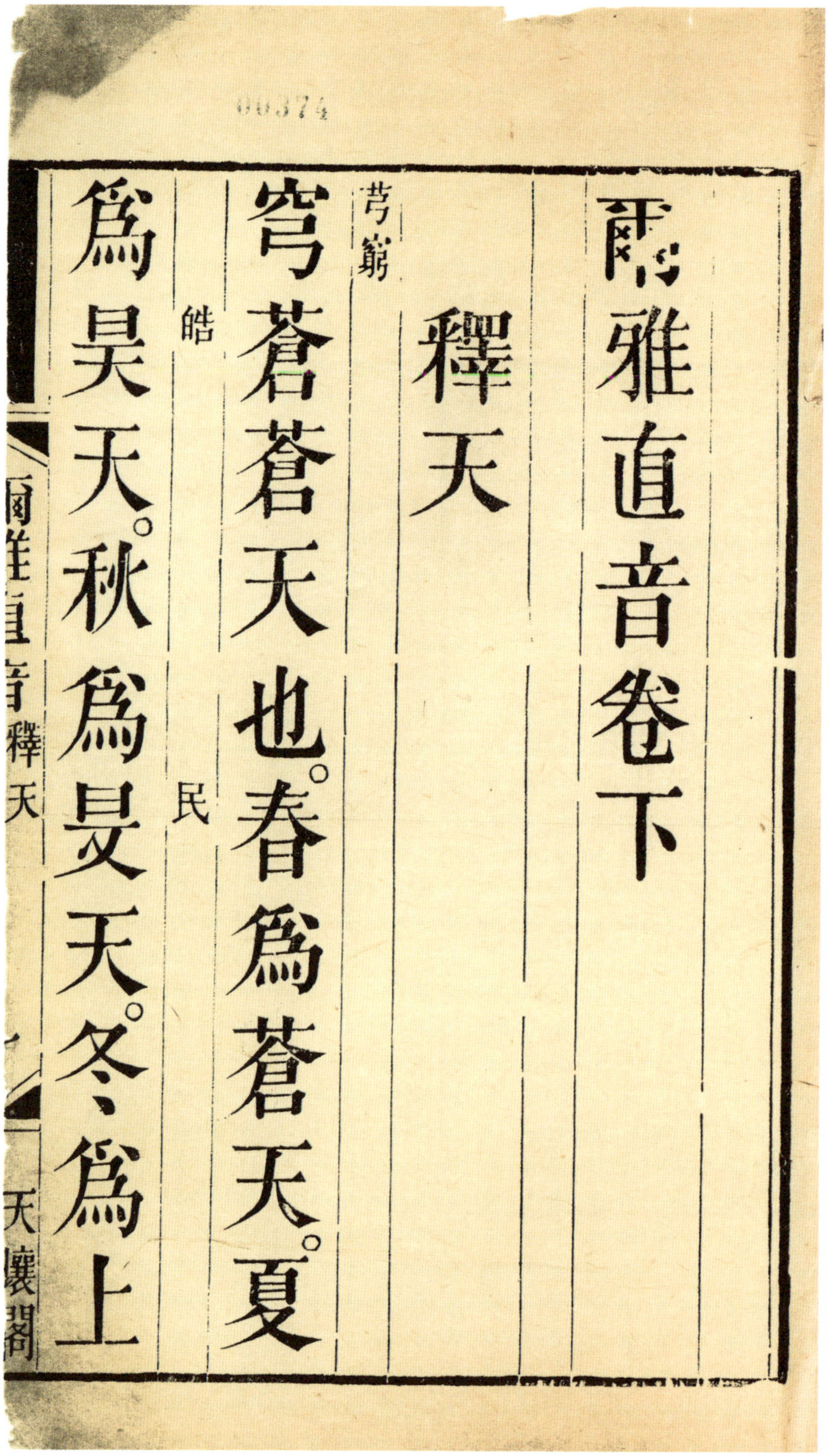

爾雅直音卷下

釋天

穹芎窮蒼蒼天也。春爲蒼天。夏

爲昊皓天。秋爲旻民天。冬爲上

爾雅直音　釋天　一　天壤閣

078 爾雅直音二卷 （清）孫侃撰 清光緒六年（1880）天壤閣刻本

框高 21 釐米，寬 13.6 釐米。半葉八行，行十字，小字單行不同，黑口，左右雙邊。

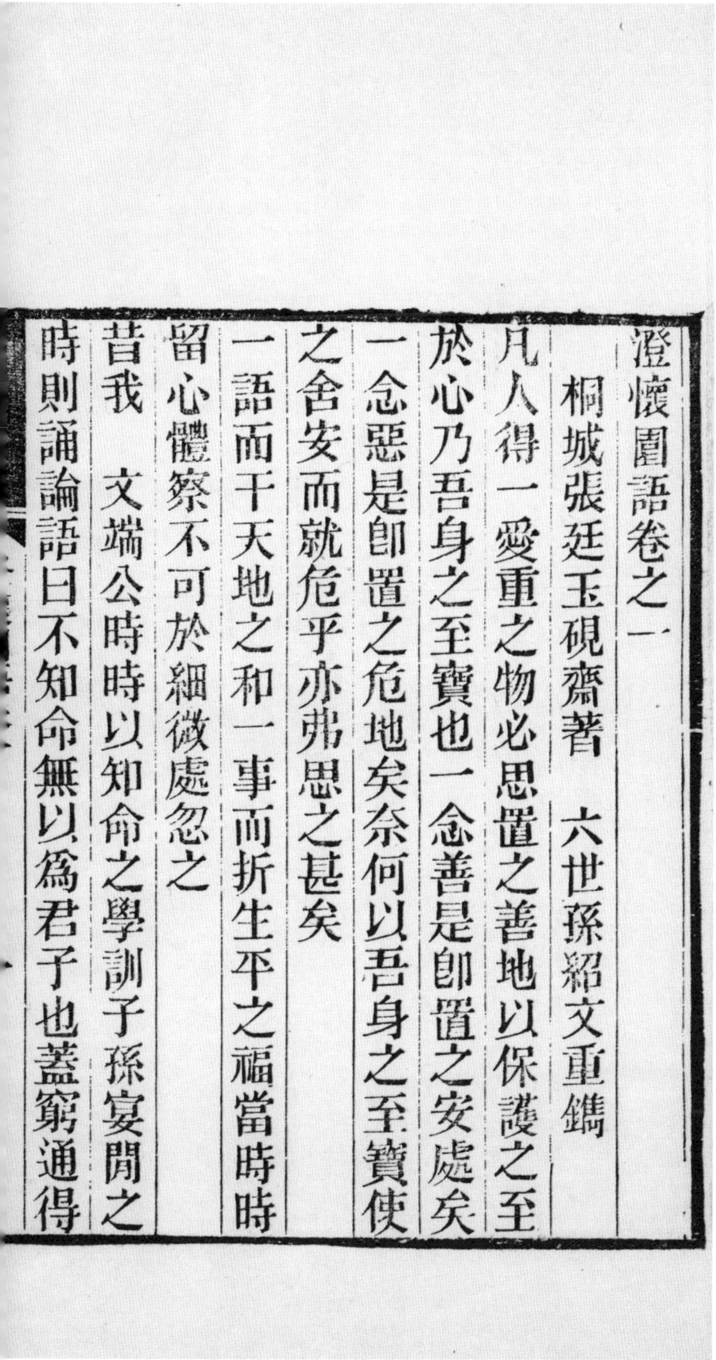

澄懷園語卷之一
桐城張廷玉硯齋著　六世孫紹文重鐫
凡人得一愛重之物必思置之善地以保護之至
於心乃吾身之至寶也一念善是卽置之安處矣
一念惡是卽置之危地矣奈何以吾身之至寶使
之舍安而就危乎亦弗思之甚矣
一語而干天地之和一事而折生平之福當時時
留心體察不可於細微處忽之
昔我　文端公時時以知命之學訓子孫宴閒之
時則誦論語曰不知命無以爲君子也蓋窮通得

光緒六年歲次
庚辰冬十一月
重雕於龐凶

079 澄懷園語四卷　（清）張廷玉撰　清光緒六年（1880）張紹文刻本

框高 17.8 釐米，寬 13.5 釐米。半葉十行，行十九字，黑口，左右雙邊。

館藏索書號：407.12/11211

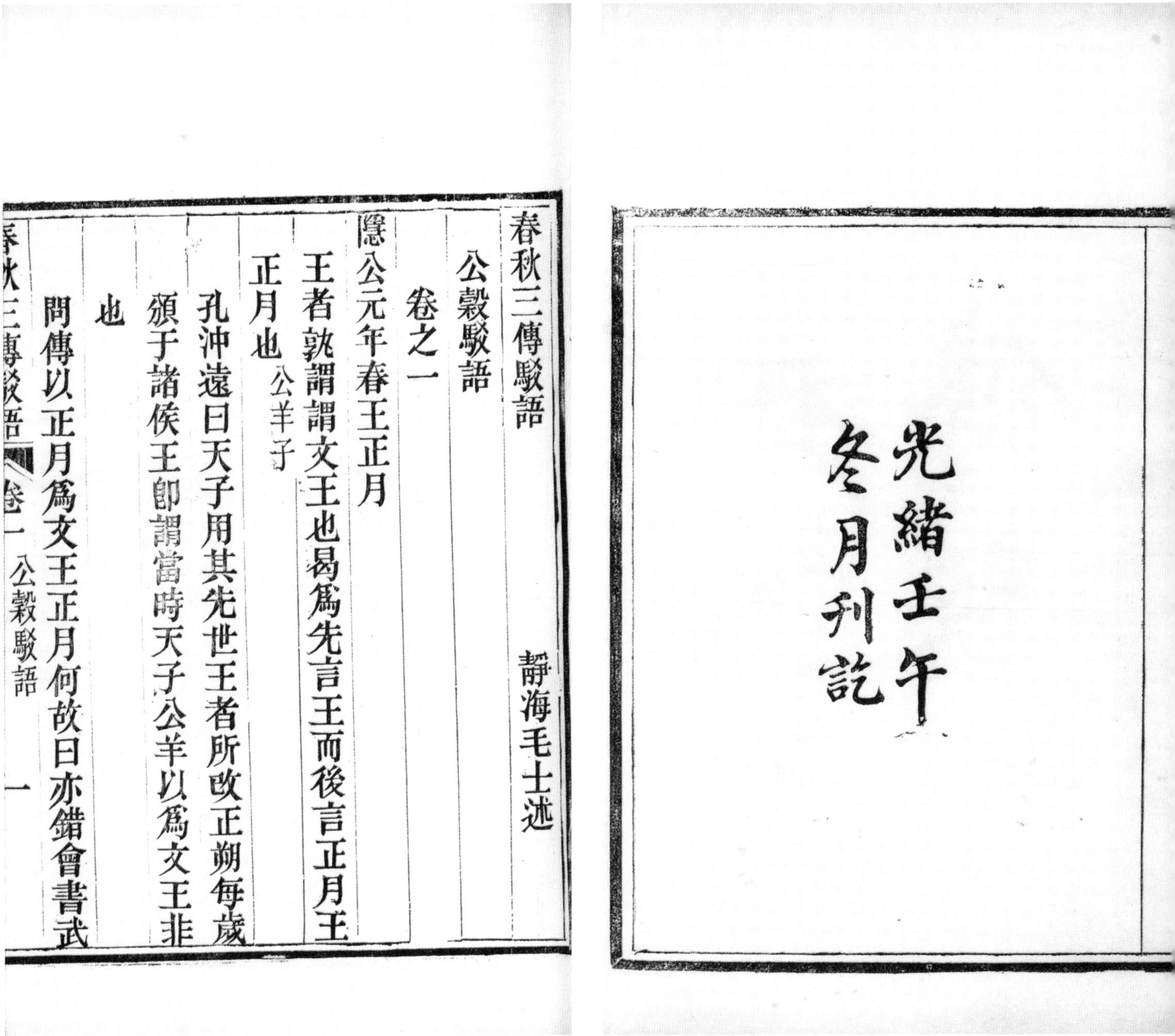

春秋三傳駁語　　靜海毛士述

公穀駁語

卷之一

隱公元年春王正月

王者孰謂謂文王也曷爲先言王而後言正月王

正月也 公羊子

孔沖遠曰天子用其先世王者所改正朔每歲

頒于諸侯王郎謂當時天子公羊以爲文王非

也

問傳以正月爲文王正月何故曰亦錯會書武

春秋三傳駁語　卷一　公穀駁語　一

光緒壬午

冬月刊訖

080 春秋三傳駁語六卷　（清）毛士撰　清光緒八年（1882）刻毛氏春秋三種本

框高 18.7 釐米，寬 13.7 釐米。半葉十行，行二十字，小字雙行同，白口，四周雙邊。

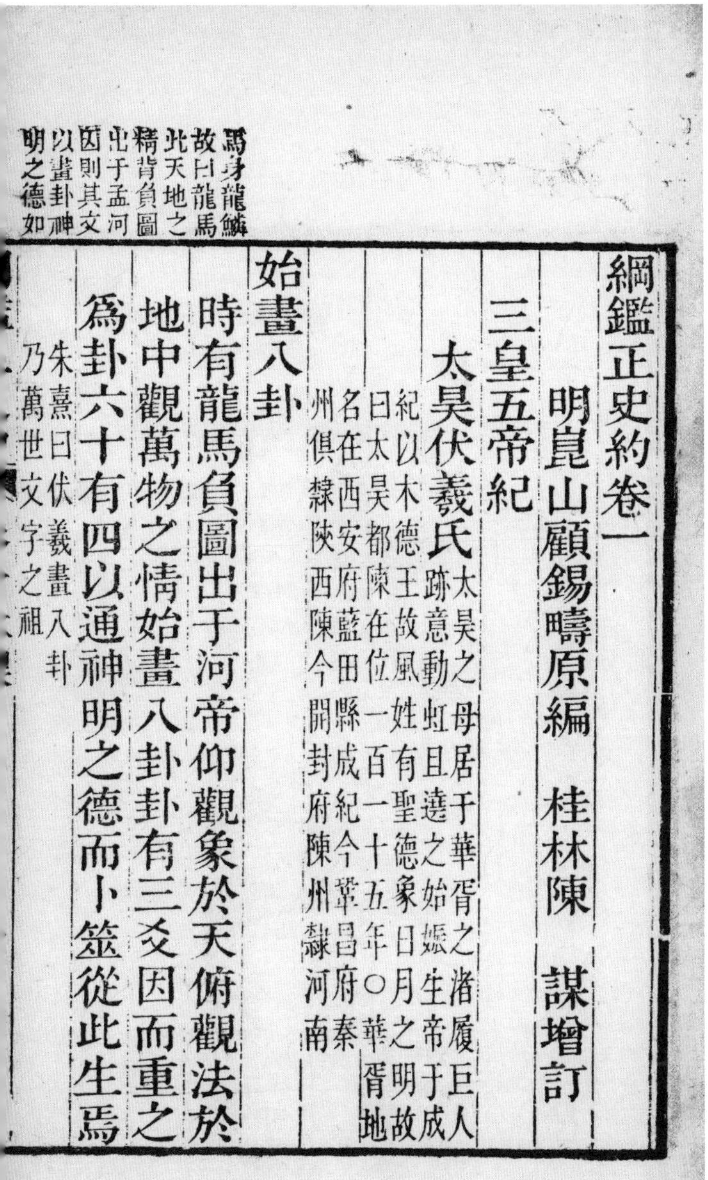
焉身龍鱗故曰龍馬北天地之精背負圖出于孟河因則其文以畫卦神明之德如

綱鑑正史約卷一

明崑山顧錫疇原編　桂林陳　謀增訂

三皇五帝紀

太昊伏羲氏太昊之母居于華胥之渚履巨人跡意動虹且遶之始娠生帝于成紀以木德王故風姓有聖德象日月之明故曰太昊都陳在位一百一十五年○華胥地名在西安府藍田縣成紀今鞏昌府秦州俱隸陝西陳今開封府陳州隸河南

始畫八卦

時有龍馬負圖出于河帝仰觀象於天俯觀法於地中觀萬物之情始畫八卦卦有三爻因而重之爲卦六十有四以通神明之德而卜筮從此生焉朱熹曰伏羲畫八卦乃萬世文字之祖

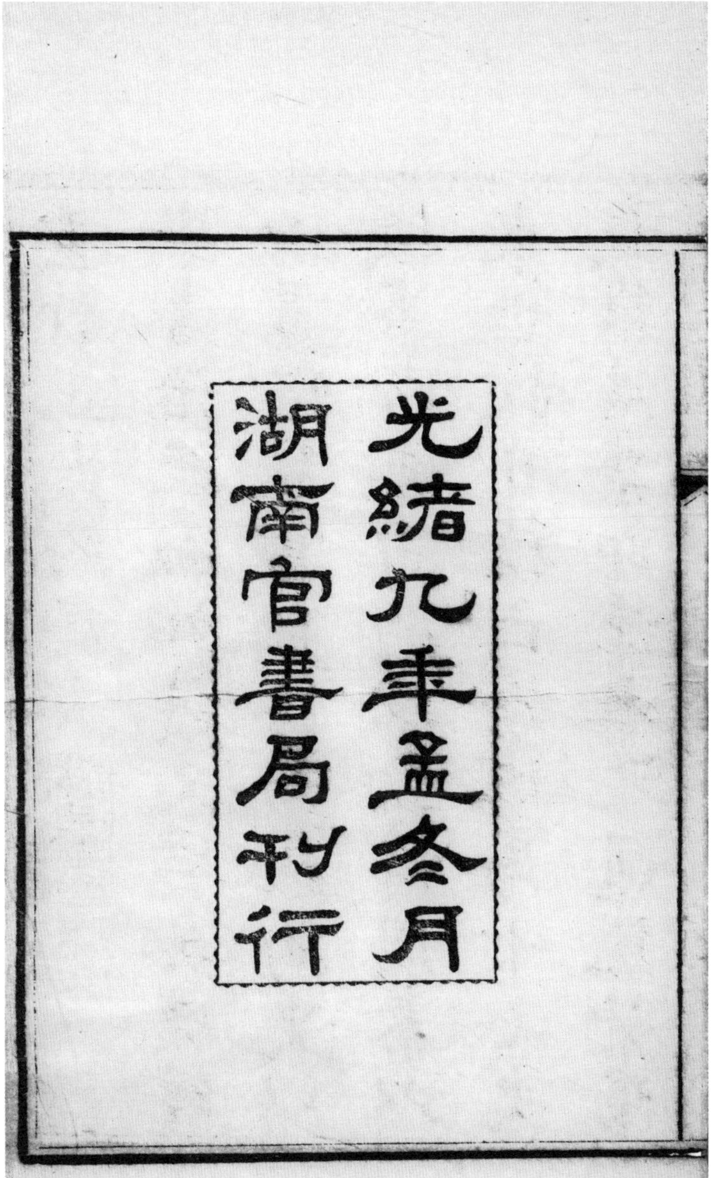
光緒九年孟冬月
湖南官書局刊行

081 綱鑑正史約三十六卷（明）顧錫疇編　（清）陳弘謀增訂

清光緒九年（1883）湖南官書局刻本

框高 18 釐米，寬 13 釐米。半葉十一行，行二十字，小字雙行同，白口，左右雙邊。

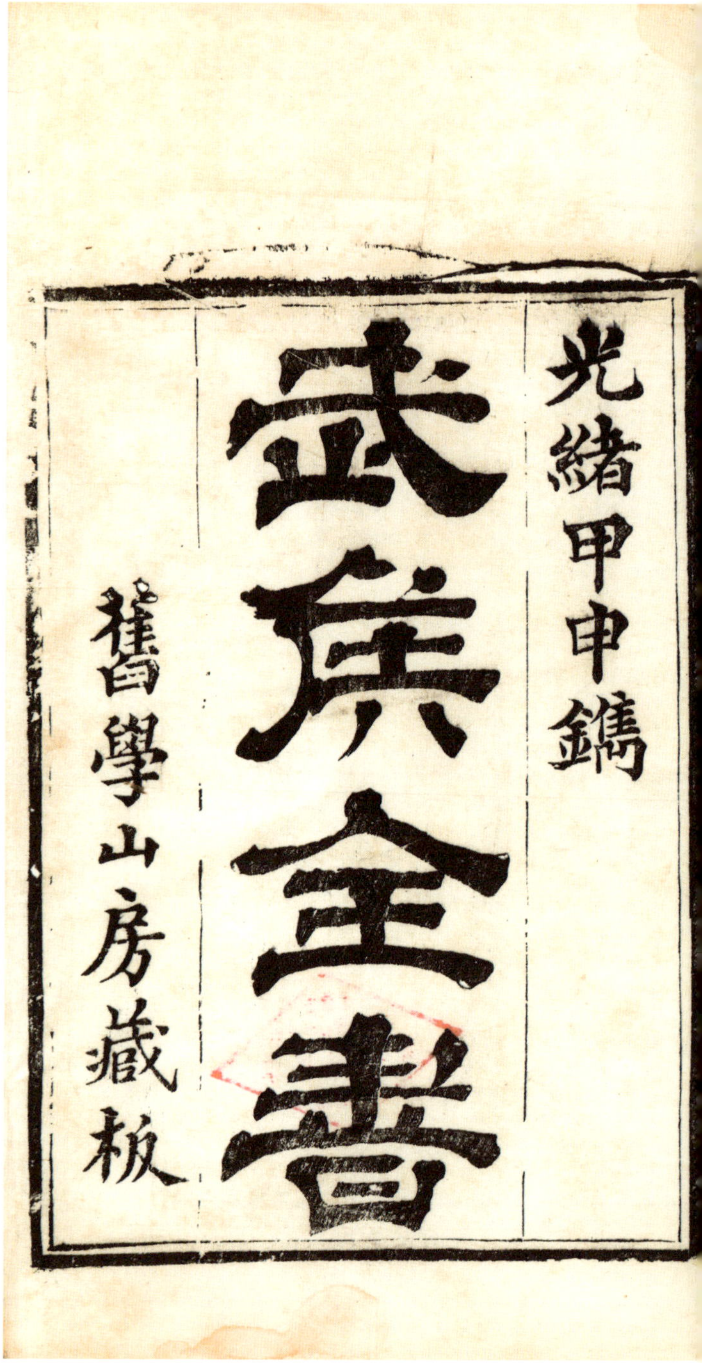

光緒甲申鐫

武侯全書

舊學山房藏板

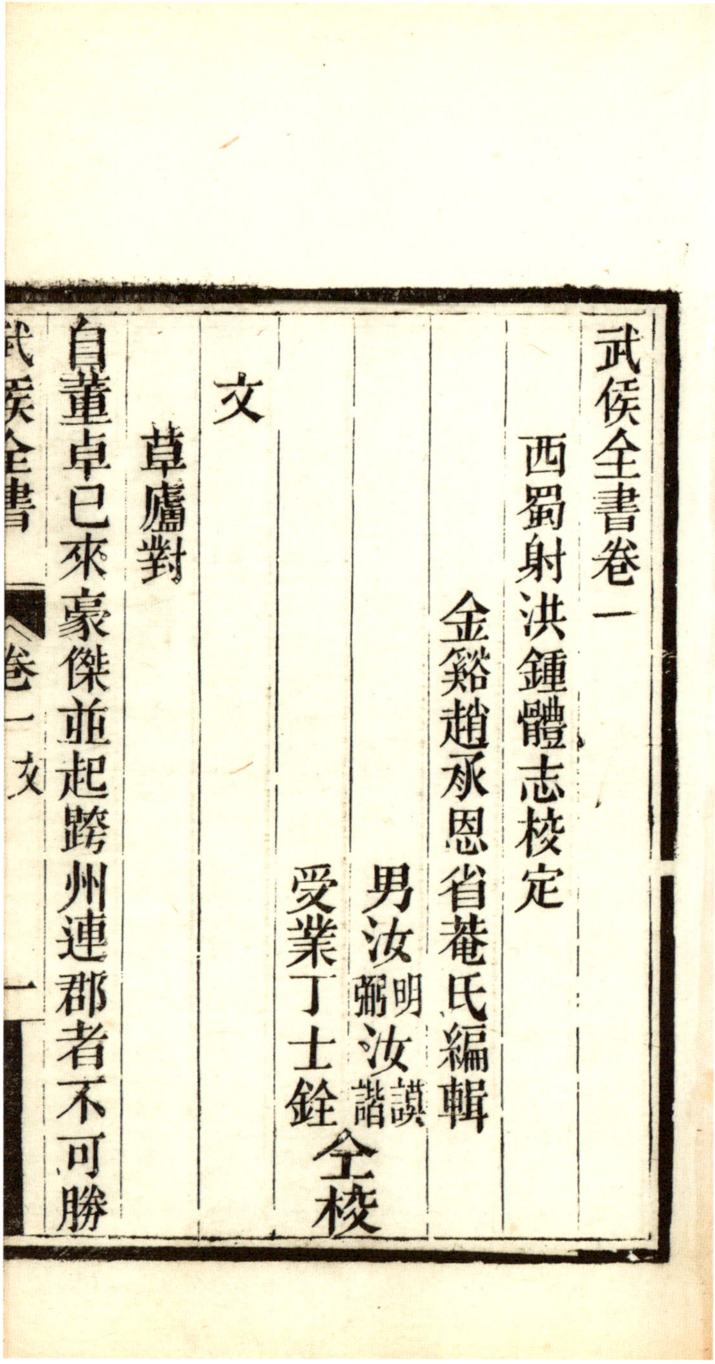

武侯全書卷一

西蜀射洪鍾體志校定

金谿趙承恩省菴氏編輯

男汝明弼汝謨諧仝校

受業丁士銓

文

草廬對

自董卓已來豪傑並起跨州連郡者不可勝

武侯全書　卷一　文　一

082 武侯全書二十卷首一卷（三國蜀）諸葛亮撰（清）趙承恩編輯　清光緒十年（1884）舊學山房刻本

框高17.2釐米，寬11.8釐米。半葉八行，行十七字，黑口，四周雙邊。

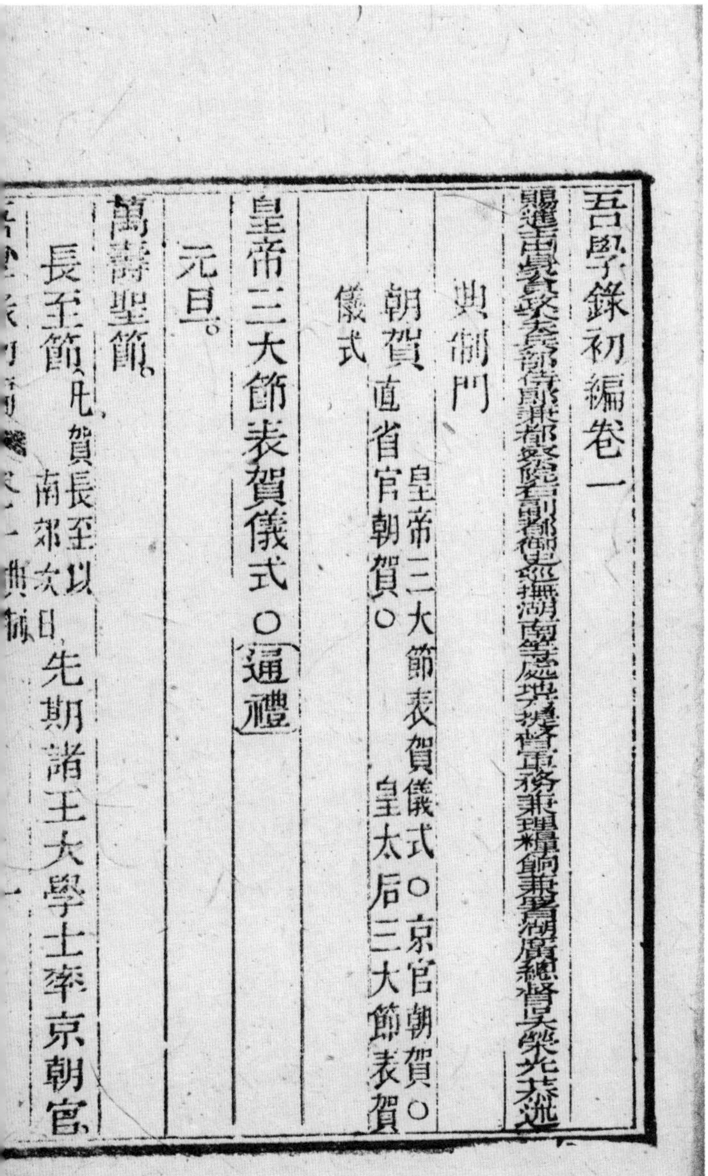
吾學錄初編卷一
賜進士出身資政大夫兵部侍郎兼都察院右副都御史巡撫湖南等處地方提督軍務兼理糧餉兼署湖廣總督吳榮光恭述
典制門
朝賀 皇帝三大節表賀儀式○京官朝賀○直省官朝賀○皇太后三大節表賀儀式
皇帝三大節表賀儀式○通禮
元旦。
萬壽聖節。
長至節。凡賀長至以南郊次日先期諸王大學士率京朝官
吾學錄初編卷一 典制 一

00180
吾學錄

083 吾學録初編二十四卷（清）吳榮光撰 （清）黄本驥編

清光緒十年（1884）刻本

框高 13.7 釐米，寬 9.2 釐米。半葉九行，行二十一字，小字雙行同，白口，四周雙邊。

館藏索書號：209.1/26499

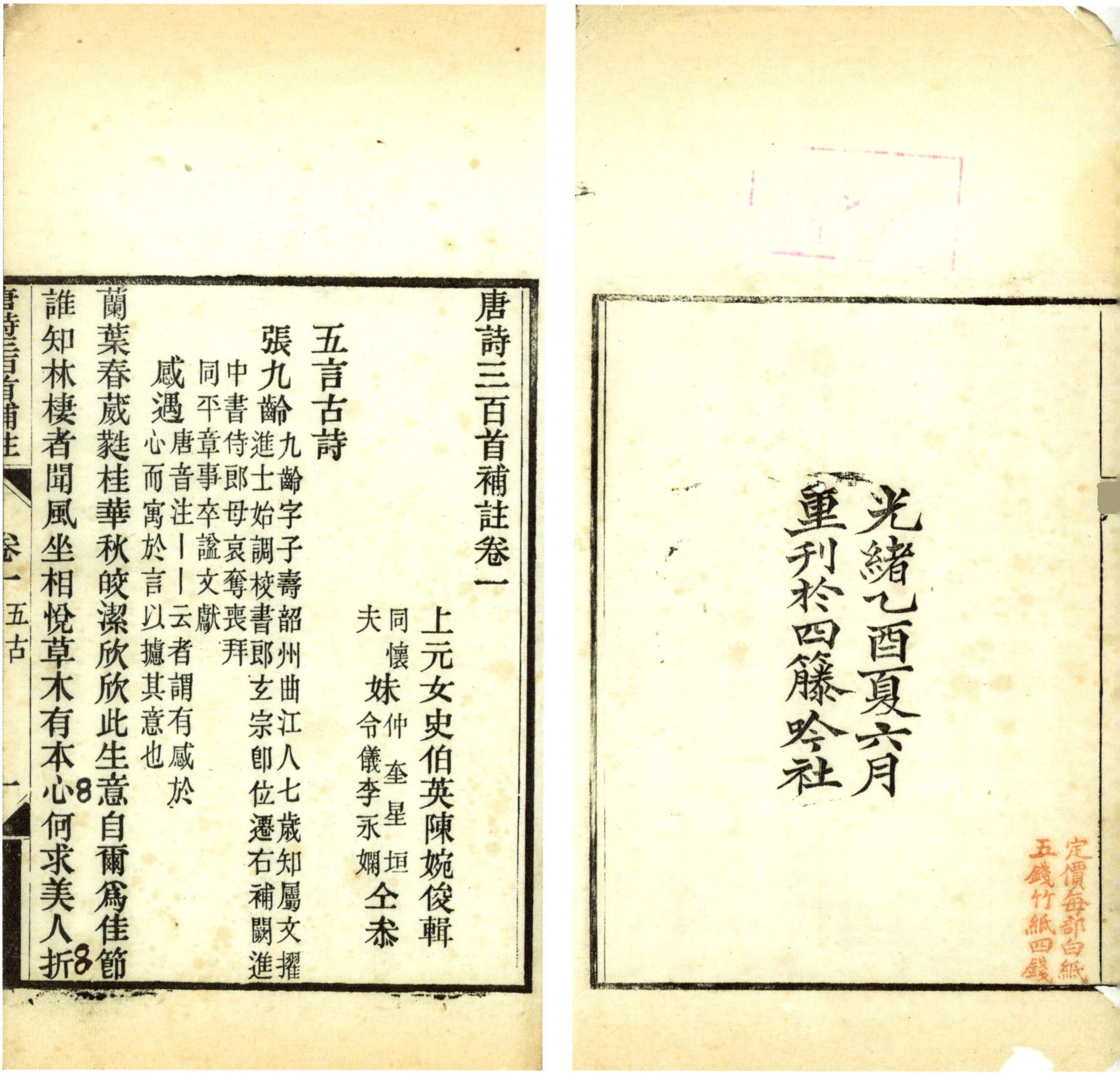
光緒乙酉夏六月
重刊於四籐吟社

定價每部白紙五錢竹紙四錢

唐詩三百首補註卷一
上元女史伯英陳婉俊輯
同懷妹仲奎星垣仝参
夫令儀李永嫻
五言古詩
張九齡 九齡字子壽韶州曲江人七歲知屬文擢進士始調校書郎玄宗即位遷右補闕進中書侍郎母哀奪喪拜同平章事卒謚文獻
感遇 唐音注||云者謂有感於心而寓於言以攄其意也
蘭葉春葳蕤桂華秋皎潔欣欣此生意自爾爲佳節
誰知林棲者聞風坐相悅草木有本心何求美人折

唐詩三百首補註 卷一 五古 一

084 唐詩三百首補註八卷 （清）陳婉俊輯　清光緒十一年（1885）四籐吟社刻本

框高 17.2 釐米，寬 12.8 釐米。半葉九行，行二十字，小字雙行同，黑口，左右雙邊。

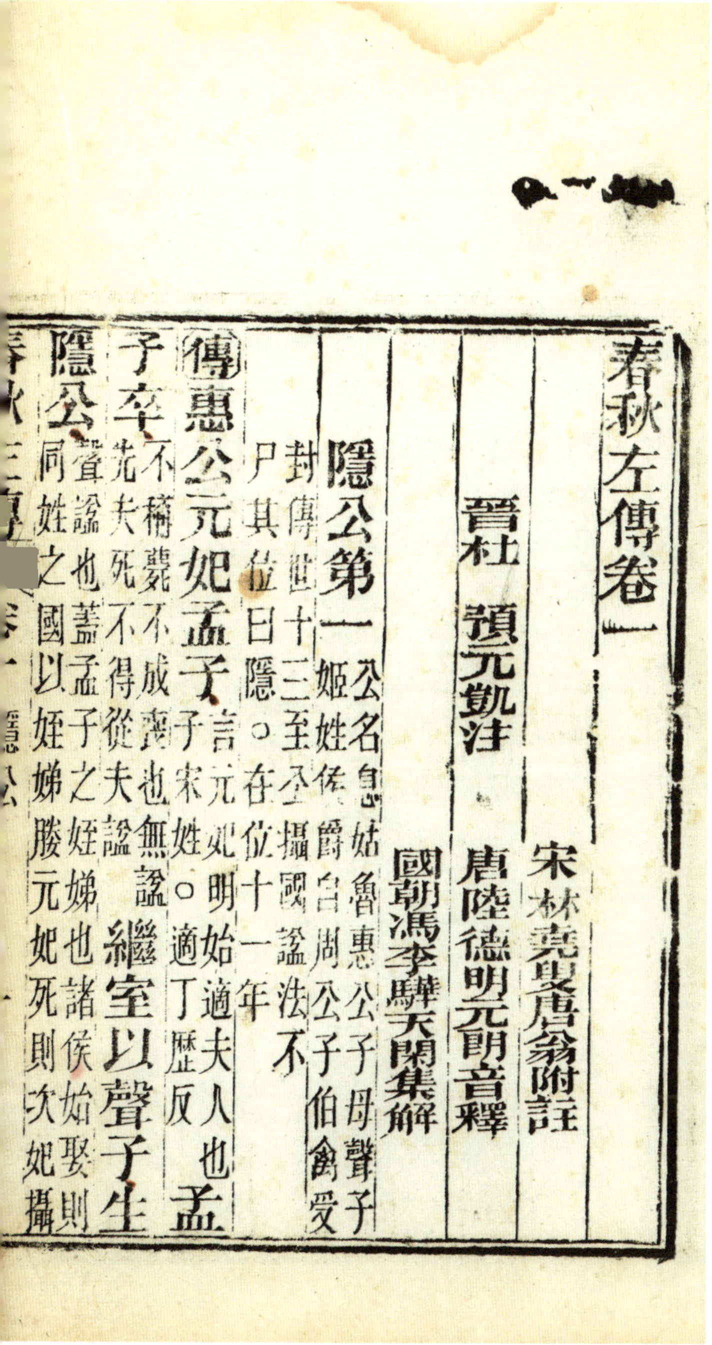

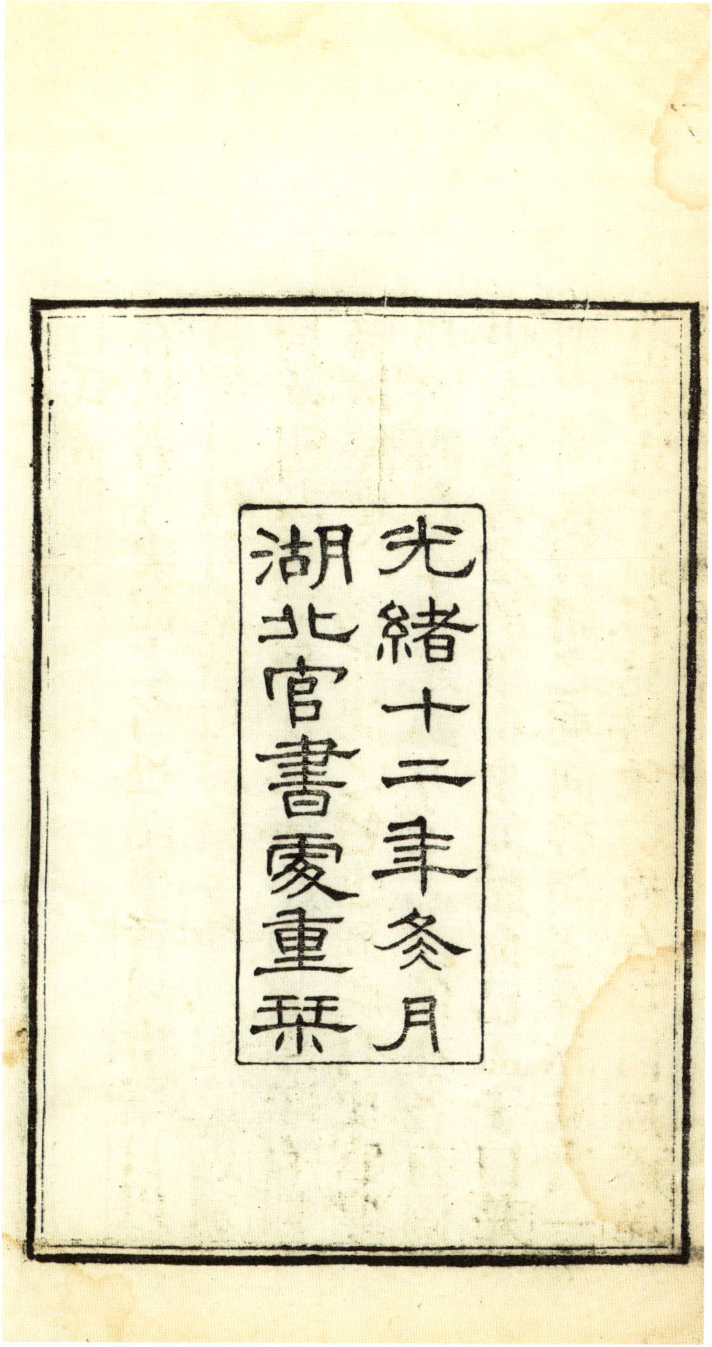

085 春秋左傳三十卷 （晉）杜預注 （唐）陸德明音釋

（宋）林堯叟註 （清）馮李驊集解 清光緒十二年（1886）湖北官書處刻本

框高 19.4 釐米，寬 14.1 釐米。半葉九行，行十七字，小字雙行同，白口，四周雙邊。

館藏索書號：106.1/40076

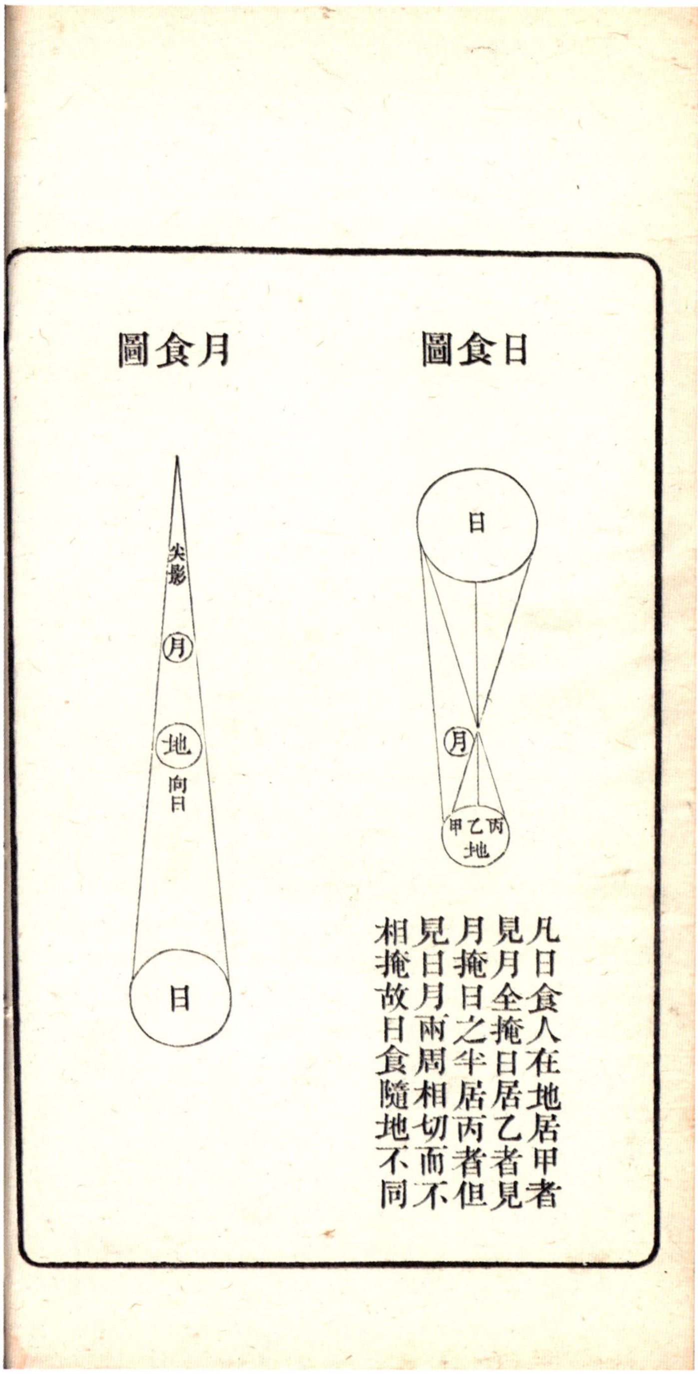

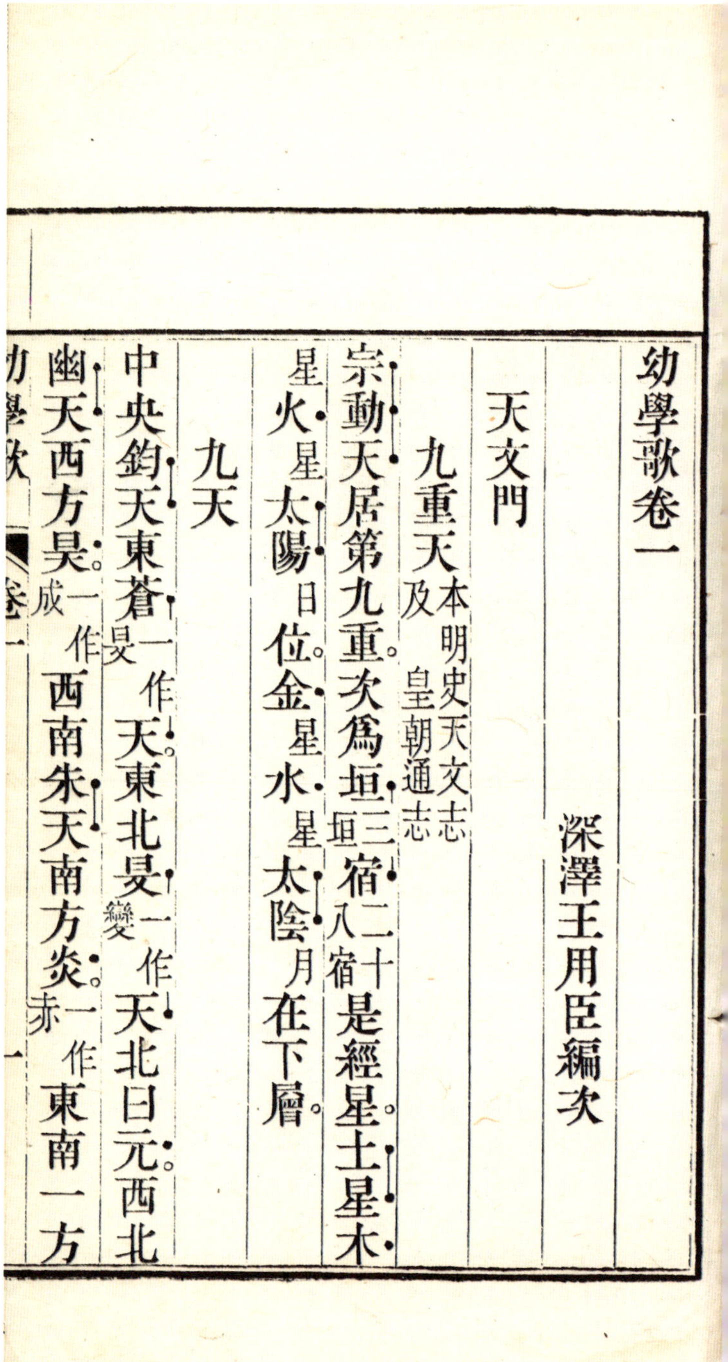
幼學歌卷一

深澤王用臣編次

天文門

九重天本明史天文志及皇朝通志

宗動天居第九重。次爲垣三垣二十八宿是經星。土星。木星。火星。太陽日位。金星。水星。太陰月在下層。

九天

中央鈞天東蒼一作昊天。東北旻一作變天。北曰元。西北幽天西方昊。一作成西南朱天南方炎。一作赤東南一方

幼學歌 卷一

086 幼學歌五卷續一卷（清）王用臣編　清光緒十二年（1886）

深澤王氏斯陶書屋刻本

框高 20.3 釐米，寬 13.2 釐米。半葉九行，行二十字，小字雙行同，白口，四周雙邊。

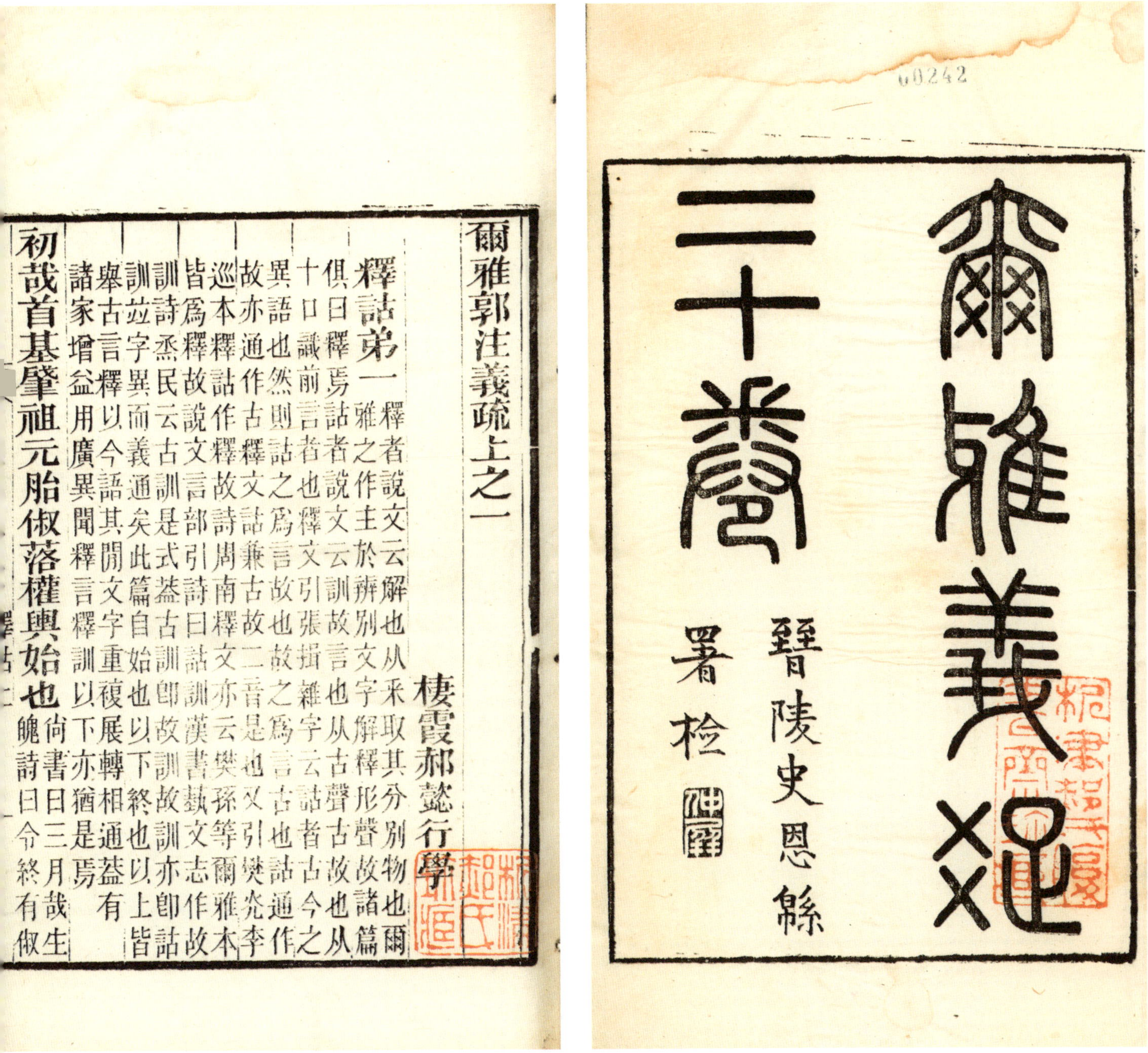

爾雅義疏

二十卷

晉陵史恩緜署檢

爾雅郭注義疏上之一

釋詁弟一 棲霞郝懿行學

釋者說文云解也从釆取其分別物也爾
雅之作主於辨別文字解釋形聲故諸篇
俱曰釋焉詁者說文云訓故言也从言古聲古故也从
十口識前言者也釋文引張揖雜字云詁者古今之
異語也然則詁之為言故也故之為言古也詁通作
故亦通作古釋文詁兼古故二音是也又引樊光李
巡本釋詁作釋故詩周南釋文亦云樊孫等爾雅本
皆為釋故說文言部引詩曰詁訓漢書藝文志作故
訓詩烝民云古訓是式蓋古訓即故訓故訓亦即詁
訓竝字異而義通矣此篇自始也以下終也以上皆
舉古言釋以今語其閒文字重複展轉相通蓋有
諸家增益用廣異聞釋言釋訓以下亦猶是焉

初哉首基肇祖元胎俶落權輿始也尚書曰三月哉生魄詩曰令終有俶

087 爾雅郭注義疏二十卷 (清)郝懿行撰　清光緒十三年(1887)湖北官書局刻本

框高 18.2 釐米，寬 13 釐米。半葉九行，行二十一字，小字雙行同，黑口，左右雙邊。

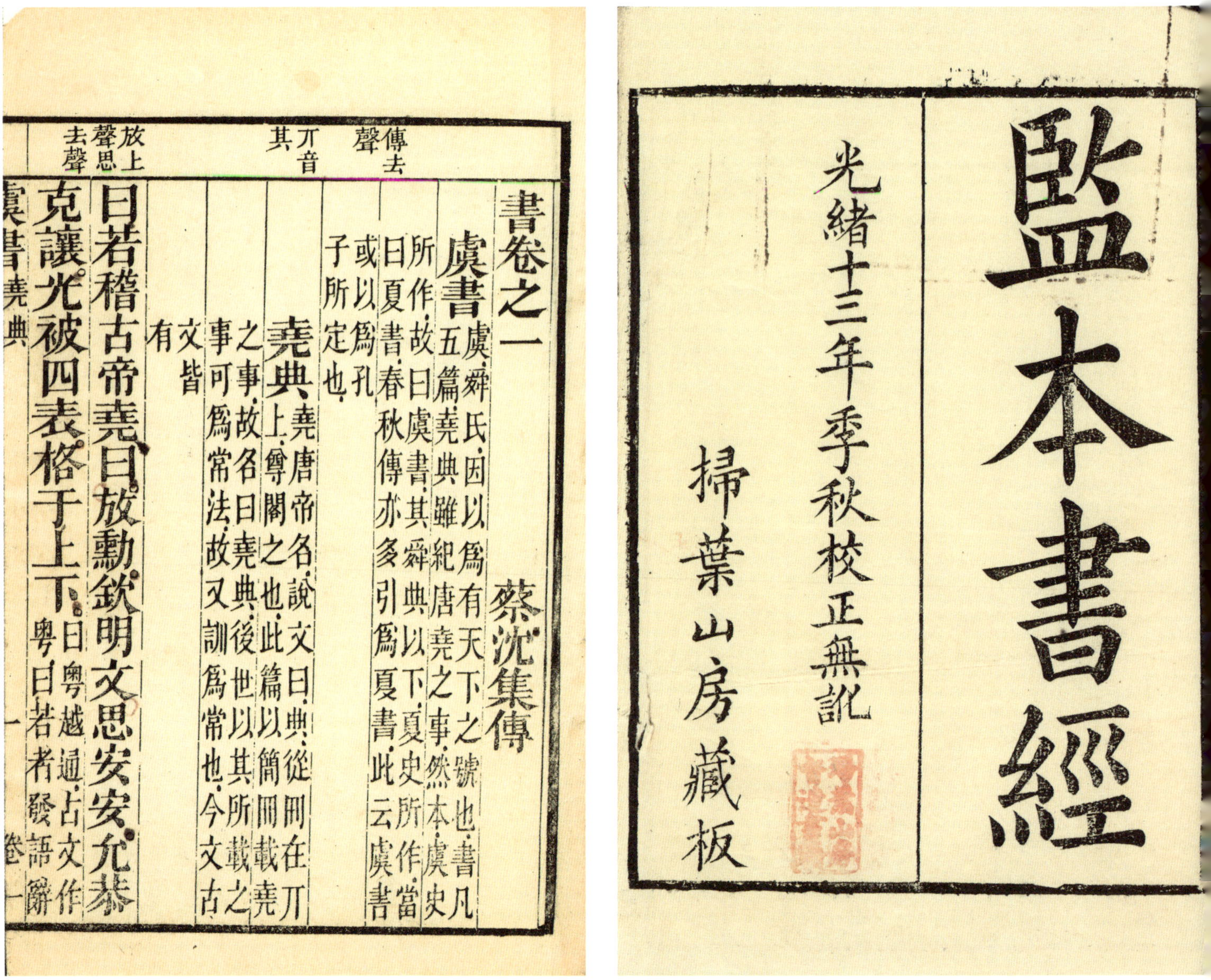

監本書經

光緒十三年季秋校正無訛

掃葉山房藏板

書卷之一　蔡沈集傳

傳去聲　丌音其　放上聲思去聲

虞書虞舜氏因以爲有天下之號也書凡五篇堯典雖紀唐堯之事然本虞史所作故曰虞書其舜典以下夏史所作當曰夏書春秋傳亦多引爲夏書此云虞書或以爲孔子所定也

堯典堯唐帝名說文曰典從冊在丌上尊閣之也此篇以簡冊載堯之事故名曰堯典後世以其所載之事可爲常法故又訓爲常也今文古文皆有

曰若稽古帝堯曰放勳欽明文思安安允恭克讓光被四表格于上下曰粤越通古文作粤曰若者發語辭

虞書堯典　一　卷一

088 書經集傳六卷　（宋）蔡沈撰　清光緒十三年（1887）掃葉山房刻本

框高 19.2 釐米，寬 13.3 釐米。半葉九行，行十七字，小字雙行同，白口，左右雙邊。

館藏索書號：103/44934

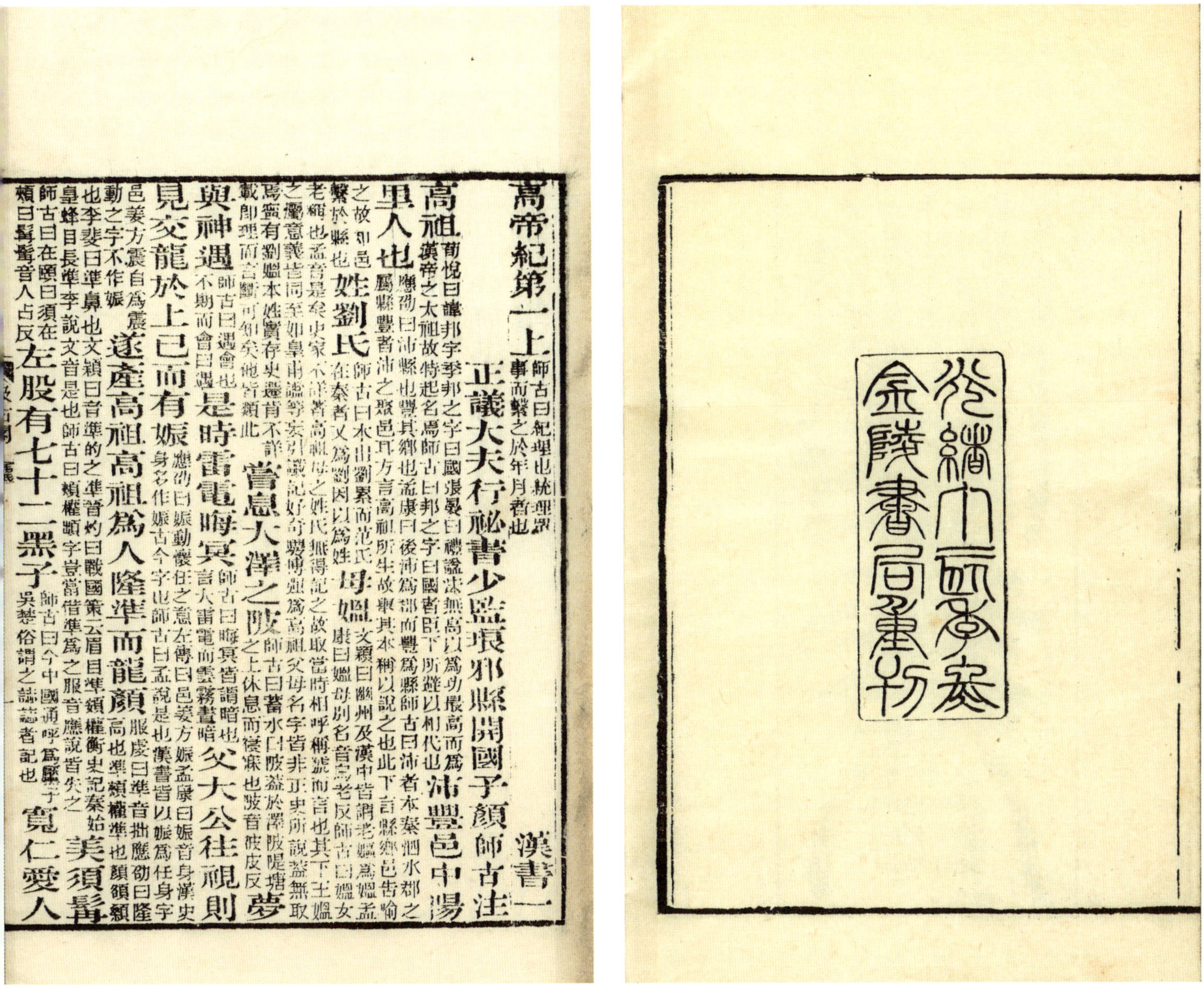

089 漢書一百二十卷 （漢）班固撰 （唐）顔師古注 清光緒十三年（1887）金陵書局刻本

框高 20.5 釐米，寬 15.1 釐米。半葉十二行，行二十五字，小字雙行不等，白口，左右雙邊。

館藏索書號：201.2/11160

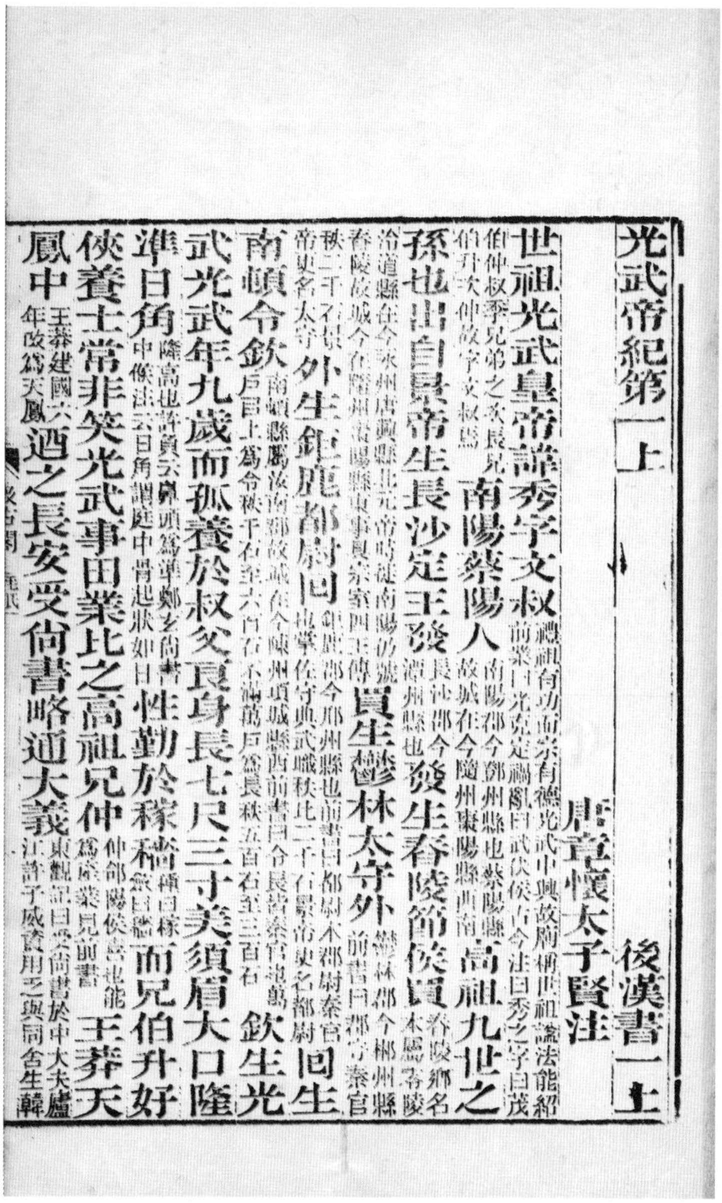
光武帝紀第一上　後漢書一上

唐章懷太子賢注

世祖光武皇帝諱秀字文叔（禮祖有功而宗有德光武中興故廟稱世祖謚法能紹前業曰光克定禍亂曰武伏侯古今注曰秀之字曰茂伯仲叔季兄弟之次長兄伯升次仲故字文叔焉）南陽蔡陽人（南陽郡今鄧州縣也蔡陽縣故城在今隨州棗陽縣西南）高祖九世之孫也出自景帝生長沙定王發（長沙郡今潭州縣也）發生舂陵節侯買（舂陵鄉名本屬零陵泠道縣在今永州唐興縣北元帝時徙南陽仍號舂陵故城今在隨州棗陽縣東事見宗室四王傳）買生鬱林太守外（鬱林郡今郴州縣前書曰郡守秦官秩二千石景帝更名太守）外生鉅鹿都尉回（鉅鹿郡今邢州縣也前書曰都尉本郡尉秦官掌佐守典武職秩比二千石景帝更名都尉）回生南頓令欽（南頓縣屬汝南郡故城在今陳州項城縣西前書曰令長皆秦官也萬戶已上為令秩千石至六百石不滿萬戶為長秩五百石至三百石）欽生光武光武年九歲而孤養於叔父良身長七尺三寸美須眉大口隆準日角（許負云鼻頭為準鄭玄尚書中候注云日角謂庭中骨起狀如日）性勤於稼穡（種曰稼斂曰穡）而兄伯升好俠養士常非笑光武事田業比之高祖兄仲（仲郃陽侯喜也能為產業見前書）王莽天鳳中（王莽建國六年改為天鳳）迺之長安受尚書略通大義（東觀記曰受尚書於中大夫廬江許子威資用乏與同舍生韓

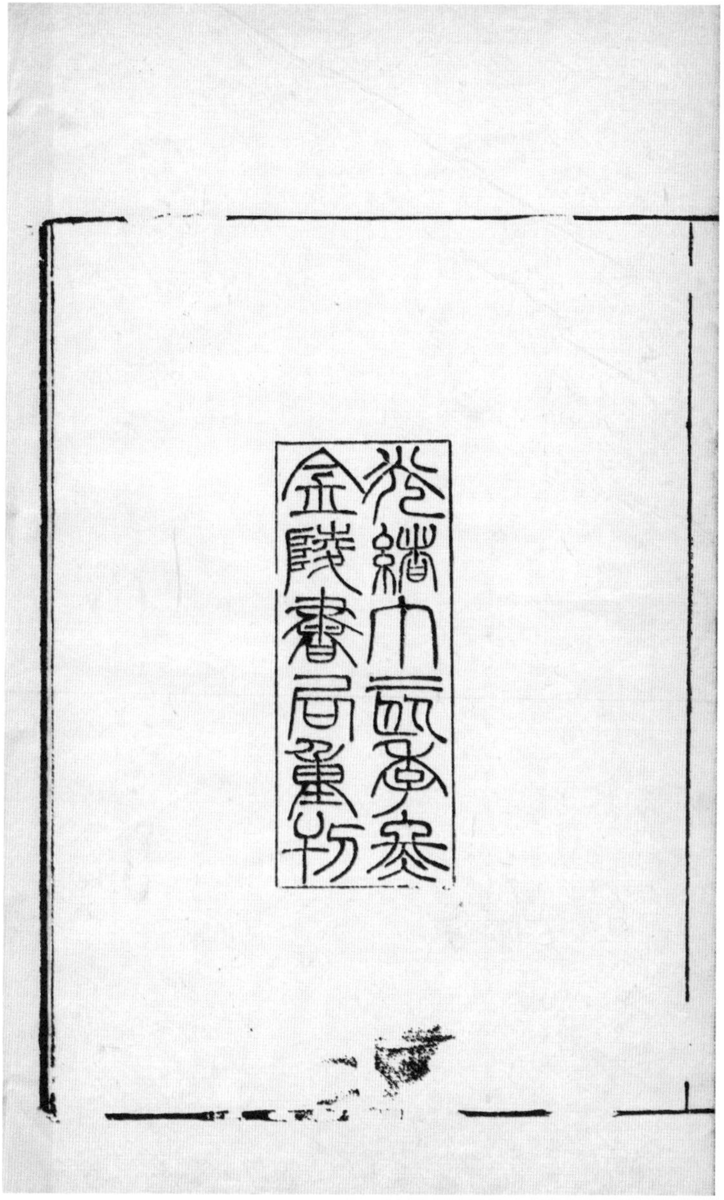
光緒十三年冬
金陵書局重刊

090 後漢書一百卷（南朝宋）范曄撰　（唐）李賢注　清光緒十三年（1887）金陵書局刻本

框高 20.4 釐米，寬 15.1 釐米。半葉十二行，行二十五字，小字雙行不等，白口，左右雙邊。

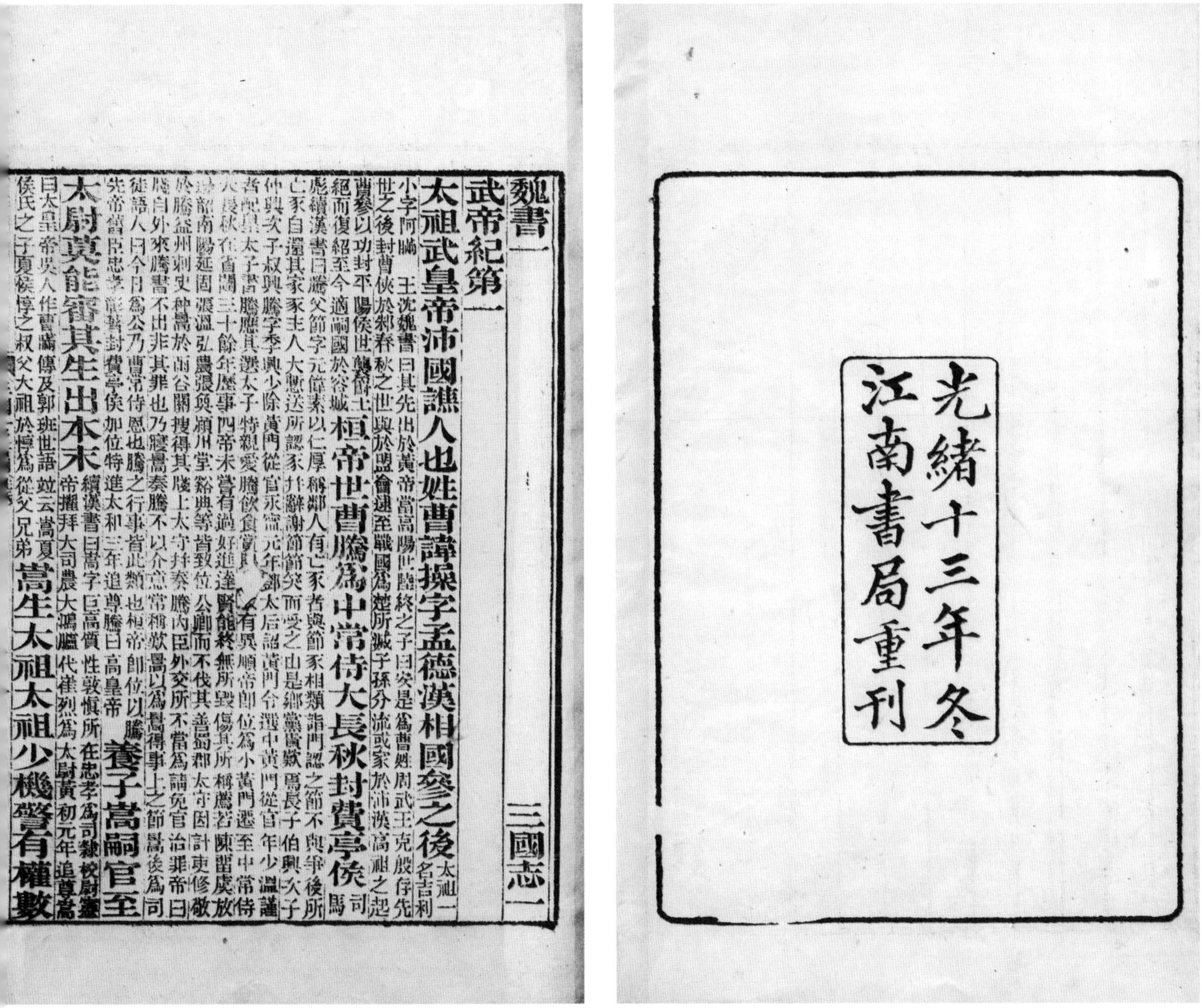

091 三國志六十五卷 （晉）陳壽撰　（南朝宋）裴松之注

清光緒十三年（1887）江南書局刻本

框高 20.6 釐米，寬 15.4 釐米。半葉十二行，行二十五字，小字雙行不等，白口，左右雙邊。

館藏索書號： 201.3/75250

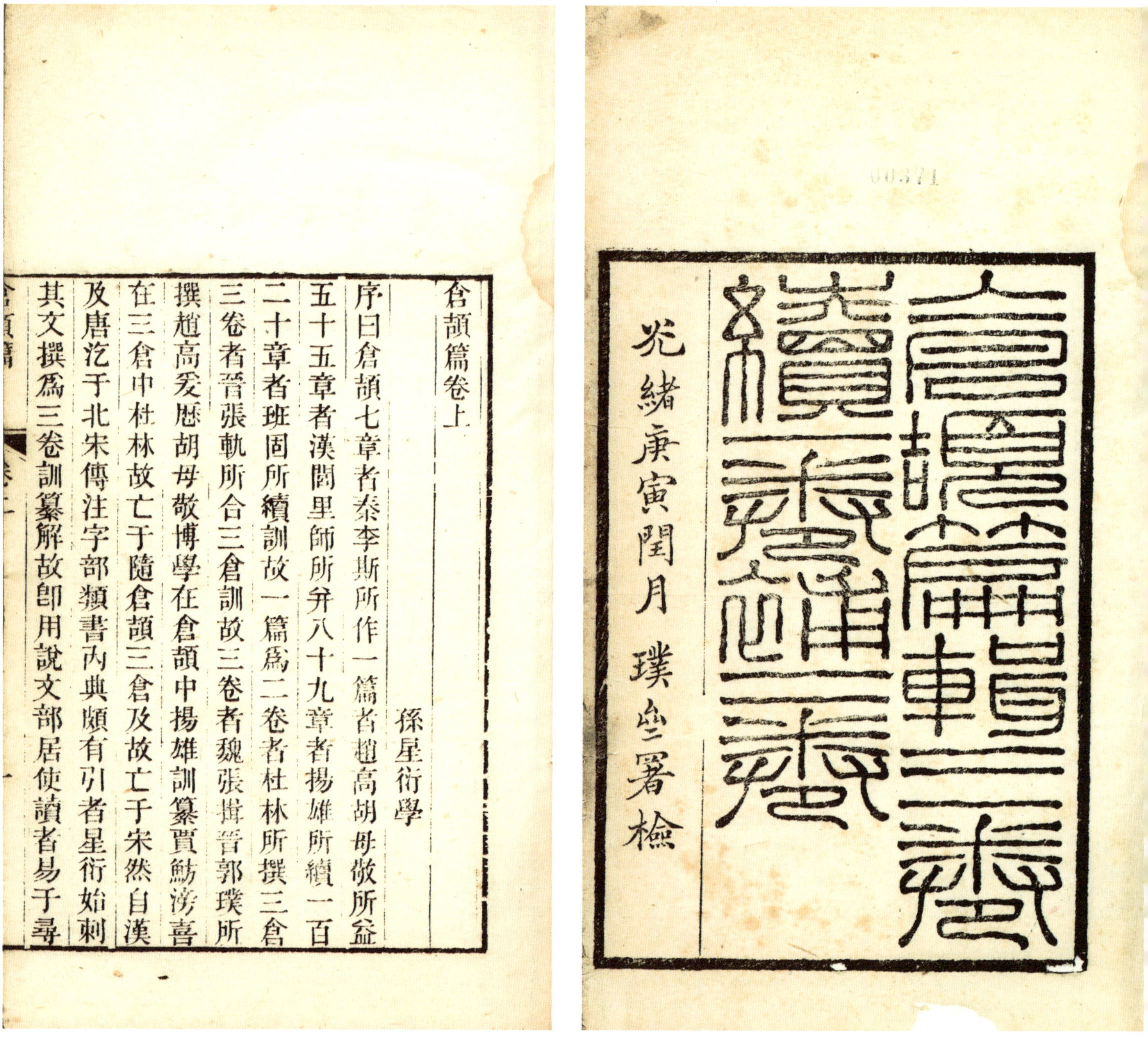

092 倉頡篇三卷續一卷補二卷 （清）孫星衍撰 （清）任大椿續 （清）陶方琦補 清光緒十六年（1890）江蘇書局刻本

框高 16.3 釐米，寬 11.8 釐米。半葉十行，行二十二字，小字雙行同，白口，左右雙邊。

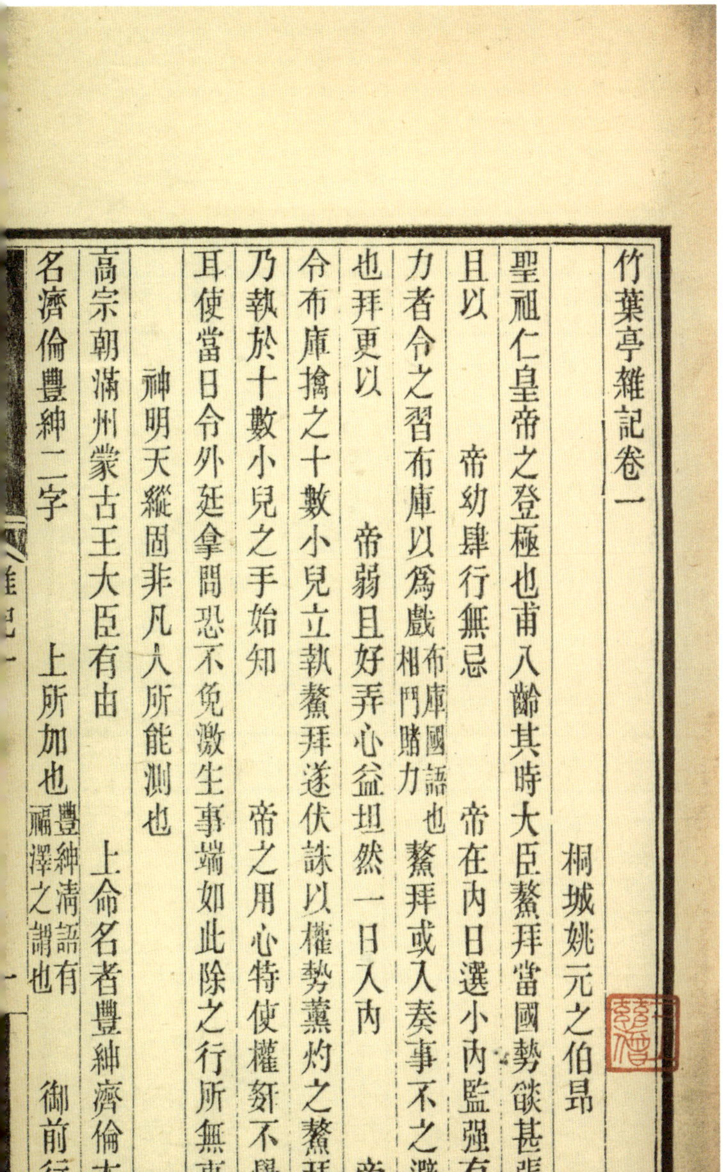

竹葉亭雜記卷一

桐城姚元之伯昂

聖祖仁皇帝之登極也甫八齡其時大臣鰲拜當國勢燄甚張且以　帝幼肆行無忌　帝在內日選小內監强有力者令之習布庫以爲戲布庫國語也相鬥賭力鰲拜或入奏事不之避也拜更以　帝弱且好弄心益坦然一日入內　帝令布庫擒之十數小兒立執鰲拜遂伏誅以權勢薰灼之鰲拜乃執於十數小兒之手始知　帝之用心特使權姦不覺耳使當日令外廷拿問恐不免激生事端如此除之行所無事

神明天縱固非凡人所能測也

高宗朝滿州蒙古王大臣有由　上命名者豐紳濟倫本名濟倫豐紳二字　上所加也豐紳清語有福澤之謂也　御前行

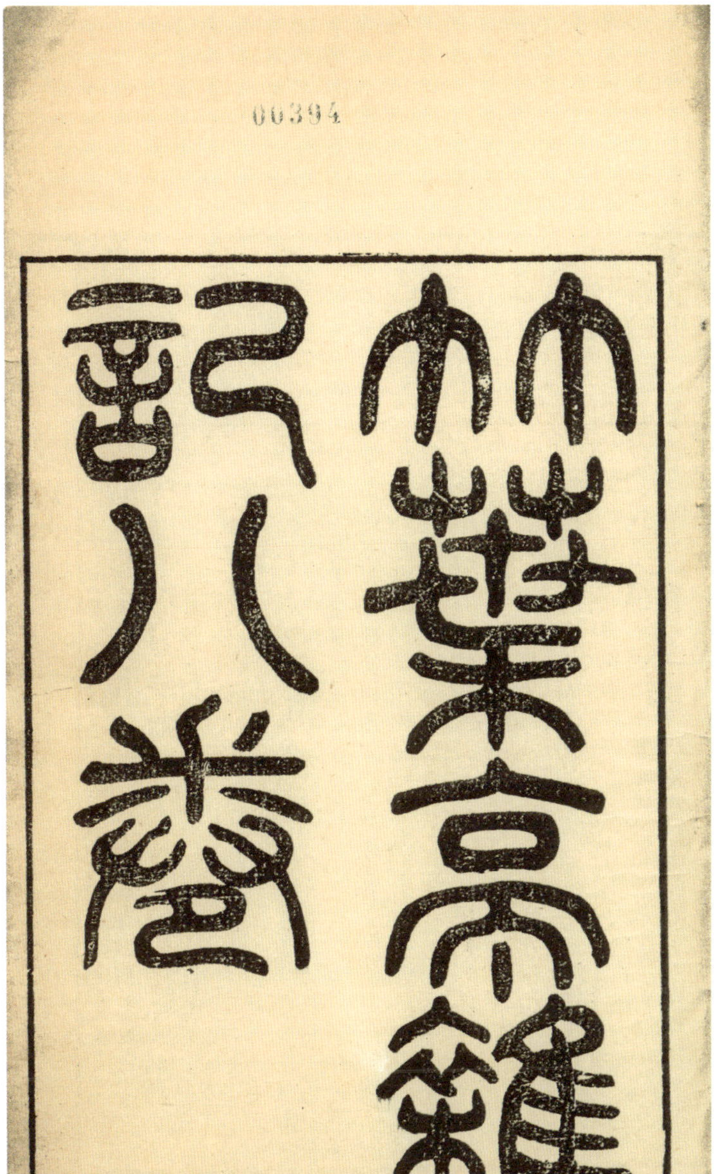

00394

竹葉亭雜記八卷

093 竹葉亭雜記八卷　（清）姚元之撰　清光緒十九年（1893）姚氏刻本

框高 18.2 釐米，寬 12 釐米。半葉十二行，行二十四字，小字雙行同，黑口，四周雙邊。

館藏索書號：407.12/42413

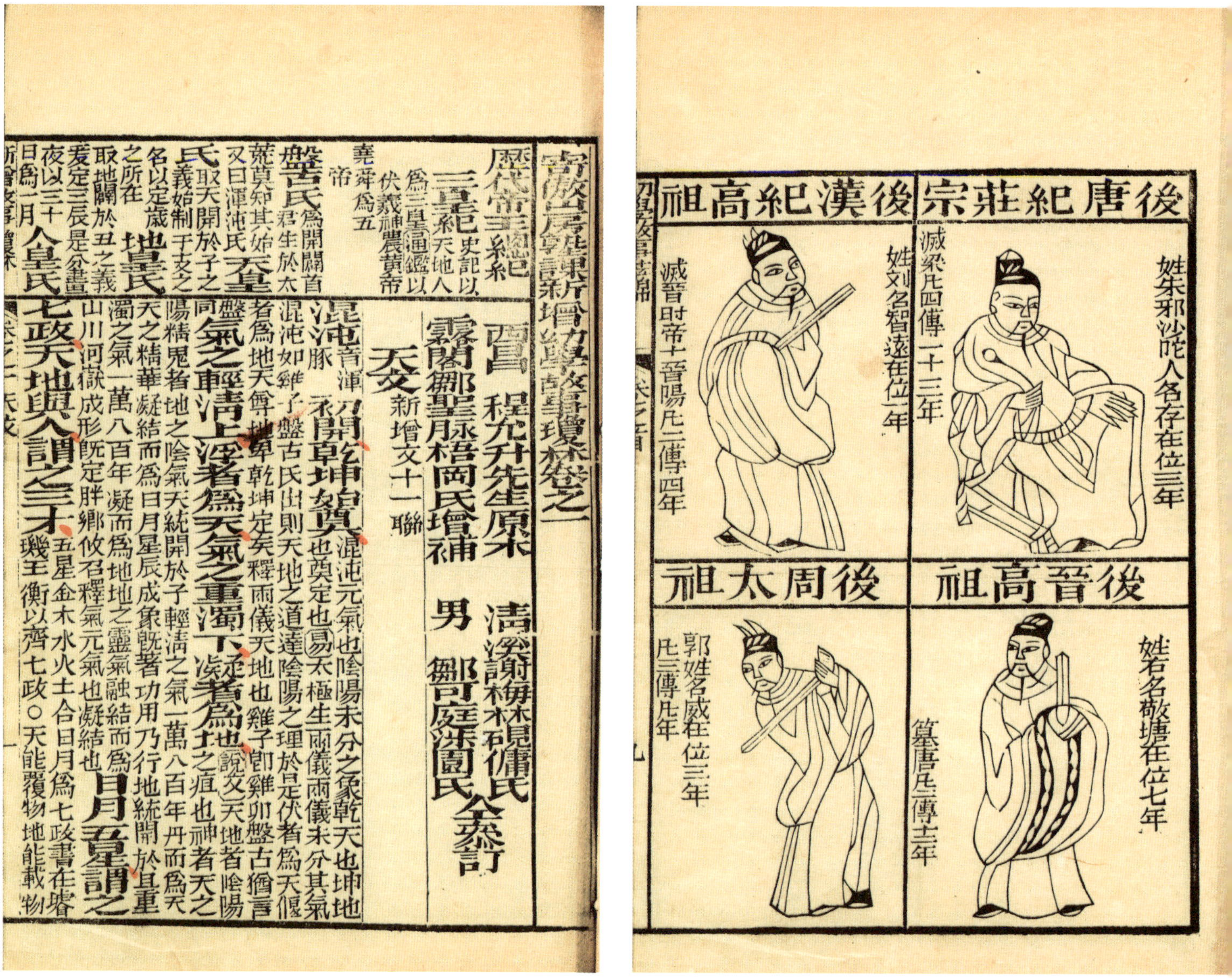

094 寄傲山房塾課新增幼學故事瓊林四卷首一卷

（清）程允升撰 （清）鄒聖脉增補 清光緒二十年（1894）天津煮字山房刻本

框高 19 釐米，寬 14.4 釐米。兩截本，上欄十行七字，小字雙行同，下欄十行二十六字，小字雙行同，白口，左右雙邊。

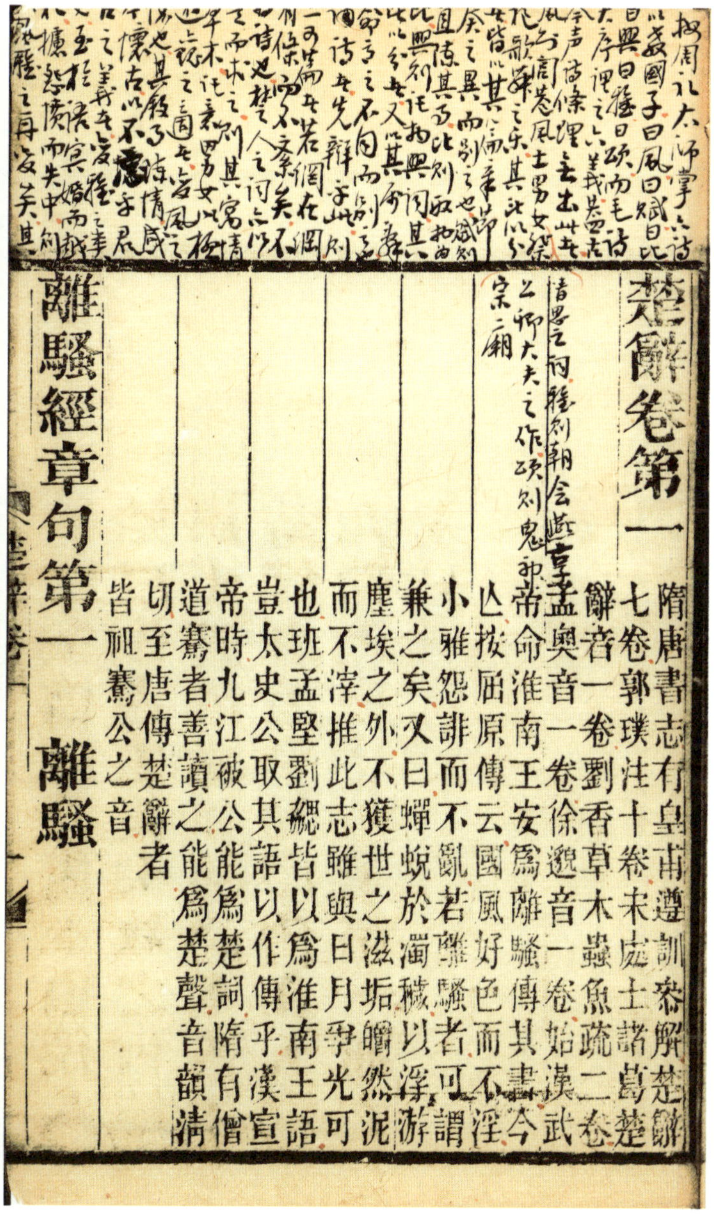

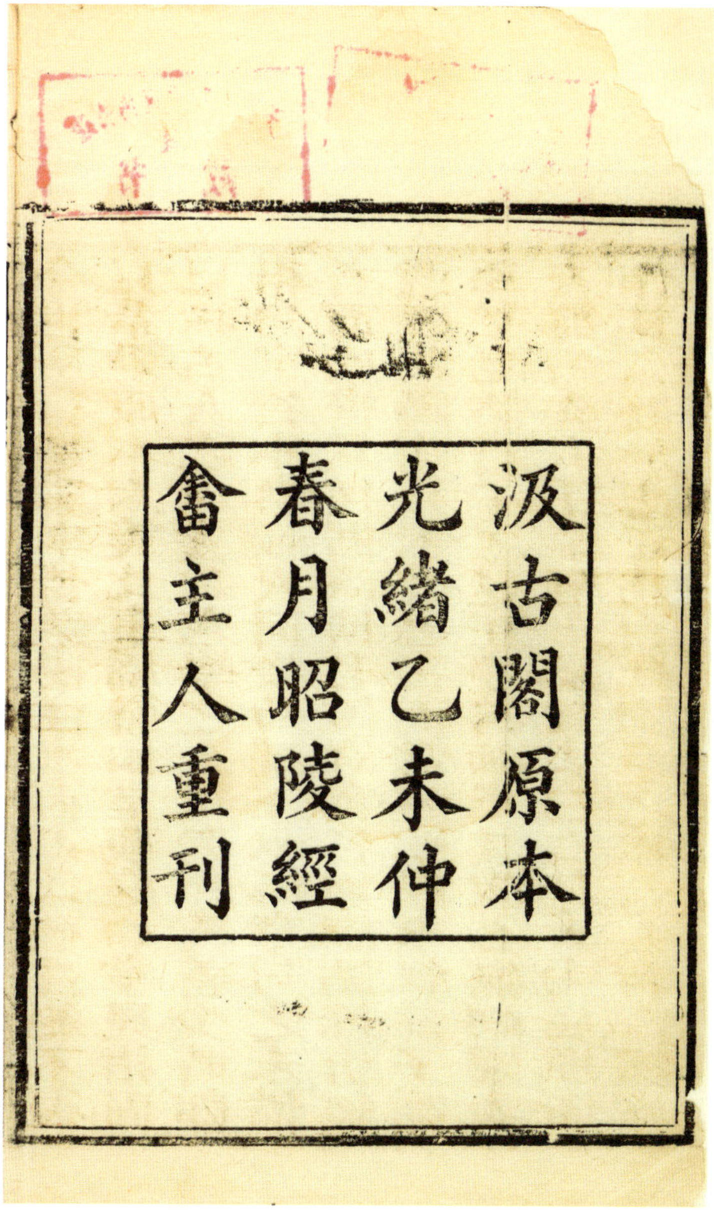

095 楚辭十七卷 （战國）屈原撰 （漢）王逸章句 （宋）洪興祖補注 清光緒二十一年（1895）昭陵經畬主人刻本

框高 17.2 釐米，寬 13 釐米。半葉九行，行十八字，小字雙行同，白口，左右雙邊。

館藏索書號：402/77271

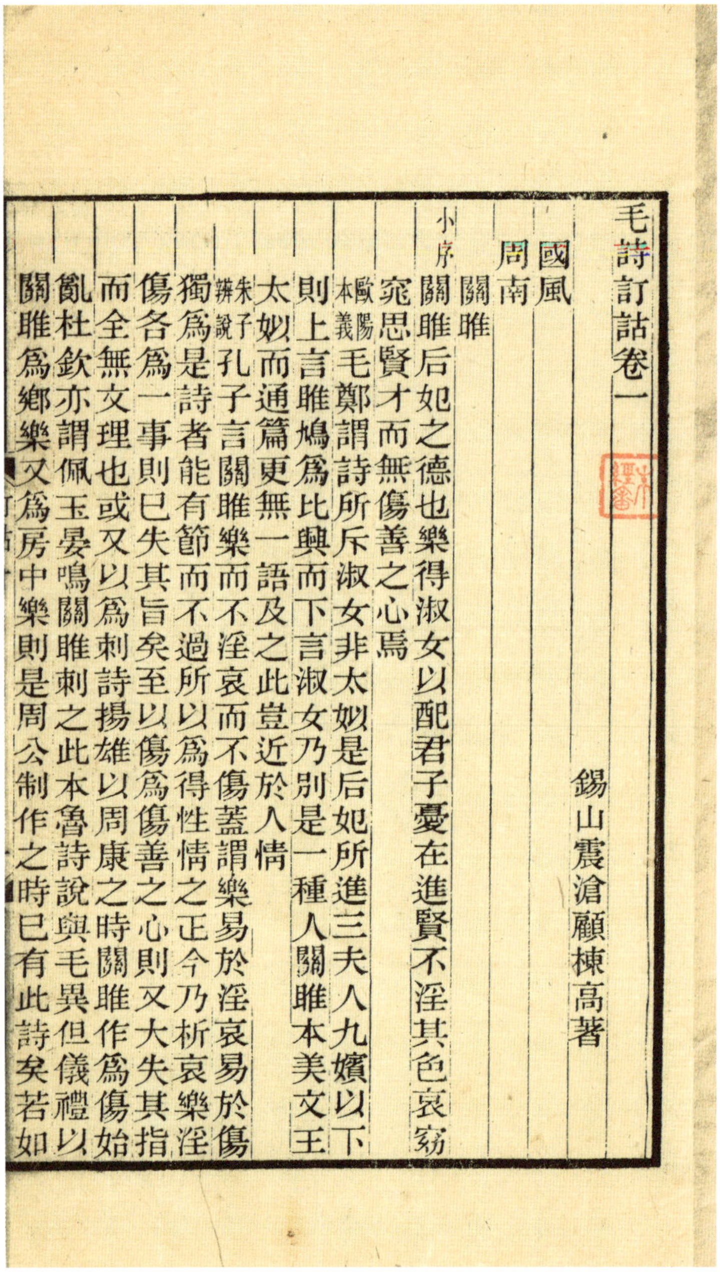
毛詩訂詁卷一　錫山震滄顧棟高著
國風
周南
關雎
小序 關雎后妃之德也樂得淑女以配君子憂在進賢不淫其色哀窈
窕思賢才而無傷善之心焉
歐陽本義 毛鄭謂詩所斥淑女非太姒是后妃所進三夫人九嬪以下
則上言雎鳩爲比興而下言淑女乃別是一種人關雎本美文王
太姒而通篇更無一語及之此豈近於人情
朱子辨說 孔子言關雎樂而不淫哀而不傷蓋謂樂易於淫哀易於傷
獨爲是詩者能有節而不過所以爲得性情之正今乃析哀樂淫
傷各爲一事則已失其旨矣至以傷爲傷善之心則又大失其指
而全無文理也或又以爲刺詩揚雄以周康之時關雎作爲傷始
亂杜欽亦謂佩玉晏鳴關雎刺之此本魯詩說與毛異但儀禮以
關雎爲鄉樂又爲房中樂則是周公制作之時已有此詩矣若如

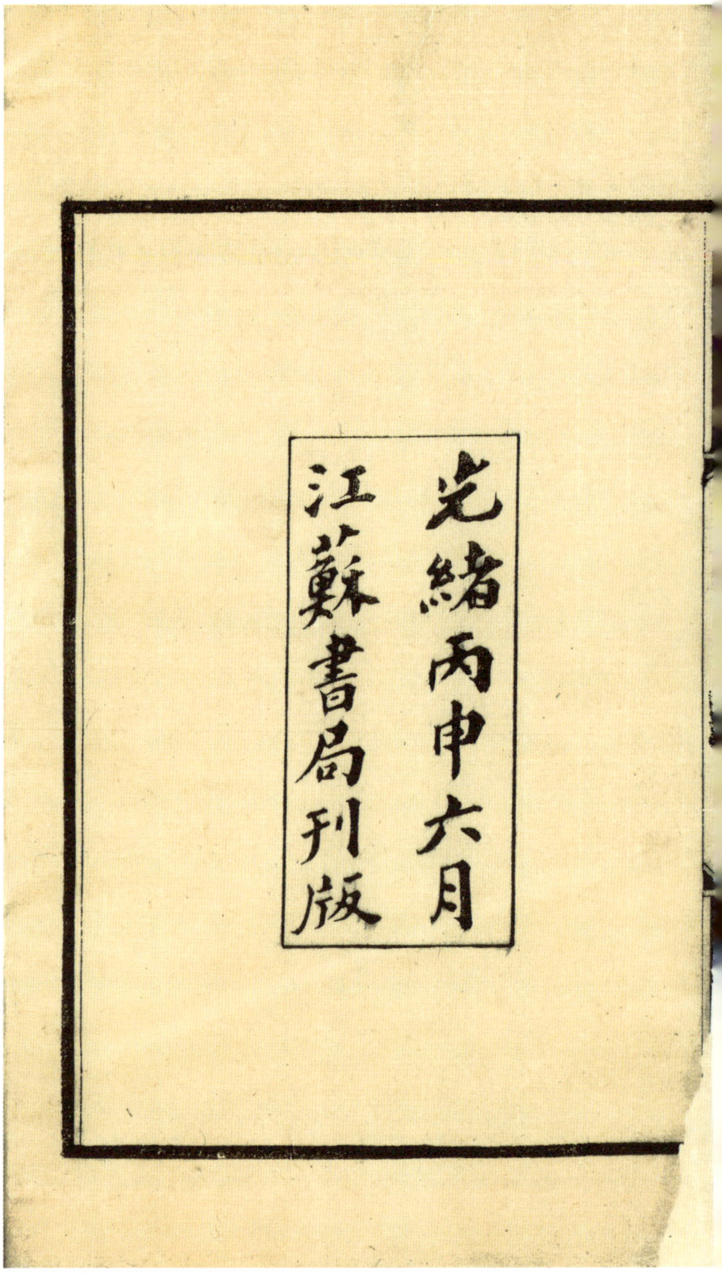
光緒丙申六月
江蘇書局刊版

096 毛詩訂詁八卷附録二卷（清）顧棟高撰　清光緒二十二年（1896）江蘇書局刻本

框高 20.2 釐米，寬 13.6 釐米。半葉十六行，行二十七字，小字雙行同，黑口，左右雙邊。

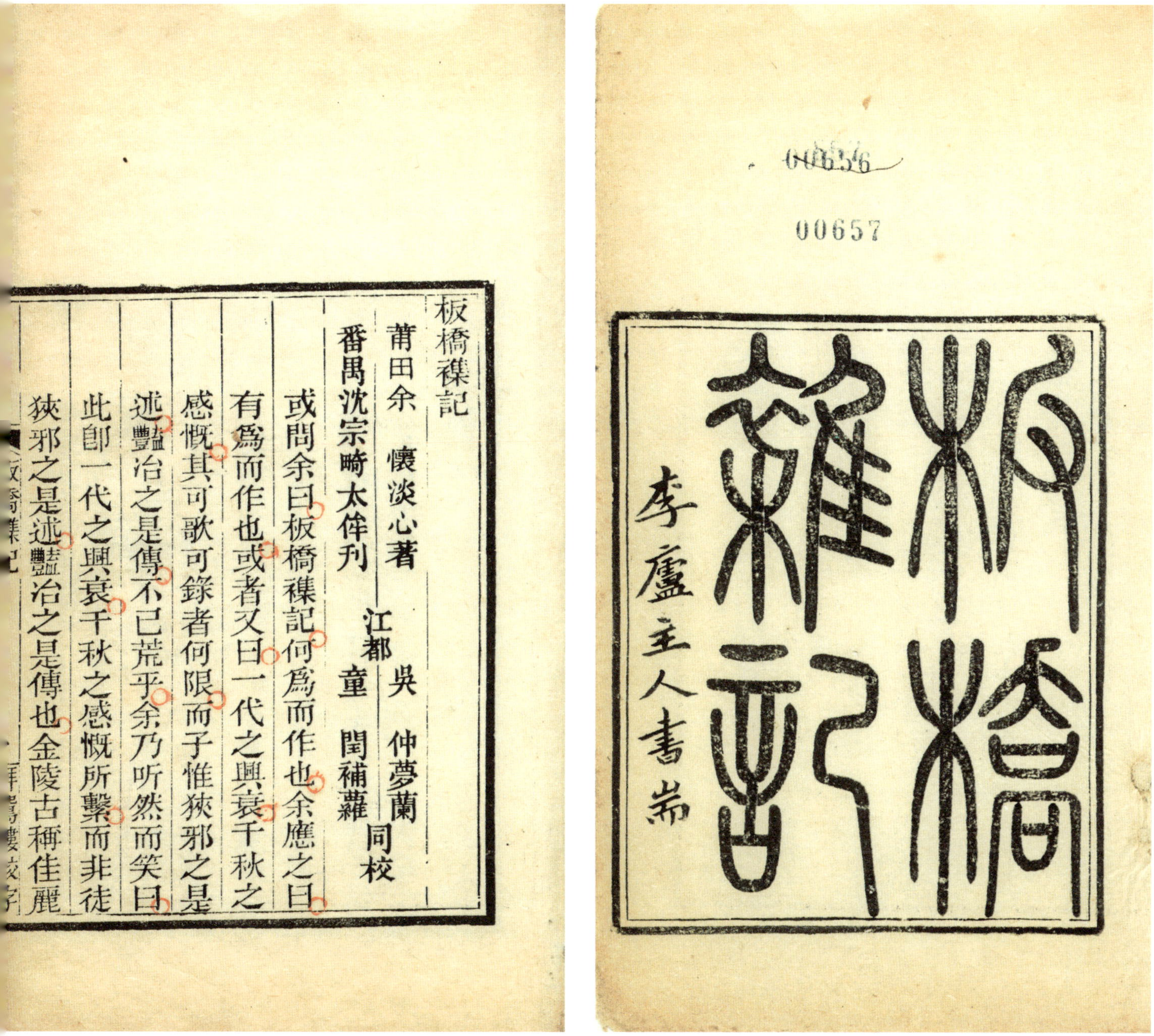

097 板橋襍記一卷　（明）余懷撰　（清）吳仲　（清）童閏校

清光緒二十六年（1900）拜鴛樓刻本

框高 12 釐米，寬 9.2 釐米。半葉九行，行二十字，黑口，四周雙邊。

館藏索書號：403.6/80990

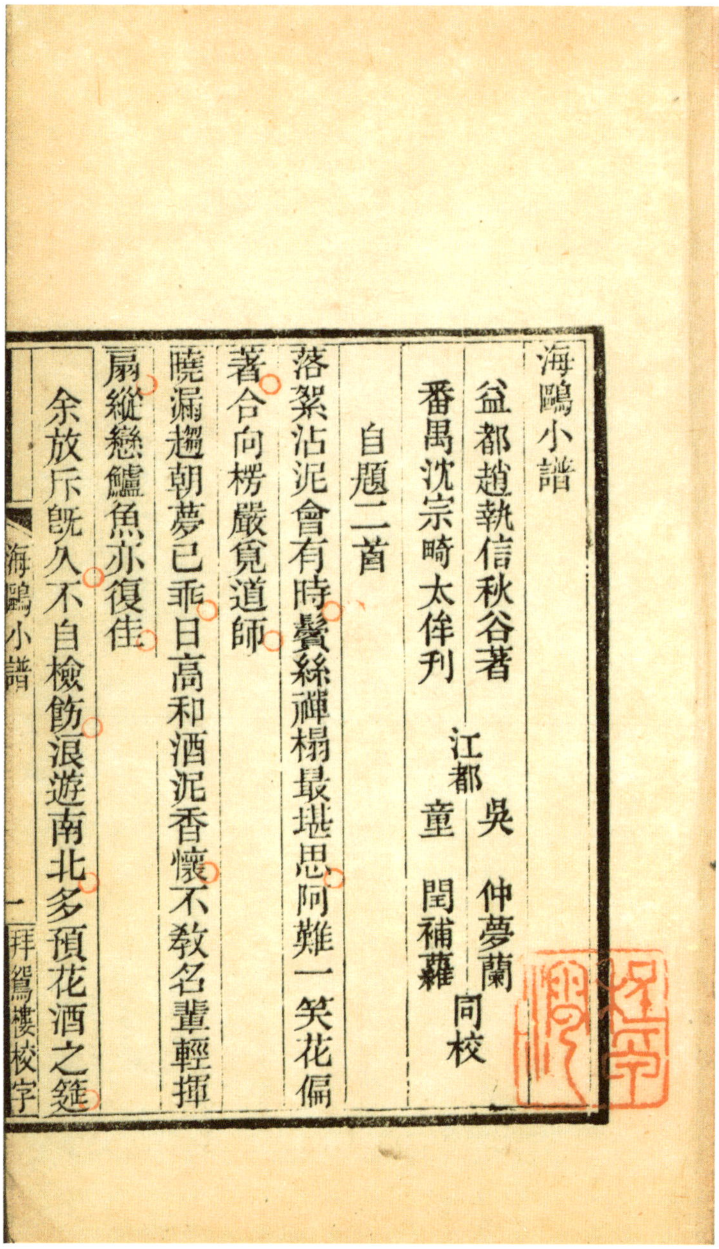

海鷗小譜

益都趙執信秋谷著

番禺沈宗畸太侔刊

江都吳仲夢蘭

童閏補蘿同校

自題二首

落絮沾泥會有時鬢絲禪榻最堪思阿難一笑花偏著合向楞嚴覓道師

曉漏趨朝夢已乖日高和酒泥香懷不教名輩輕揮扇縱戀鑪魚亦復佳

余放斥既久不自檢飭浪遊南北多預花酒之筵

海鷗小譜　一　拜鴛樓校字

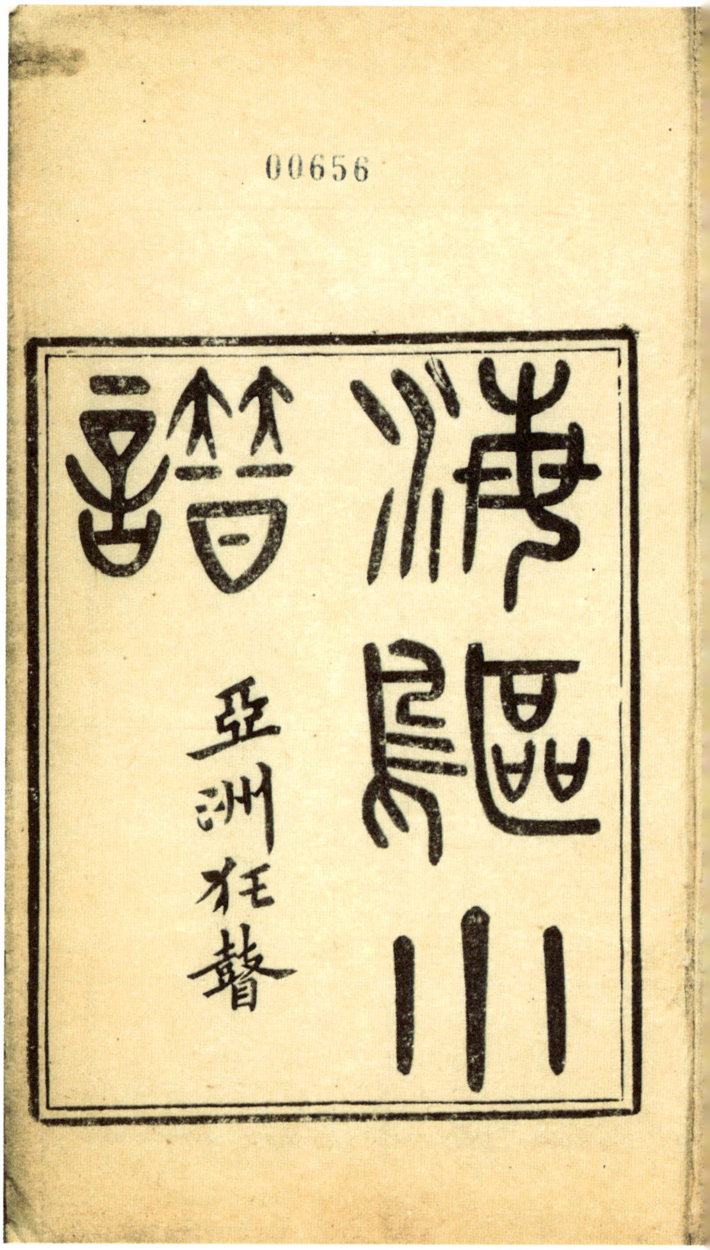

海鷗小譜

亞洲狂替

098 海鷗小譜一卷（清）趙執信撰（清）吳仲（清）童閏校

清光緒二十六年（1900）拜鴛樓刻本

框高 12.2 釐米，寬 9.1 釐米。半葉九行，行二十字，黑口，四周雙邊。

館藏索書號：403.7/49842

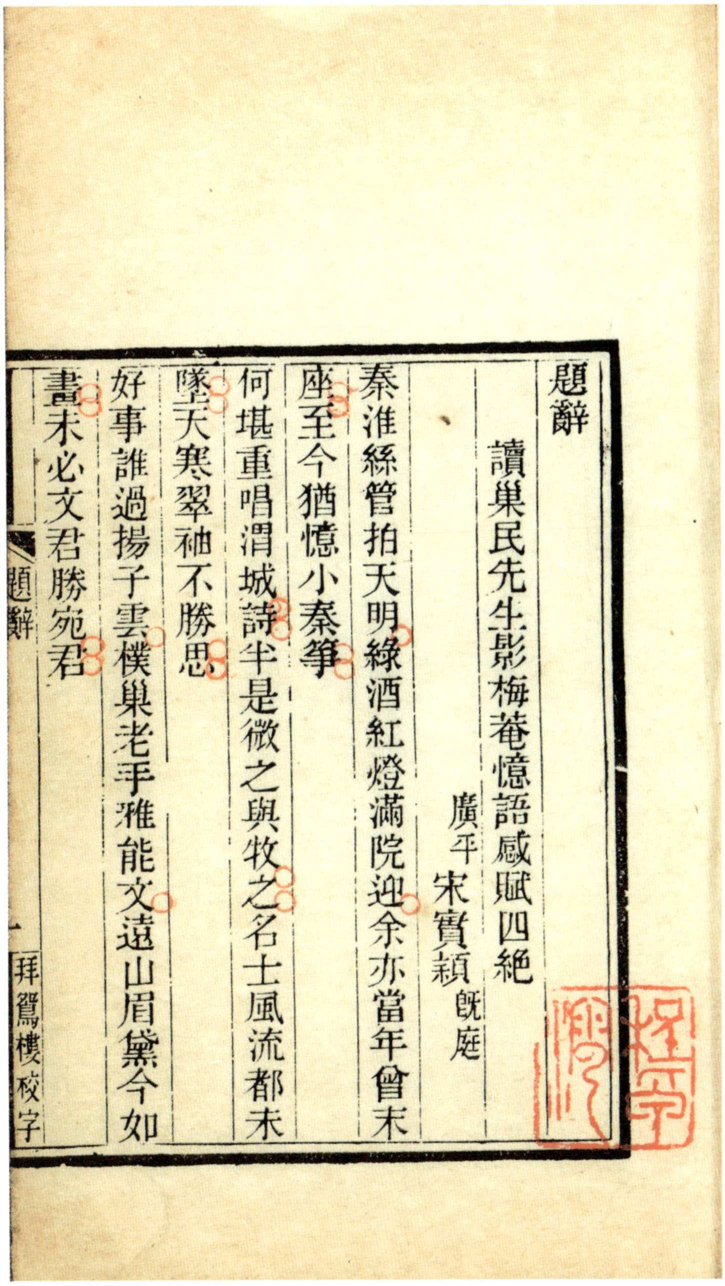

題辭

讀巢民先生影梅菴憶語感賦四絕

廣平宋寶頴旣庭

秦淮絲管拍天明綠酒紅燈滿院迎余亦當年曾未座至今猶憶小秦箏

何堪重唱渭城詩半是微之與牧之名士風流都未墜天寒翠袖不勝思

好事誰過揚子雲樸巢老手雅能文遠山眉黛今如畫未必文君勝宛君

題辭　一　拜鴛樓校字

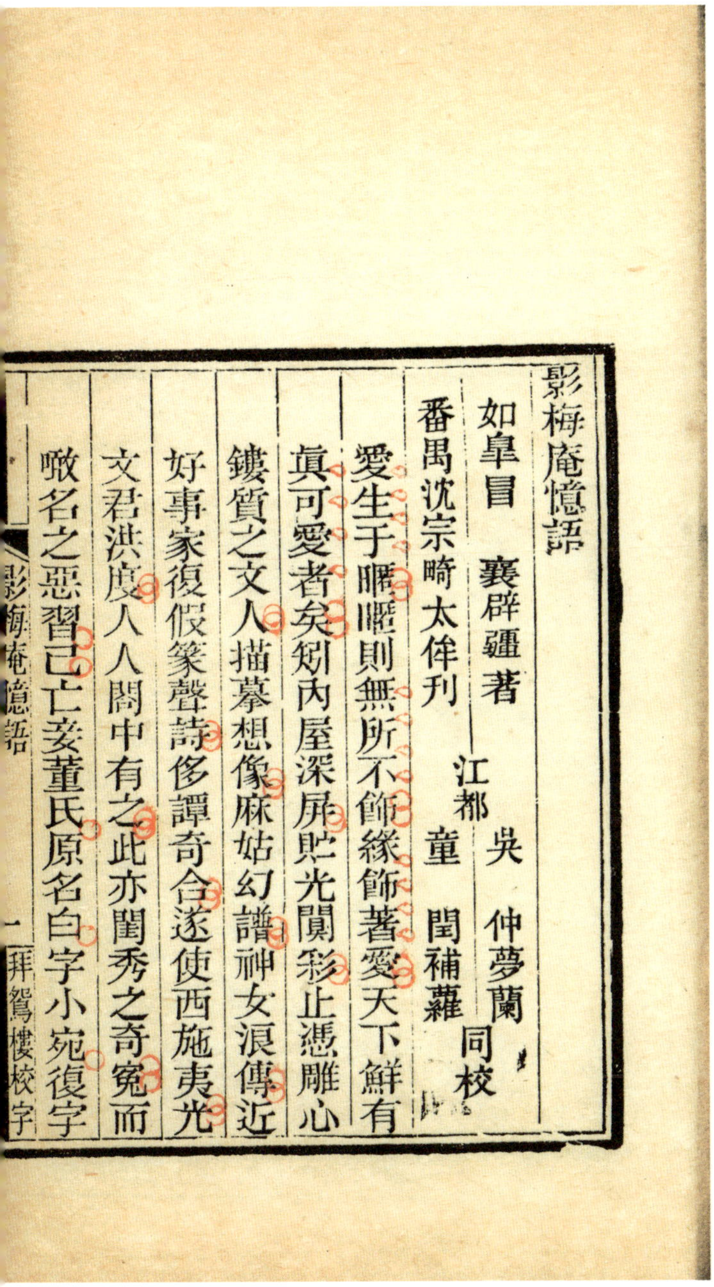

影梅庵憶語

如皋冒襄辟疆著　江都吳仲夢蘭同校

番禺沈宗畸太侔刊　童閏補蘿

愛生于暱暱則無所不飾緣飾著愛天下鮮有眞可愛者矣矧內屋深屏貯光閟彩止憑雕心鏤質之文人描摹想像麻姑幻譜神女浪傳近好事家復假篆聲詩侈譚奇合遂使西施夷光文君洪度人人閤中有之此亦閨秀之奇冤而啜名之惡習已亡妾董氏原名白字小宛復字

影梅庵憶語　一　拜鴛樓校字

099 影梅庵憶語一卷　（清）冒襄撰　（清）吳仲　（清）童閏校

清光緒二十六年（1900）拜鴛樓刻本

框高 12.2 釐米，寬 9.1 釐米。半葉九行，行二十字，黑口，四周雙邊。

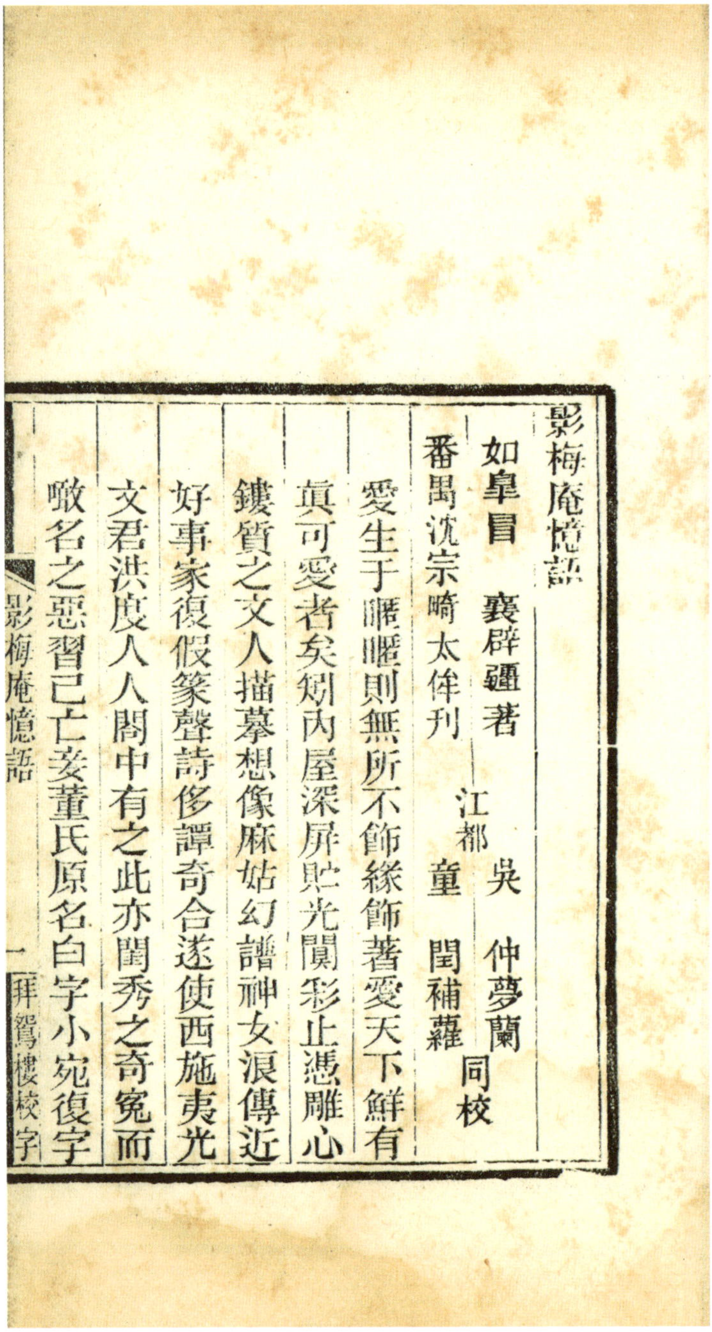
影梅庵憶語
如皋冒　襄辟疆著　吳　仲夢蘭
番禺沈宗畸太侔刊　江都　童　閬補蘿　同校
愛生于𡡾暱則無所不飾緣飾著愛天下鮮有
眞可愛者矣矧內屋深屏貯光閟彩止憑雕心
鏤質之文人描摹想像麻姑幻譜神女浪傳近
好事家復假篆聲詩侈譚奇合遂使西施夷光
文君洪度人人閣中有之此亦閨秀之奇冤而
敝名之惡習已亡妾董氏原名白字小宛復字
影梅庵憶語　一　拜鴛樓校字

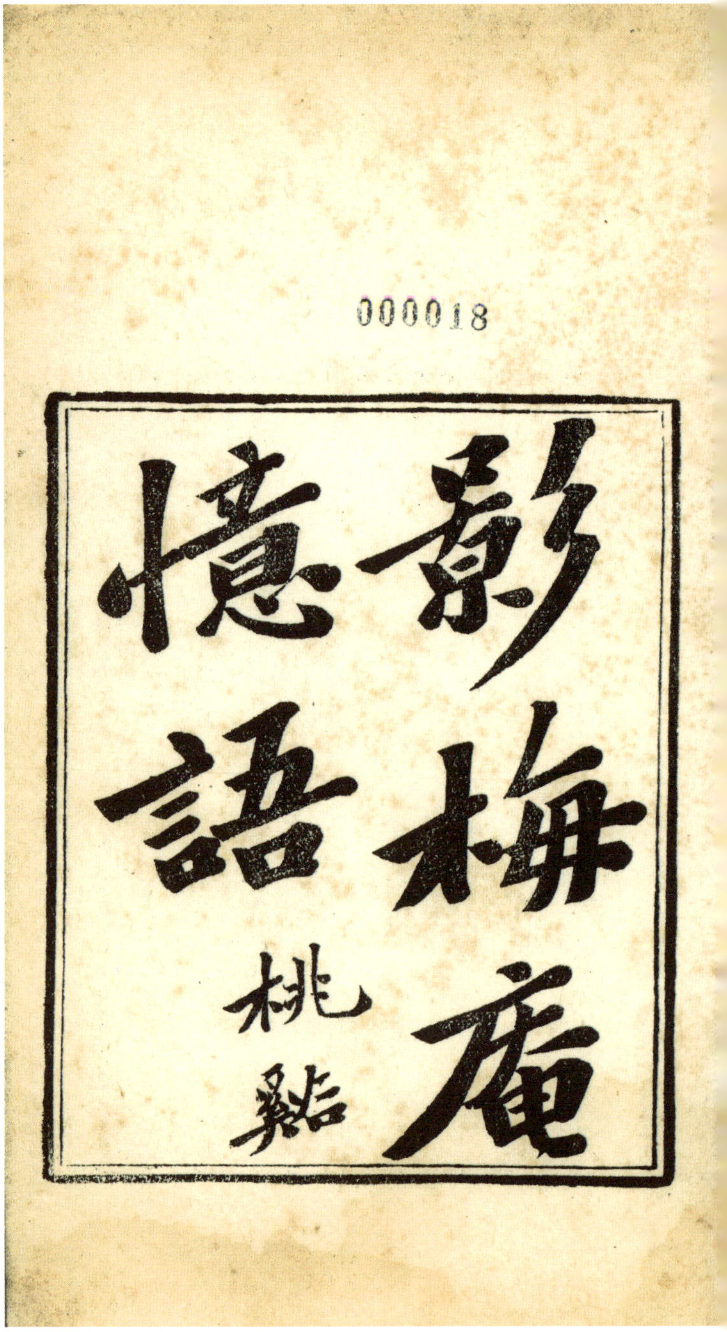

100 影梅庵憶語一卷 （清）冒襄撰　清光緒二十六年（1900）
拜鴛樓刻宣統元年（1909）印本
框高 12 釐米，寬 9 釐米。半葉九行，行二十字，黑口，四周雙邊。
館藏索書號：407.3/26444

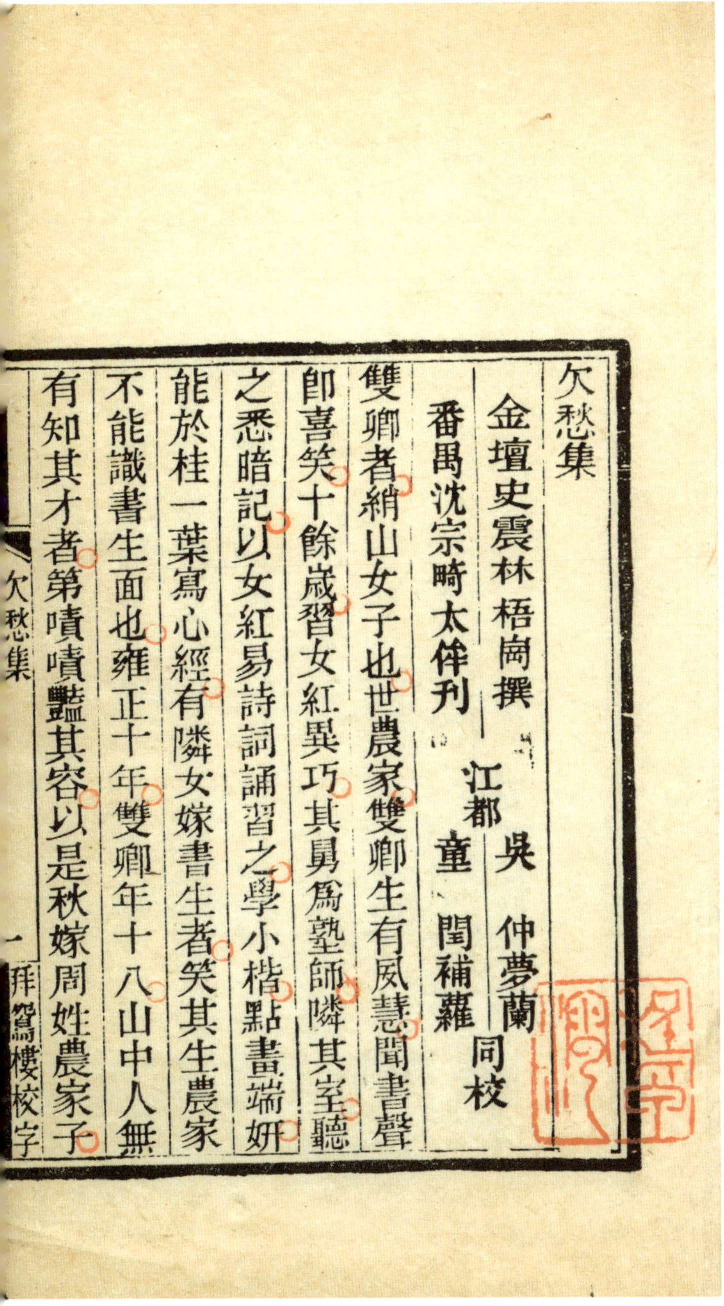

101 欠愁集一卷　（清）史震林撰　（清）吳仲　（清）童閏校

清光緒二十六年（1900）拜鴛樓刻本

框高 12.4 釐米，寬 9.2 釐米。半葉九行，行二十字，小字雙行同，黑口，四周雙邊。

館藏索書號：407.1/50414

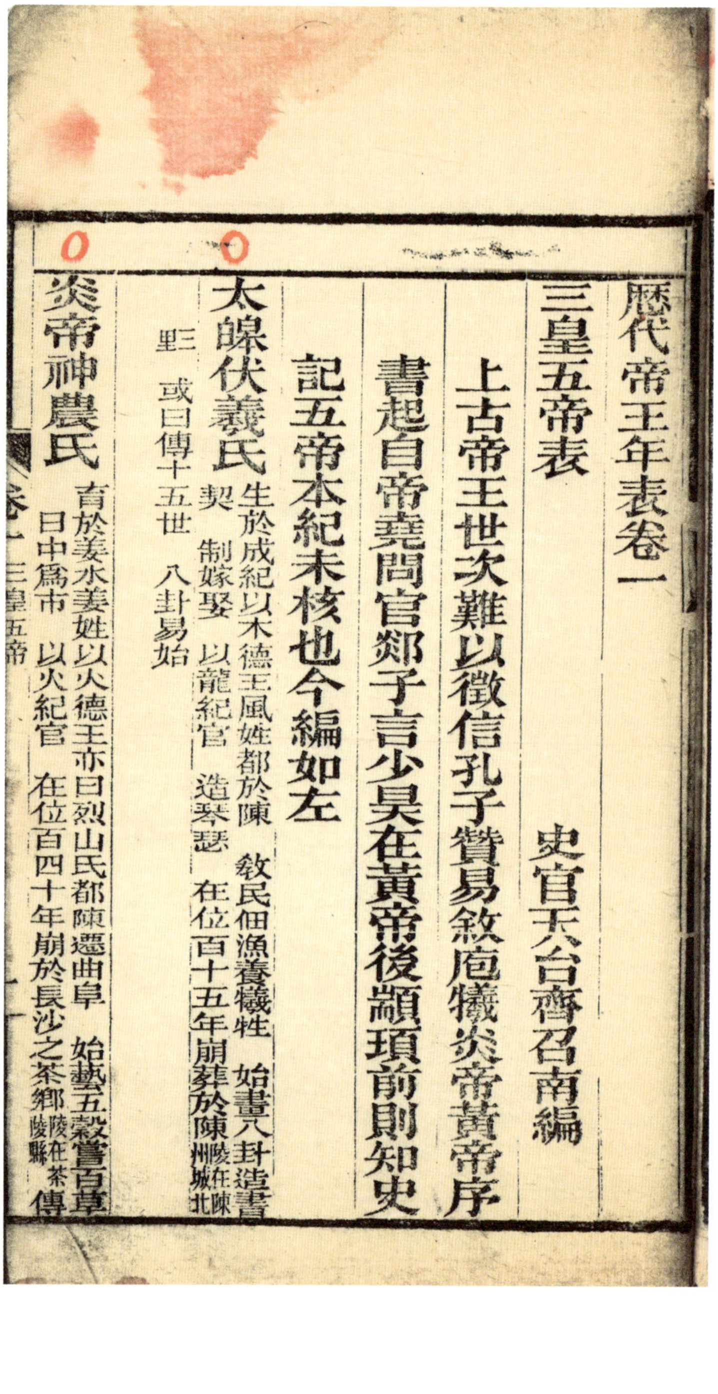

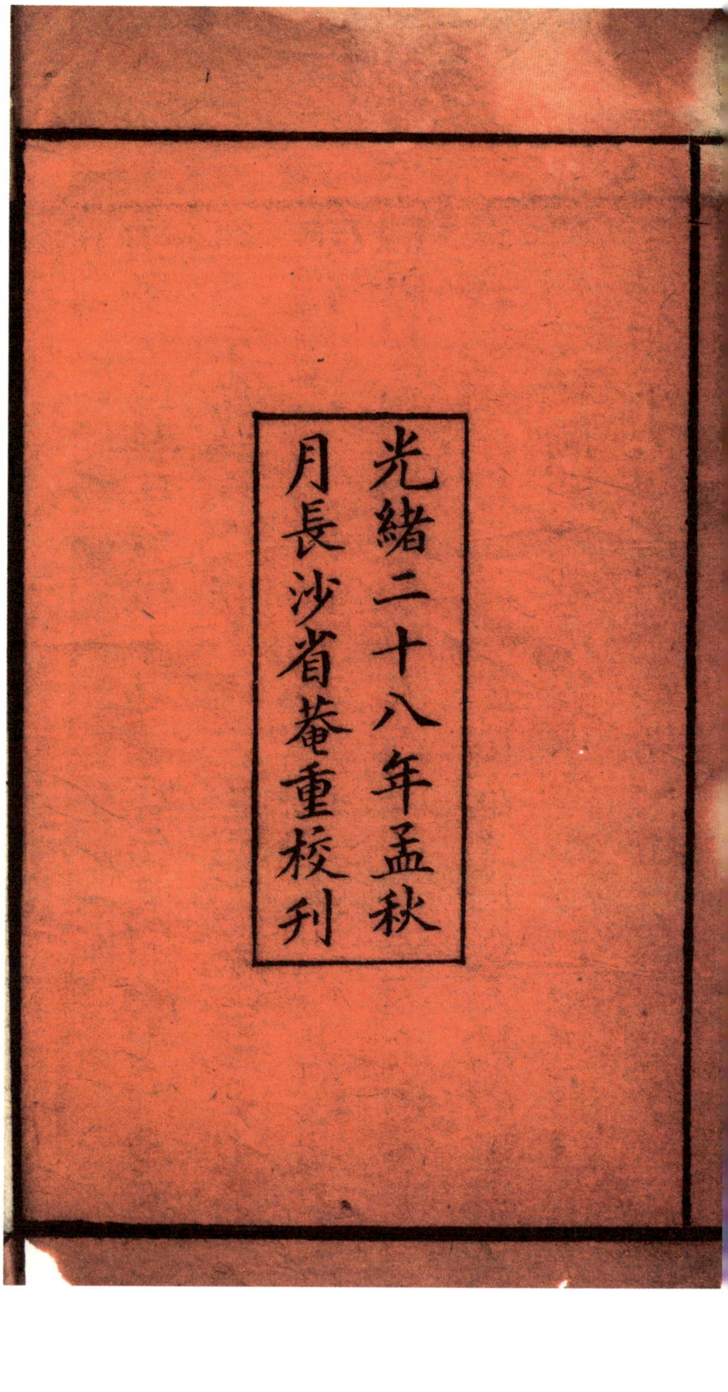

102 歷代帝王年表三卷（清）齊召南編　清光緒二十八年（1902）

長沙省菴刻本

框高 16.3 釐米，寬 11 釐米。半葉八行，行二十四字，小字雙行同，黑口，左右雙邊。

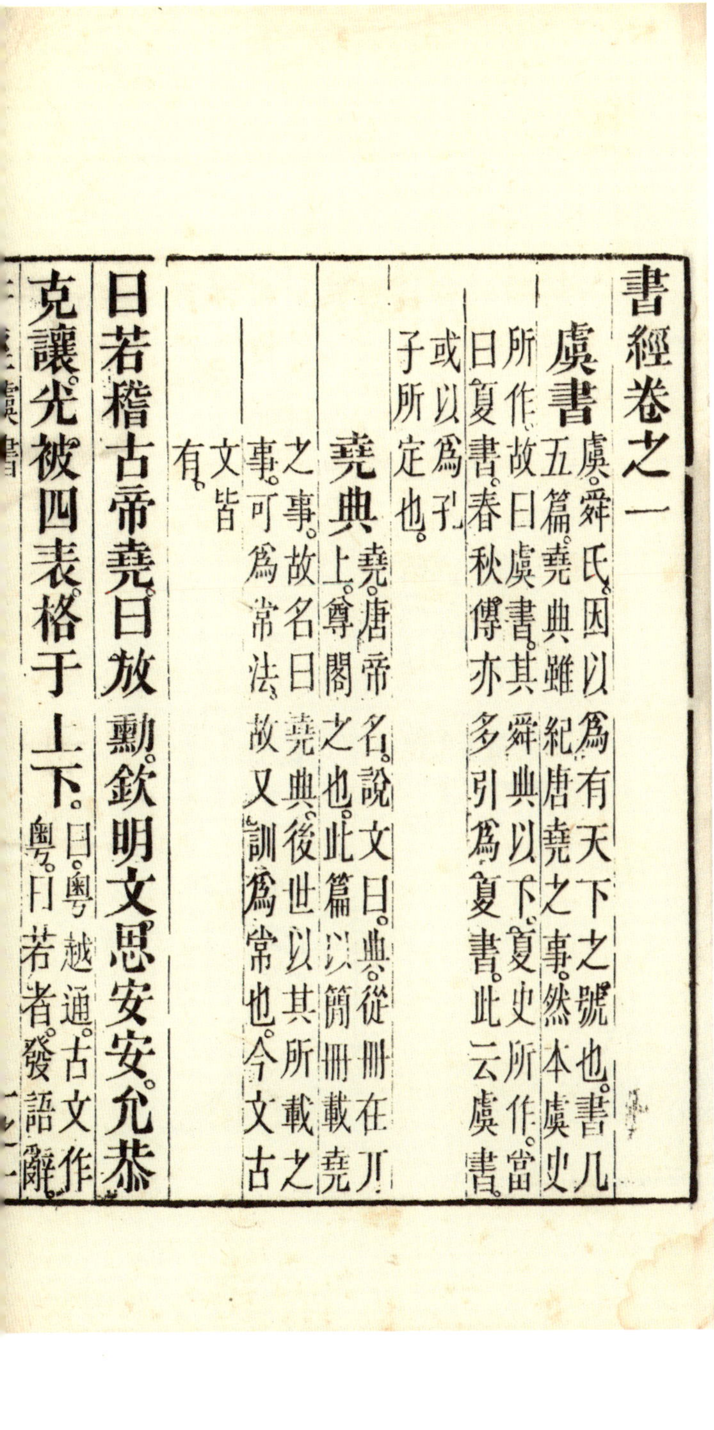
書經卷之一
虞書虞舜氏因以爲有天下之號也書凡五篇堯典雖紀唐堯之事然本虞史所作故曰虞書其舜典以下夏史所作當曰夏書春秋傳亦多引爲夏書此云虞書或以爲孔子所定也
堯典堯唐帝名說文曰典從冊在丌上尊閣之也此篇以簡冊載堯之事故名曰堯典後世以其所載之事可爲常法故又訓爲常也今文古文皆有
曰若稽古帝堯曰放勳欽明文思安安允恭克讓光被四表格于上下曰粵越通古文作粵曰若者發語辭

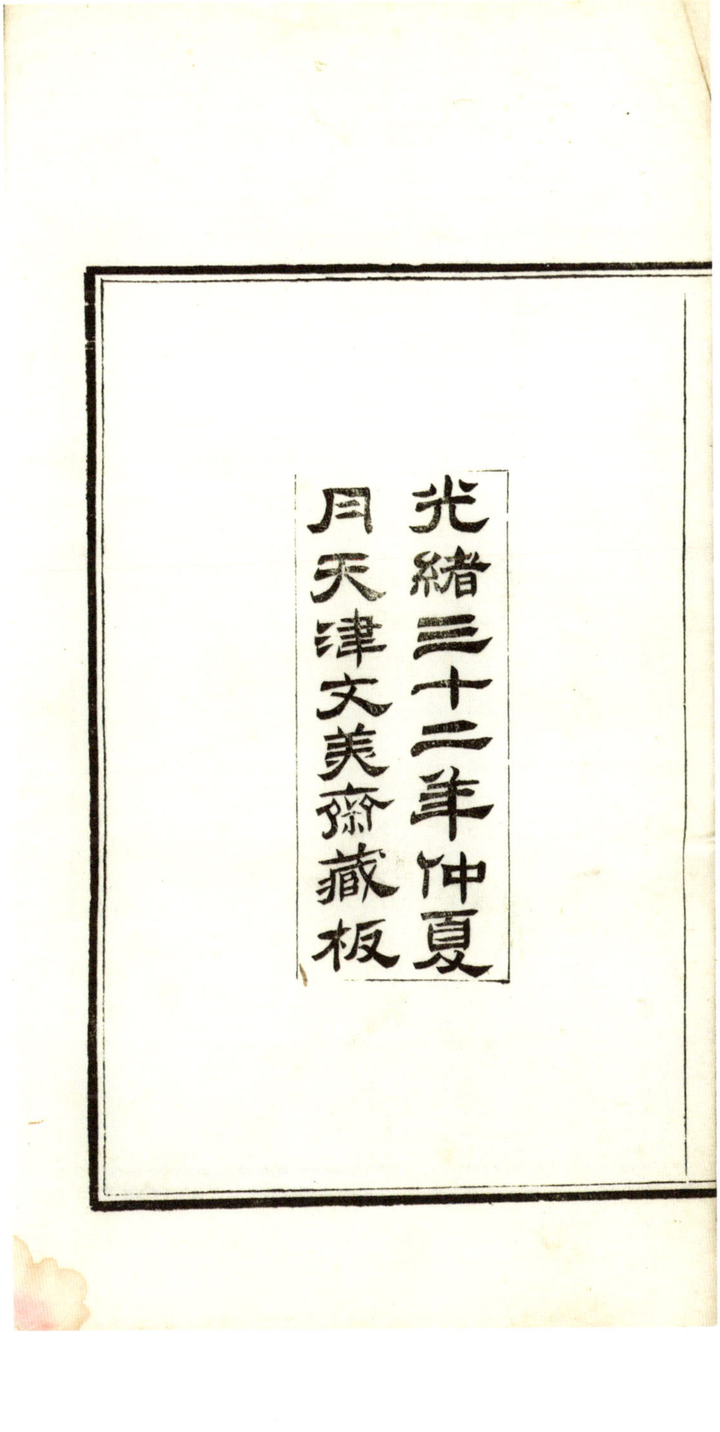
光緒三十二年仲夏月天津文美齋藏板

103 書經集傳六卷 （宋）蔡沈撰　清光緒三十二年（1906）天津文美齋刻本

框高 20 釐米，寬 14.6 釐米。半葉九行，行十七字，小字雙行同，白口，四周單邊。

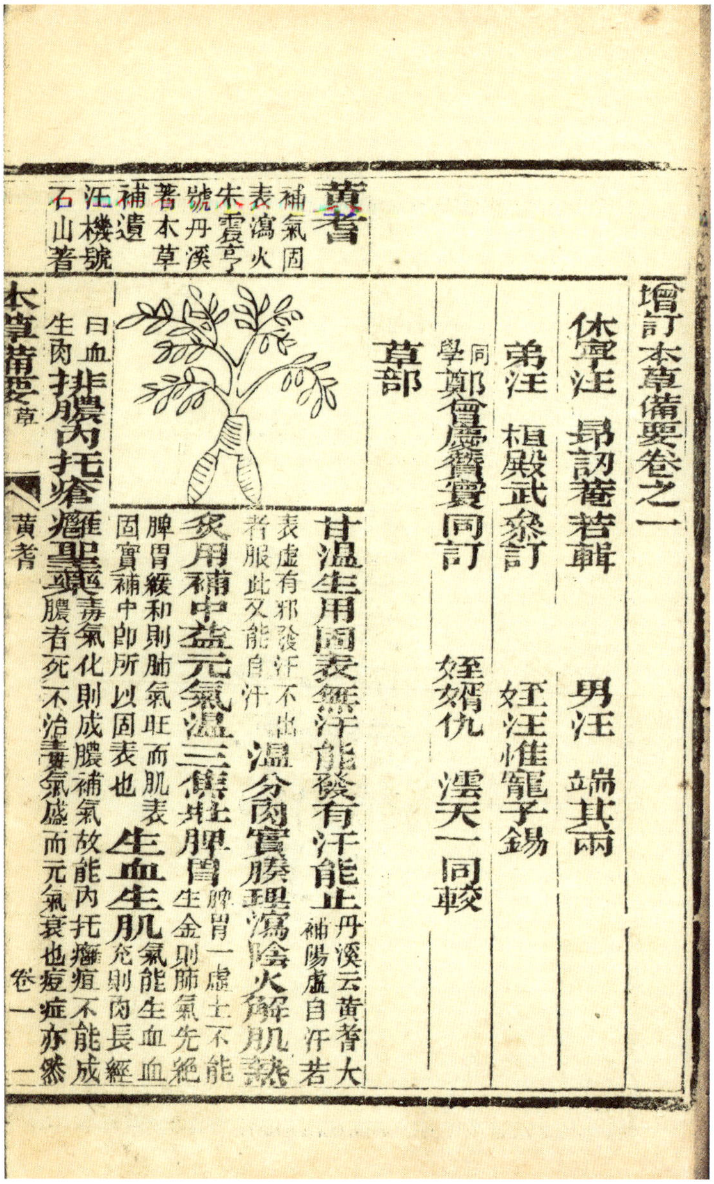

增訂本草備要卷之一

休寧汪　昂訒菴　輯著　男汪　端其兩

弟汪　桓殿武　參訂　姪汪惟寵子錫

同學鄭　曾慶賓賓同訂　姪婿仇　澐天一同較

草部

黃耆　補氣固表瀉火　朱震亨號丹溪著本草補遺　汪機號石山著

甘溫生用固表無汗能發有汗能止　丹溪云黃耆大補陽虛自汗若表虛有邪發汗不出者服此又能自汗　溫分肉實腠理瀉陰火解肌熱　炙用補中益元氣溫三焦壯脾胃　脾胃一虛土不能生金則肺氣先絕脾胃緩和則肺氣旺而肌表固實補中即所以固表也　生血生肌　氣能生血血充則肉長經曰血生肉　排膿內托瘡癰聖藥　癰疽不能成膿者死不治毒氣盛而元氣衰也痘症亦然

本草備要　草　黃耆　卷一　一

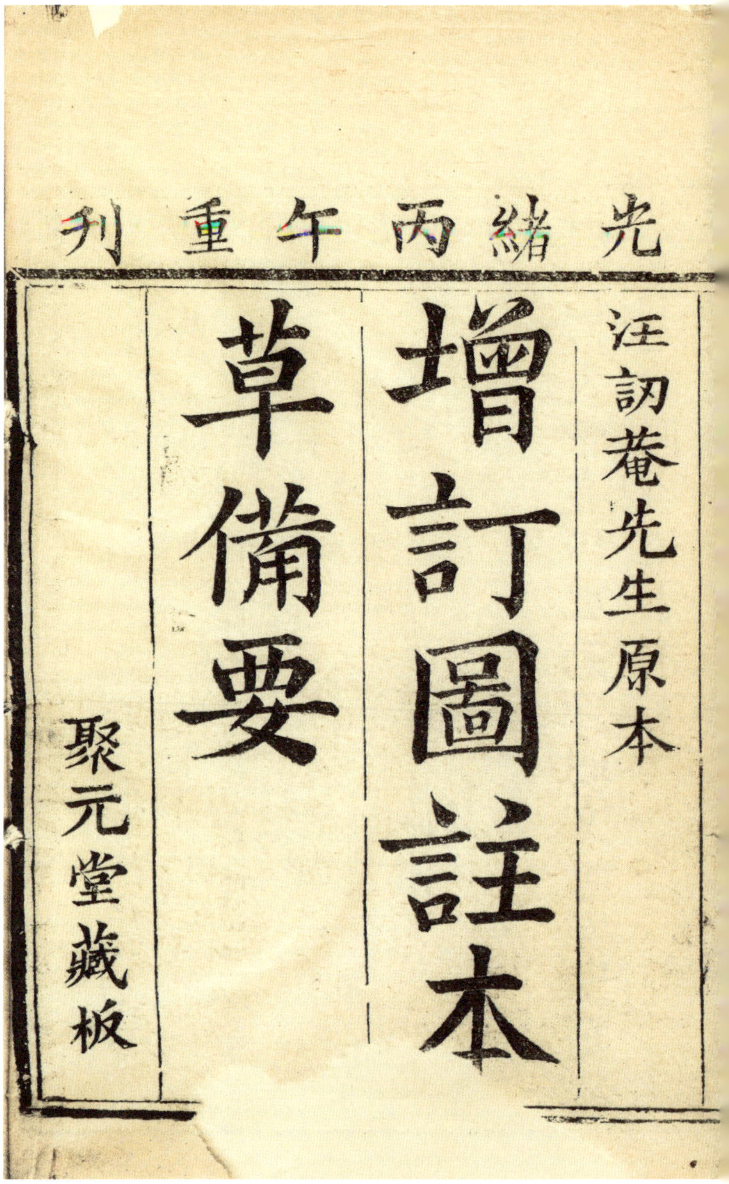

光緒丙午重刊

汪訒菴先生原本

增訂圖註本草備要

聚元堂藏板

104 增訂圖註本草備要四卷　（清）汪昂輯　清光緒三十二年（1906）聚元堂刻本

框高18.5釐米，寬13.5釐米。半葉十行，行二十八字，小字雙行同，白口，四周雙邊。

館藏索書號：308.3/31104

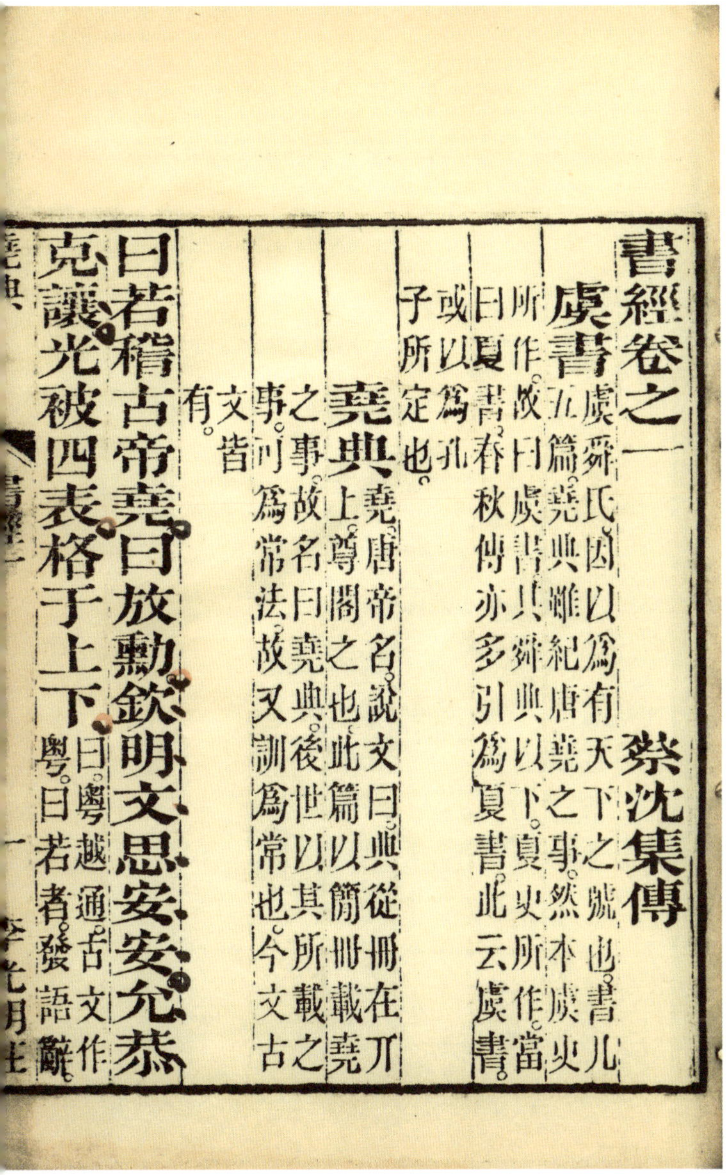

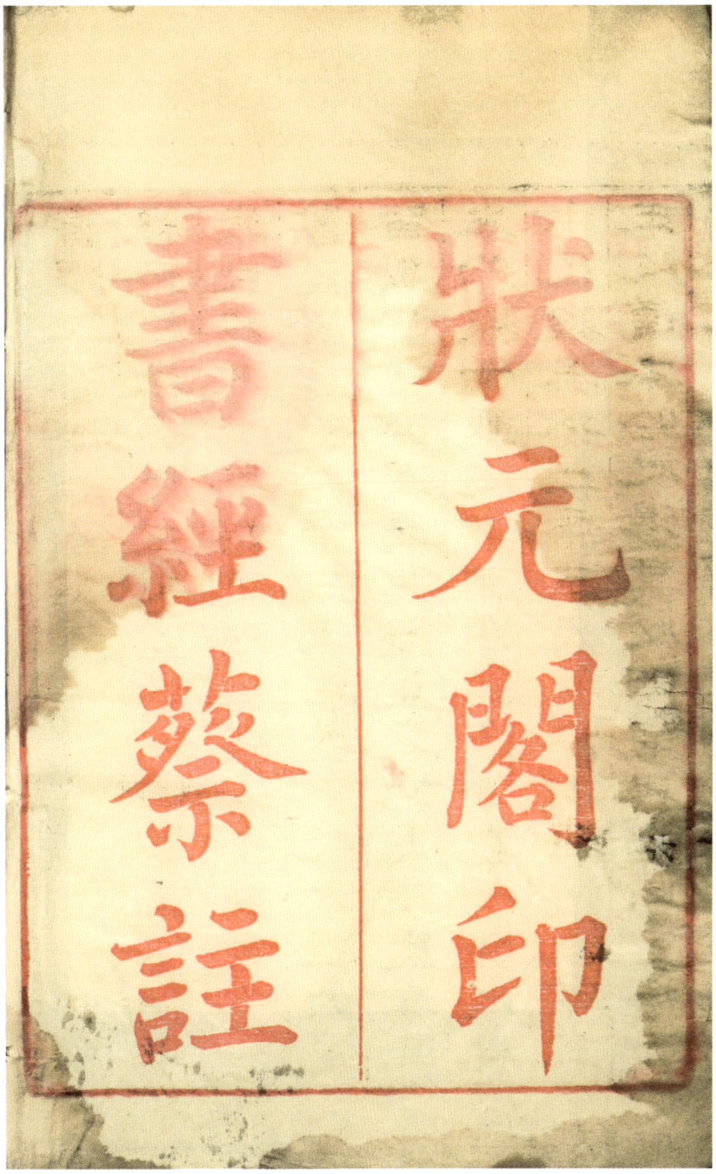

105 書經集傳六卷　（宋）蔡沈撰　清光緒江南狀元閣刻本

框高 17 釐米，寬 13.5 釐米。半葉九行，行十七字，小字雙行同，白口，左右雙邊。

館藏索書號：103/44934

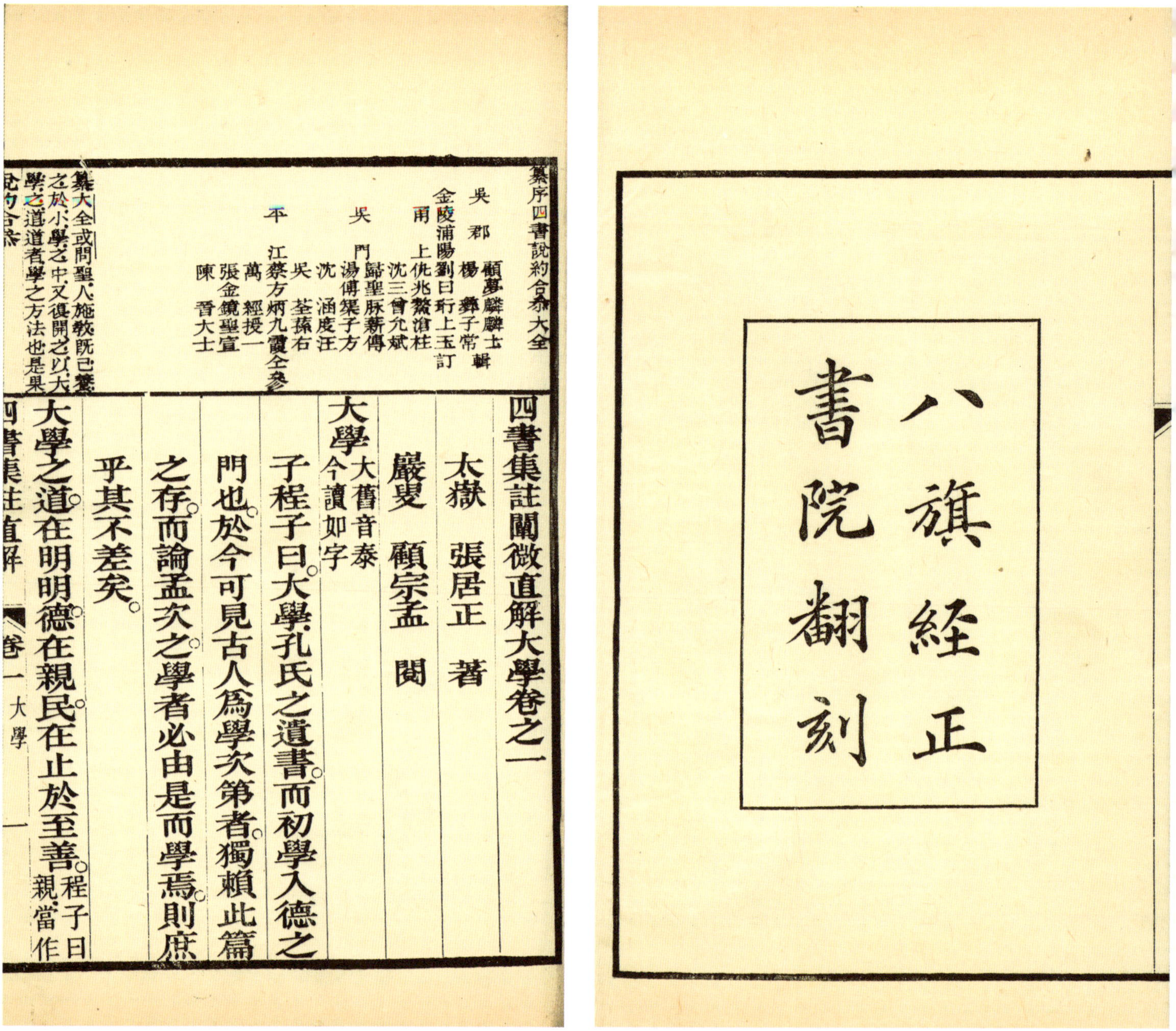

八旗經正書院翻刻

四書集註闡微直解大學卷之一

太嶽 張居正 著

嚴叟 顧宗孟 閱

大學 大舊音泰今讀如字

子程子曰大學孔氏之遺書而初學入德之門也於今可見古人爲學次第者獨賴此篇之存而論孟次之學者必由是而學焉則庶乎其不差矣

大學之道在明明德在親民在止於至善 程子曰親當作

四書集註直解 卷一 大學 一

106 四書集註闡微直解二十七卷 （明）張居正撰 清光緒八旗經正書院刻本

框高 21.2 釐米，寬 14.6 釐米。兩截版，下欄半葉九行，行十九字，小字雙行同，白口，四周單邊。

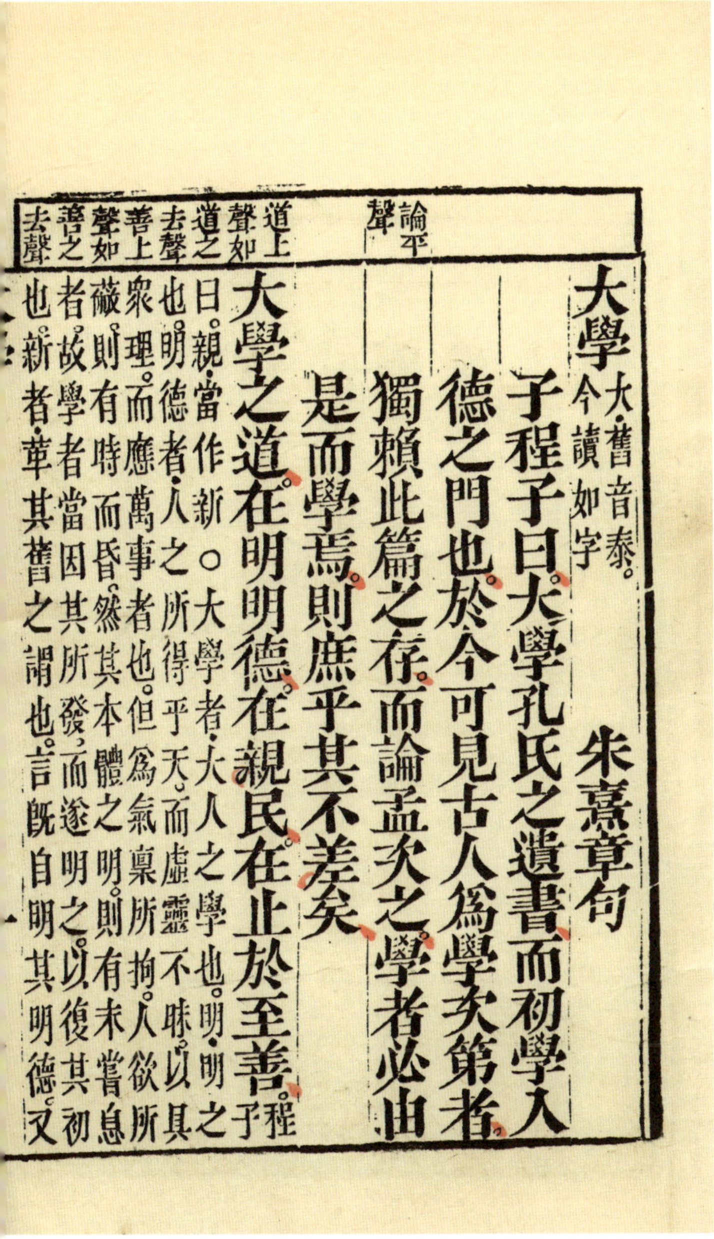

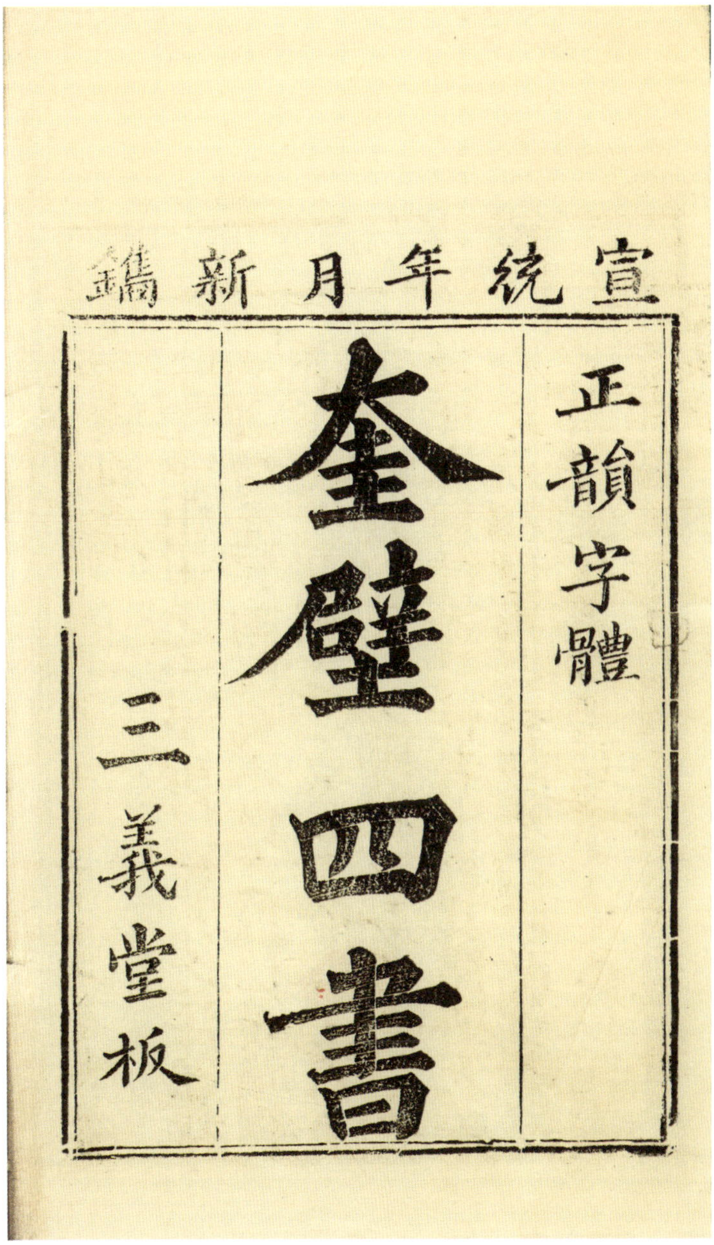

107 奎壁四書十九卷 （宋）朱熹集注　清宣統三年（1911）

三義堂刻本

框高 17.5 釐米，寬 12.8 釐米。半葉九行，行十七字，小字雙行同，白口，左右雙邊。

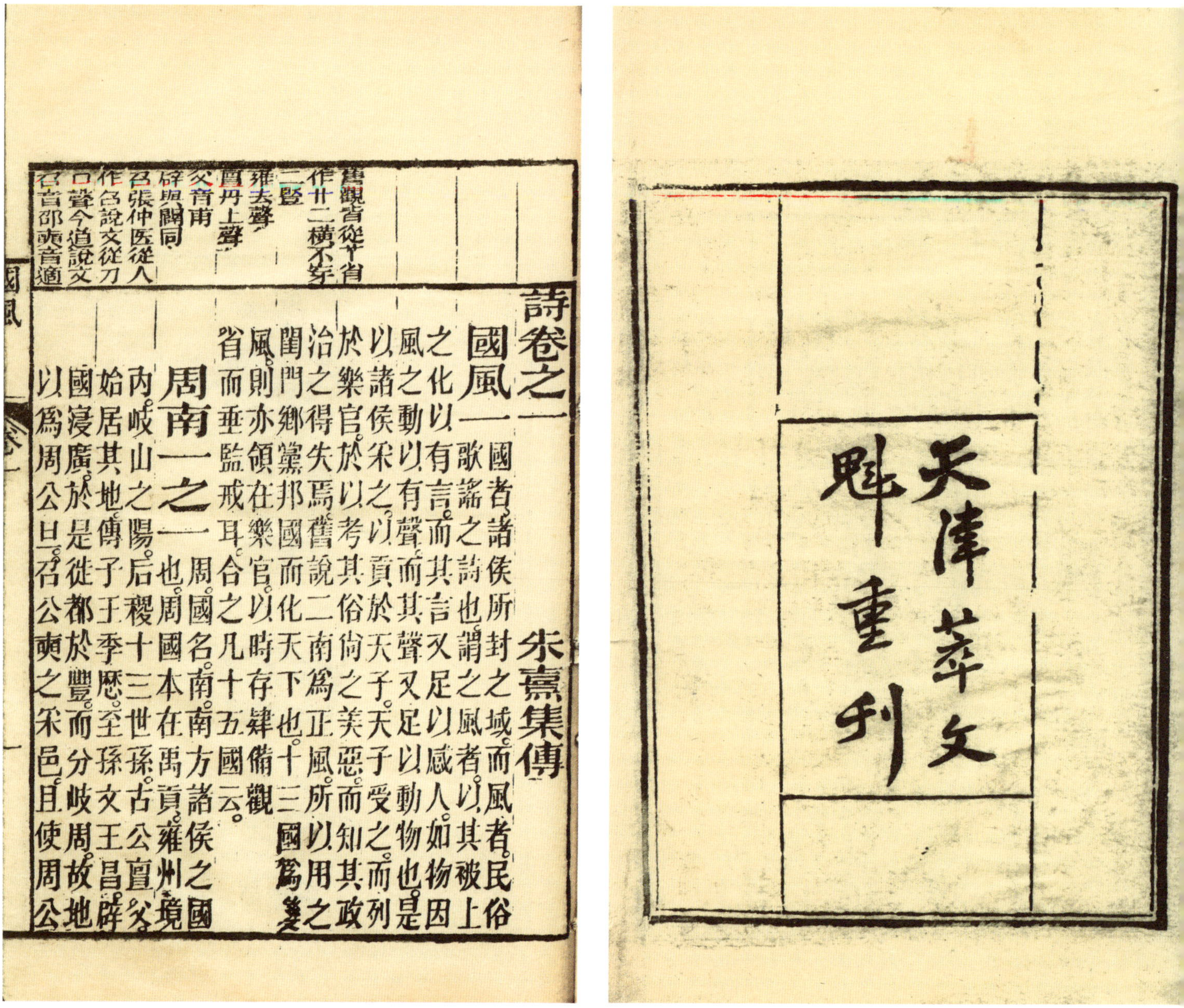
舊觀省從屮省作廿二橫不穿
二暨
雍去聲
亶丹上聲
父音甫
辟與闢同
邑張仲匽從人作邑說文從刀口聲今道說文
召音邵奭音適

詩卷之一　朱熹集傳

國風一國者諸侯所封之域而風者民俗歌謠之詩也謂之風者以其被上之化以有言而其言又足以感人如物因風之動以有聲而其聲又足以動物也是以諸侯采之以貢於天子天子受之而列於樂官以考其俗尚之美惡而知其政治之得失焉舊說二南為正風所以用之閨門鄉黨邦國而化天下也十三國為變風則亦領在樂官以時存肄備觀省而垂監戒耳合之凡十五國云

周南一之一周國名南南方諸侯之國也周國本在禹貢雍州境內岐山之陽后稷十三世孫古公亶父始居其地傳子王季歷至孫文王昌辟國寖廣於是徙都於豐而分岐周故地以為周公旦召公奭之采邑且使周公

國風　卷之一　一

天津萃文魁重刊

108 詩經八卷　（宋）朱熹集傳　清末天津萃文魁刻本

框高 18.5 釐米，寬 13 釐米。半葉九行，行十七字，小字雙行同，白口，四周單邊。

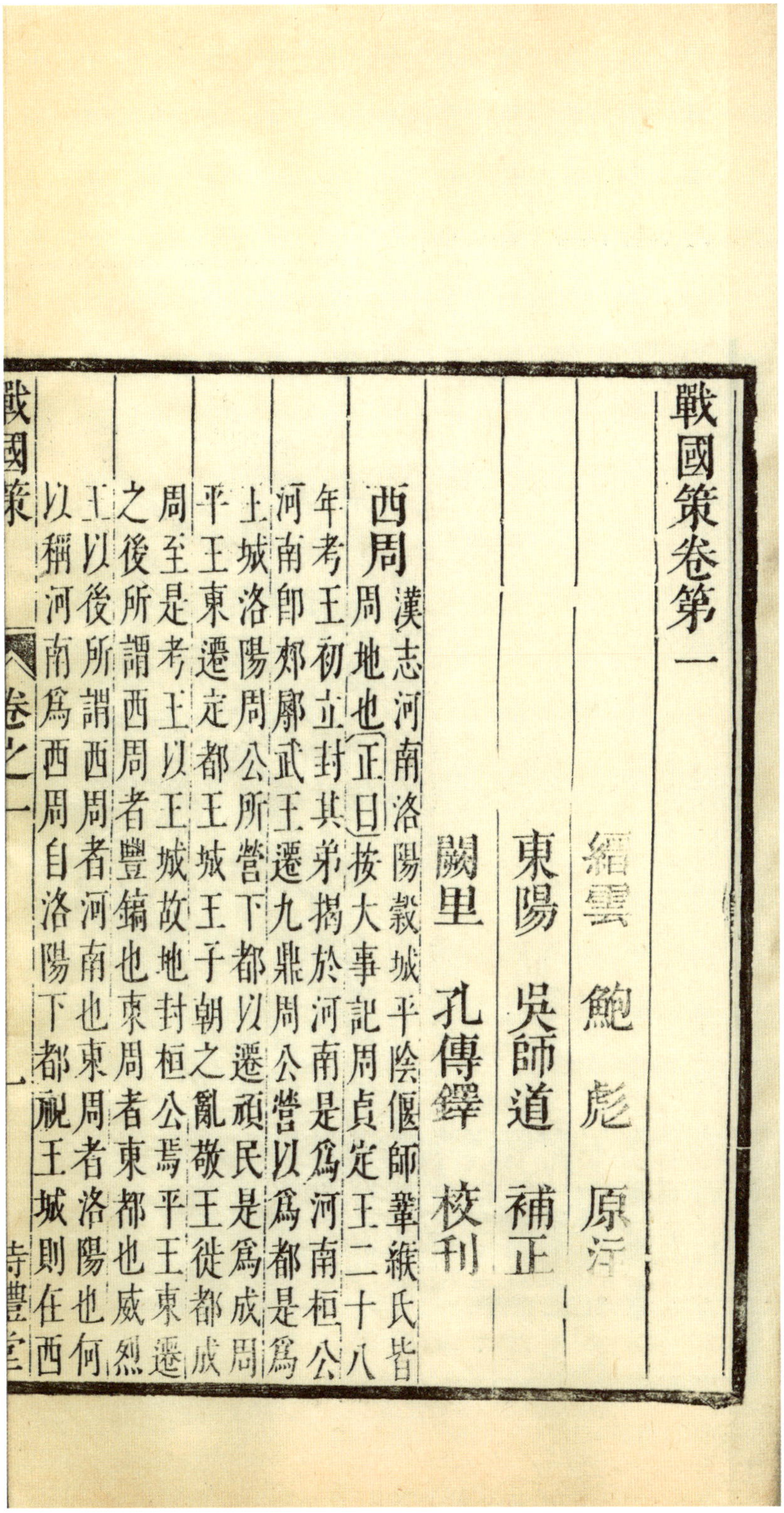
戰國策卷第一
縉雲　鮑　彪　原注
東陽　吳師道　補正
闕里　孔傳鐸　校刊
西周　漢志河南洛陽穀城平陰偃師鞏緱氏皆周地也〔正曰〕按大事記周貞定王二十八年考王初立封其弟揭於河南是爲河南桓公河南即郟鄏武王遷九鼎周公營以爲都是爲王城洛陽周公所營下都以遷頑民是爲成周平王東遷定都王城王子朝之亂敬王徙都成周至是考王以王城故地封桓公焉平王東遷之後所謂西周者豐鎬也東周者東都也威烈王以後所謂西周者河南也東周者洛陽也何以稱河南爲西周自洛陽下都視王城則在西
戰國策　卷之一　一　詩禮堂

109 戰國策十卷　（宋）鮑彪注　（元）吳師道補正　清末詩禮堂刻本

框高 17.8 釐米，寬 12.5 釐米。半葉九行，行二十字，小字雙行同，白口，左右雙邊。

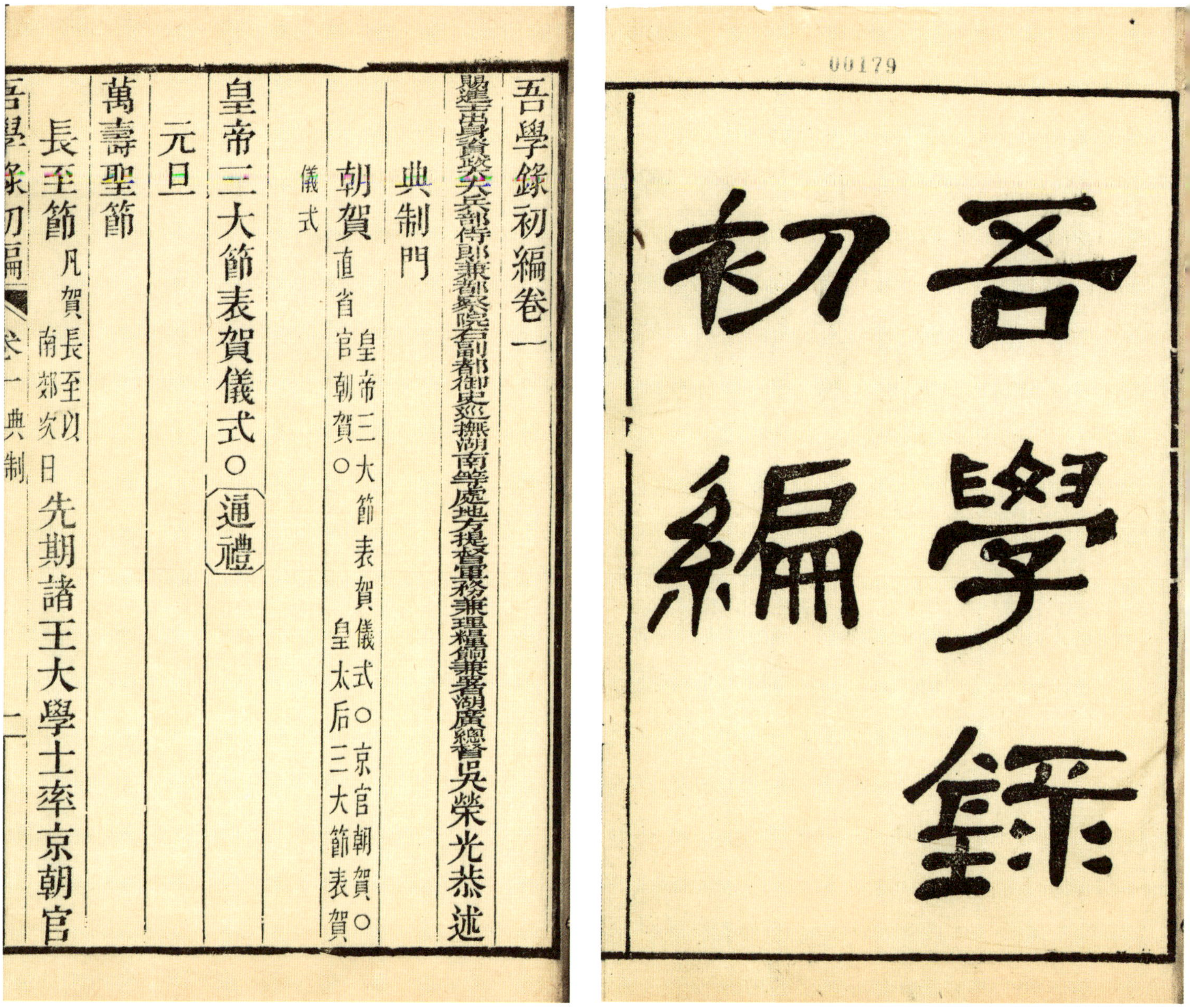

110 吾學錄初編二十四卷（清）吳榮光撰　（清）黄本驥編

清末刻本

框高21.7釐米，寬13.4釐米。半葉九行，行二十一字，小字雙行同，白口，左右雙邊。

館藏索書號：209.1/26499

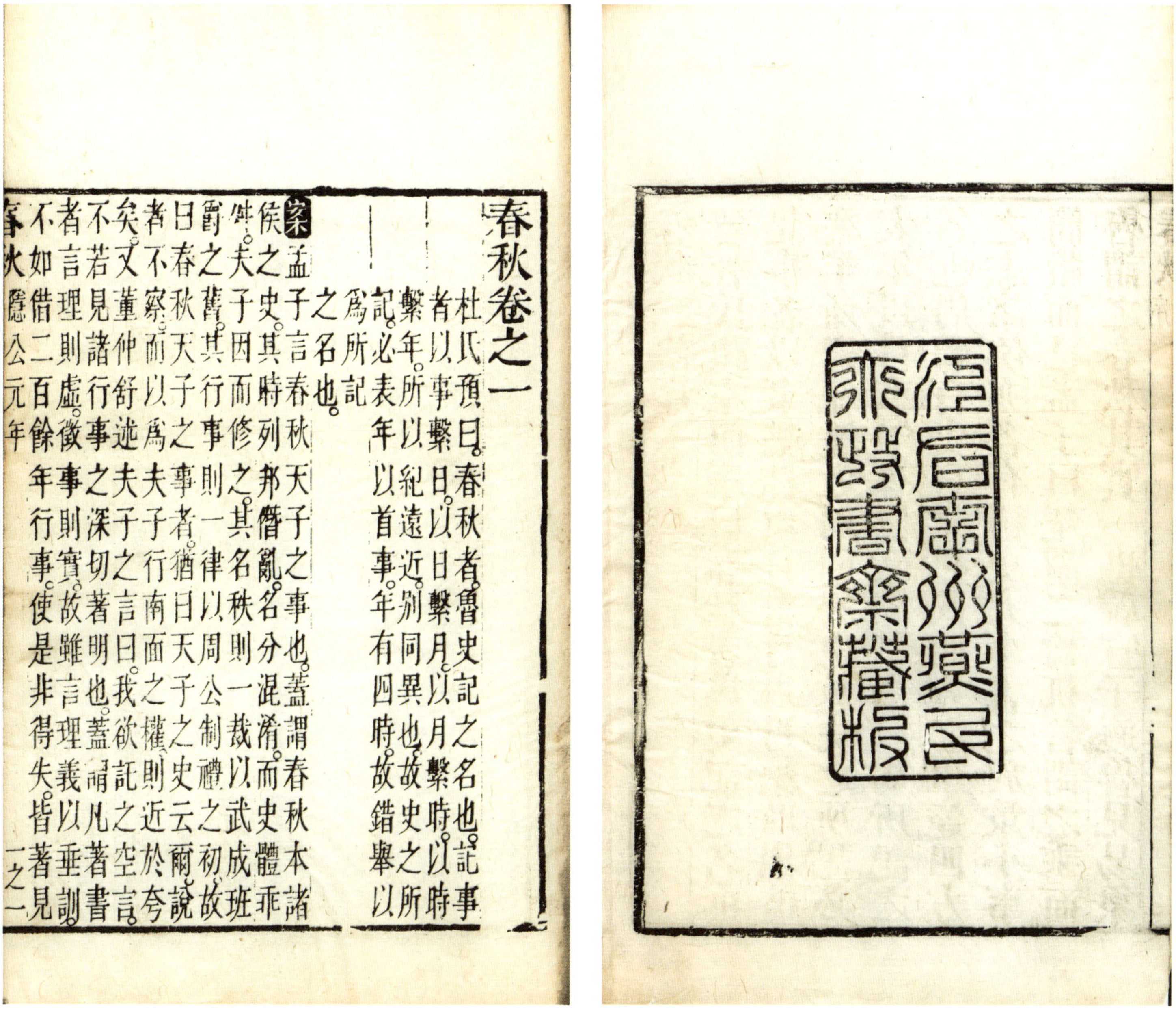
春秋卷之一

杜氏預曰春秋者魯史記之名也記事者以事繫日以日繫月以月繫時以時繫年所以紀遠近別同異也故史之所記必表年以首事年有四時故錯舉以爲所記之名也

案孟子言春秋天子之事也蓋謂春秋本諸侯之史其時列邦僭亂名分混淆而史體乖舛夫子因而修之其名秩則一裁以武成班爵之舊其行事則一律以周公制禮之初故曰春秋天子之事者猶曰天子之史云爾說者不察而以爲夫子行南面之權則近於夸矣又董仲舒述夫子之言曰我欲託之空言不若見諸行事之深切著明也蓋謂凡著書者言理則虛徵事則實故雖言理義以垂訓不如借二百餘年行事使是非得失皆著見

隱公元年

一之一

111 春秋三傳十六卷（□）□□撰　清江右南州燕氏亦政書齋刻本

框高 20.2 釐米，寬 14.6 釐米。半葉九行，行十七字，小字雙行同，白口，四周單邊。

館藏索書號：106.1/40176

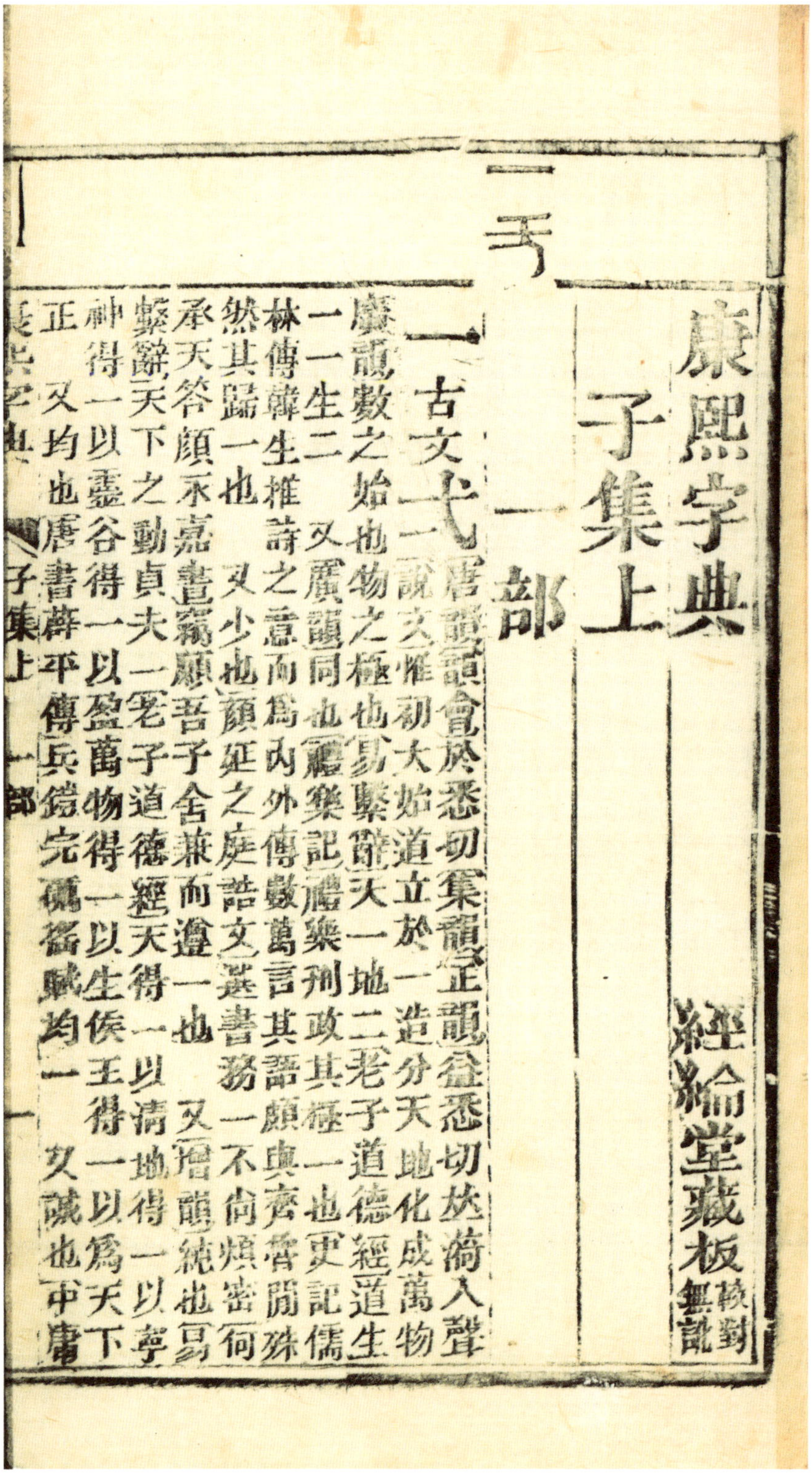
康熙字典
子集上
經綸堂藏板 校對無訛

一部

一 古文弌 唐韻韻會於悉切集韻正韻益悉切𠀀漪入聲 說文惟初大始道立於一造分天地化成萬物 廣韻數之始也物之極也易繫辭天一地二老子道德經道生一一生二 又廣韻同也禮樂記禮樂刑政其極一也史記儒林傳韓生推詩之意而爲內外傳數萬言其語頗與齊魯閒殊然其歸一也 又少也顏延之庭誥文選書務一不尚煩密何承天答顏永嘉書竊願吾子舍兼而遵一也 又增韻純也易繫辭天下之動貞夫一老子道德經天得一以清地得一以寧神得一以靈谷得一以盈萬物得一以生侯王得一以爲天下正 又均也唐書薛平傳兵鎧完礪徭賦均一 又誠也中庸

112 康熙字典十二集 （清）張玉書等編纂 清經綸堂刻本

框高 15.1 釐米，寬 9.8 釐米。兩截版，下欄半葉八行，行十二字，小字雙行二十四字，白口，左右雙邊。

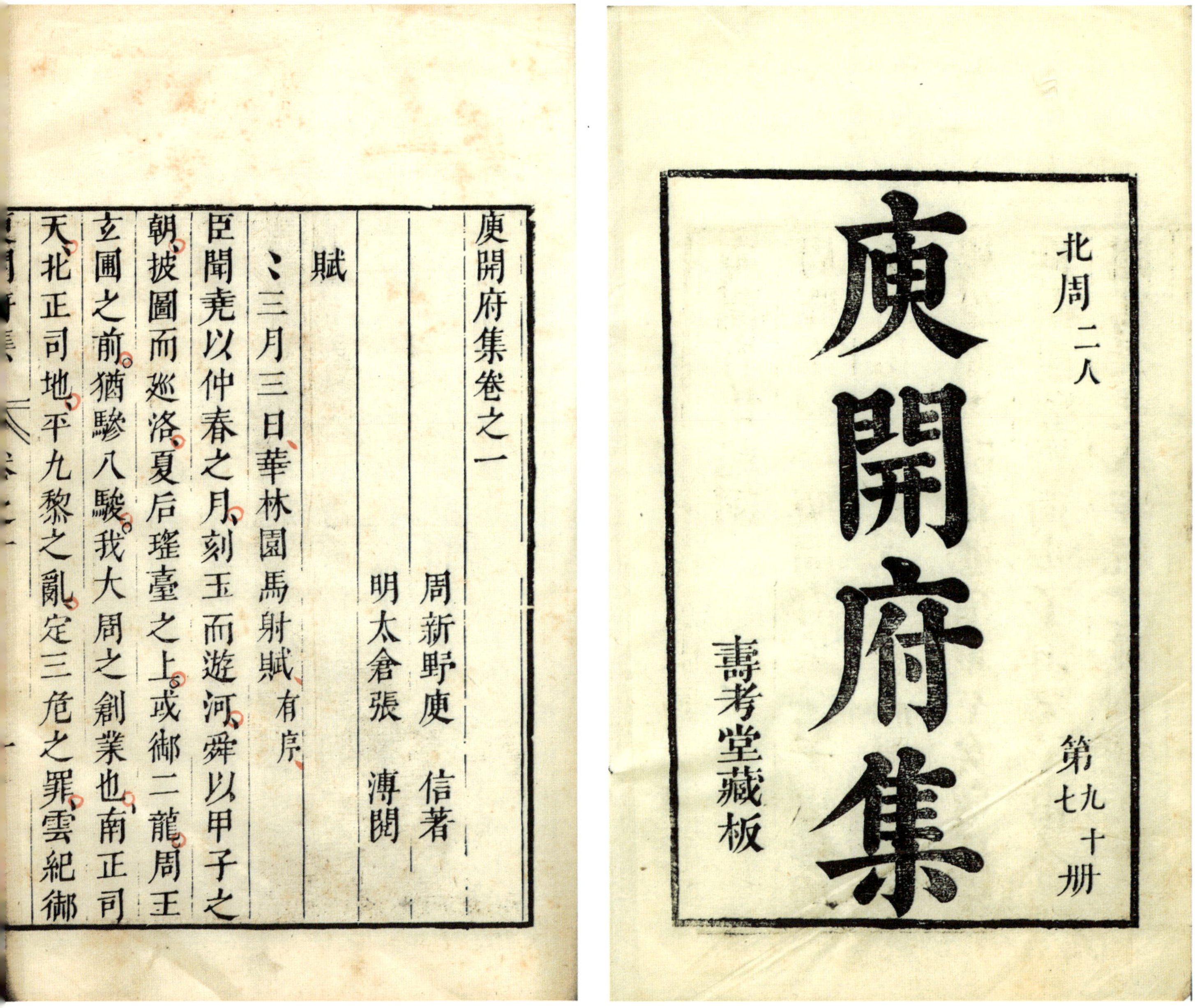

北周 二八

庾開府集

壽考堂藏板

第九十七册

庾開府集卷之一

周新野庾　信著

明太倉張　溥閲

賦

三月三日華林園馬射賦有序

臣聞堯以仲春之月刻玉而遊河舜以甲子之朝披圖而巡洛夏后瑤臺之上或御二龍周王玄圃之前猶驂八駿我大周之創業也南正司天北正司地平九黎之亂定三危之罪雲紀御

113 庾開府集二卷（北周）庾信撰　清壽考堂刻本

框高 19.9 釐米，寬 14.2 釐米。半葉九行，行十八字，小字雙行同，白口，四周單邊。

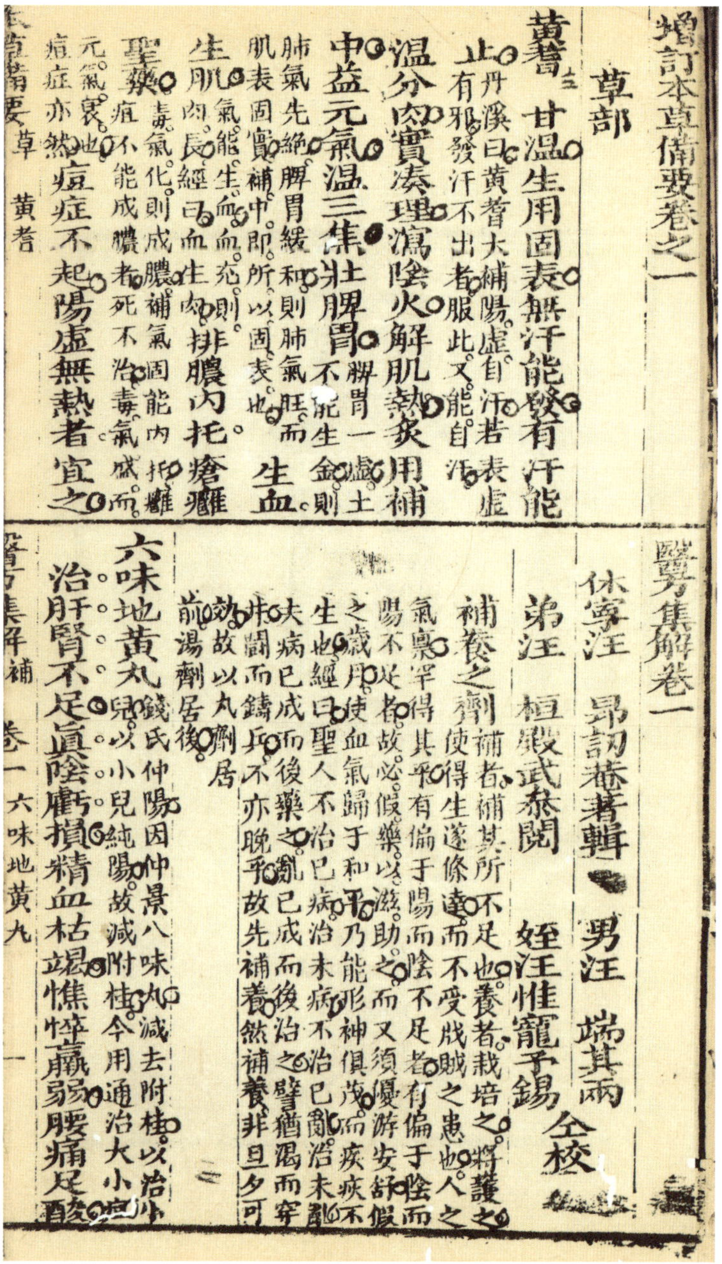

增訂本草備要卷之一

草部

黃耆 甘溫。生用固表，無汗能發，有汗能止。丹溪曰：黃耆大補陽虛，自汗若表虛有邪，發汗不出者，服此又能自汗。溫分肉，實腠理，瀉陰火，解肌熱；炙用補中，益元氣，溫三焦，壯脾胃。脾胃一虛，土不能生金，則肺氣先絕。脾胃緩和，則肺氣旺而肌表固實。補中即所以固表也。生血，生肌。氣能生血，血充則肉長。經曰：血生肉。排膿內托，瘡癰聖藥。毒氣化則成膿，補氣故能內托。癰疽不能成膿者，死不治，毒氣盛而元氣衰也。痘症亦然。痘症不起，陽虛無熱者，宜之。

本草備要 草 黃耆

醫方集解卷一

休寧汪 昂訒菴著輯 男汪 端其兩

弟汪 桓殿武恭閱 姪汪惟寵子錫 仝校

補養之劑

補者，補其所不足也；養者，栽培之，將護之，使得生遂條達，而不受戕賊之患也。人之氣稟，罕得其平，有偏于陽而陰不足者，有偏于陰而陽不足者，故必假藥以滋助之，而又須優游安舒，假之歲月，使氣血歸于和平，乃能形神俱茂，而疾病不生也。經曰：聖人不治已病治未病，不治已亂治未亂。夫病已成而後藥之，亂已成而後治之，譬猶渴而穿井，鬭而鑄兵，不亦晚乎。故先補養，然補養非旦夕可效，故以丸劑居前，湯劑居後。

六味地黃丸 錢氏仲陽因仲景八味丸減去附桂，以治小兒。以小兒純陽，故減附桂。今用通治大小證。

治肝腎不足，真陰虧損，精血枯竭，憔悴羸弱，腰痛足酸

醫方集解 補 卷一 六味地黃丸 一

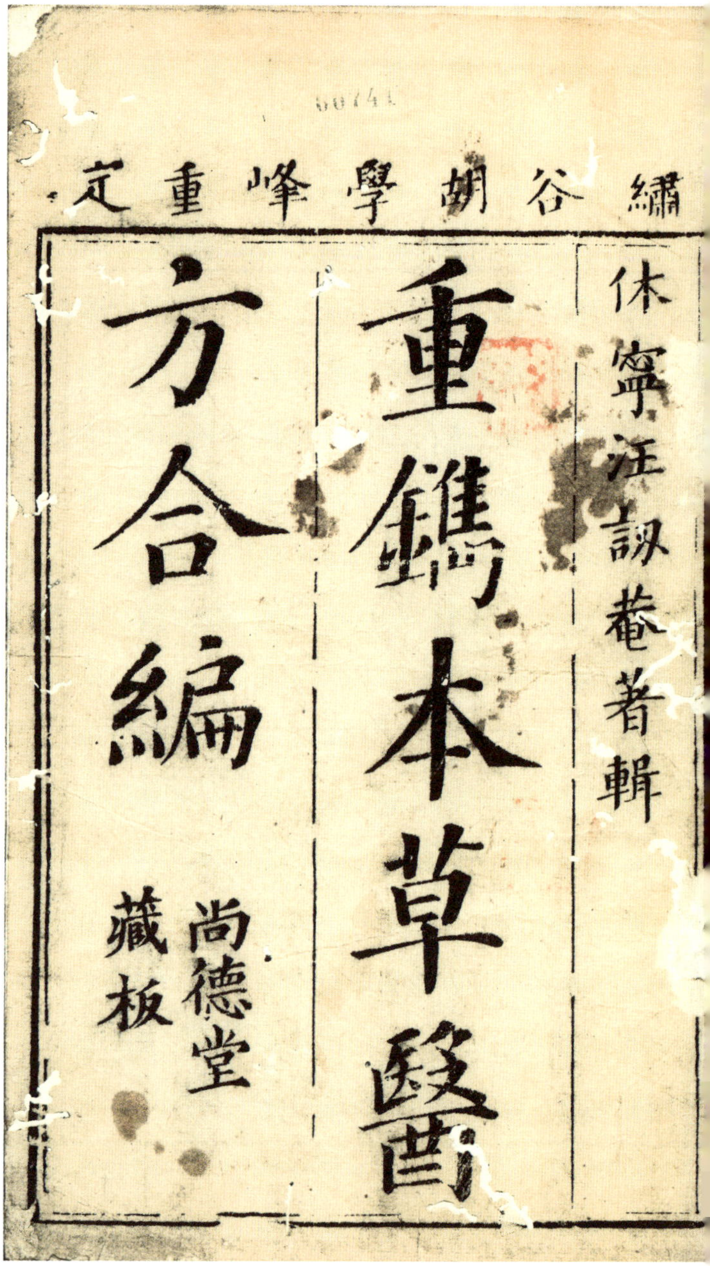

繡谷胡學峰重定

休寧汪訒菴著輯

重鐫本草醫方合編

尚德堂藏板

114 本草醫方合編六卷 （清）汪昂輯　清尚德堂刻本

框高 24.8 釐米，寬 14.5 釐米。兩截版，上欄半葉十行，行十六字，小字雙行同，下欄半葉十行，行二十二字，小字雙行同，白口，四周單邊。

館藏索書號：308.1/31104

山谷刀筆

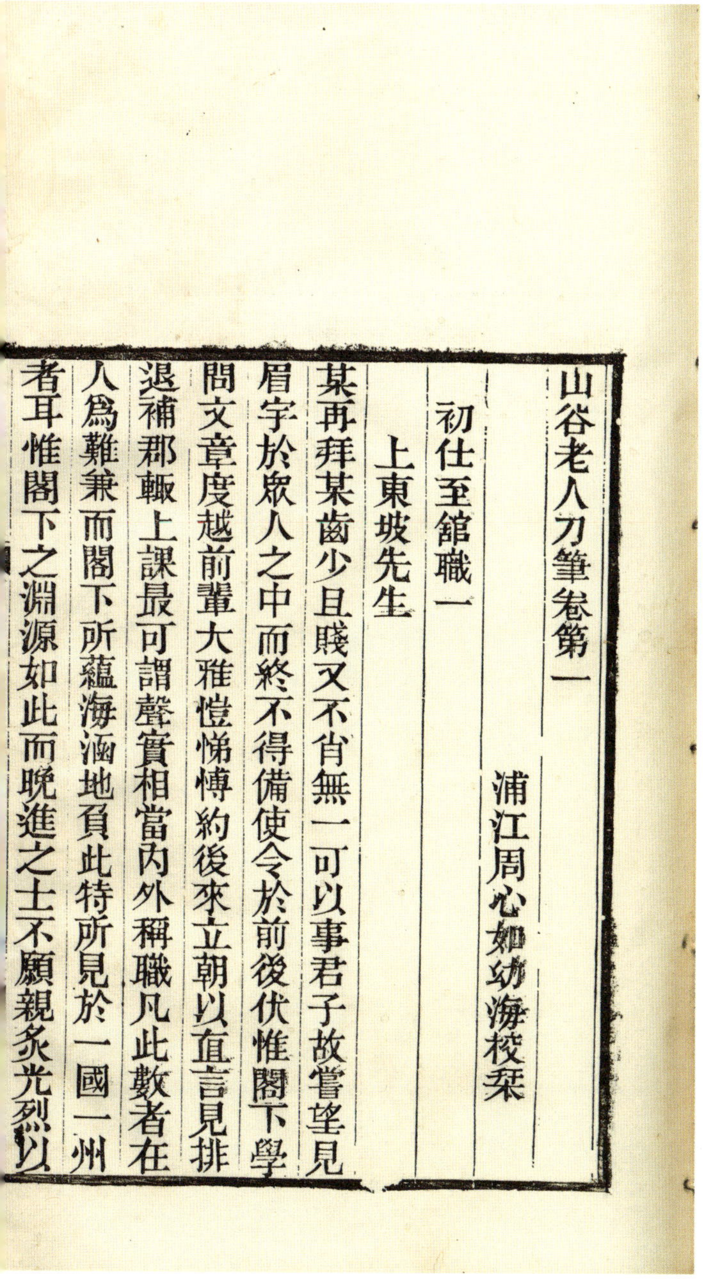
山谷老人刀筆卷第一
浦江周心如幼海校栞
初仕至館職一
上東坡先生
某再拜某齒少且賤又不肖無一可以事君子故嘗望見
眉宇於衆人之中而終不得備使令於前後伏惟閣下學
問文章度越前輩大雅愷悌博約後來立朝以直言見排
退補郡輙上課最可謂聲實相當内外稱職凡此數者在
人爲難兼而閣下所蘊海涵地負此特所見於一國一州
者耳惟閣下之淵源如此而晚進之士不願親炙光烈以

115 山谷老人刀筆二十卷題跋四卷 （宋）黄庭堅撰

（清）周心如校　清刻紛欣閣叢書本

框高17釐米，寬12.8釐米。半葉十行，行二十二字，白口，左右雙邊。

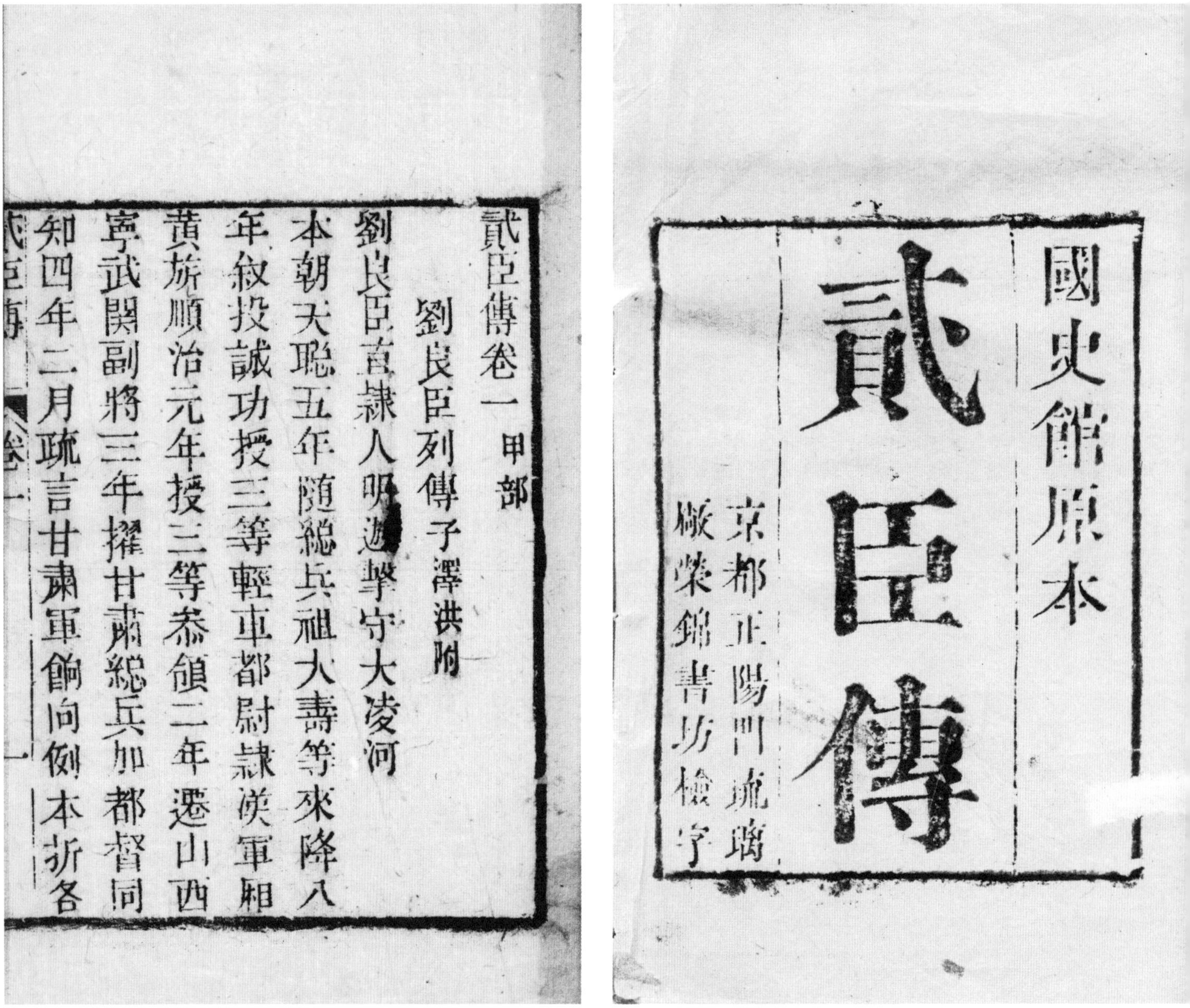

116 貳臣傳八卷　（清）國史館編　清京都正陽門琉璃廠榮錦書坊刻本

框高10.3釐米，寬7.5釐米。半葉八行，行十六字，白口，四周單邊。

館藏索書號：205.2/60158

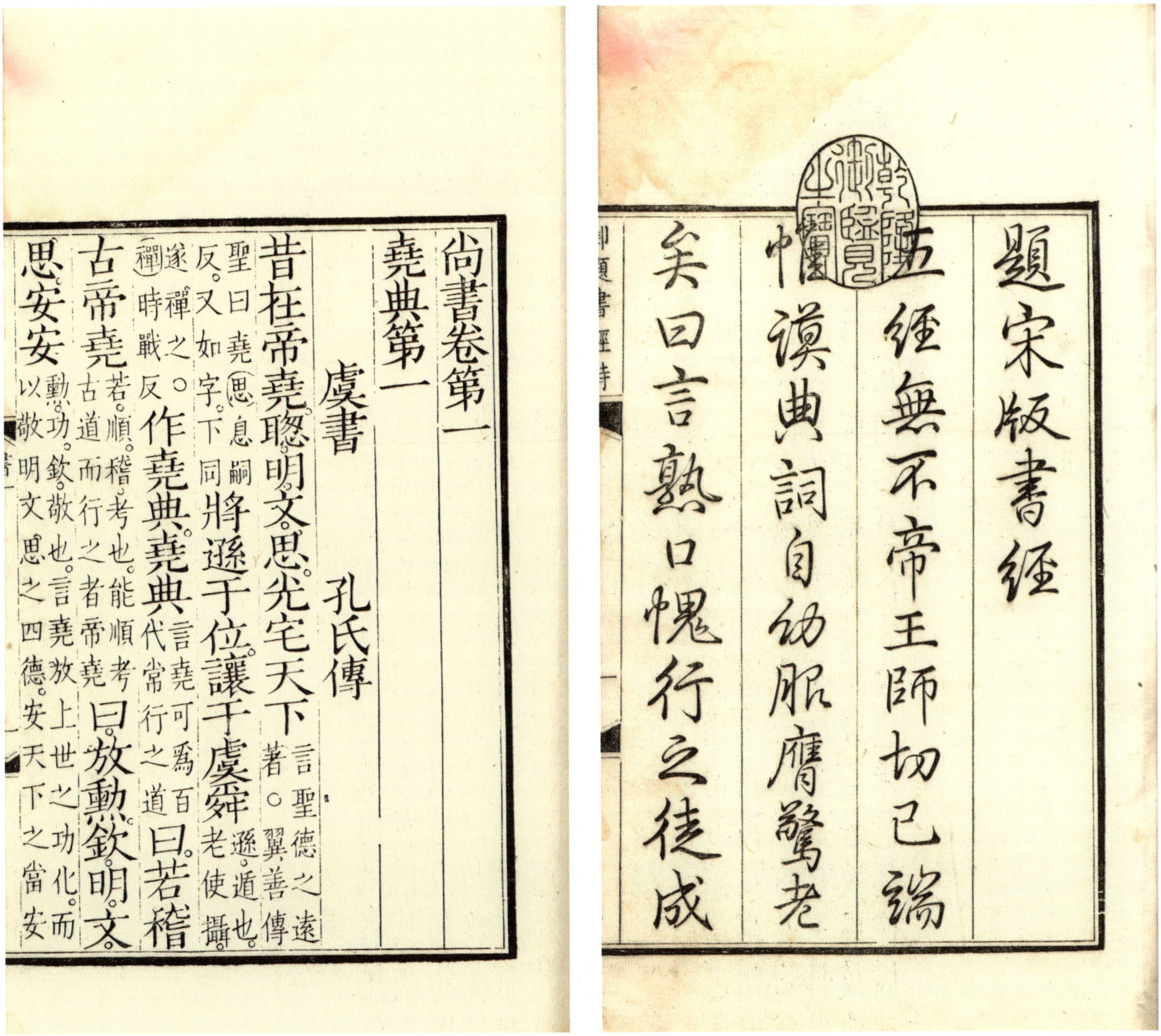

117 尚書十三卷　（漢）孔安國傳　清刻本

框高 20.4 釐米，寬 13.7 釐米。半葉八行，行十七字，小字雙行同，白口，四周雙邊。

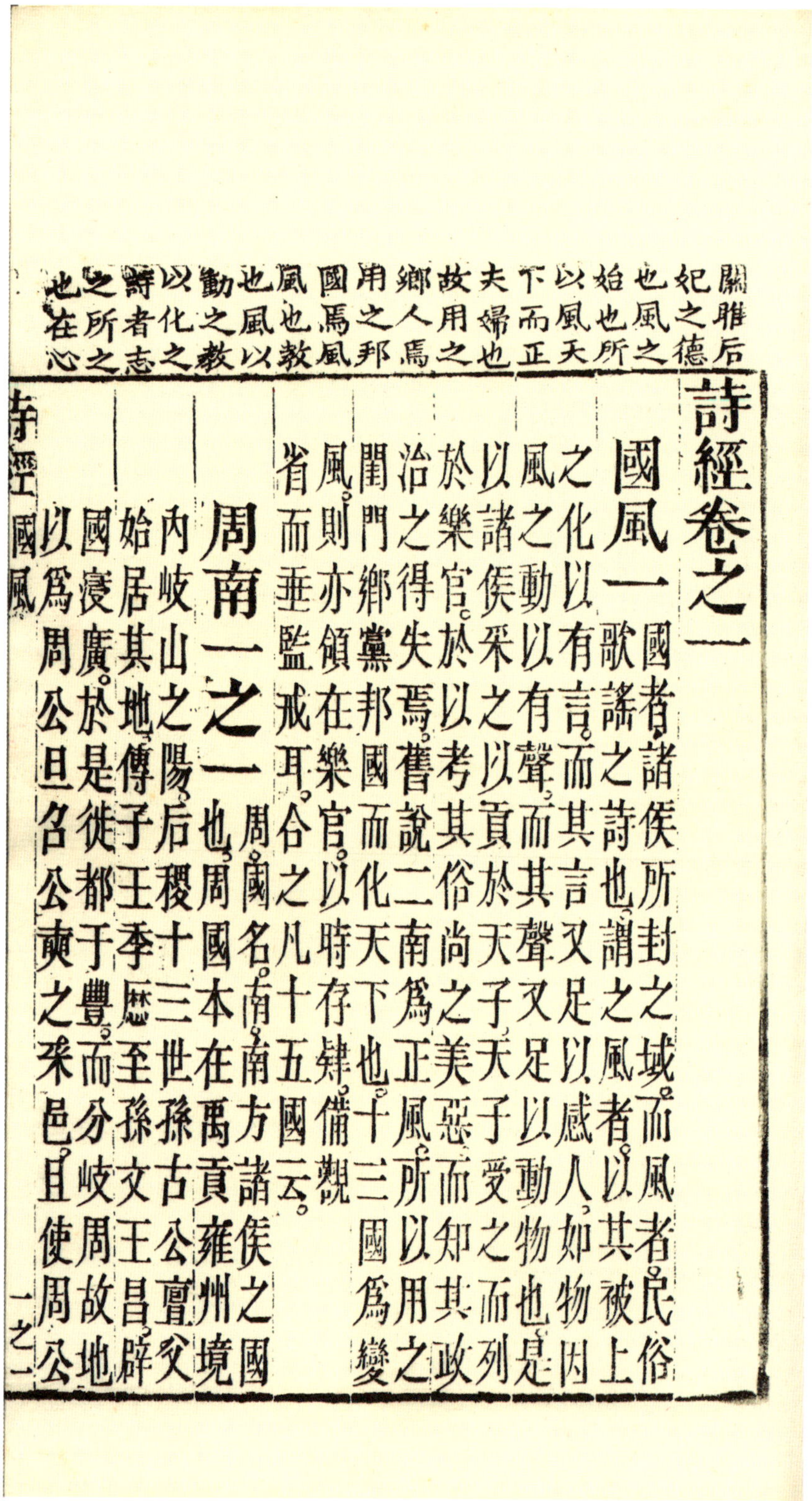
關雎后妃之德也風之始也所以風天下而正夫婦也故用之鄉人焉用之邦國焉風風也教也風以動之教以化之詩者志之所之也在心

詩經卷之一

國風一 國者諸侯所封之域而風者民俗歌謠之詩也謂之風者以其被上之化以有言而其言又足以感人如物因風之動以有聲而其聲又足以動物也是以諸侯采之以貢於天子天子受之而列於樂官於以考其俗尚之美惡而知其政治之得失焉舊說二南爲正風所以用之閨門鄉黨邦國而化天下也十三國爲變風則亦領在樂官以時存肄備觀省而垂監戒耳合之凡十五國云

周南一之一 周國名南南方諸侯之國也周國本在禹貢雍州之境內岐山之陽后稷十三世孫古公亶父始居其地傳子王季歷至孫文王昌辟國寖廣於是徙都于豐而分岐周故地以爲周公旦召公奭之采邑且使周公

詩經 國風 一之一

118 詩經八卷 （宋）朱熹集傳　清刻本

框高 20 釐米，寬 14.5 釐米。半葉九行，行十七字，小字雙行同，白口，四周單邊。

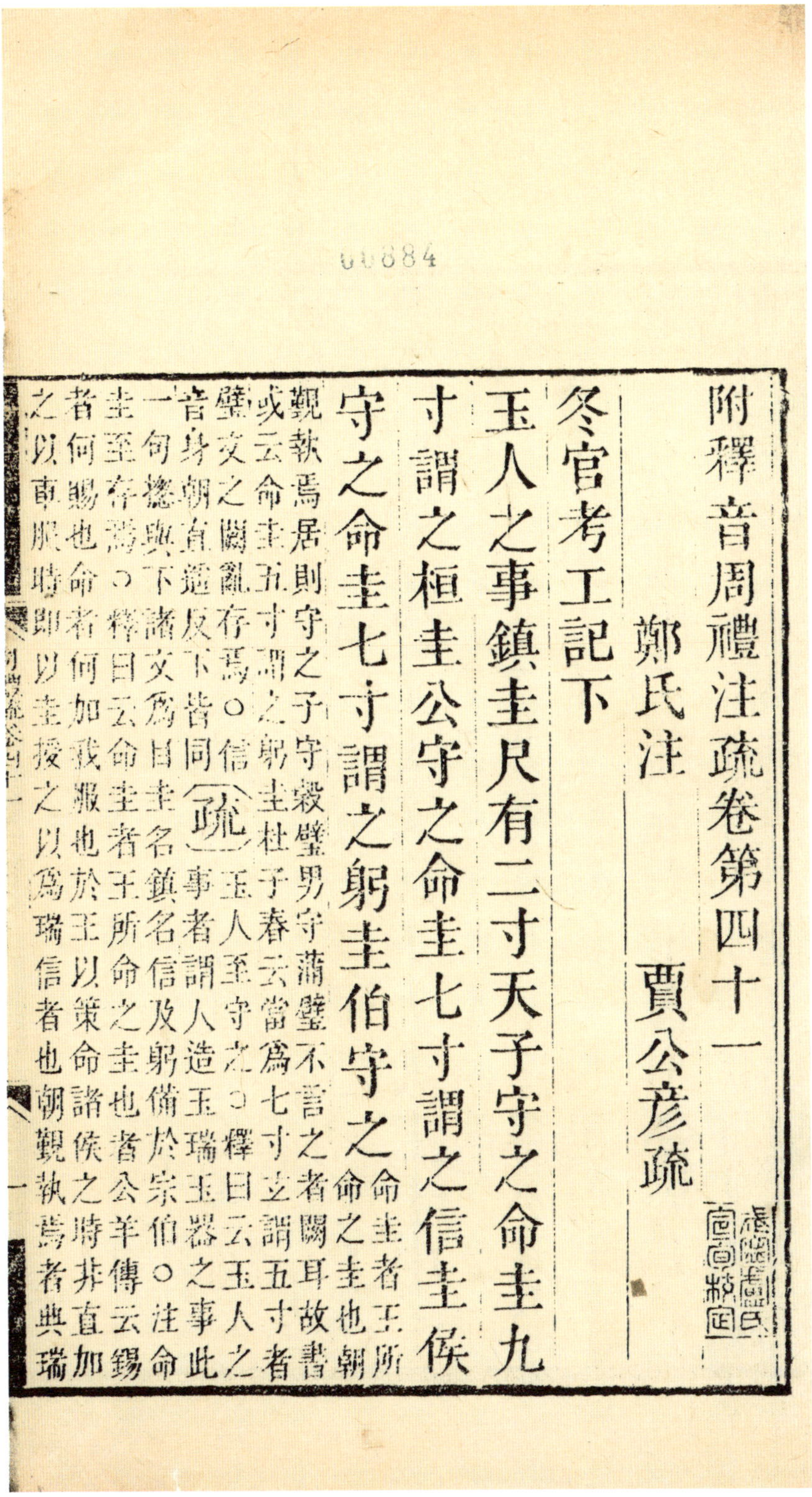

附釋音周禮注疏卷第四十一
鄭氏注　賈公彥疏
冬官考工記下
玉人之事鎮圭尺有二寸天子守之命圭九寸謂之桓圭公守之命圭七寸謂之信圭侯守之命圭七寸謂之躬圭伯守之命圭者王所命之圭也朝覲執焉居則守之子守穀璧男守蒲璧不言之者闕耳故書或云命圭五寸謂之躬圭杜子春云當爲七寸玄謂五寸者璧文之闕亂存焉○信音身朝直遥反下皆同〔疏〕玉人至守之○釋曰云玉人之事者謂人造玉瑞玉器之事此一句總與下諸文爲目圭名鎮名信及躬備於宗伯○注命圭至存焉○釋曰云命圭者王所命之圭也者公羊傳云錫者何賜也命者何加我服也於王以策命諸侯之時非直加之以車服時則以圭授之以爲瑞信者也朝覲執焉者典瑞

119 附釋音周禮注疏四十二卷　（漢）鄭玄注　（唐）賈公彥疏

清刻本

框高 17.1 釐米，寬 12.9 釐米。半葉十行，行十七字，小字雙行同，黑口，左右雙邊。

館藏索書號：105.1/87472

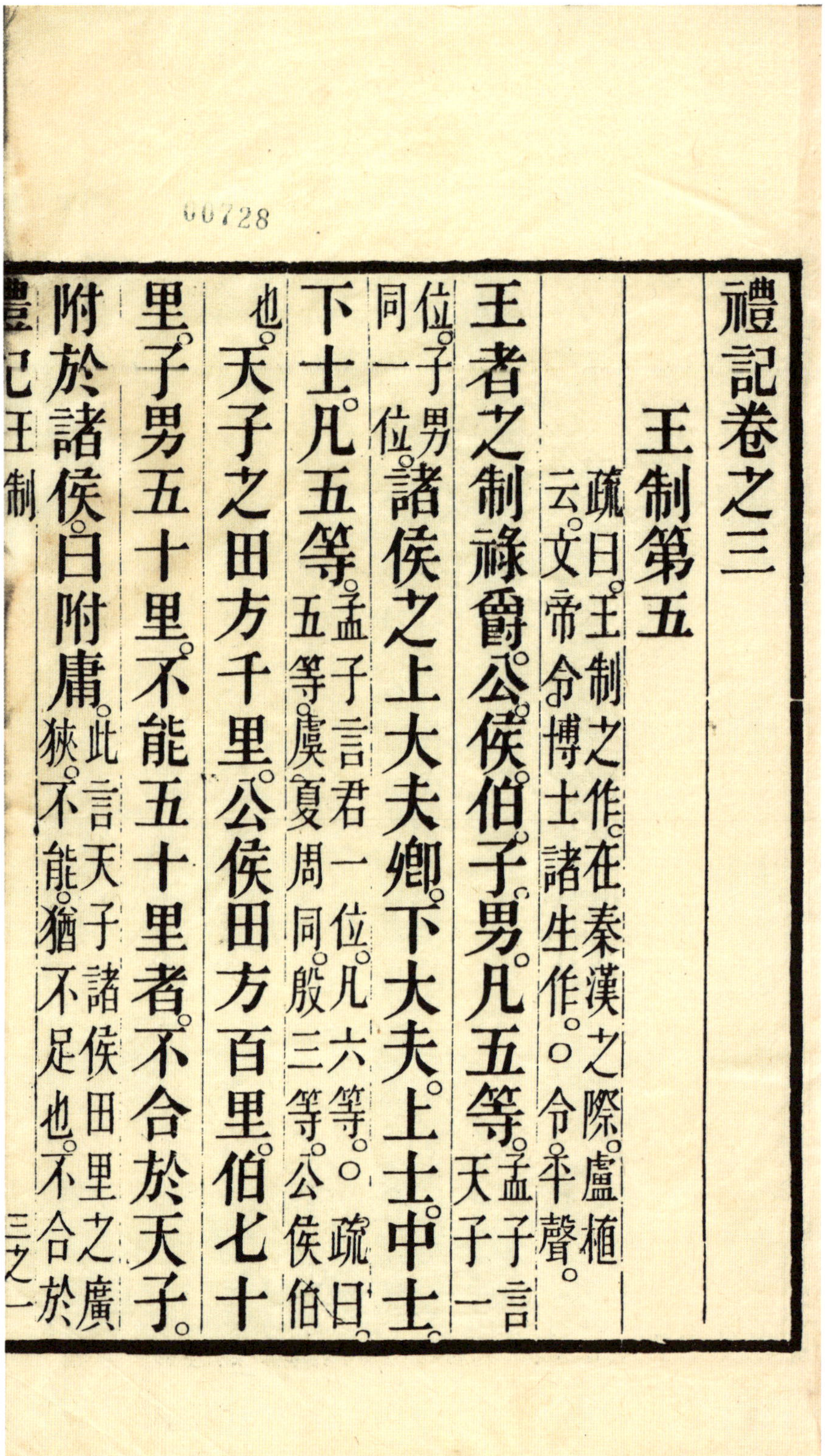

禮記卷之三

王制第五

疏曰王制之作在秦漢之際盧植云文帝令博士諸生作○令平聲○

王者之制祿爵公侯伯子男凡五等孟子言天子一位子男同一位諸侯之上大夫卿下大夫上士中士下士凡五等孟子言君一位凡六等○疏曰五等虞夏周同殷三等公侯伯也天子之田方千里公侯田方百里伯七十里子男五十里不能五十里者不合於天子附於諸侯曰附庸此言天子諸侯田里之廣狹不能猶不足也不合於

禮記王制　三之一

120 禮記□□卷（漢）戴聖輯　清刻本

框高20.2釐米，寬14.7釐米。半葉九行，行十七字，小字雙行同，白口，四周單邊。

館藏索書號：105.3/12472

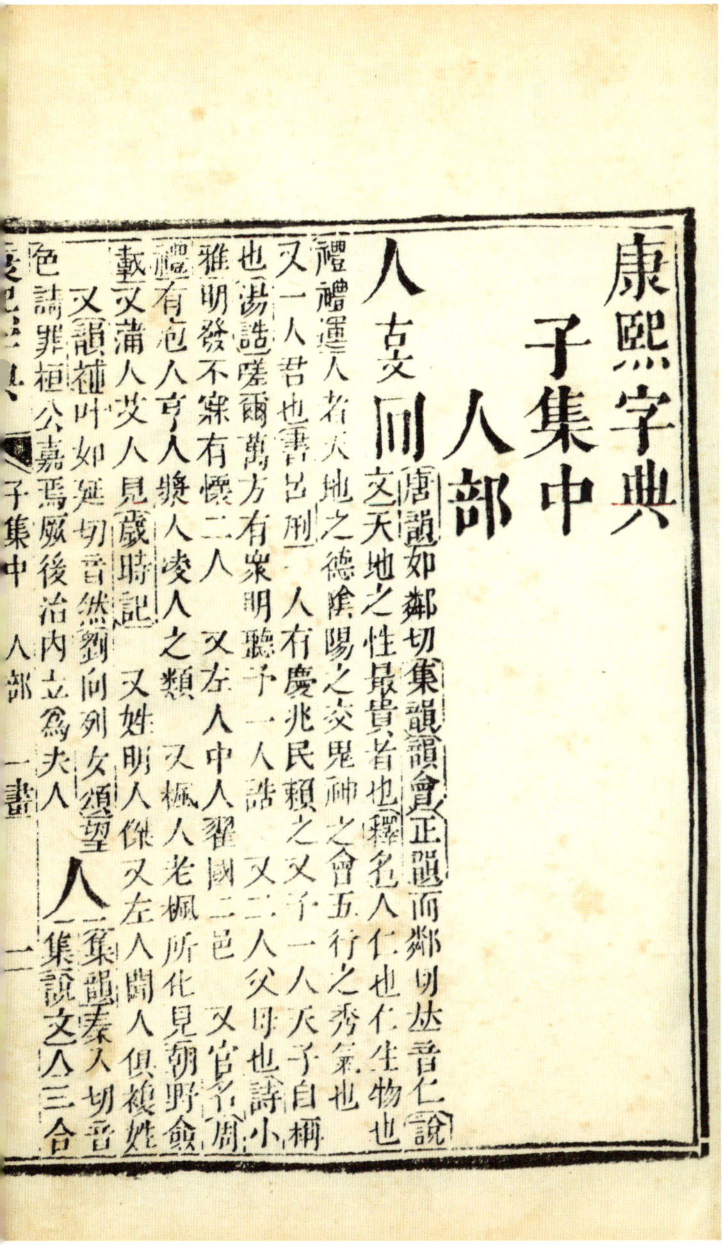
康熙字典
子集中
人部
人 古文𠆢 唐韻如鄰切集韻韻會正韻而鄰切𠀤音仁說文天地之性最貴者也釋名人仁也仁生物也禮禮運人者天地之德陰陽之交鬼神之會五行之秀氣也 又一人君也書呂刑一人有慶兆民賴之 又予一人天子自稱也湯誥嗟爾萬方有衆明聽予一人誥 又二人父母也詩小雅明發不寐有懷二人 又左人中人翟國二邑 又官名周禮有庖人亨人獸人凌人之類 又楓人老楓所化見朝野僉載 又蒲人艾人見歲時記 又姓明人傑 又左人鬬人俱複姓 又韻補叶如延切音然劉向列女頌望色請罪桓公嘉焉厥後治内立爲夫人
亼 集韻秦入切音集說文亼三合
康熙字典 子集中 人部 一畫 二

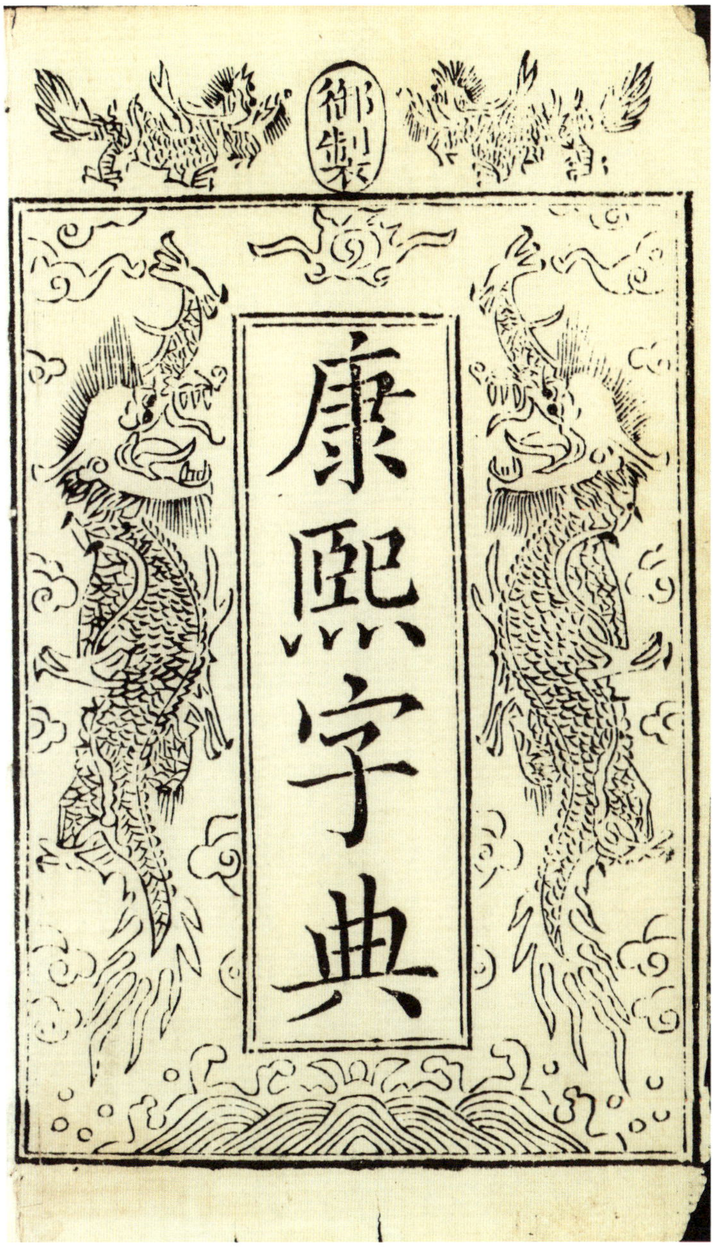

121 康熙字典十二集 （清）張玉書等編纂 清刻本

框高 13.2 釐米，寬 9.5 釐米。半葉八行，行十二字，小字雙行二十四字，白口，四周雙邊。

館藏索書號：110.1/00277

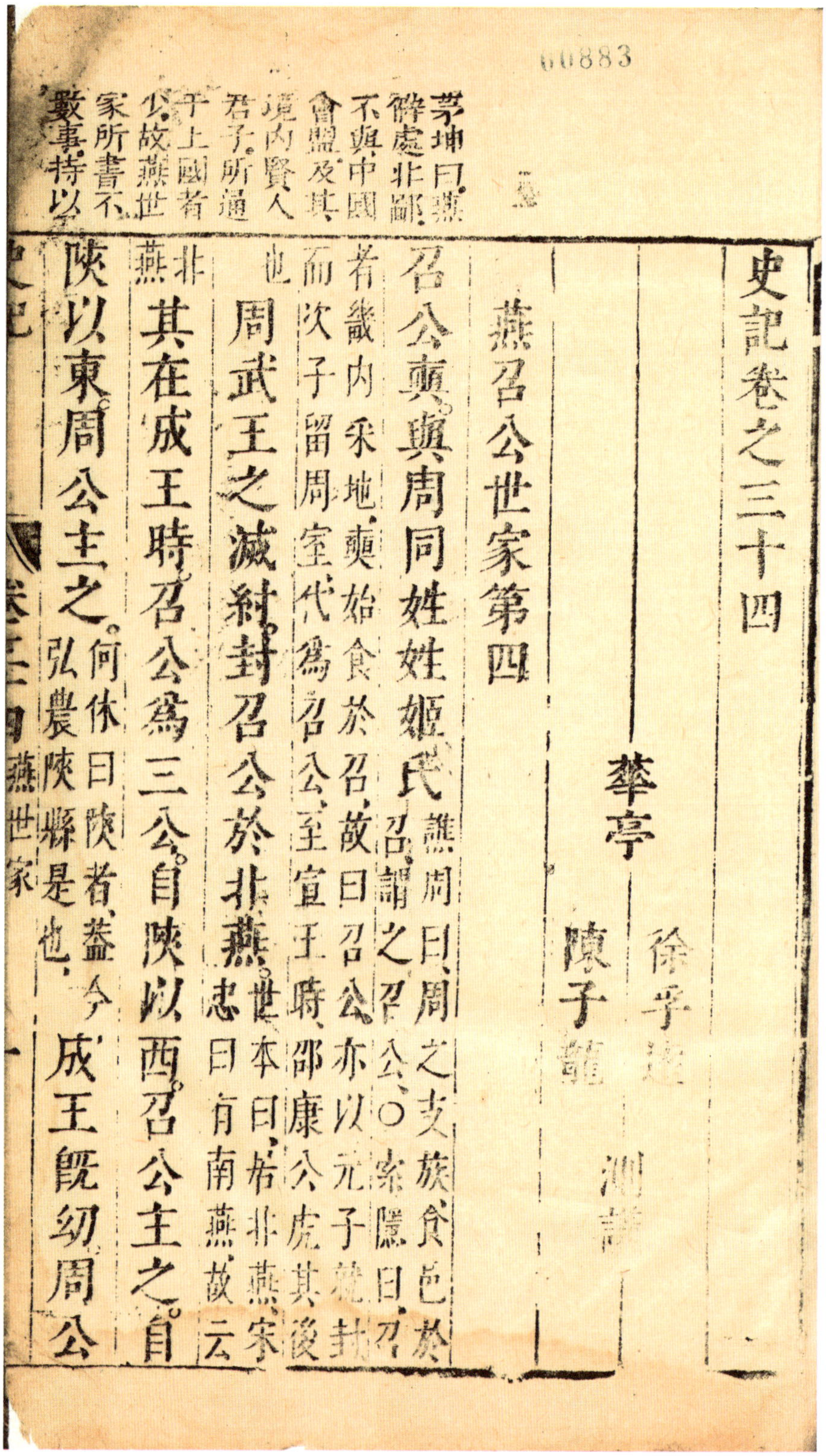

122 史記一百三十卷 （漢）司馬遷撰 （清）徐孚遠 （清）陳子龍測議 清刻本

框高20.1釐米，寬14.1釐米。半葉九行，行二十字，小字雙行同，白口，左右雙邊。

館藏索書號：201.2/17673

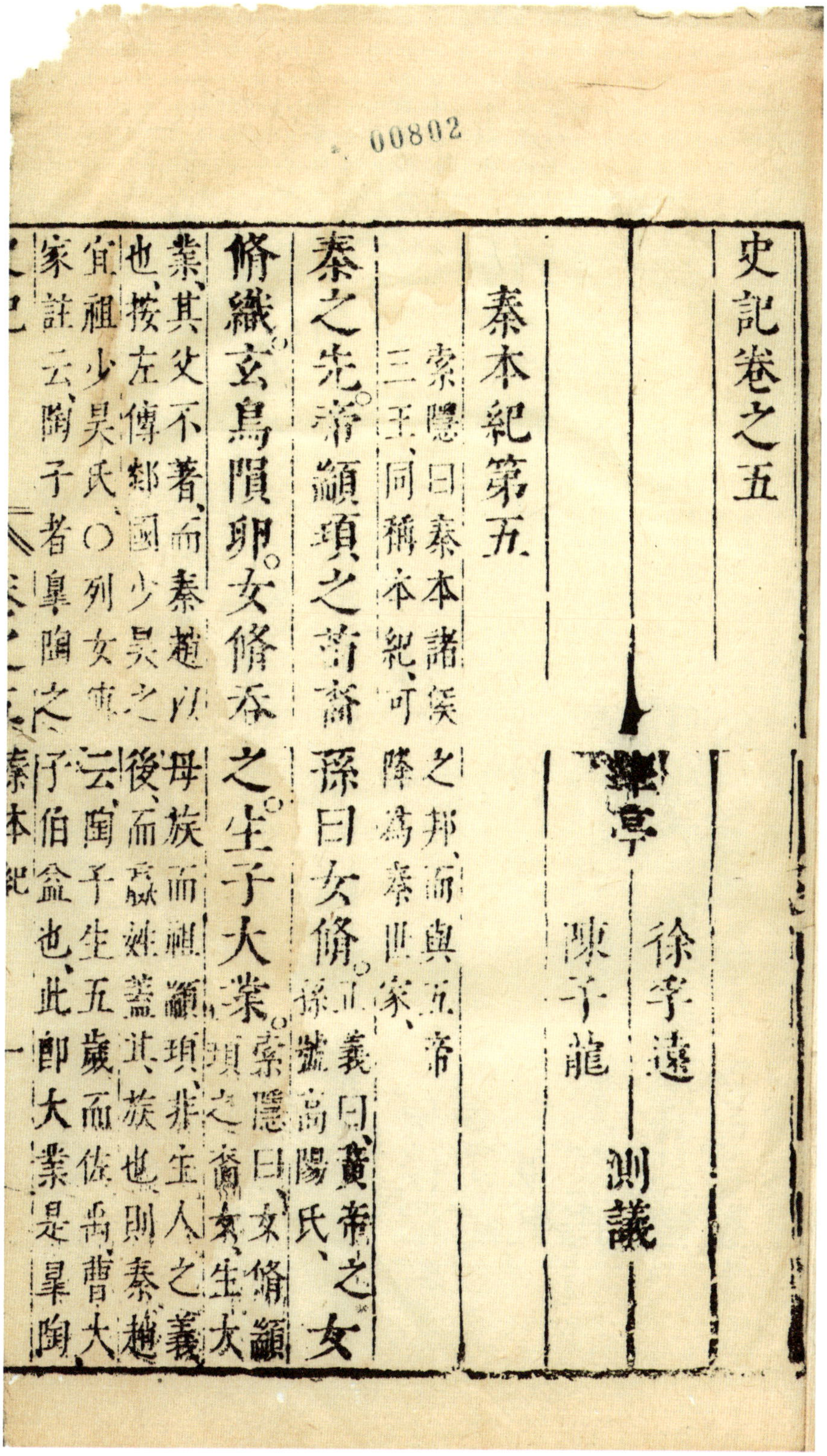
史記卷之五

華亭　徐孚遠　陳子龍　測議

秦本紀第五

索隱曰秦本諸侯之邦而與五帝三王同稱本紀可降為秦世家

秦之先帝顓頊之苗裔孫曰女脩。正義曰黃帝之孫號高陽氏

女脩織。玄鳥隕卵。女脩吞之。生子大業。索隱曰女脩顓頊之裔女生大業其父不著而秦趙以母族而祖顓頊非生人之義也按左傳郯國少昊之後而嬴姓蓋其族也則秦趙宜祖少昊氏○列女傳云陶子生五歲而佐禹曹大家註云陶子者皋陶之子伯益也此即大業是皋陶

123 史記一百三十卷　（漢）司馬遷撰　（清）徐孚遠　（清）陳子龍測議　清刻本

框高 20.3 釐米，寬 14 釐米。半葉九行，行二十字，小字雙行同，白口，左右雙邊。

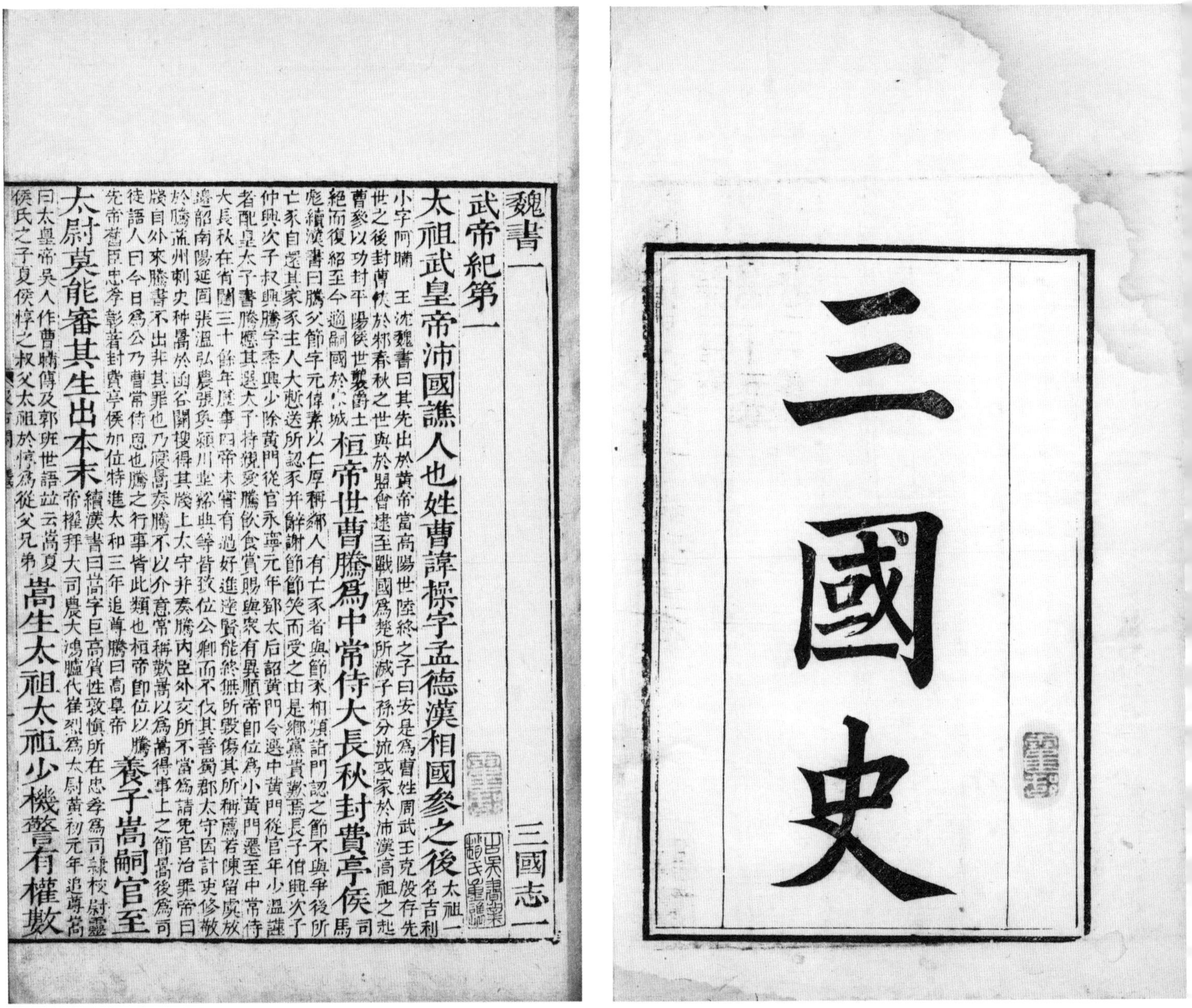

124 三國志六十五卷 （晉）陳壽撰　（南朝宋）裴松之注

清刻本

框高 21.8 釐米，寬 15.3 釐米。半葉十二行，行二十五字，小字雙行三十七字，白口，左右雙邊。

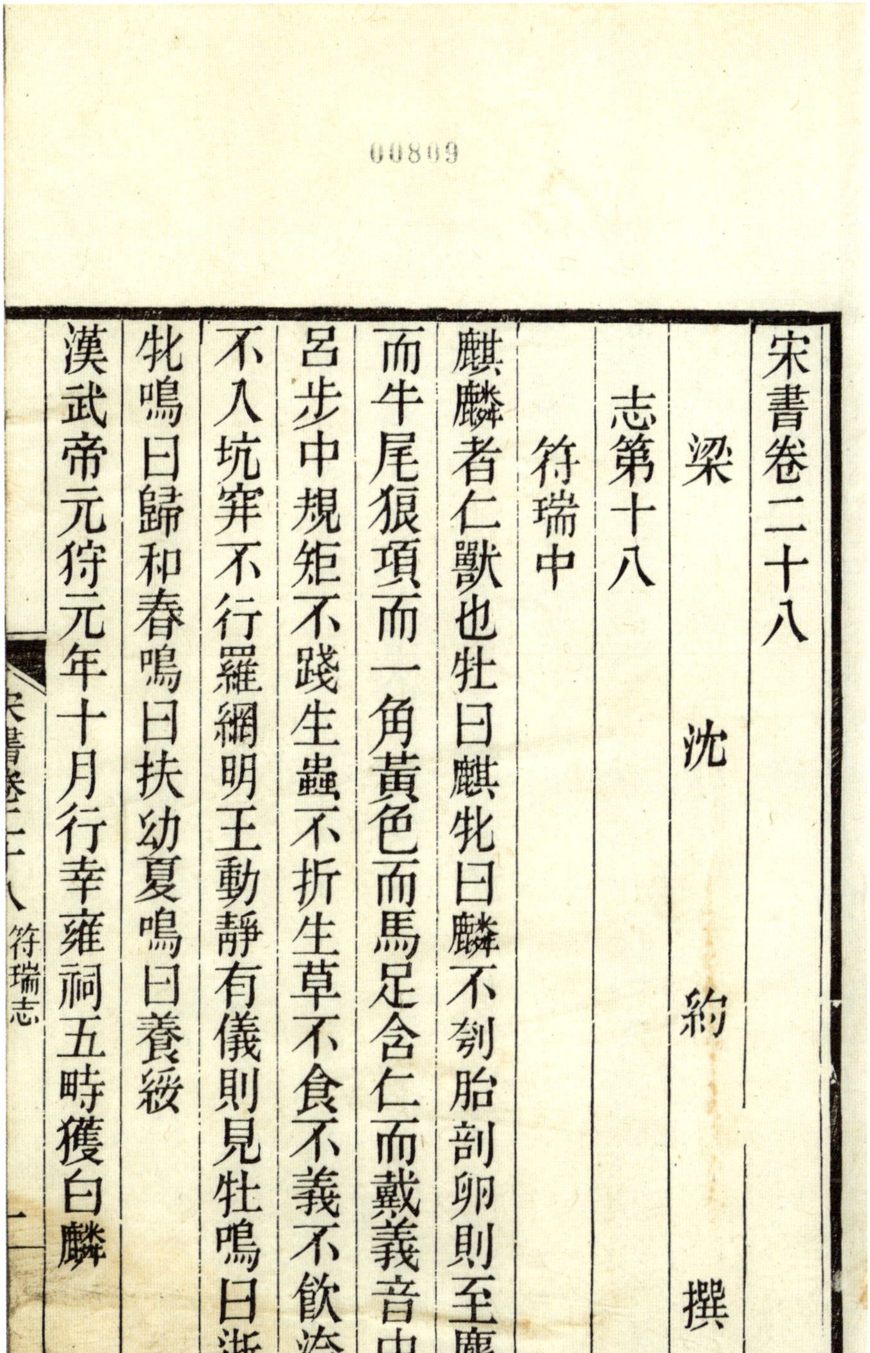
00809

宋書卷二十八
梁　沈約　撰
志第十八
符瑞中
麒麟者仁獸也牡曰麒牝曰麟不刳胎剖卵則至麕身
而牛尾狼項而一角黃色而馬足含仁而戴義音中鍾
呂步中規矩不踐生蟲不折生草不食不義不飲洿池
不入坑穽不行羅網明王動靜有儀則見牡鳴曰逝聖
牝鳴曰歸和春鳴曰扶幼夏鳴曰養綏
漢武帝元狩元年十月行幸雍祠五畤獲白麟

宋書卷二十八　符瑞志

125 宋書六十卷　（南朝梁）沈約撰　清刻本

框高 20.9 釐米，寬 15.1 釐米。半葉十行，行二十一字，小字雙行同，白口，左右雙邊。

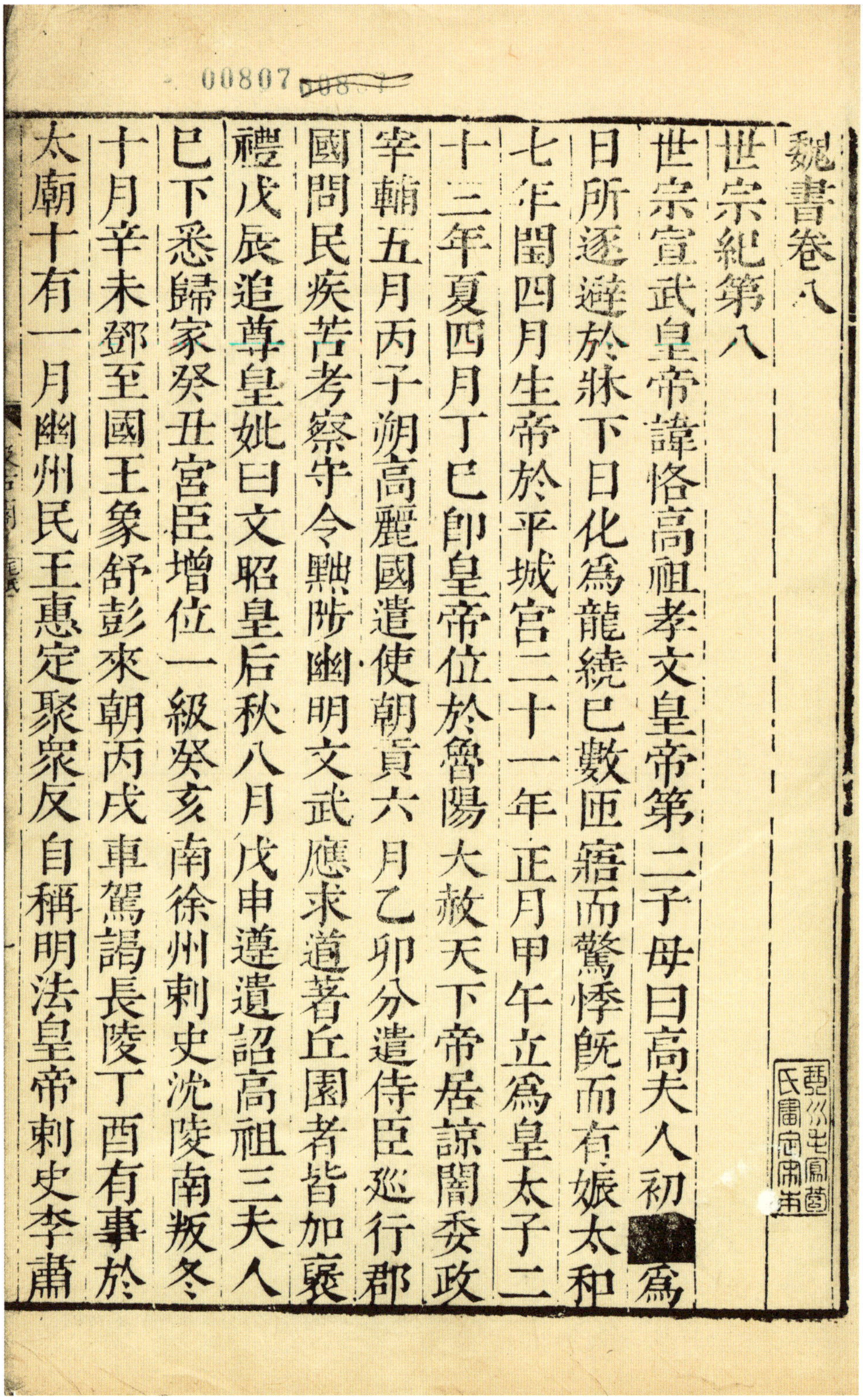

126 魏書一百十四卷 （北齊）魏收撰　清刻本

框高 21.5 釐米，寬 15.2 釐米。半葉十二行，行二十五字，小字雙行同，白口，左右雙邊。

館藏索書號：201.2/26428

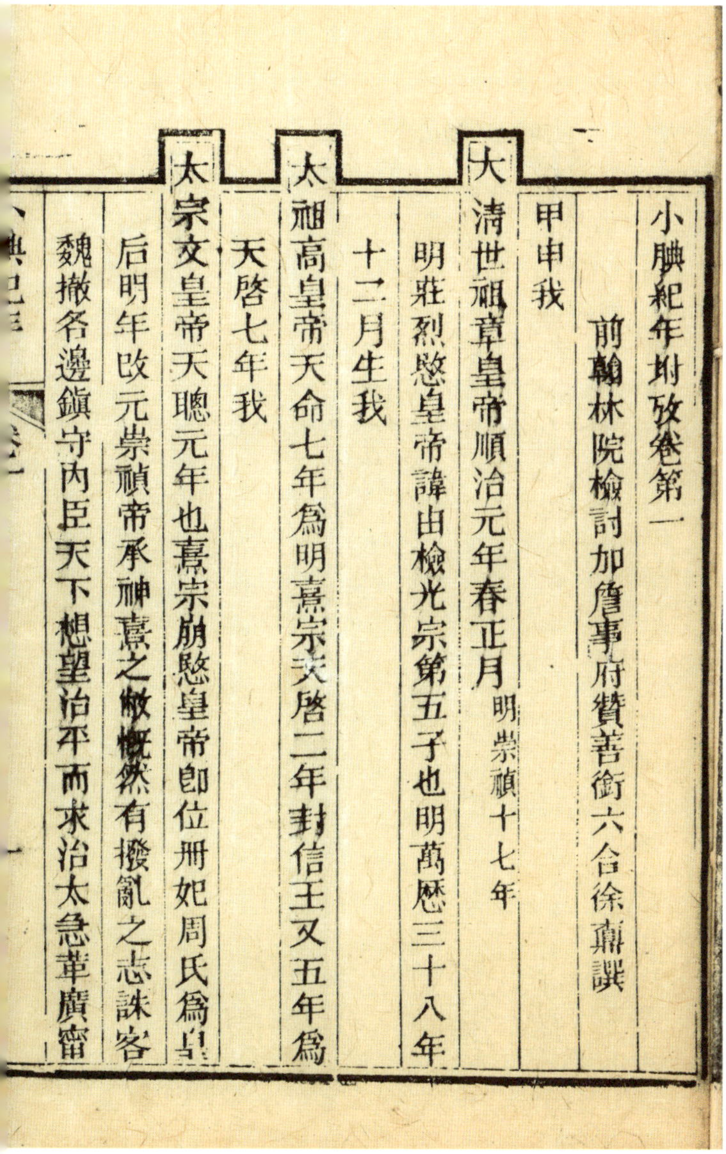
小腆紀年坿攷卷第一
前翰林院檢討加詹事府贊善銜六合徐鼒譔
甲申我
大清世祖章皇帝順治元年春正月 明崇禎十七年
明莊烈愍皇帝諱由檢光宗第五子也明萬歷三十八年
十二月生我
太祖高皇帝天命七年爲明熹宗天啓二年封信王又五年爲
天啓七年我
太宗文皇帝天聰元年也熹宗崩愍皇帝即位册妃周氏爲皇
后明年改元崇禎帝承神熹之敝慨然有撥亂之志誅客
魏撤各邊鎮守內臣天下想望治平而求治太急華廣甯

127 小腆紀年附攷二十卷　（清）徐鼒撰　清刻本

框高 18.6 釐米，寬 14.4 釐米。半葉十一行，行二十三字，小字雙行同，白口，四周雙邊。

館藏索書號：202/28240

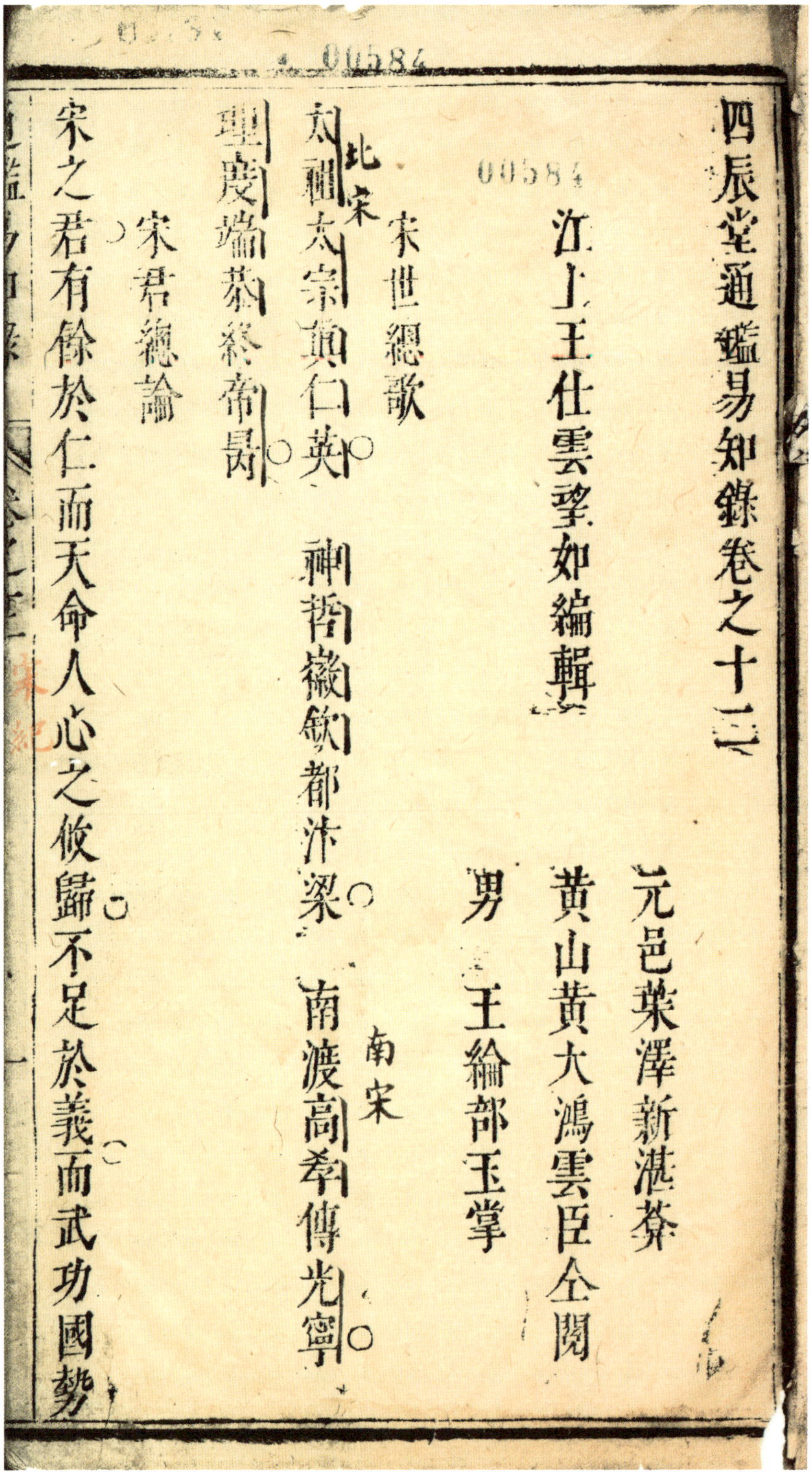
四辰堂通鑑易知錄卷之十三
江上王仕雲望如編輯
宛邑葉澤新湛蓀
黄山黄大鴻雲臣仝閲
男 王綸部玉掌
宋世總歌
北宋 太祖太宗真仁英○神哲徽欽都汴梁○南宋 南渡高孝傳光寧○
理度端恭終帝昺○
宋君總論
宋之君有餘於仁而天命人心之攸歸不足於義而武功國勢

128 四辰堂通鑑易知録□□卷　（清）王仕雲編　清刻本

框高 21.3 釐米，寬 12 釐米。半葉九行，行二十四字，小字雙行同，白口，四周雙邊。

館藏索書號：202.1/10121

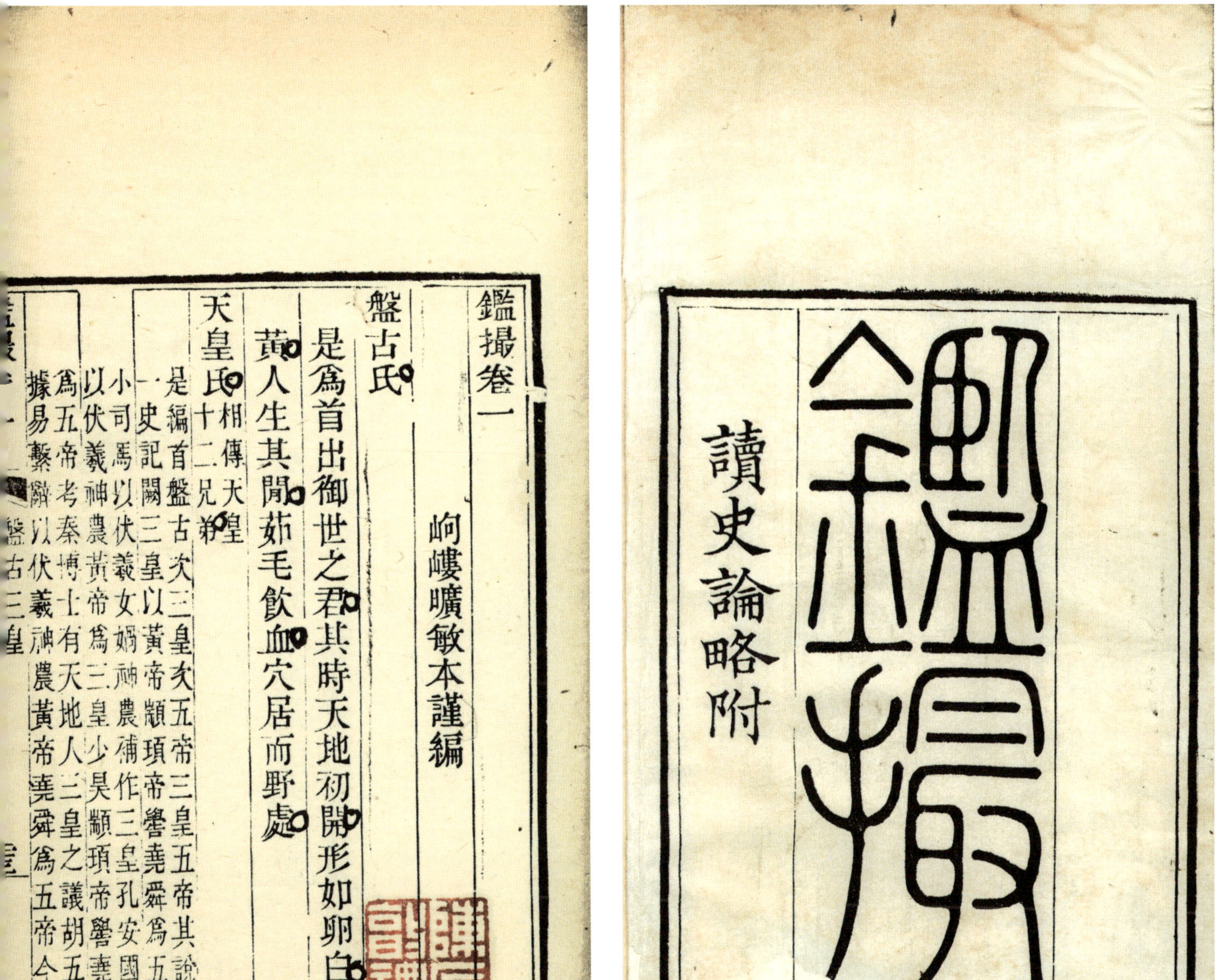

129 鑑撮四卷讀史論略一卷 （清）曠敏本編　清刻本

框高 14.2 釐米，寬 9.9 釐米。半葉九行，行二十字，小字雙行同，白口，四周雙邊。

館藏索書號：202.1/60085

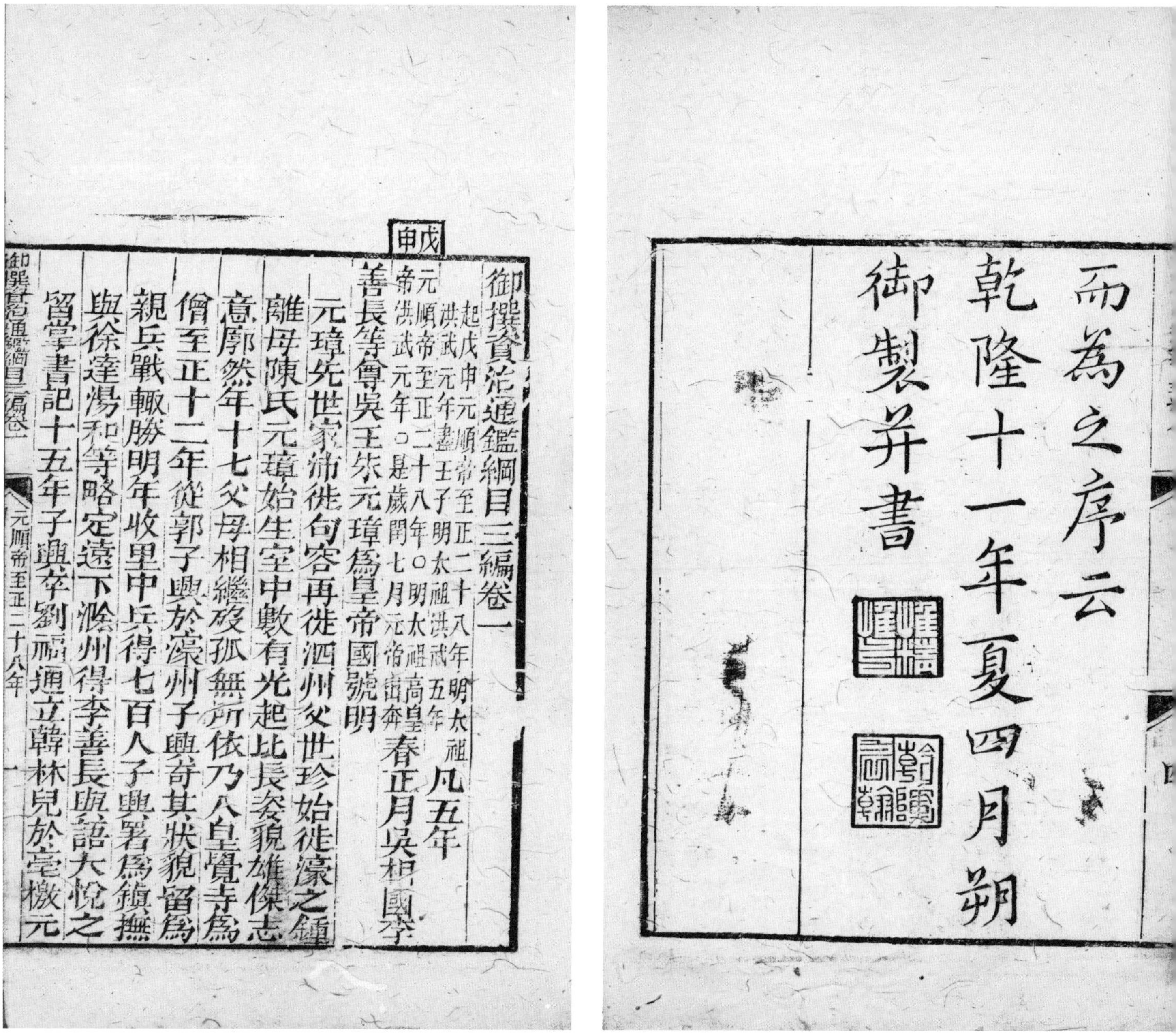

130 御撰資治通鑑綱目三編明紀綱目二十卷（清）張廷玉等編　清刻本

框高 17.1 釐米，寬 12.9 釐米。半葉十一行，行二十二字，小字雙行同，白口，四周單邊。

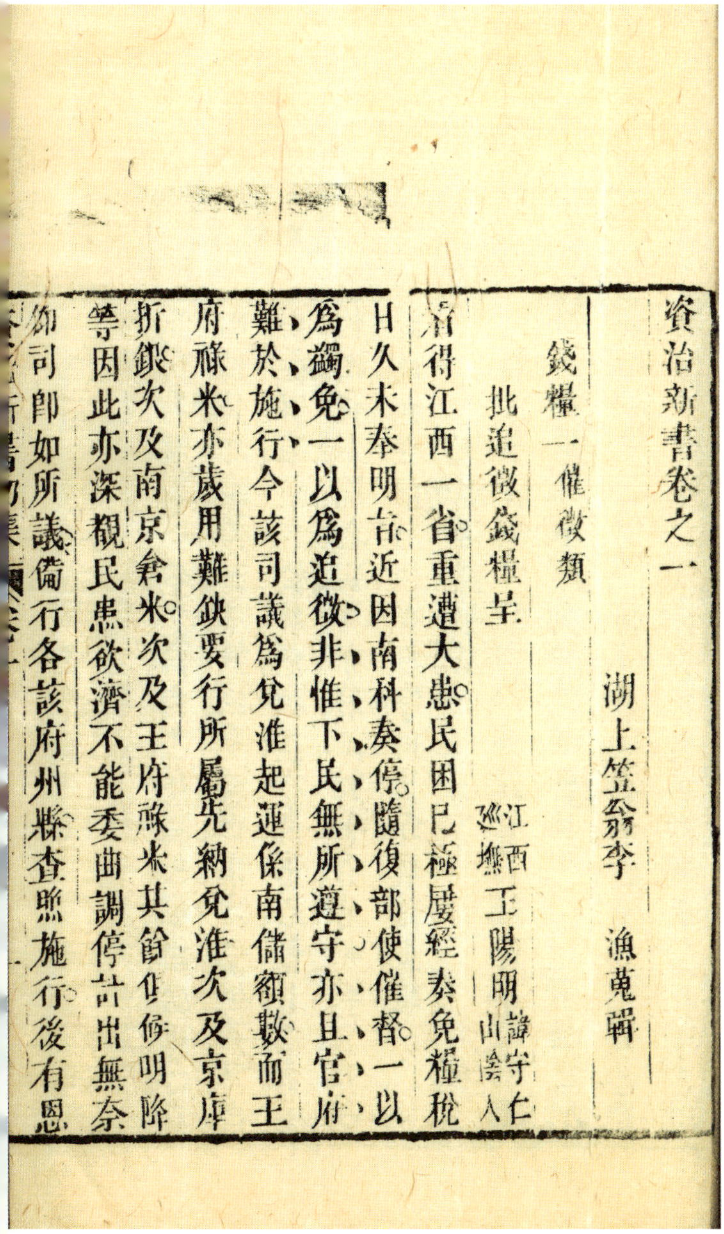

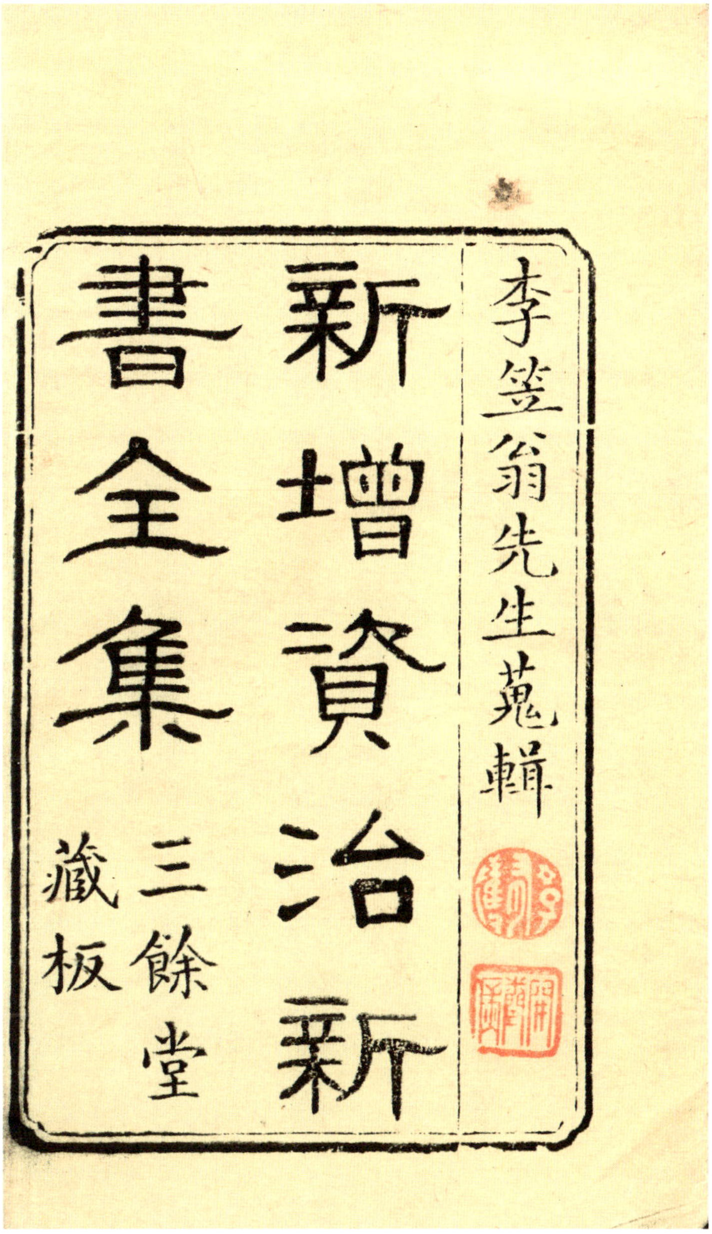

131 資治新書初集十四卷二集二十卷 （清）李漁輯　清刻本

框高 13 釐米，寬 10.4 釐米。半葉十二行，行二十字，白口，四周單邊。

館藏索書號：209/40437

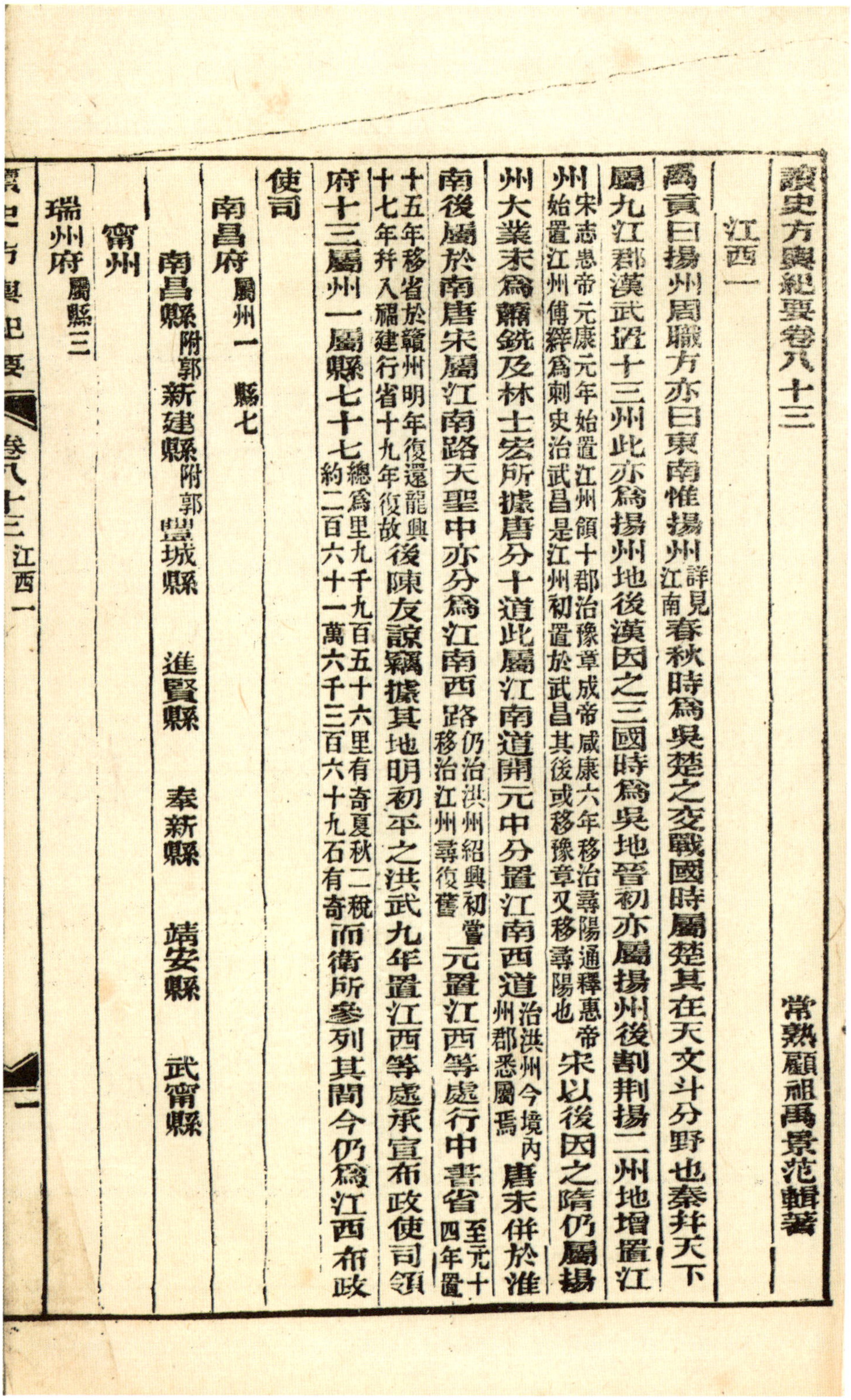
讀史方輿紀要卷八十三　　常熟顧祖禹景范輯著

江西一

禹貢曰揚州周職方亦曰東南惟揚州（詳見江南）春秋時爲吳楚之交戰國時屬楚其在天文斗分野也秦并天下屬九江郡漢武置十三州此亦爲揚州地後漢因之三國時爲吳地晉初亦屬揚州後割荆揚二州地增置江州（宋志惠帝元康元年始置江州領十郡治豫章成帝咸康六年移治尋陽通釋惠帝始置江州傳綷爲刺史治武昌是江州初置於武昌其後或移豫章又移尋陽也）宋以後因之隋仍屬揚州大業末爲蕭銑及林士宏所據唐分十道此屬江南道開元中分置江南西道（治洪州今境內州郡悉屬焉）唐末併於淮南後屬於南唐宋屬江南路天聖中亦分爲江南西路（仍治洪州紹興初嘗移治江州尋復舊）元置江西等處行中書省（至元十四年置十五年移省於贛州明年復還龍興十七年并入福建行省十九年復故）後陳友諒竊據其地明初平之洪武九年置江西等處承宣布政使司領府十三屬州一屬縣七十七（總爲里九千九百五十六里有奇夏秋二稅約二百六十一萬六千三百六十九石有奇）而衛所參列其間今仍爲江西布政使司

南昌府（屬州一　縣七）

南昌縣（附郭）　新建縣（附郭）　豐城縣　進賢縣　奉新縣　靖安縣　武甯縣

甯州

瑞州府（屬縣三）

讀史方輿紀要　卷八十三　江西一　一

132 讀史方輿紀要一百三十卷　（清）顧祖禹輯　清刻本

框高 16.2 釐米，寬 11.6 釐米。半葉十四行，行四十二字，小字雙行同，白口，四周單邊。

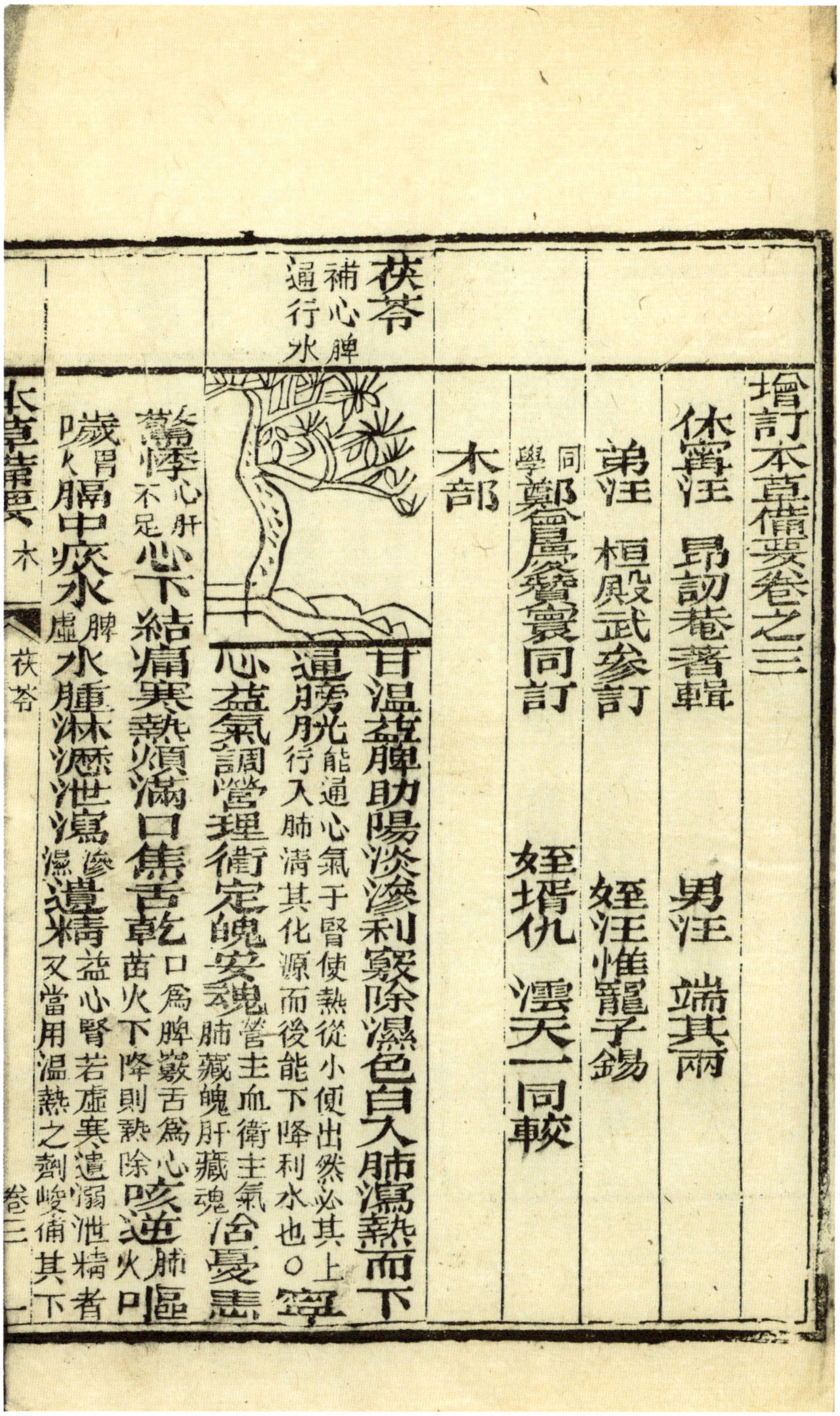

增訂本草備要卷之三
休寧汪　昂訒菴著輯
男汪　端其兩
弟汪　桓殿武參訂
姪汪惟寵子錫
同學鄭曾鑾寰同訂
姪壻仇　霮天一同較
木部
茯苓　補心脾通行水
甘溫益脾助陽淡滲利竅除濕色白入肺瀉熱而下通膀胱能通心氣于腎使熱從小便出然必其上行入肺清其化源而後能下降利水也○寧心益氣調營理衛定魄安魂營主血衛主氣肺藏魄肝藏魂治憂恚驚悸心肝不足心下結痛寒熱煩滿口焦舌乾口爲脾竅舌爲心苗火下降則熱除咳逆肺火嘔噦胃火膈中痰水脾虛水腫淋瀝泄瀉滲濕遺精益心腎若虛寒遺溺泄精者又當用溫熱之劑峻補其下
本草備要　木　茯苓　卷三　一

133 增訂本草備要四卷（清）汪昂撰　清刻本

框高 18.2 釐米，寬 13.5 釐米。半葉十行，行二十八字，小字雙行同，白口，四周雙邊。

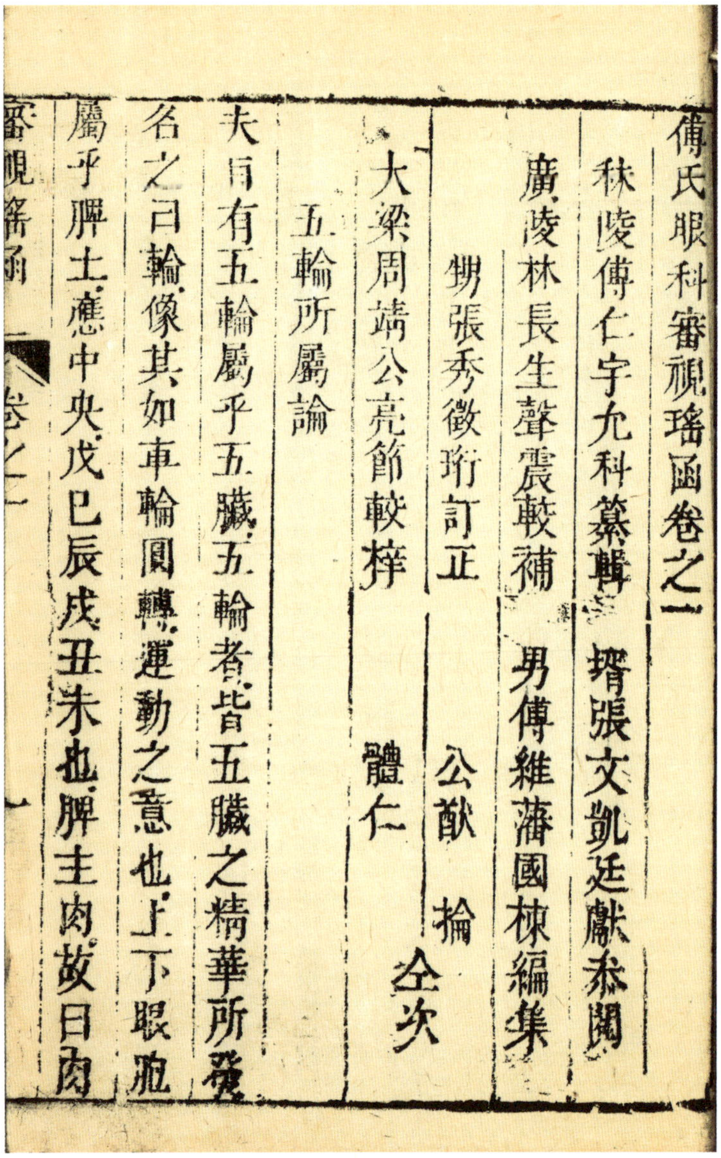

傅氏眼科審視瑤函卷之一

秣陵傅仁宇允科纂輯　壻張文凱廷獻參閱

廣陵林長生聲震較補　男傅維藩國棟編集

甥張秀徵珩訂正　公猷　掄　仝次

大梁周靖公亮節較梓　體仁

五輪所屬論

夫目有五輪屬乎五臟五輪者皆五臟之精華所發名之曰輪像其如車輪圓轉運動之意也上下眼胞屬乎脾土應中央戊已辰戌丑未也脾主肉故曰肉

審視瑤函　卷之一

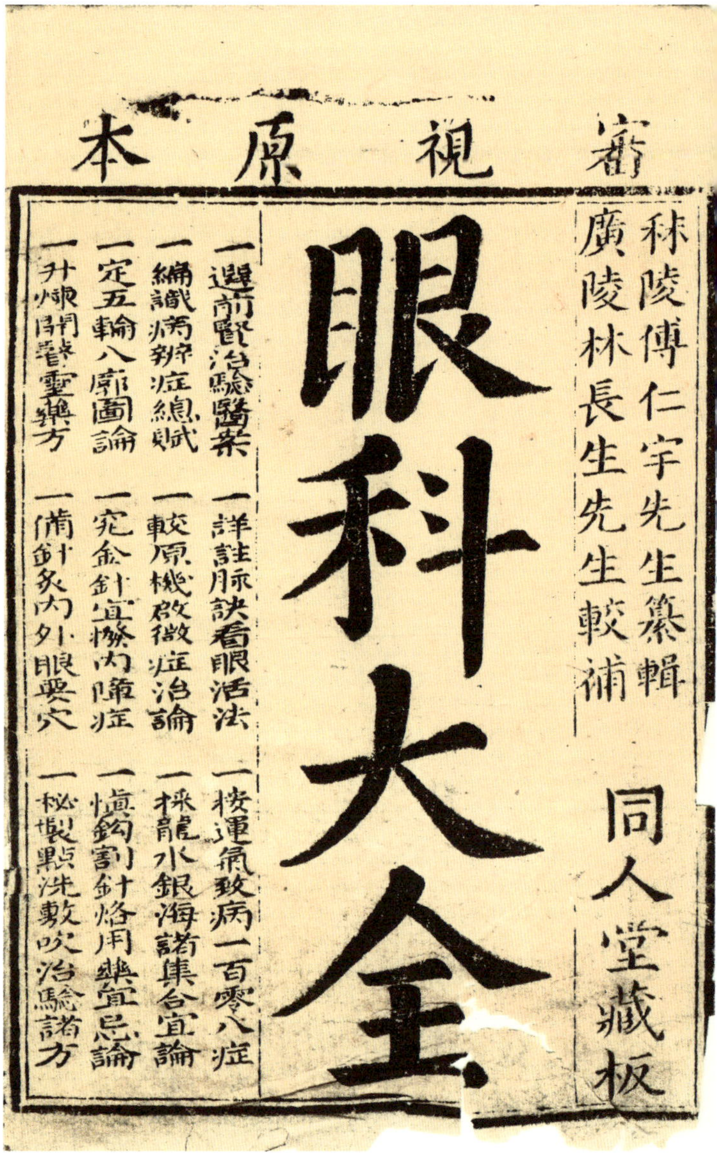

審視原本

秣陵傅仁宇先生纂輯

廣陵林長生先生較補

眼科大全

一選前賢治驗醫案　一詳註脉訣看眼活法　一揆運氣致病一百零八症

一編識病辨症總賦　一較原機啟微症治論　一採龍木銀海諸集合宜論

一定五輪八廓圖論　一究金針宜撥內障症　一攄鉤割針烙用藥宜忌論

一升煉開鬱靈藥方　一備針灸內外眼要穴　一秘製點洗敷吹治驗諸方

同人堂藏板

134 傅氏眼科審視瑤函六卷首一卷醫案一卷（明）傅仁宇輯

（明）傅維藩編　清刻本

框高 19.8 釐米，寬 14.2 釐米。半葉九行，行二十字，小字雙行同，白口，四周單邊。

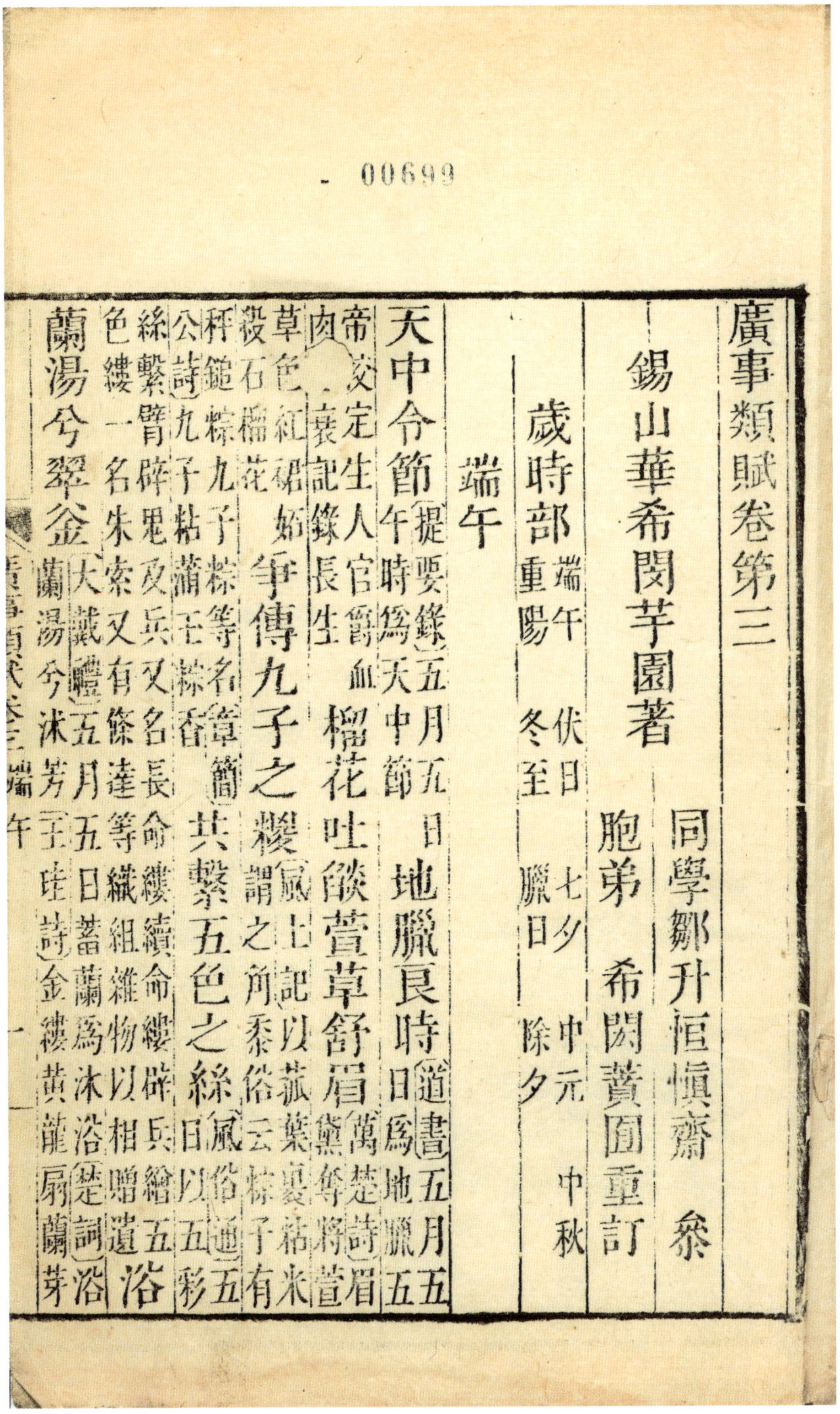

廣事類賦卷第三

錫山華希閔芋園著　同學鄒升恒慎齋 參

胞弟 希閔賁園重訂

歲時部 端午 伏日 七夕 中元 中秋 重陽 冬至 臘日 除夕

端午

天中令節〔提要錄〕五月五日午時爲天中節 地臘良時〔道書〕五月五日爲地臘五帝校定生人官爵血肉衰記錄長生 榴花吐燄萱草舒眉〔萬楚詩〕眉黛奪將萱草色紅裙妒殺石榴花 爭傳九子之糉〔風土記〕以菰葉裹粘米謂之角黍俗云粽子有秤鎚粽九子粽等名〔章簡公詩〕九子粘蒲王粽香 共繫五色之絲〔風俗通〕五月五日以五彩絲繫臂辟鬼及兵又名長命縷續命縷辟兵繒五色縷一名朱索又有條達等織組雜物以相贈遺 浴蘭湯兮翠釜〔大戴禮〕五月五日蓄蘭爲沐浴〔楚詞〕浴蘭湯兮沐芳〔王珪詩〕金縷黃龍扇蘭芽

廣事類賦卷三 端午 一

135 廣事類賦四十卷 （明）華希閔撰　清刻本

框高 17.9 釐米，寬 13.7 釐米。半葉十一行，行二十字，小字雙行同，白口，左右雙邊。

館藏索書號：316/26537

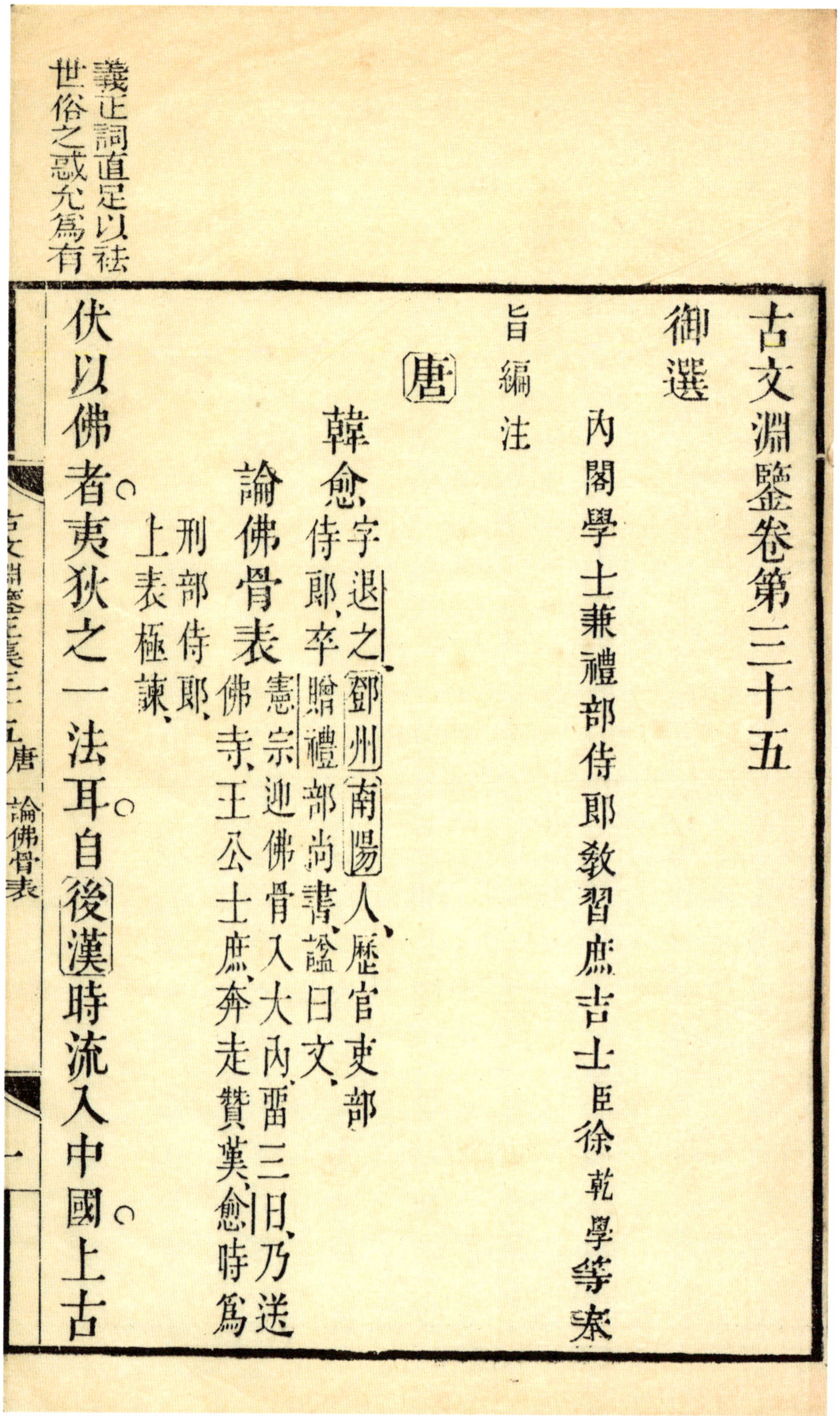
義正詞直足以袪
世俗之惑允為有

古文淵鑒卷第三十五

御選

內閣學士兼禮部侍郎教習庶吉士臣徐乾學等奉

旨編注

唐

韓愈字退之鄧州南陽人歷官吏部侍郎卒贈禮部尚書謚曰文

論佛骨表

憲宗迎佛骨入大內留三日乃送佛寺王公士庶奔走贊歎愈時為刑部侍郎上表極諫

伏以佛者夷狄之一法耳自後漢時流入中國上古

古文淵鑒三十五　唐　論佛骨表　一

136 古文淵鑒六十四卷　（清）徐乾學等編注　清刻本

框高 18.9 釐米，寬 13.9 釐米。半葉九行，行二十字，小字雙行同，黑口，四周單邊。

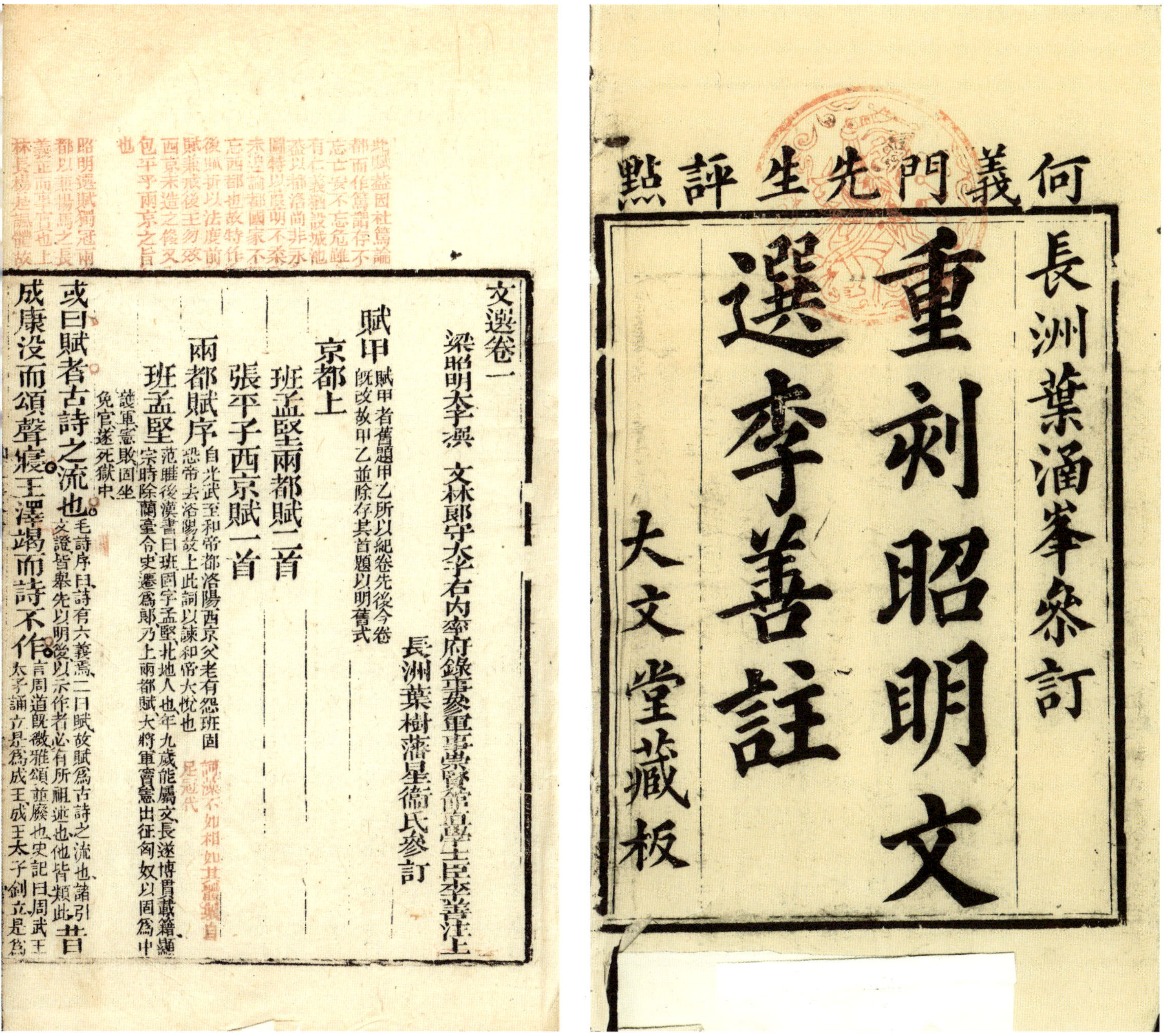

137 文選六十卷 （南朝梁）蕭統撰 （唐）李善注 （清）何義門評點 （清）葉樹藩參訂 清刻本

框高 19.5 釐米，寬 14.8 釐米。半葉十二行，行三十五字。小字雙行同，白口，左右雙邊。

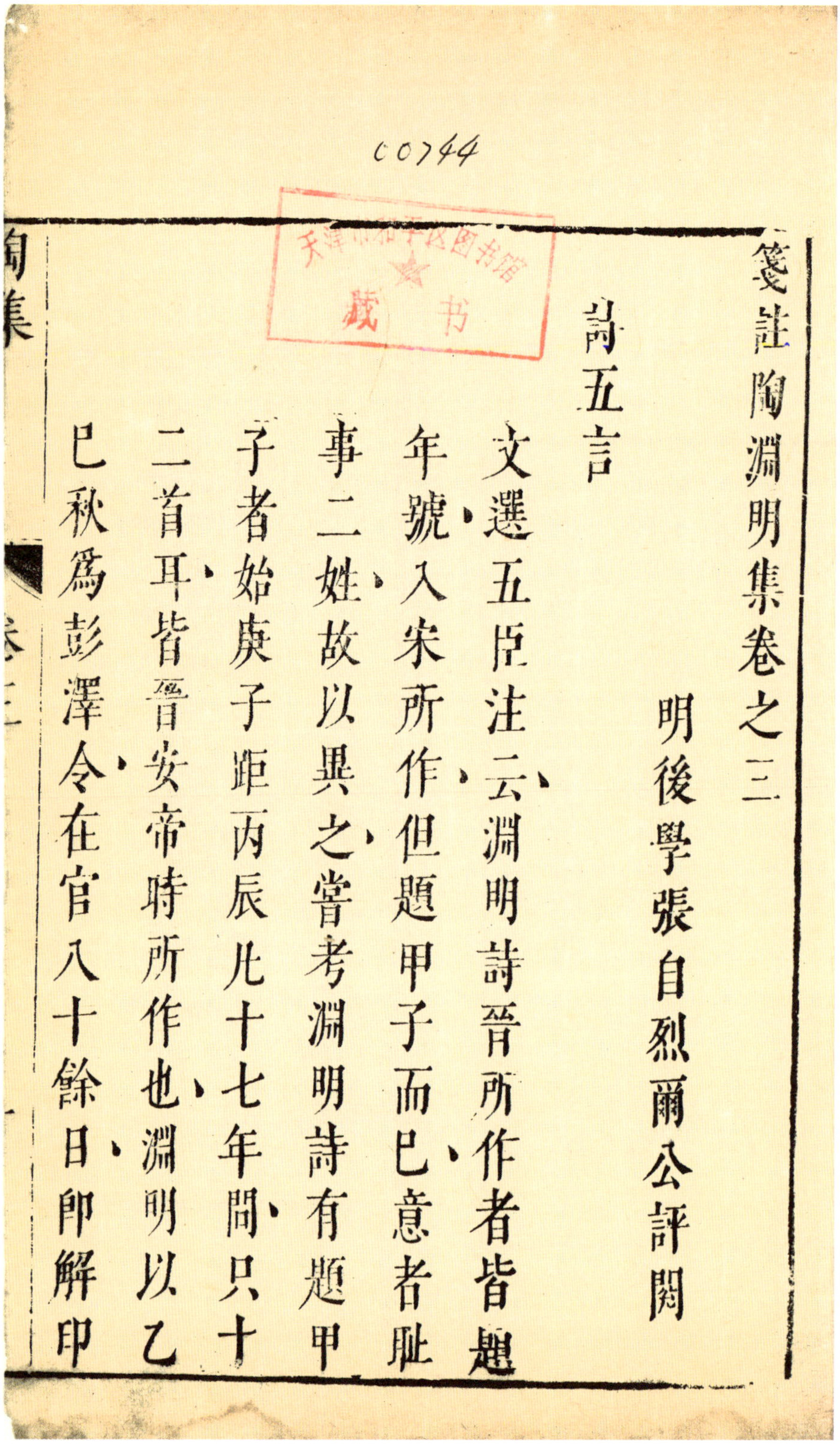

箋註陶淵明集卷之三
明後學張自烈爾公評閱
詩五言
文選五臣注云淵明詩晉所作者皆題年號入宋所作但題甲子而已意者耻事二姓故以異之嘗考淵明詩有題甲子者始庚子距丙辰凡十七年間只十二首耳皆晉安帝時所作也淵明以乙巳秋爲彭澤令在官八十餘日卽解印

138 箋註陶淵明集十卷 （晉）陶潛撰　（明）張自烈評　清刻本

框高 21.2 釐米，寬 14.5 釐米。半葉九行，行十九字，小字雙行同，白口，四周單邊。

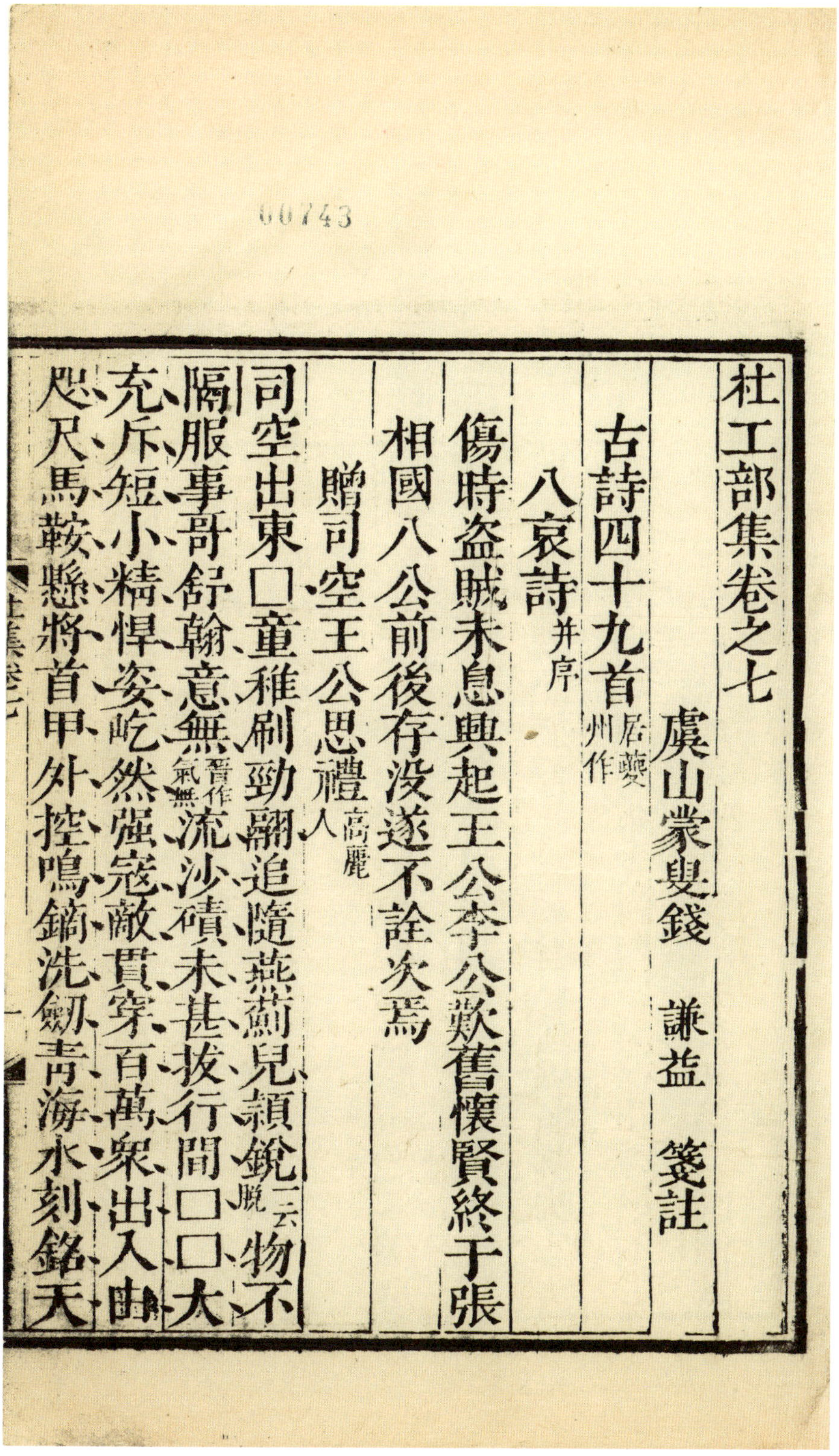

杜工部集卷之七

虞山蒙叟錢　謙益　箋註

古詩四十九首 居夔州作

八哀詩 并序

傷時盜賊未息興起王公李公歎舊懷賢終于張相國八公前後存沒遂不詮次焉

贈司空王公思禮 高麗人

司空出東□童稚刷勁翮追隨燕薊兒頴銳 一云脫 物不隔服事哥舒翰意無 晉作氣無 流沙磧未甚拔行間□□大充斥短小精悍姿屹然強寇敵貫穿百萬衆出入由咫尺馬鞍懸將首甲外控鳴鏑洗劒青海水刻銘天

139 杜工部集二十卷　（唐）杜甫撰　（清）錢謙益箋註　清刻本

框高 17.5 釐米，寬 13.5 釐米。半葉十一行，行二十字，小字雙行同，黑口，四周雙邊。

館藏索書號：403.2/44953

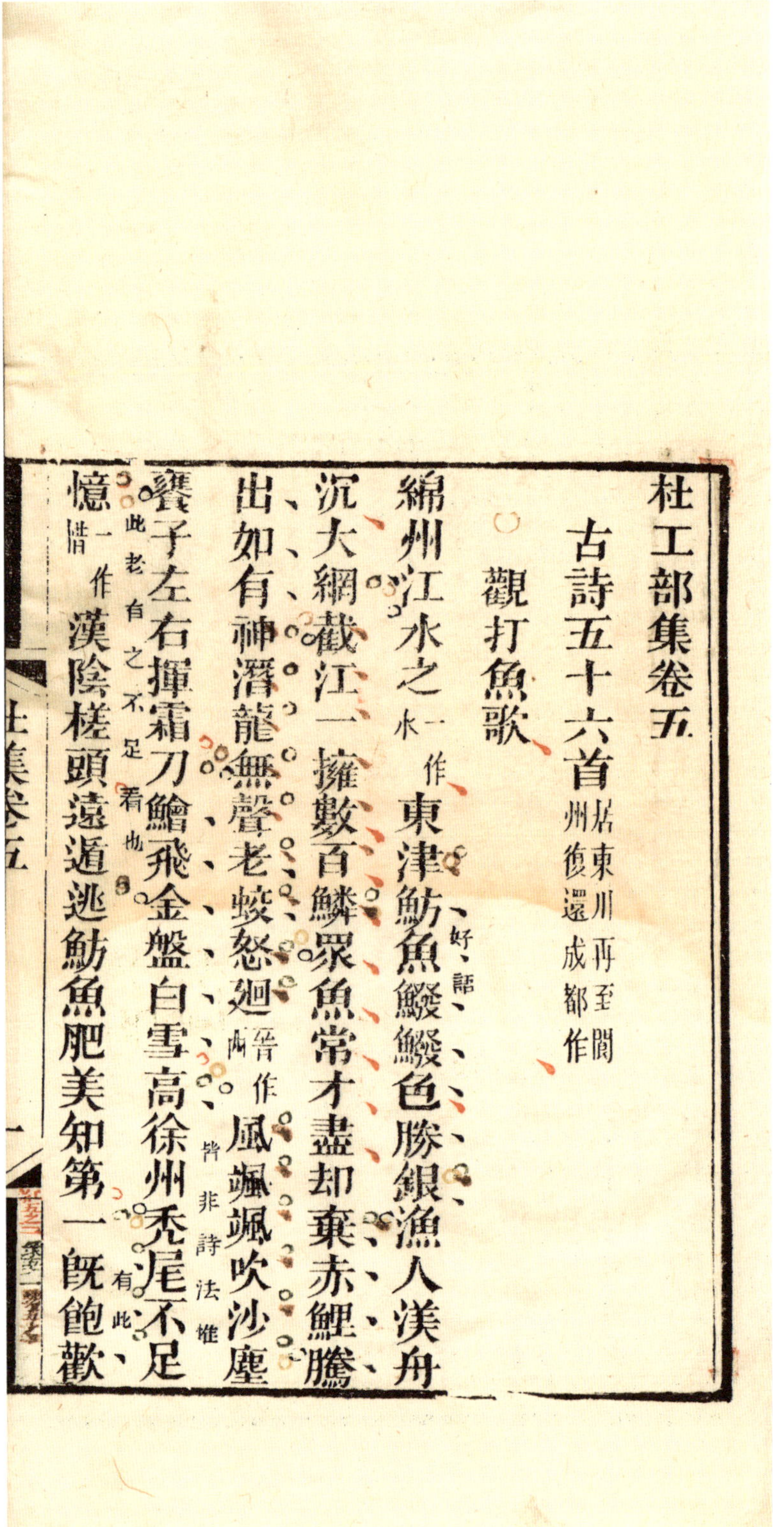
杜工部集卷五
古詩五十六首 居東川再至閬州復還成都作
觀打魚歌
綿州江水之 一作水 東津魴魚鱍鱍色勝銀漁人漾舟 好語
沉大網截江一擁數百鱗衆魚常才盡却棄赤鯉騰
出如有神潛龍無聲老蛟怒迴 一作 風颯颯吹沙塵
皆非詩法惟有此
饔子左右揮霜刀鱠飛金盤白雪高徐州秃尾不足
此老自之不足看也
憶 一作惜 漢陰槎頭遠遁逃魴魚肥美知第一既飽歡

140 杜工部集二十卷 （唐）杜甫撰　清刻套印本

框高 17.2 釐米，寬 13.3 釐米。半葉八行，行二十字，小字雙行同，黑口，左右雙邊。

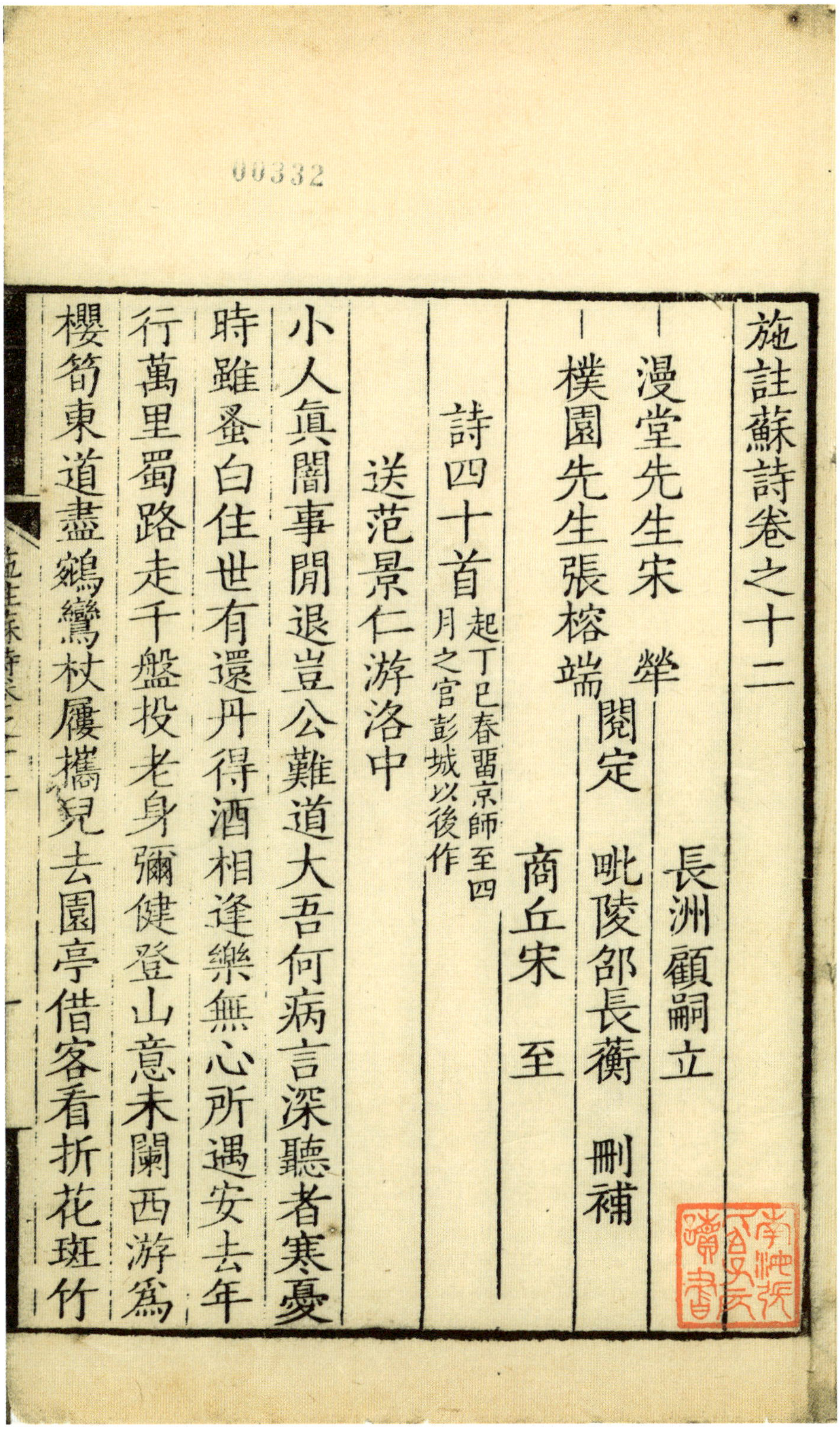
施註蘇詩卷之十二
漫堂先生宋犖　長洲顧嗣立
樸園先生張榕端　閱定　毗陵邵長蘅　刪補
商丘宋至
詩四十首　起丁巳春畱京師至四月之官彭城以後作
送范景仁游洛中
小人眞闇事閑退豈公難道大吾何病言深聽者寒憂
時雖蚤白住世有還丹得酒相逢樂無心所遇安去年
行萬里蜀路走千盤投老身彌健登山意未闌西游爲
櫻筍東道盡鵷鸞杖屨攜兒去園亭借客看折花斑竹

141 施註蘇詩四十二卷目録二卷 （宋）蘇軾撰 （宋）施元之註 （清）顧嗣立 （清）邵長蘅 （清）宋至刪補 清刻本

框高 18.5 釐米，寬 14.7 釐米。半葉十行，行二十一字，小字雙行同，黑口，四周單邊。

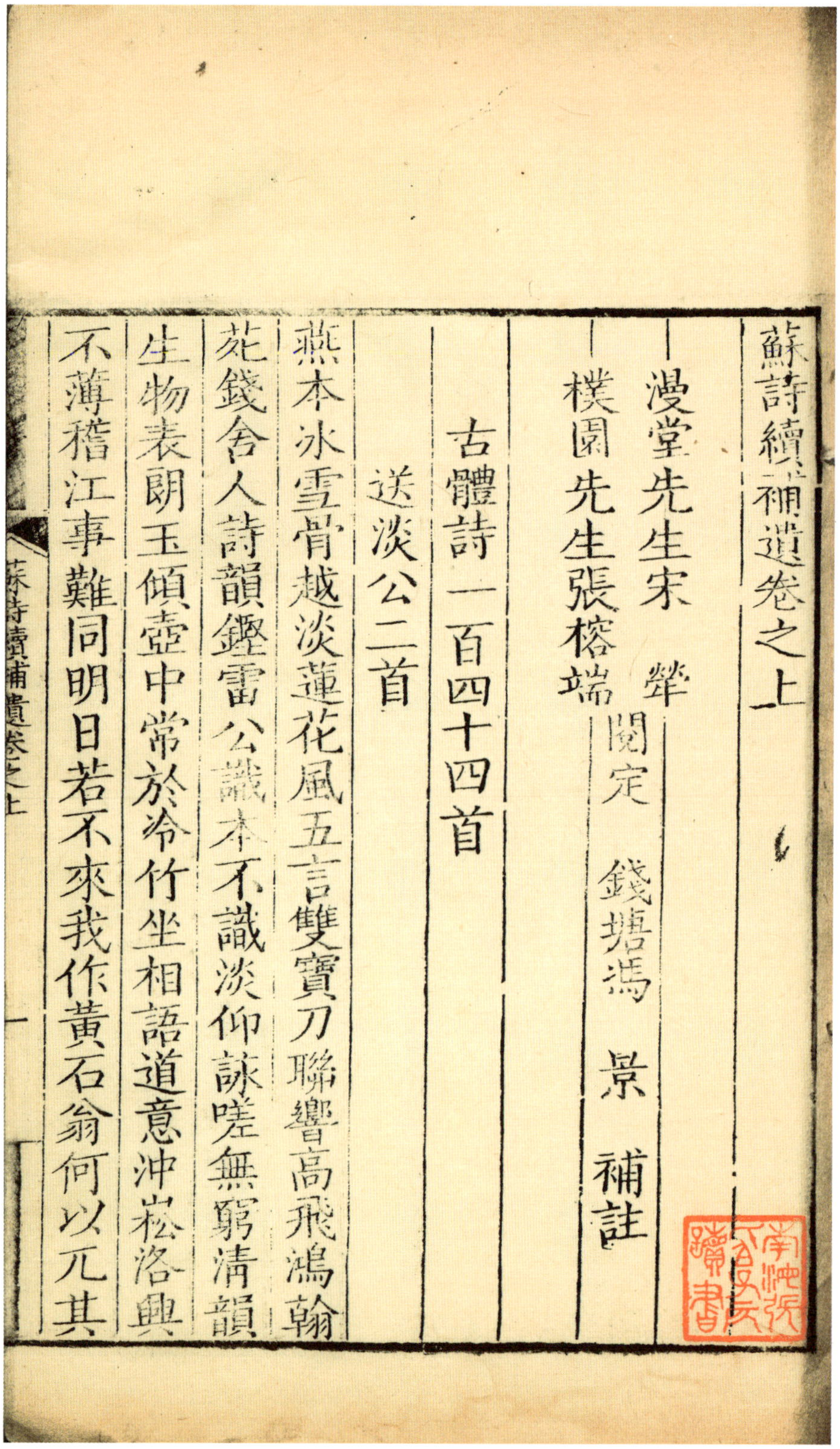
蘇詩續補遺卷之上

漫堂先生宋　犖
樸園先生張榕端　閱定
錢塘馮　景　補註

古體詩一百四十四首

送淡公二首

燕本冰雪骨越淡蓮花風五言雙寶刀聯響高飛鴻翰苑錢舍人詩韻鏗雷公識本不識淡仰詠嗟無窮清韻生物表朗玉傾壺中常於冷竹坐相語道意沖崧洛與不薄稽江事難同明日若不來我作黃石翁何以兀其

蘇詩續補遺卷之上

142 蘇詩續補遺二卷　（宋）蘇軾撰　（清）馮景補註　清刻本

框高 18.5 釐米，寬 14.3 釐米。半葉十行，行二十一字，小字雙行同，黑口，四周單邊。

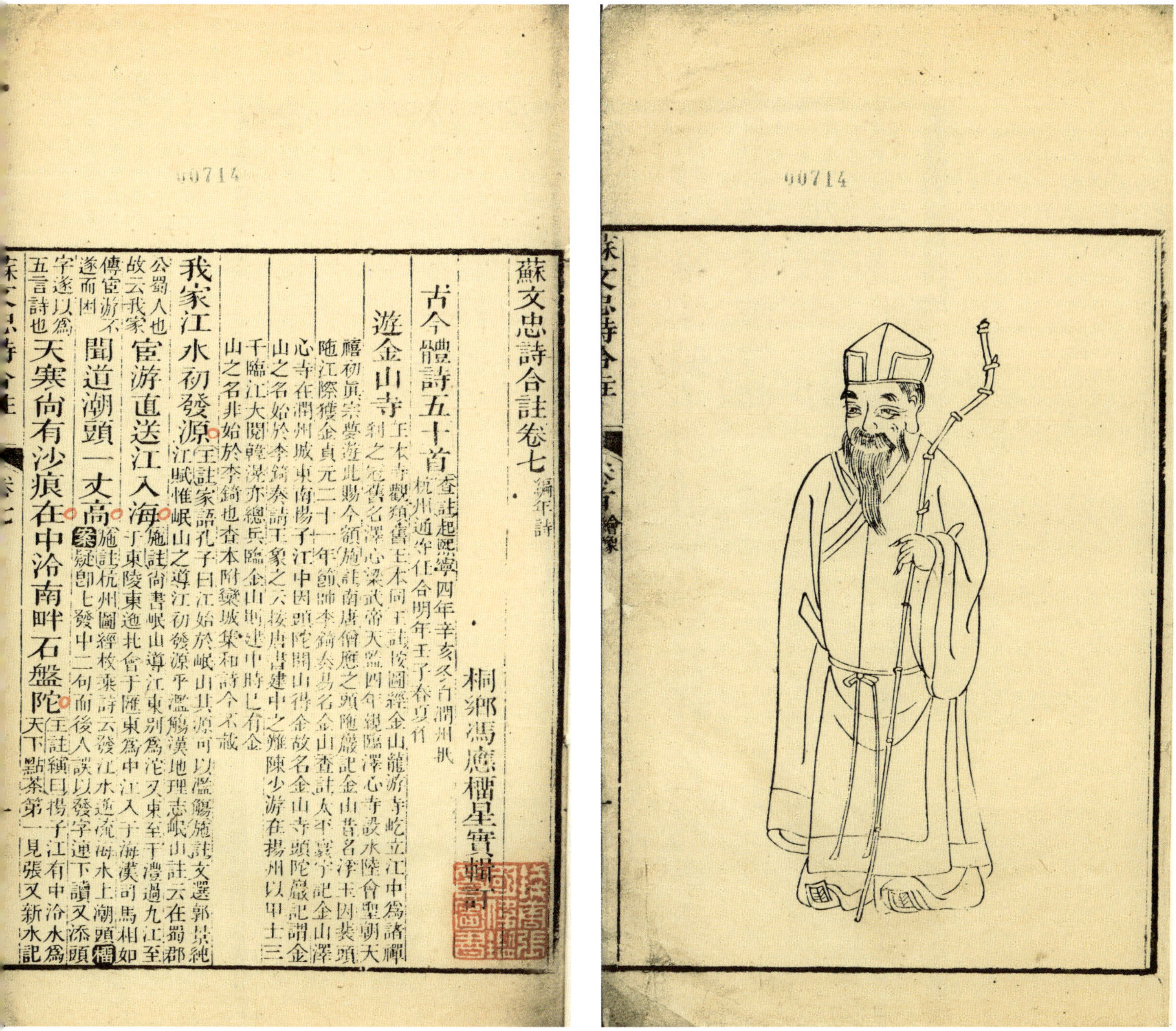

143 蘇文忠詩合註五十卷首一卷 （宋）蘇軾撰 （清）馮應榴輯 清刻本

框高 18.7 釐米，寬 14.5 釐米。半葉十一行，行二十六字，小字雙行三十四字，白口，左右雙邊。

館藏索書號：403.3/44353

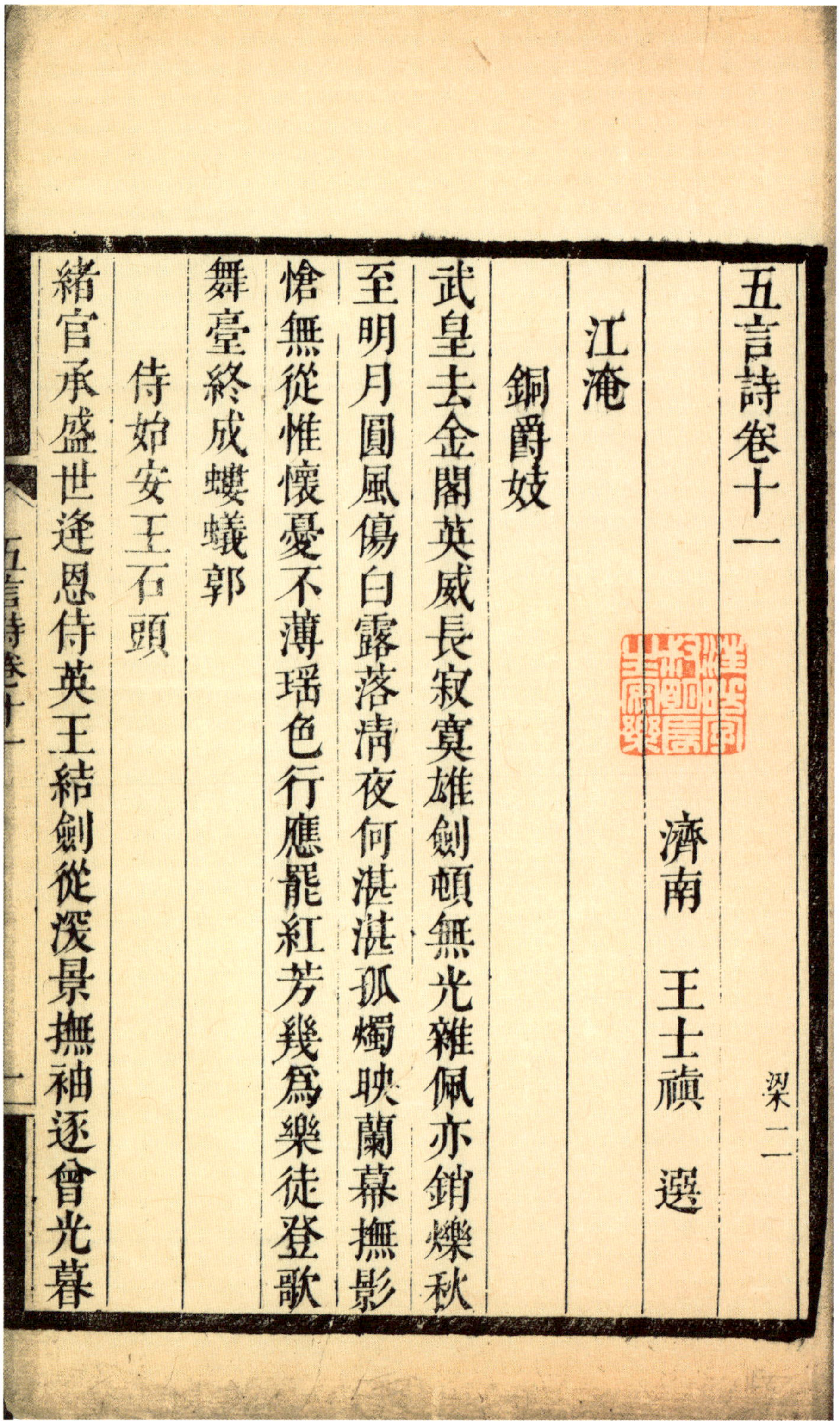
五言詩卷十一　　　　梁二

濟南　王士禛　選

江淹

銅爵妓

武皇去金閣英威長寂寞雄劍頓無光雜佩亦銷爍秋
至明月圓風傷白露落清夜何湛湛孤燭映蘭幕撫影
愴無從惟懷憂不薄瑶色行應罷紅芳幾爲樂徒登歌
舞臺終成螻蟻郭

侍始安王石頭

緒官承盛世逢恩侍英王結劍從渡景撫袖逐曾光暮

五言詩卷十一　一

144 五言詩十七卷　（清）王士禛選　清刻本

框高 19 釐米，寬 14.3 釐米。半葉十行，行二十一字，小字雙行同，白口，左右雙邊。

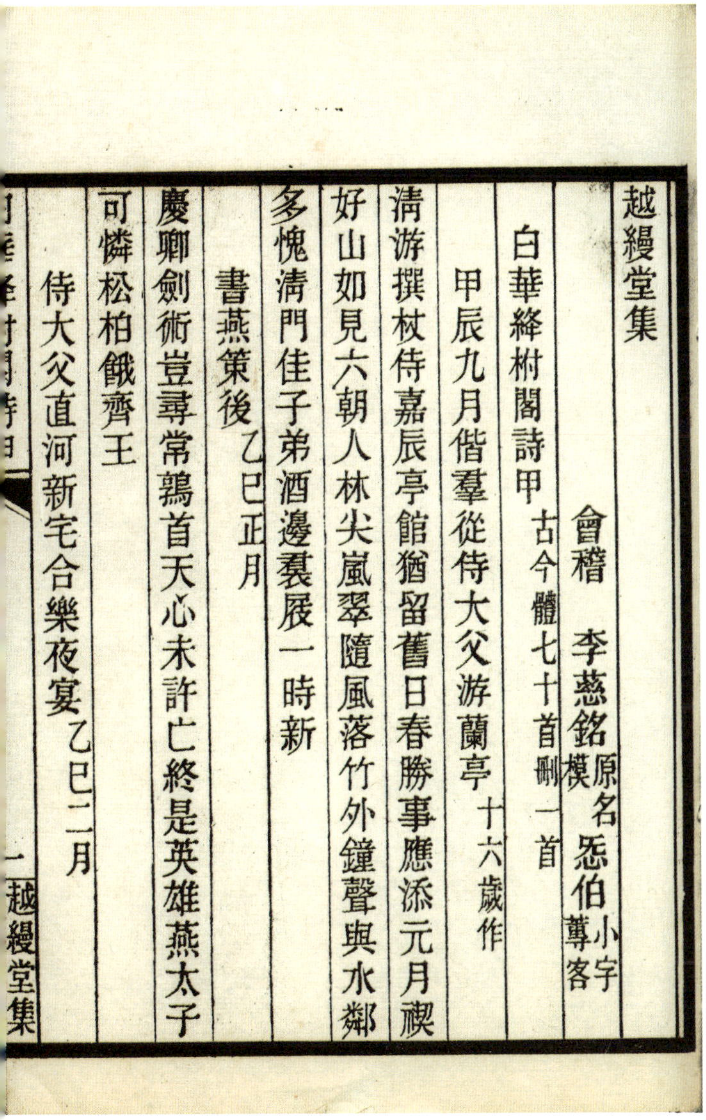

越縵堂集

會稽　李慈銘原名模悉伯小字蓴客

白華絳柎閣詩甲　古今體七十首刪一首

甲辰九月偕羣從侍大父游蘭亭　十六歲作

清游撰杖侍嘉辰亭館猶留舊日春勝事應添元月褉好山如見六朝人林尖嵐翠隨風落竹外鐘聲與水鄰多愧清門佳子弟酒邊褭屐一時新

書燕策後　乙巳正月

慶卿劍術豈尋常鴉首天心未許亡終是英雄燕太子可憐松柏餓齊王

侍大父直河新宅合樂夜宴　乙巳二月

一　越縵堂集

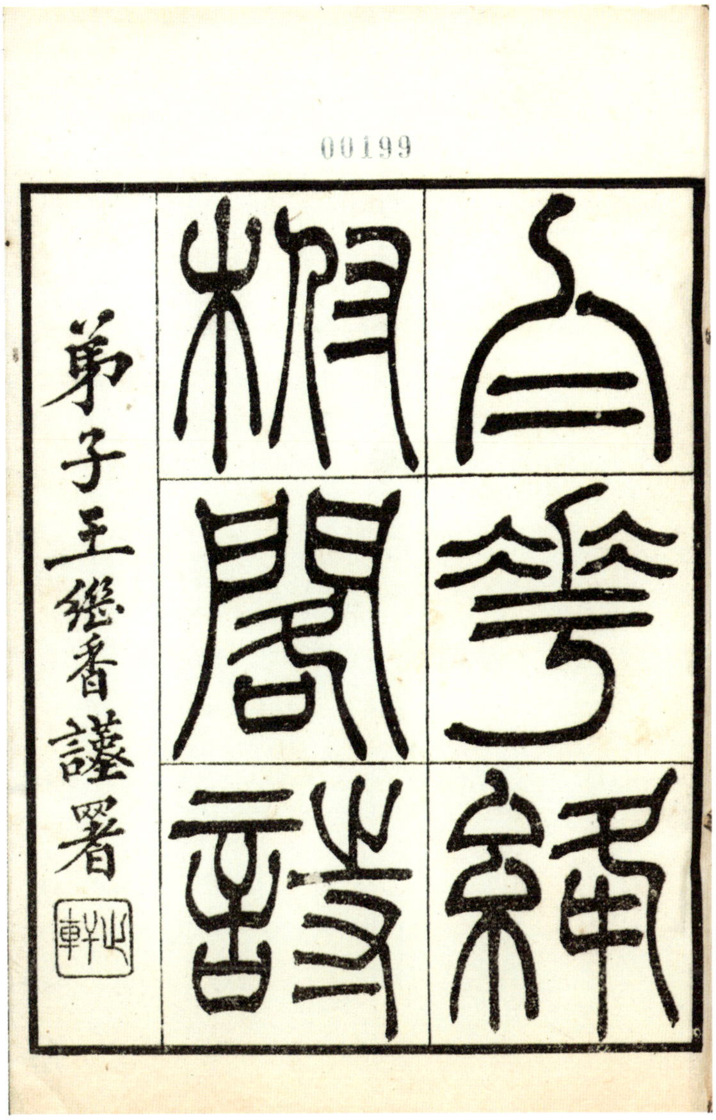

145 越縵堂集十卷（清）李慈銘撰　清刻本

框高 15.5 釐米，寬 12 釐米。半葉十一行，行二十一字，小字雙行同，白口，左右雙邊。

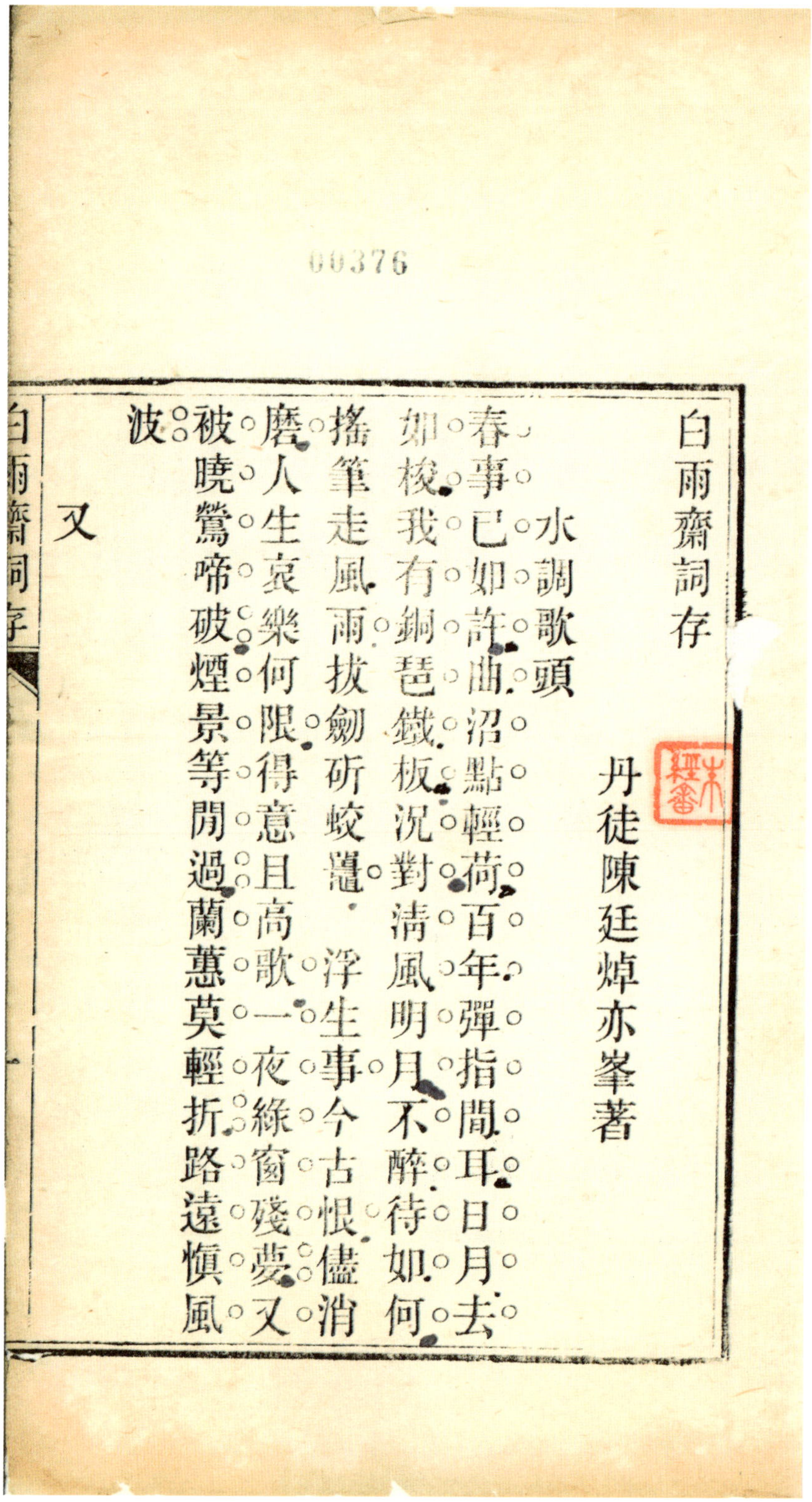
00376

白雨齋詞存

丹徒陳廷焯亦峯著

水調歌頭

春事已如許曲沼點輕荷百年彈指間耳日月去
如梭我有銅琶鐵板況對清風明月不醉待如何
搖筆走風雨拔劍斫蛟鼉浮生事今古恨儘消
磨人生哀樂何限得意且高歌一夜綠窗殘夢又
被曉鶯啼破煙景等閒過蘭蕙莫輕折路遠慎風
波

又

白雨齋詞存

146 白雨齋詞存一卷附詩鈔 （清）陳廷焯撰　清刻本

框高16釐米，寬12釐米。半葉十行，行十九字，小字雙行同，白口，四周雙邊。

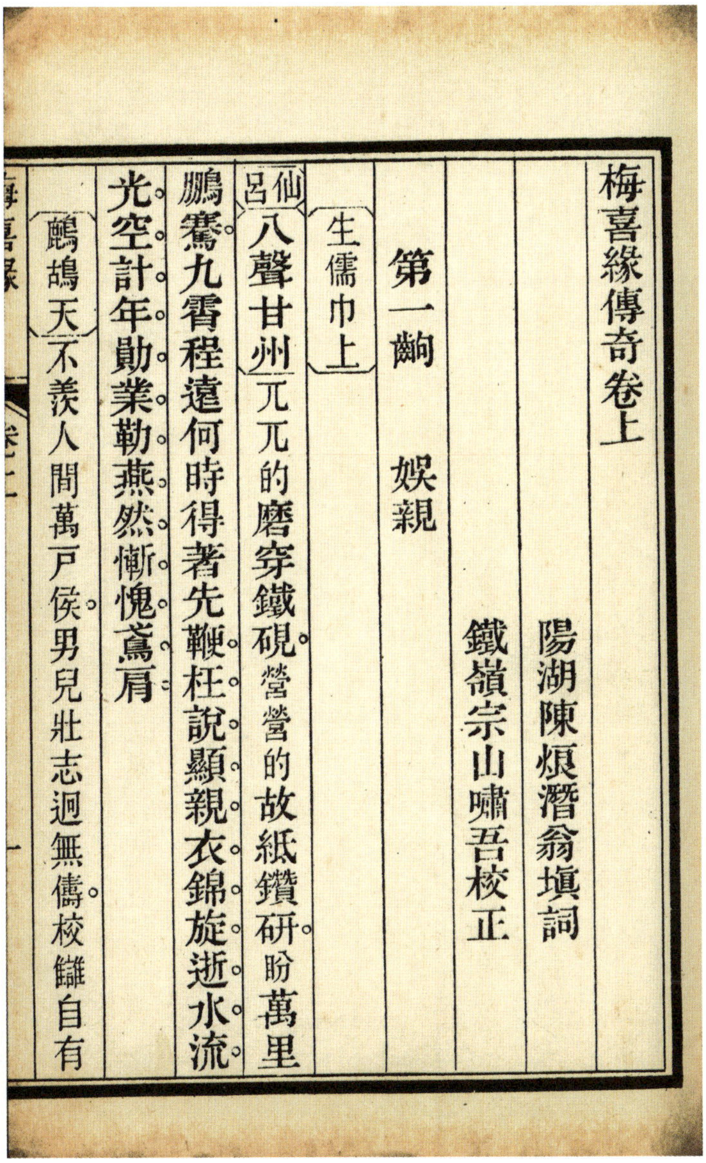
梅喜緣傳奇卷上
陽湖陳烺潛翁塡詞
鐵嶺宗山嘯吾校正
第一齣 娛親
生儒巾上
仙呂八聲甘州 兀兀的磨穿鐵硯。營營的故紙鑽研。盼萬里鵬騫。九霄程遠。何時得著先鞭。枉說顯親衣錦。旋逝水流光空。計年勛業勒燕然。慚愧鳶肩
鷓鴣天 不羡人間萬戶侯。男兒壯志迴無儔。校讎自有
梅喜緣 卷上 一

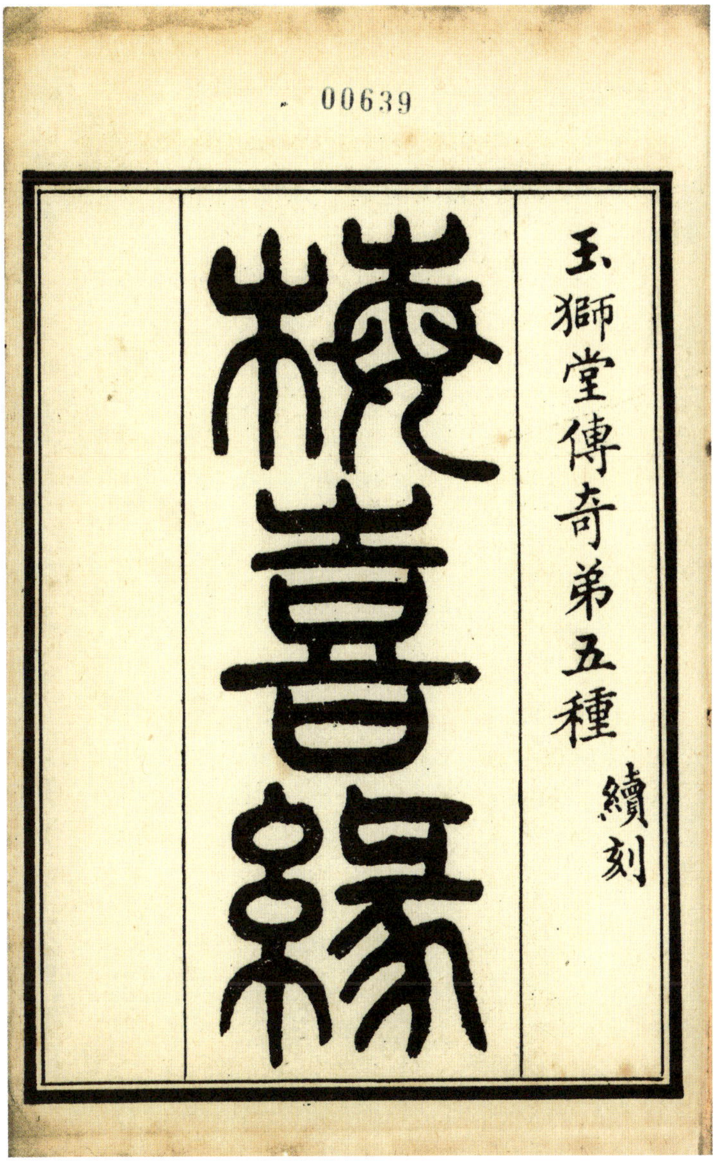

玉獅堂傳奇第五種
梅喜緣
續刻

147 梅喜緣傳奇二卷 （清）陳烺填詞 清刻本

框高 16.5 釐米，寬 11.5 釐米。半葉九行，行二十二字，白口，四周雙邊。

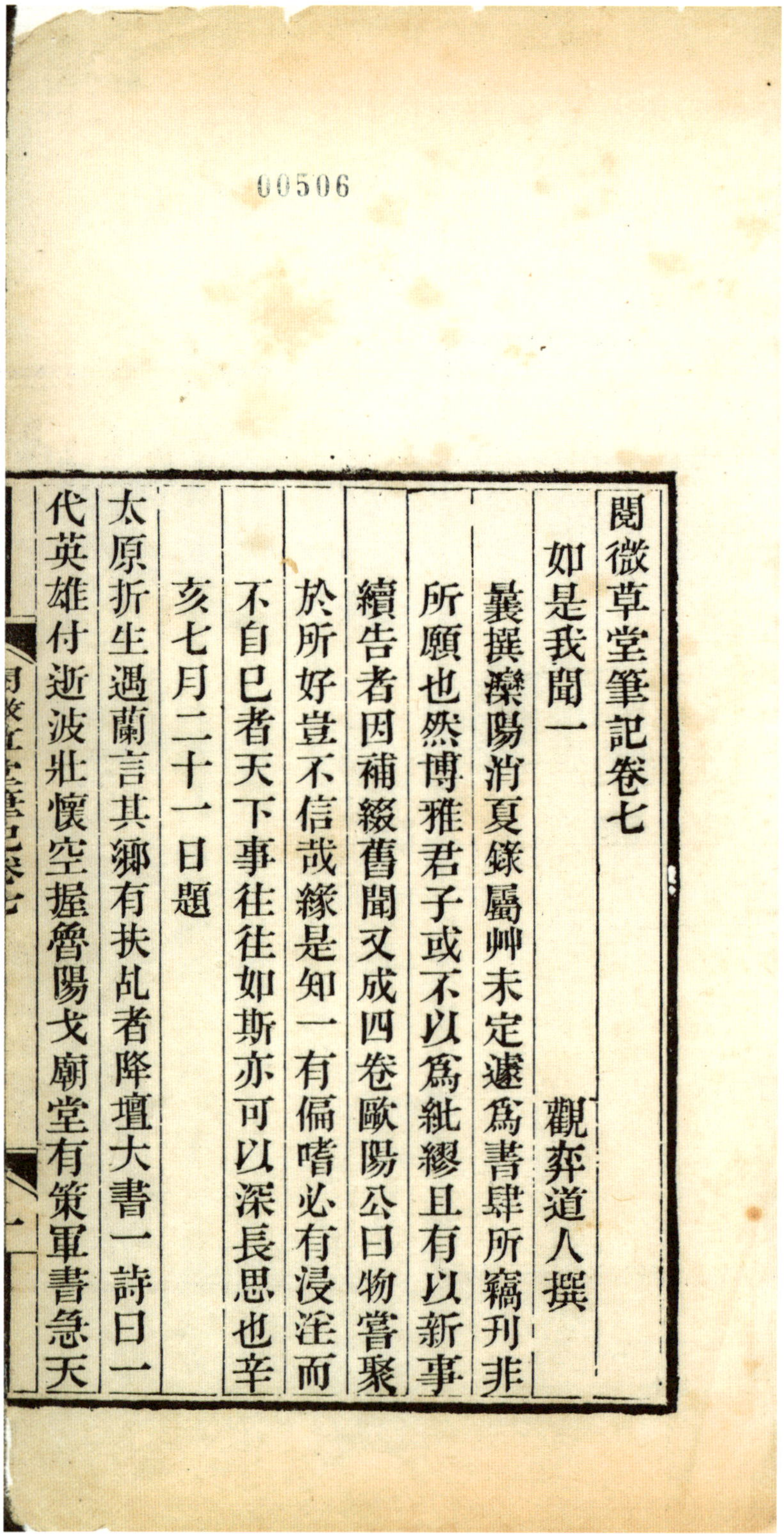
00506

閱微草堂筆記卷七

如是我聞一　　觀弈道人撰

曩撰灤陽消夏錄屬艸未定遽爲書肆所竊刊非所願也然博雅君子或不以爲紕繆且有以新事續告者因補綴舊聞又成四卷歐陽公曰物嘗聚於所好豈不信哉緣是知一有偏嗜必有浸淫而不自已者天下事往往如斯亦可以深長思也辛亥七月二十一日題

太原折生遇蘭言其鄉有扶乩者降壇大書一詩曰一代英雄付逝波壯懷空握魯陽戈廟堂有策軍書急天

148 閱微草堂筆記二十四卷（清）紀昀撰　清刻本

框高 16.2 釐米，寬 11.5 釐米。半葉十行，行二十一字，小字雙行同，黑口，四周雙邊。

館藏索書號：407.1/27367

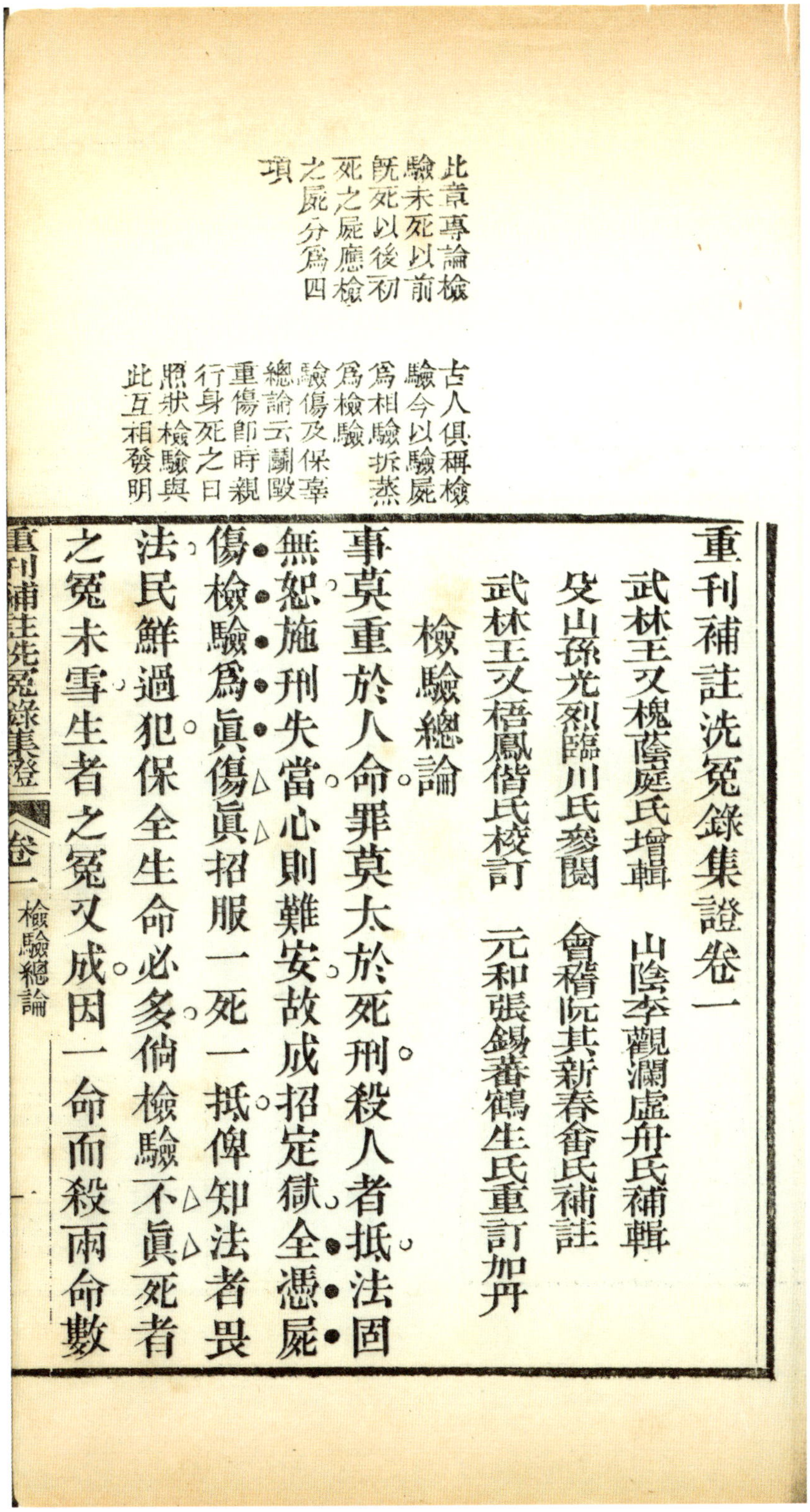
此章專論檢驗未死以前既死以後初死之屍應檢之屍分爲四項

古人俱稱檢驗今以驗屍爲相驗拆蒸爲檢驗驗傷及保辜總論云鬬毆重傷卽時親行身死之日照狀檢驗與此互相發明

重刊補註洗冤錄集證卷一

武林王又槐蔭庭氏增輯　山陰李觀瀾虛舟氏補輯

癸山孫光烈臨川氏參閱　會稽阮其新春畬氏補註

武林王又梧鳳偕氏校訂　元和張錫蕃鶴生氏重訂加丹

檢驗總論

事莫重於人命罪莫大於死刑殺人者抵法固無恕施刑失當心則難安故成招定獄全憑屍傷檢驗爲眞傷眞招服一死一抵俾知法者畏法民鮮過犯保全生命必多倘檢驗不眞死者之冤未雪生者之冤又成因一命而殺兩命數

重刊補註洗冤錄集證　卷一　檢驗總論　一

149 重刊補註洗冤錄集證五卷（宋）宋慈撰　（清）王又槐等增輯　清光緒八年（1882）刻本

框高 14.8 釐米，寬 13 釐米。半葉十行，行十八字，小字雙行同，白口，左右雙邊。

館藏索書號：308.4/10174

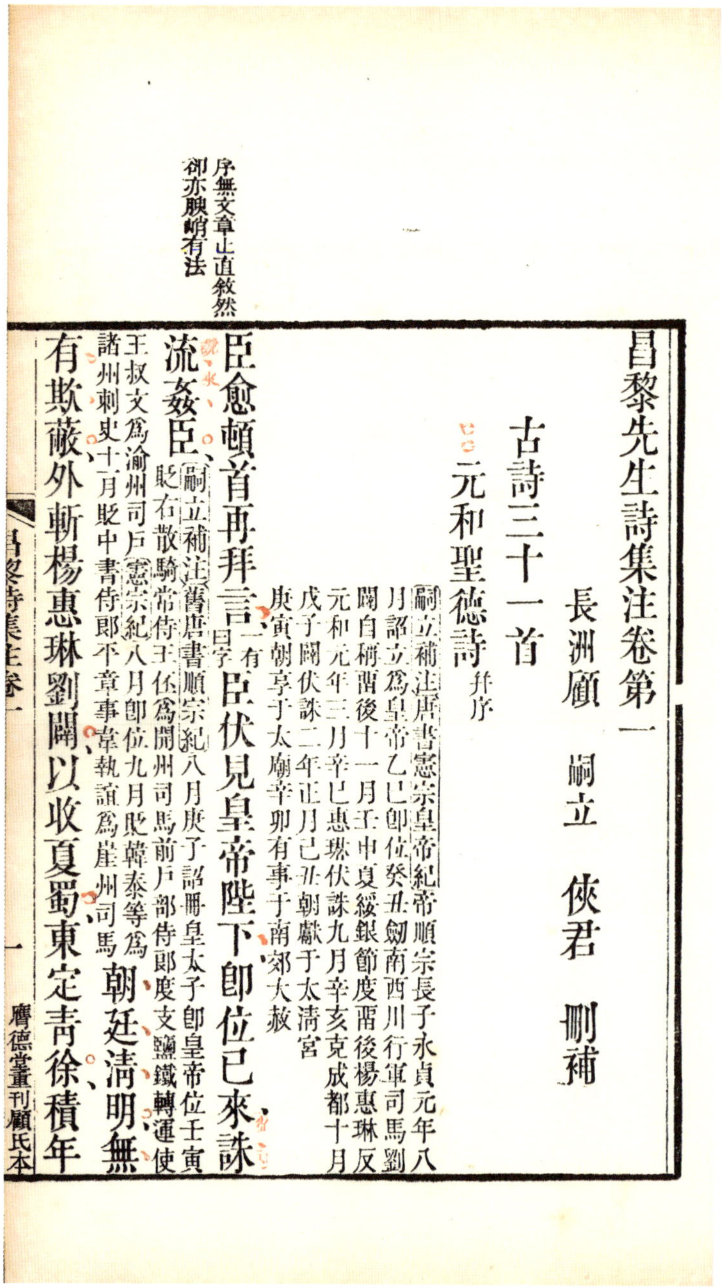
序無文章止直敘然
卻亦腴峭有法

昌黎先生詩集注卷第一
長洲顧　嗣立　俠君　删補
古詩三十一首
元和聖德詩 并序
嗣立補注唐書憲宗皇帝紀帝順宗長子永貞元年八月詔立爲皇帝乙巳即位癸丑劒南西川行軍司馬劉闢自稱留後十一月壬申夏綏銀節度留後楊惠琳反元和元年三月辛巳惠琳伏誅九月辛亥克成都十月戊子闢伏誅二年正月己丑朝獻于太淸宮庚寅朝享于太廟辛卯有事于南郊大赦
臣愈頓首再拜言一有曰字臣伏見皇帝陛下即位已來誅
流姦臣嗣立補注舊唐書順宗紀八月庚子詔冊皇太子即皇帝位壬寅貶右散騎常侍王伾爲開州司馬前戶部侍郎度支鹽鐵轉運使王叔文爲渝州司戶憲宗紀八月即位九月貶韓泰等爲諸州刺史十一月貶中書侍郎平章事韋執誼爲崖州司馬朝廷淸明無
有欺蔽外斬楊惠琳劉闢以收夏蜀東定靑徐積年
昌黎詩集注卷一　一　賸德堂重刊顧氏本

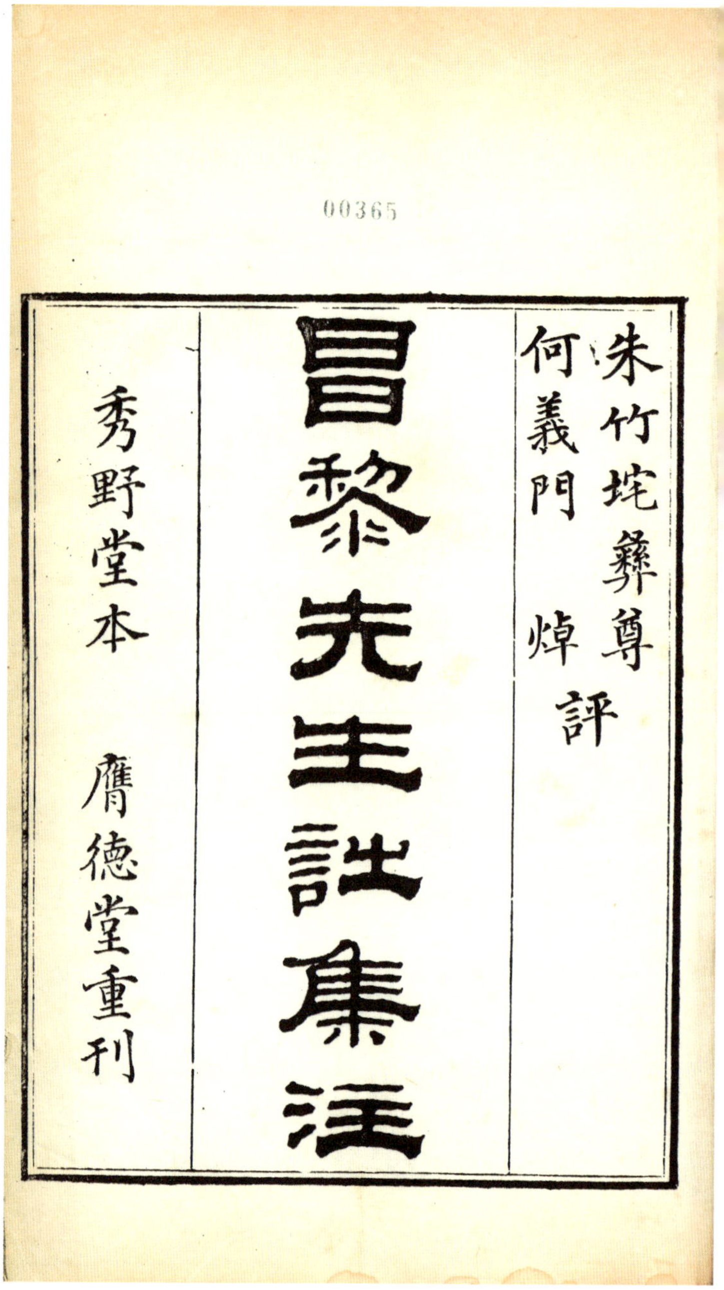
00365
朱竹垞彝尊
何義門焯　評
昌黎先生詩集注
秀野堂本
賸德堂重刊

150 昌黎先生詩集注十一卷　（唐）韓愈撰　（清）顧嗣立刪補　（清）朱彝尊　（清）何焯評　清道光二十五年（1845）賸德堂重刊朱墨套印本

框高 18.8 釐米，寬 15.9 釐米。半葉十一行，行二十字，小字雙行三十字，白口，左右雙邊。

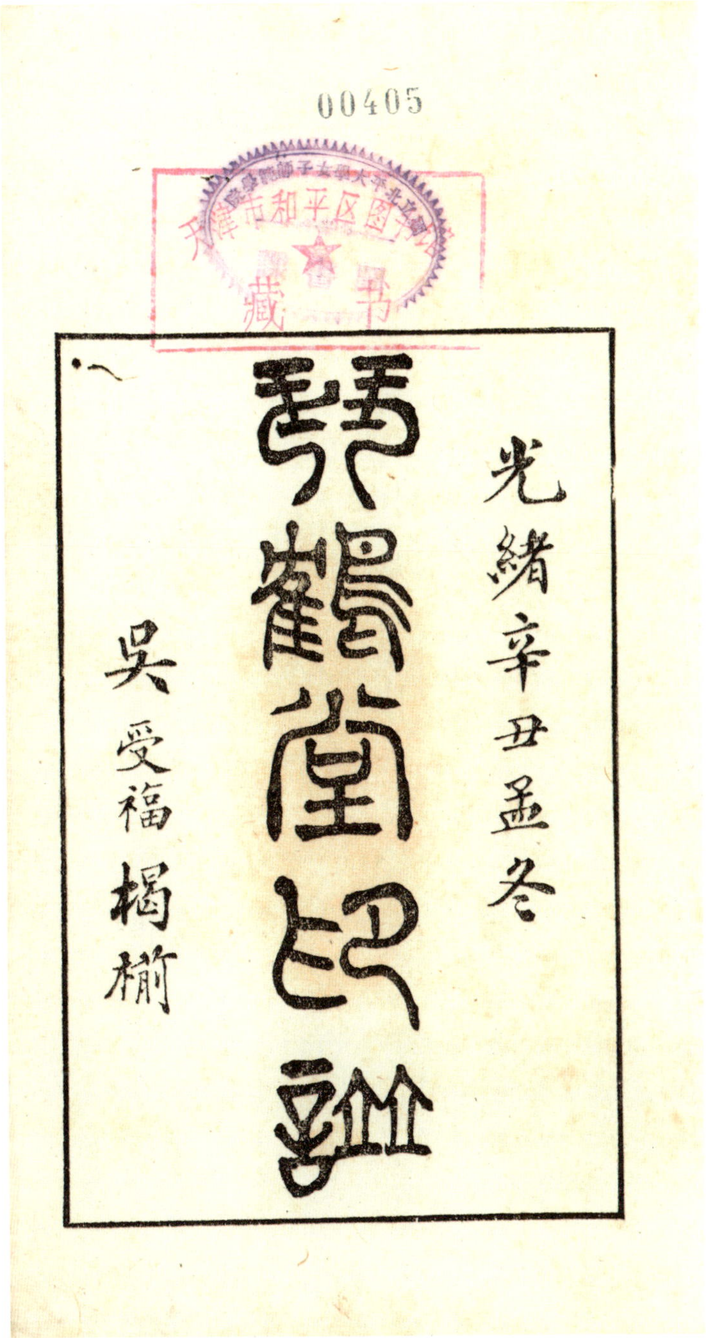

151 琴鶴堂印譜八卷 （清）繼良輯　清光緒二十七年（1901）

鈐印本

框高 13.5 釐米，寬 8.2 釐米。行字不一，白口，半葉四周單邊。

館藏索書號：220.6/26023

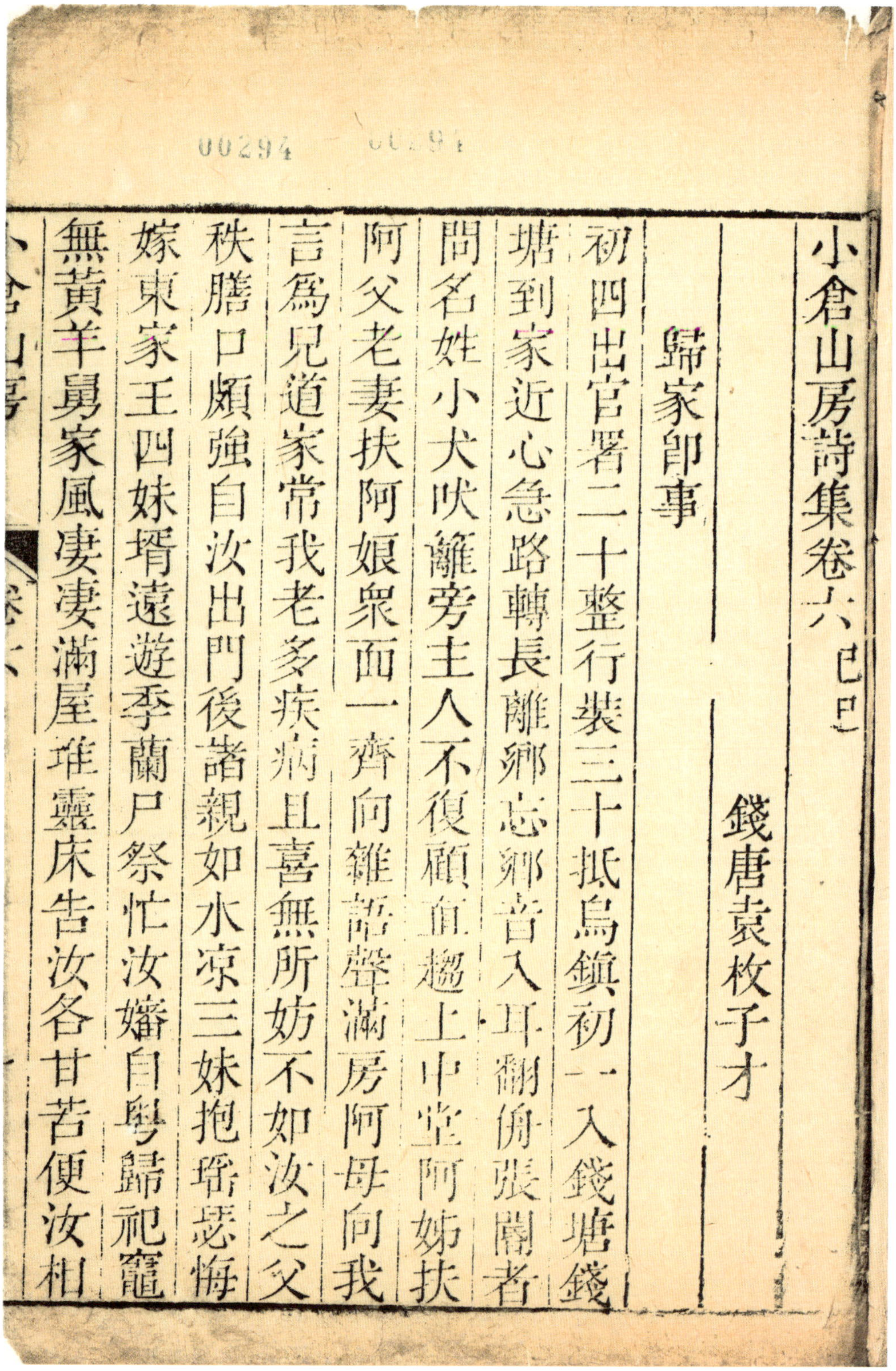

小倉山房詩集卷六 己巳

錢唐袁枚子才

歸家即事

初四出官署二十整行裝三十抵烏鎮初一入錢塘錢塘到家近心急路轉長離鄉忘鄉音入耳翻侜張閽者問名姓小犬吠籬旁主人不復顧直趨上中堂阿姊扶阿父老妻扶阿娘衆面一齊向雜語聲滿房阿母向我言為兒道家常我老多疾病且喜無所妨不如汝之父秩膳口頗強自汝出門後諸親如水凉三妹抱琵琶悔嫁東家王四妹婿遠遊季蘭尸祭忙汝嬸自粵歸祀竈無黄羊舅家風凄凄滿屋堆靈床告汝各甘苦使汝相

152 小倉山房詩集三十六卷 （清）袁枚撰　清乾隆刻後印本

框高 18.5 釐米，寬 14.6 釐米。半葉十一行，行二十一字，白口，四周單邊。

館藏索書號：403.7/40748

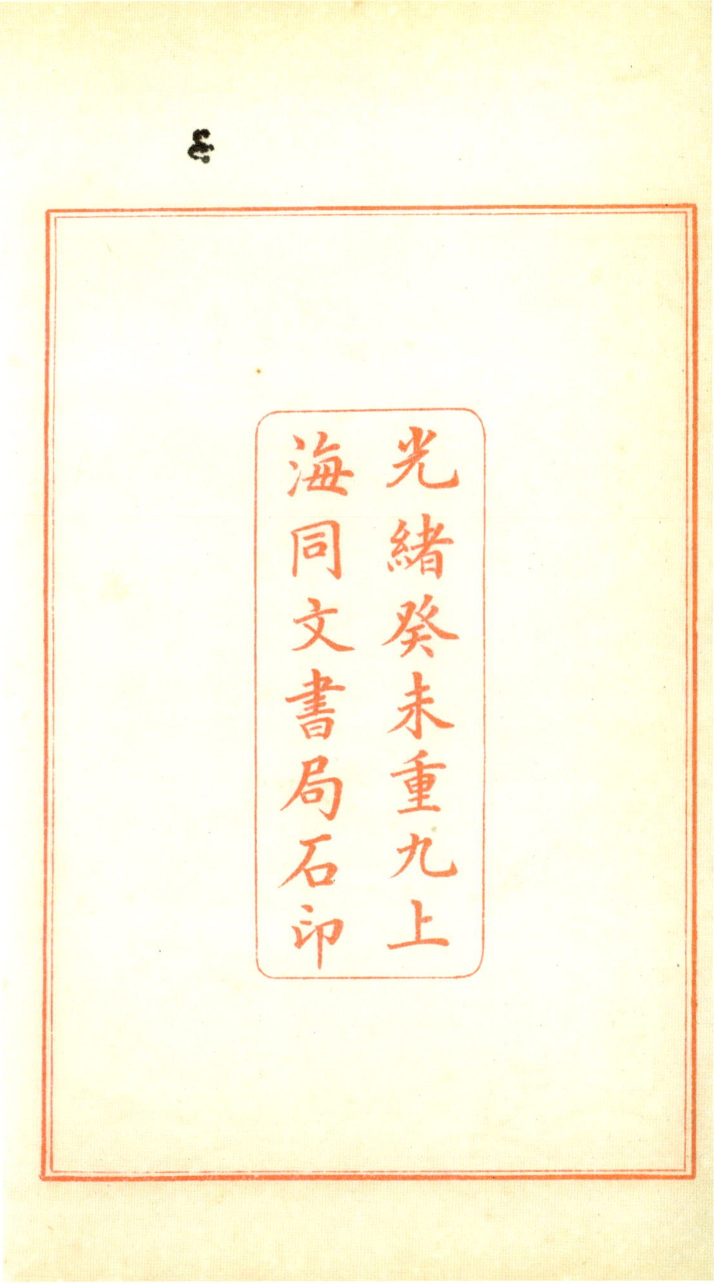
光緒癸未重九上海同文書局石印

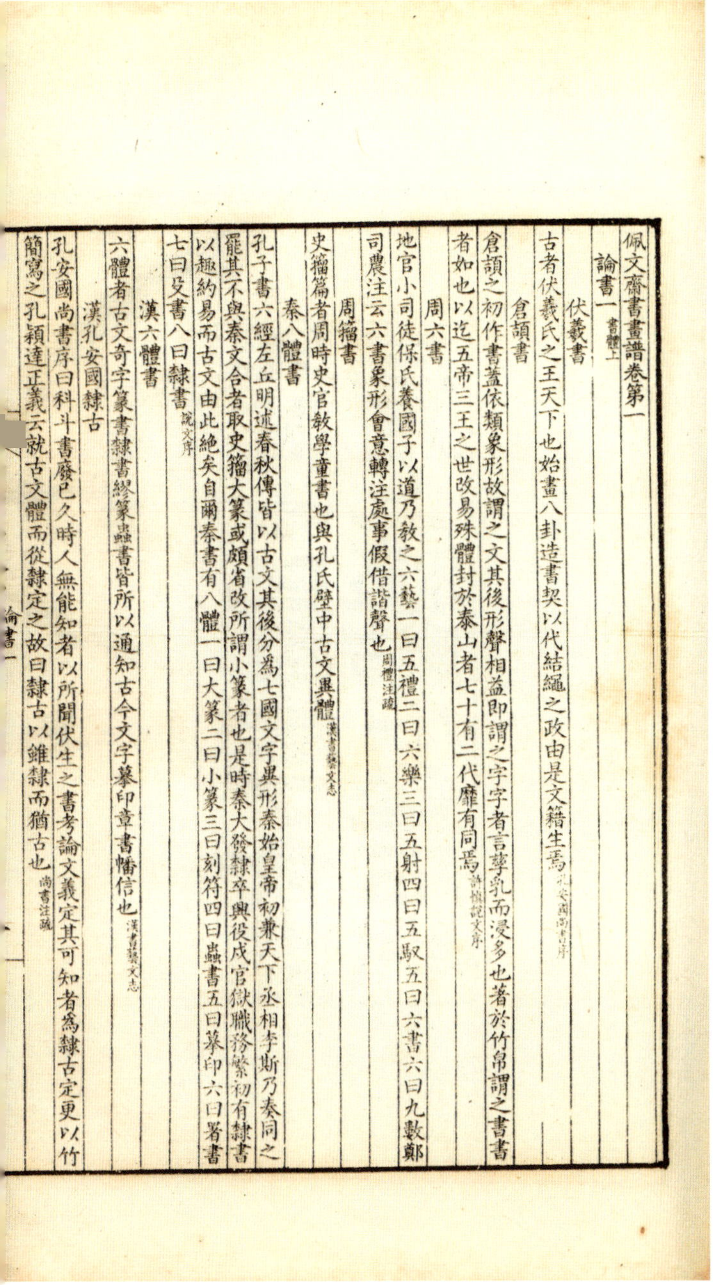
佩文齋書畫譜卷第一

論書一 書體上

伏羲書

古者伏羲氏之王天下也始畫八卦造書契以代結繩之政由是文籍生焉 孔安國尚書序

倉頡書

倉頡之初作書蓋依類象形故謂之文其後形聲相益即謂之字字者言孳乳而浸多也著於竹帛謂之書書者如也以迄五帝三王之世改易殊體封於泰山者七十有二代靡有同焉 許愼說文序

周六書

地官小司徒保氏養國子以道乃教之六藝一曰五禮二曰六樂三曰五射四曰五馭五曰六書六曰九數鄭司農注云六書象形會意轉注處事假借諧聲也 周禮注疏

周籀書

史籀篇者周時史官教學童書也與孔氏壁中古文異體 漢書藝文志

秦八體書

孔子書六經左丘明述春秋傳皆以古文其後分爲七國文字異形秦始皇帝初兼天下丞相李斯乃奏同之罷其不與秦文合者取史籀大篆或頗省改所謂小篆者也是時秦大發隸卒興役戍官獄職務繁初有隸書以趣約易而古文由此絶矣自爾秦書有八體一曰大篆二曰小篆三曰刻符四曰蟲書五曰摹印六曰署書七曰殳書八曰隸書 說文序

漢六體書

六體者古文奇字篆書隸書繆篆蟲書皆所以通知古今文字摹印章書幡信也 漢書藝文志

漢孔安國隸古

孔安國尚書序曰科斗書廢已久時人無能知者以所聞伏生之書考論文義定其可知者爲隸古定更以竹簡寫之孔穎達正義云就古文體而從隸定之故曰隸古以雖隸而猶古也 尚書注疏

論書一

153 佩文齋書畫譜一百卷 （清）孫岳頒等纂輯 （清）王世繩等校 清光緒九年（1883）上海同文書局石印本

框高 13.8 釐米，寬 9.5 釐米。半葉二十二行，行四十二字，小字雙行六十二字，白口，左右雙邊。

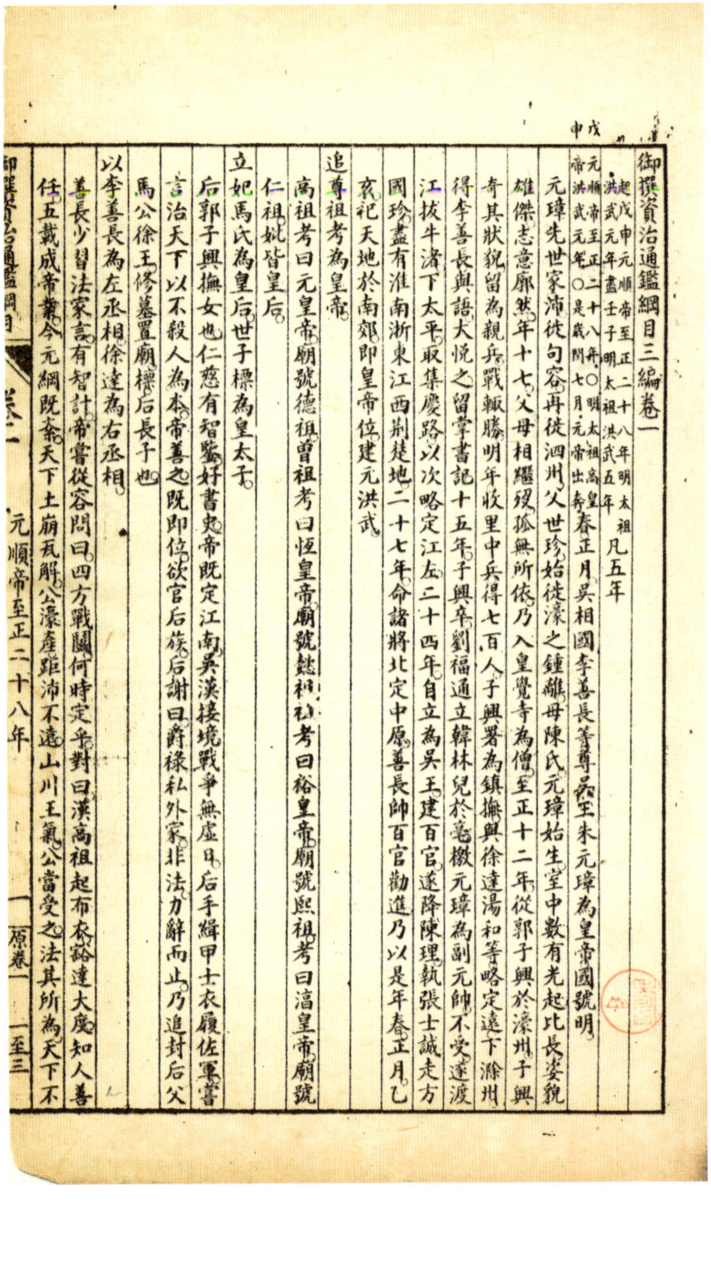
戊申

御撰資治通鑑綱目三編卷一

起戊申元順帝至正二十八年明太祖洪武元年盡壬子明太祖洪武五年凡五年

元順帝至正二十八年○明太祖高皇帝洪武元年○是歲閏七月元帝出奔春正月吳相國李善長等尊吳王朱元璋為皇帝國號明

元璋先世家沛徙句容再徙泗州父世珍始徙濠之鍾離母陳氏元璋始生室中數有光起比長姿貌雄傑志意廓然年十七父母相繼殁孤無所依乃入皇覺寺為僧至正十二年從郭子興於濠州子興奇其狀貌留為親兵戰輒勝明年收里中兵得七百人子興署為鎮撫與徐達湯和等略定遠下滁州得李善長與語大悅之留掌書記十五年子興卒劉福通立韓林兒於亳檄元璋為副元帥不受遂渡江拔牛渚下太平取集慶路以次略定江左二十四年自立為吳王建百官遂降陳理執張士誠走方國珍盡有淮南浙東江西荊楚地二十七年命諸將北定中原善長帥百官勸進乃以是年春正月乙亥祀天地於南郊即皇帝位建元洪武

追尊祖考為皇帝

高祖考曰元皇帝廟號德祖曾祖考曰恒皇帝廟號懿祖祖考曰裕皇帝廟號熙祖考曰淳皇帝廟號仁祖妣皆皇后

立妃馬氏為皇后世子標為皇太子

后郭子興撫女也仁慈有智鑒好書史帝既定江南與吳漢接境戰爭無虛日后手緝甲士衣履佐軍嘗言治天下以不殺人為本帝善之既即位欲官后族后謝曰爵祿私外家非法力辭而止乃追封后父馬公徐王修墓置廟標后長子也

以李善長為左丞相徐達為右丞相

善長少習法家言有智計帝嘗從容問曰四方戰鬬何時定乎對曰漢高祖起布衣豁達大度知人善任五載成帝業今元綱既紊天下土崩瓦解公濠產距沛不遠山川王氣公當受之法其所為天下不

御撰資治通鑑綱目 卷一 元順帝至正二十八年 一 原卷一 一至三

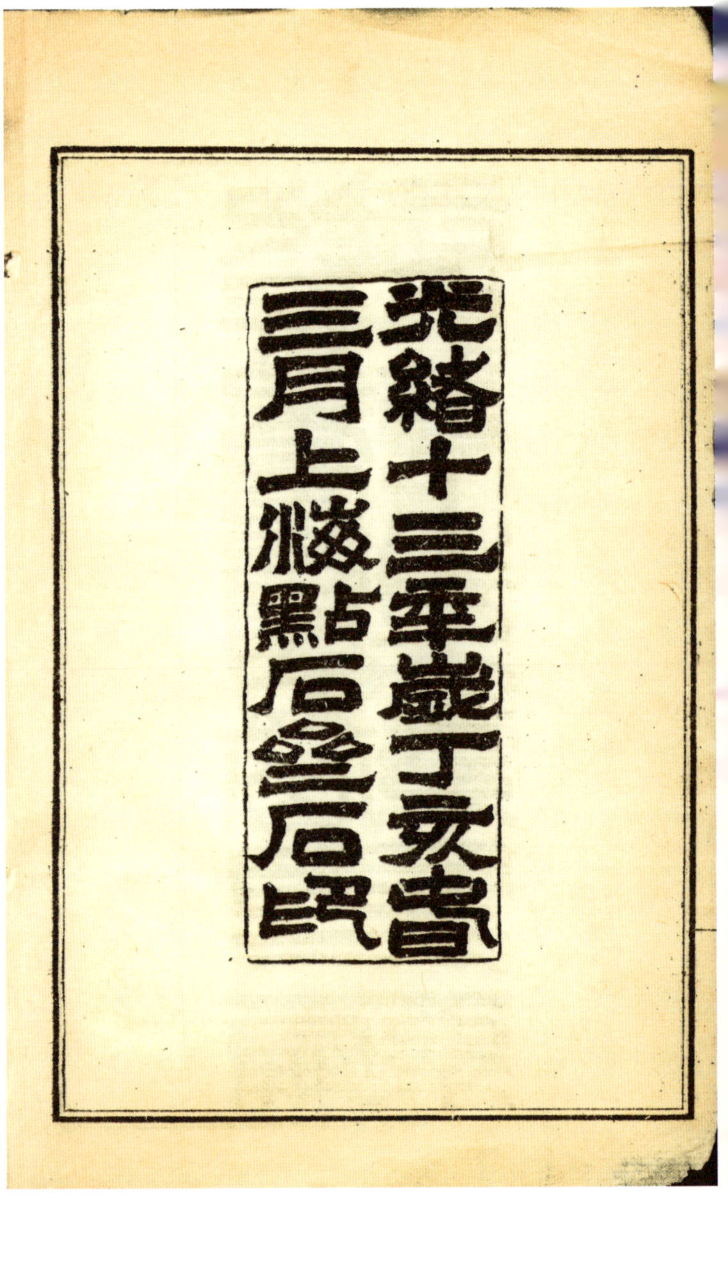
光緒十三年歲丁亥春
三月上澣點石齋石印

154 御撰資治通鑑綱目三編四卷 （清）張廷玉等纂 清光緒十三年（1887）上海點石齋石印本

框高 12 釐米，寬 8.4 釐米。半葉二十行，行四十字，小字雙行同，白口，四周單邊。

館藏索書號：202.1/48472

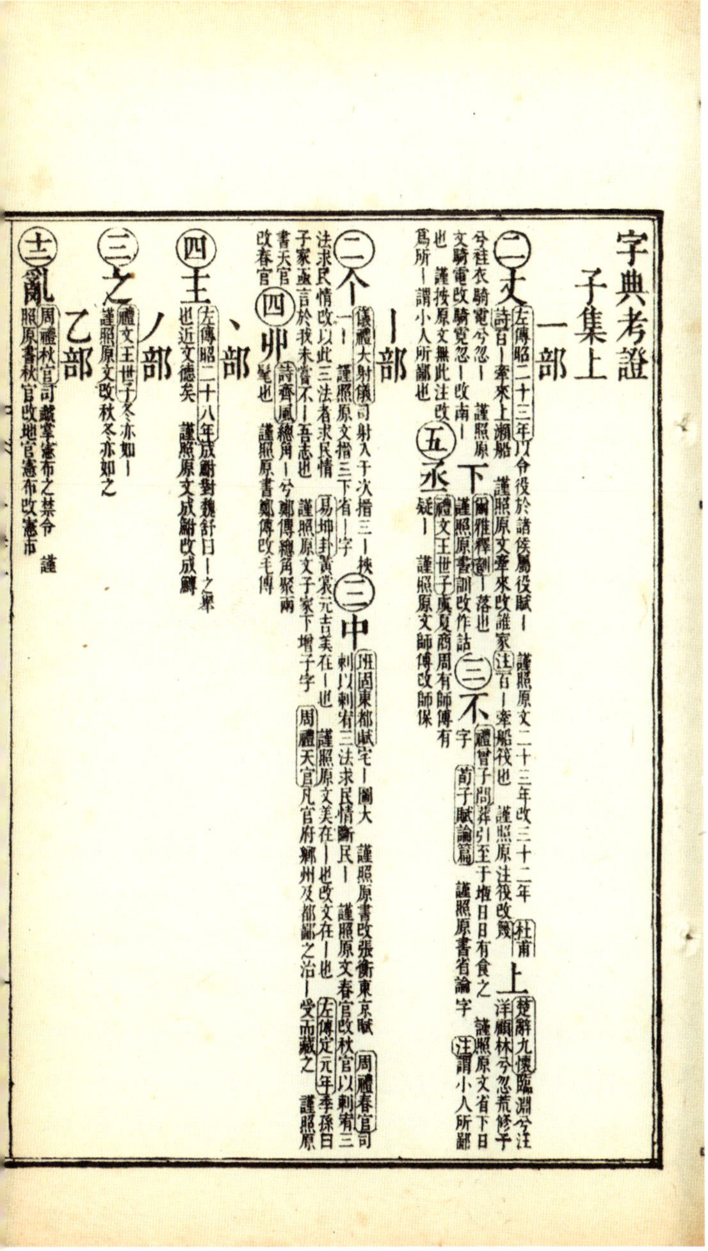

字典考證
子集上
一部
(一)丈 左傳昭二十三年以令役於諸侯屬役賦丨　謹照原文二十三年改三十二年 杜甫 上 楚辭九懷臨淵兮汪
詩百丨牽來上瀨船　謹照原文牽來改誰家注百丨牽船筏也　謹照原注筏改殘 洋瀾林兮忽荒修乎
兮往來騎電兮忽丨　謹照原 下 爾雅釋詁丨落也 (三)不 禮曾子問葬引至于堩日有食之　謹照原文省下日
文騎電改騎覺忽丨改甫丨 謹照原書訓改作詁 字 荀子賦論篇　謹照原書省論字 注謂小人所鄙
也　謹按原文無此注改 (五)丞 禮文王世子虞夏商周有師傅有
爲所丨謂小人所鄙也 疑丨　謹照原文師傅改師保
丨部
(二)个 儀禮大射儀司射入于次搢三丨挾 (三)中 班固東都賦宅丨圖大　謹照原書改張衡東京賦 周禮春官司
一丨　謹照原文搢三下省丨字 刺以刺宥三法求民情斷民丨　謹照原文春官改秋官以刺宥三
法求民情改以此三法者求民情 易坤卦黃裳元吉美在丨也　謹照原文美在丨也改文在丨也 左傳定元年季孫曰
子家亟言於我未嘗不丨吾志也　謹照原文子家下增子字 周禮天官凡官府鄉州及都鄙之治丨受而藏之　謹照原
書天官 (四)丱 詩齊風總角丨兮鄭傳總角聚兩
改春官 髦也　謹照原書鄭傳改毛傳
丶部
(四)主 左傳昭二十八年成鱄對魏舒曰丨之舉
也近文德矣　謹照原文成鱄改成鱄
丿部
(三)之 禮文王世子冬亦如丨
謹照原文改秋冬亦如之
乙部
(十二)亂 周禮秋官司寇掌憲布之禁令　謹
照原書秋官改地官憲布改憲市

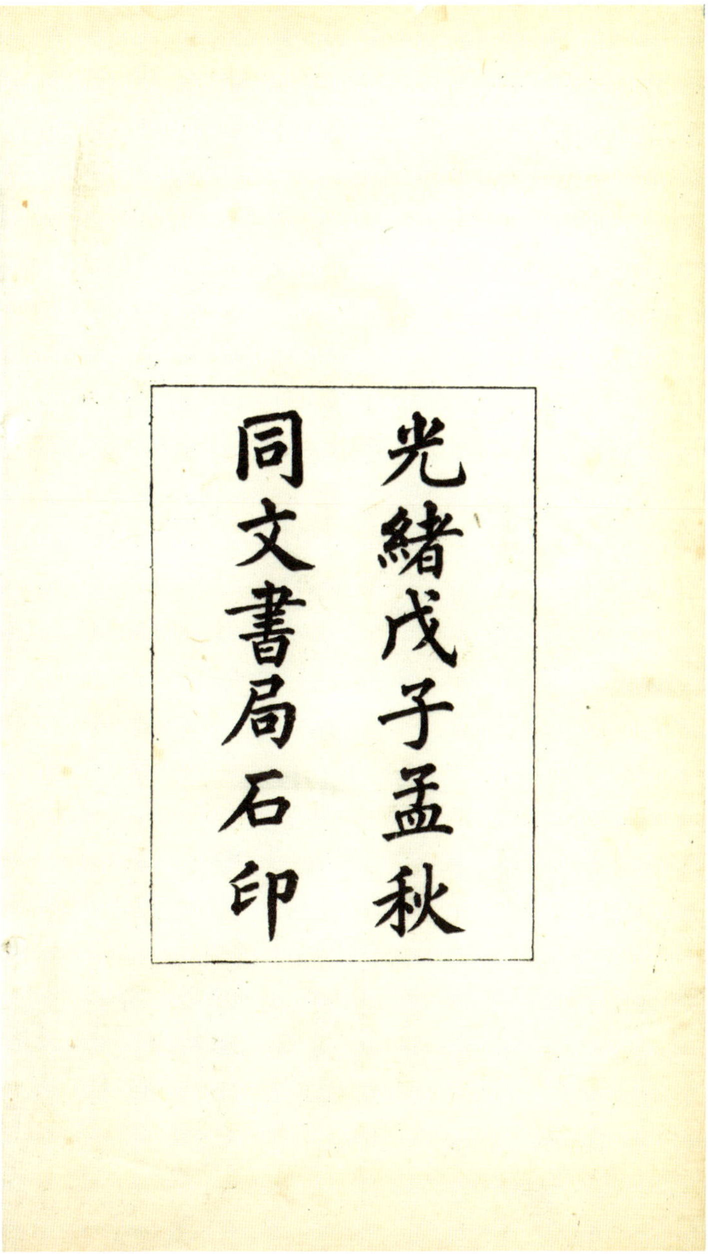

光緒戊子孟秋
同文書局石印

155 字典考證十二集（清）奕繪等輯　清光緒十四年（1888）
同文書局石印本
框高 14.7 釐米，寬 10.3 釐米。半葉十六行，行二十四字，小字雙行四十八字，白口，四周雙邊。
館藏索書號：110.2/00428

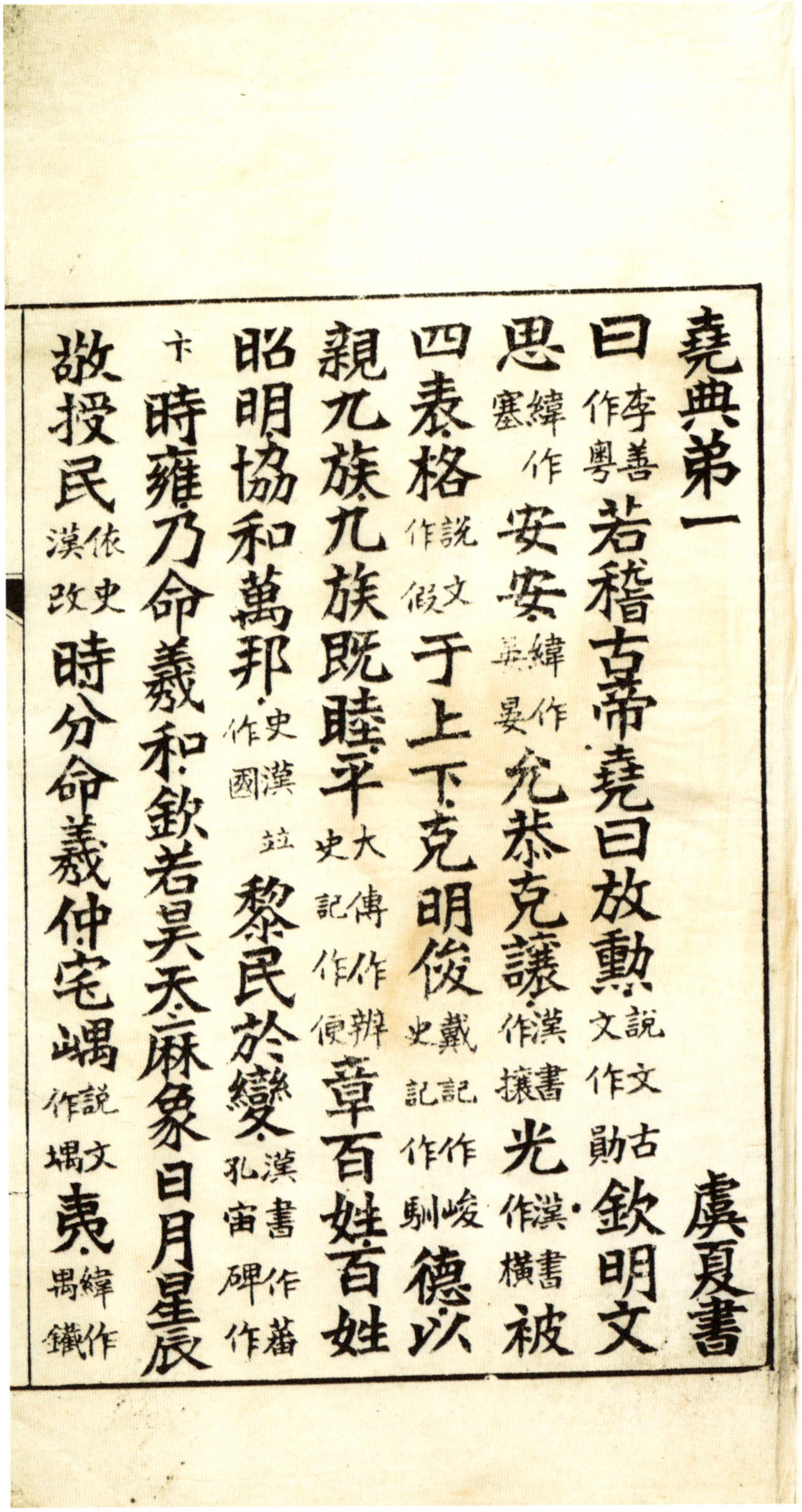
堯典第一　虞夏書
曰(李善作粵)若稽古帝堯曰放勳(說文古文作勛)欽明文
思(緯作塞)安安(緯作晏晏)允恭克讓(漢書作攘)光(漢書作橫)被
四表格(說文作假)于上下克明俊(戴記作峻史記作馴)德以
親九族九族既睦平(大傳作辨史記作便)章百姓百姓
昭明協和萬邦(史漢竝作國)黎民於變(漢書作蕃孔宙碑作
卞)時雍乃命羲和欽若昊天厤象日月星辰
敬授民(依史漢改)時分命羲仲宅嵎(說文作堣)夷(緯作嵎鐵)

156 寫定尚書一卷　（清）吴汝綸校　清光緒十八年（1892）桐城吴氏家塾石印本

框高 16.5 釐米，寬 11 釐米。半葉八行，行十七字，小字雙行同，黑口，四周單邊。

館藏索書號：103/26432

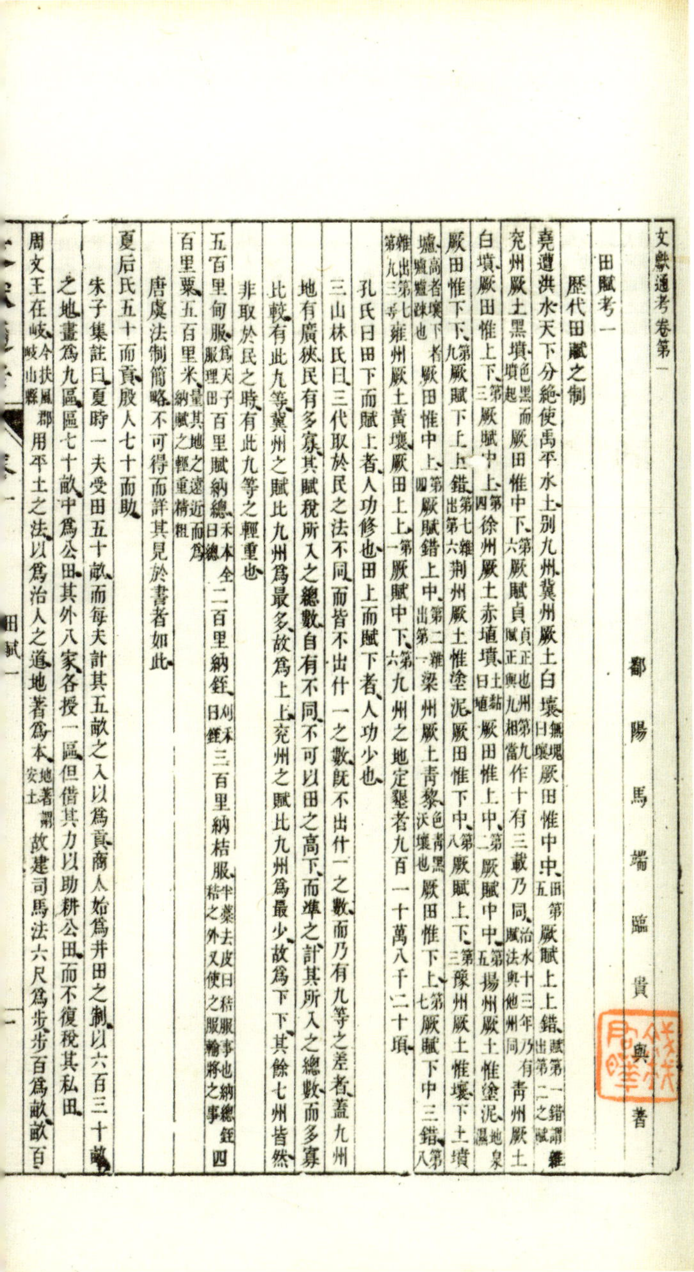

文獻通考卷第一　鄱陽馬端臨貴與著

田賦考一

歷代田賦之制

堯遭洪水天下分絕使禹平水土別九州冀州厥土白壤無塊曰壤厥田惟中中田第五厥賦上上錯賦第一錯謂出第二之賦兗州厥土黑墳色黑而墳起厥田惟中下第六厥賦貞貞正也州第九賦正與九相當作十有三載乃同治水十三年乃有賦法與他州同青州厥土白墳厥田惟上下第三厥賦中上第四徐州厥土赤埴墳土黏曰埴厥田惟上中第二厥賦中中第五揚州厥土惟塗泥地泉濕厥田惟下下第九厥賦下上上錯第七雜出第六荊州厥土惟塗泥厥田惟下中第八厥賦上下第三豫州厥土惟壤下土墳壚高者壤下者壚壚疏也厥田惟中上第四厥賦錯上中第二雜出第一梁州厥土青黎色青黑沃壤也厥田惟下上第七厥賦下中三錯第八雜出第七第九三等雍州厥土黃壤厥田上上第一厥賦中下第六九州之地定墾者九百一十萬八千二十頃

孔氏曰田下而賦上者人功修也田上而賦下者人功少也

三山林氏曰三代取於民之法不同而皆不出什一之數既不出什一之數而乃有九等之差者蓋九州地有廣狹民有多寡其賦稅所入之總數自有不同不可以田之高下而準之計其所入之總數而多寡比較有此九等冀州之賦比九州為最多故為上上兗州之賦比九州為最少故為下下其餘七州皆然非取於民之時有此九等之輕重也

五百里甸服為天子服治田百里賦納總禾本全曰總二百里納銍刈禾曰銍三百里納秸服半藁去皮曰秸服事也納秸之外又使之服輸將之事四百里粟五百里米量其地之遠近而為納賦之輕重精粗

唐虞法制簡略不可得而詳其見於書者如此

夏后氏五十而貢殷人七十而助

朱子集註曰夏時一夫受田五十畝而每夫計其五畝之入以為貢商人始為井田之制以六百三十畝之地畫為九區區七十畝中為公田其外八家各授一區但借其力以助耕公田而不復稅其私田

周文王在岐今扶風郡岐山縣用平土之法以為治人之道地著為本地著謂安土故建司馬法六尺為步步百為畝畝百

田賦一　一

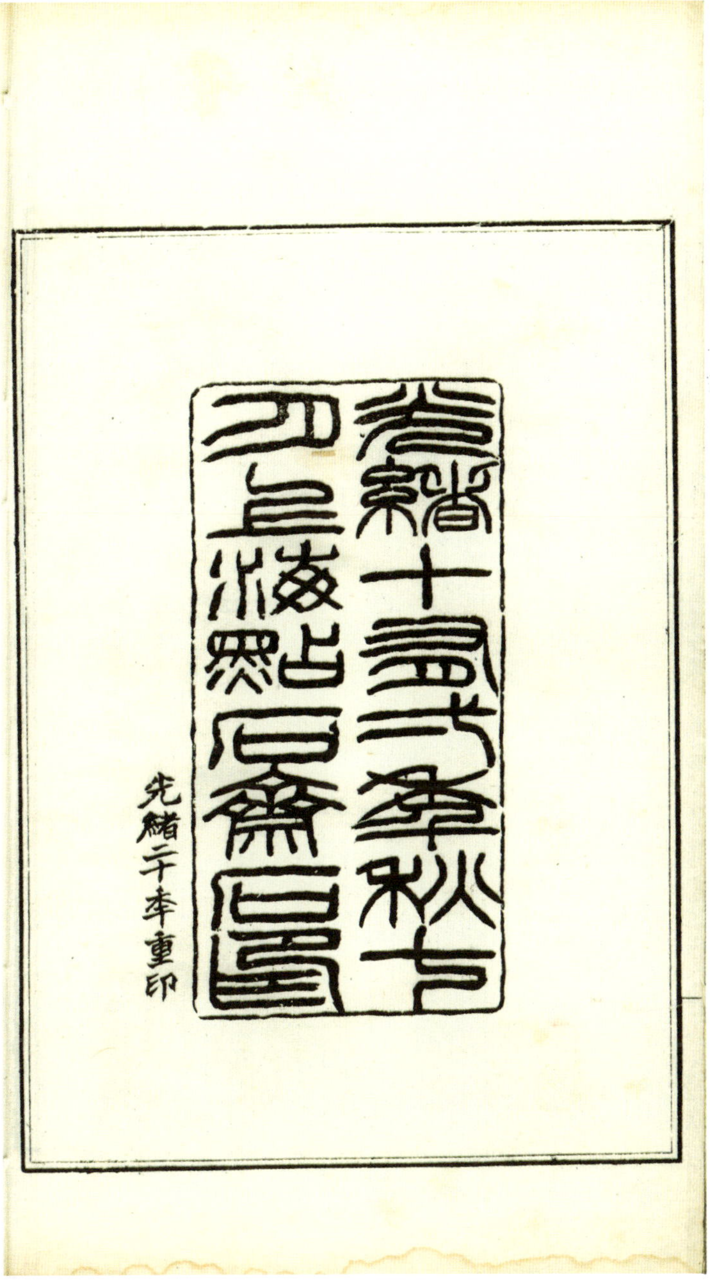

光緒十一年秋七月上海點石齋印

光緒二十年重印

157 文獻通考二十四卷首一卷（元）馬端臨撰　清光緒十一年（1885）上海點石齋石印光緒二十年（1894）重印本

框高 12.4 釐米，寬 8.8 釐米。半葉二十二行，行四十二字，小字雙行同，白口，四周單邊。

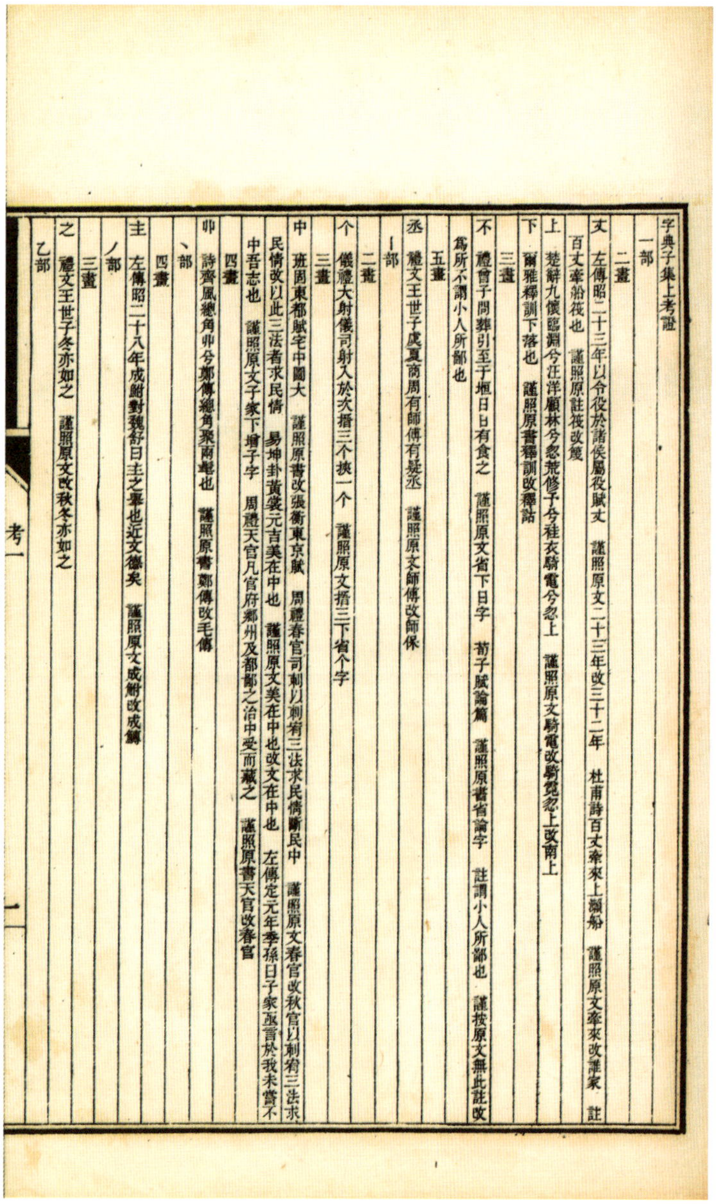

字典子集上考證

一部

二畫

丈　左傳昭二十三年以令役於諸侯屬役賦丈　謹照原文二十三年改三十二年　杜甫詩百丈牽來上瀨船　謹照原文牽來改誰家　註百丈牽船筏也　謹照原註筏改篾

上　楚辭九懷臨淵兮汪洋顧林兮忽荒修予兮袿衣騎霓兮忽上　謹照原文騎霓改騎霓忽上改南上

下　爾雅釋訓下落也　謹照原書釋訓改釋詁

三畫

不　禮曾子問葬引至于堩日有食之　謹照原文省下日字　荀子賦論篇　謹照原書省論字　註謂小人所鄙也　謹按原文無此註改爲所不謂小人所鄙也

五畫

丞　禮文王世子虞夏商周有師傅有疑丞　謹照原文師傅改師保

丨部

二畫

个　儀禮大射儀司射入於次搢三个挾一个　謹照原文搢三下省个字

三畫

中　班固東都賦宅中圖大　謹照原書改張衡東京賦　周禮春官司刺以刺宥三法求民情斷民中　謹照原文春官改秋官以刺宥三法求民情改以此三法者求民情　易坤卦黃裳元吉美在中也　謹照原文美在中也改文在中也　左傳定元年季孫曰子家亟言於我未嘗不中吾志也　謹照原文子家下增子字　周禮天官凡官府鄉州及都鄙之治中受而藏之　謹照原書天官改春官

四畫

丱　詩齊風總角丱兮鄭傳總角聚兩髦也　謹照原書鄭傳改毛傳

丶部

四畫

主　左傳昭二十八年成鮒對魏舒曰主之舉也近文德矣　謹照原文成鮒改成鱄

丿部

三畫

之　禮文王世子冬亦如之　謹照原文改秋冬亦如之

乙部

考一　一

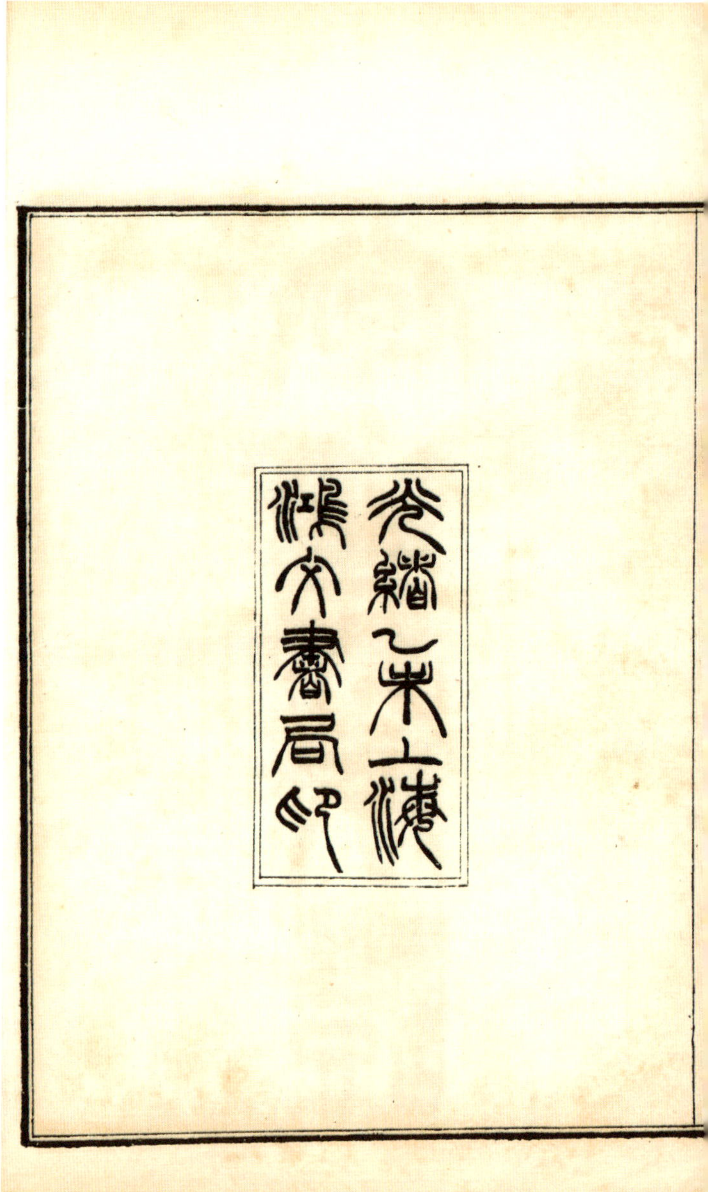

光緒乙未上海鴻文書局印

158 王氏四種　（清）王引之撰　清光緒二十一年（1895）上海鴻文書局石印本

框高 15.5 釐米，寬 11.4 釐米。半葉二十八行，行五十六字，黑口，四周雙邊。

館藏索書號：403/10113

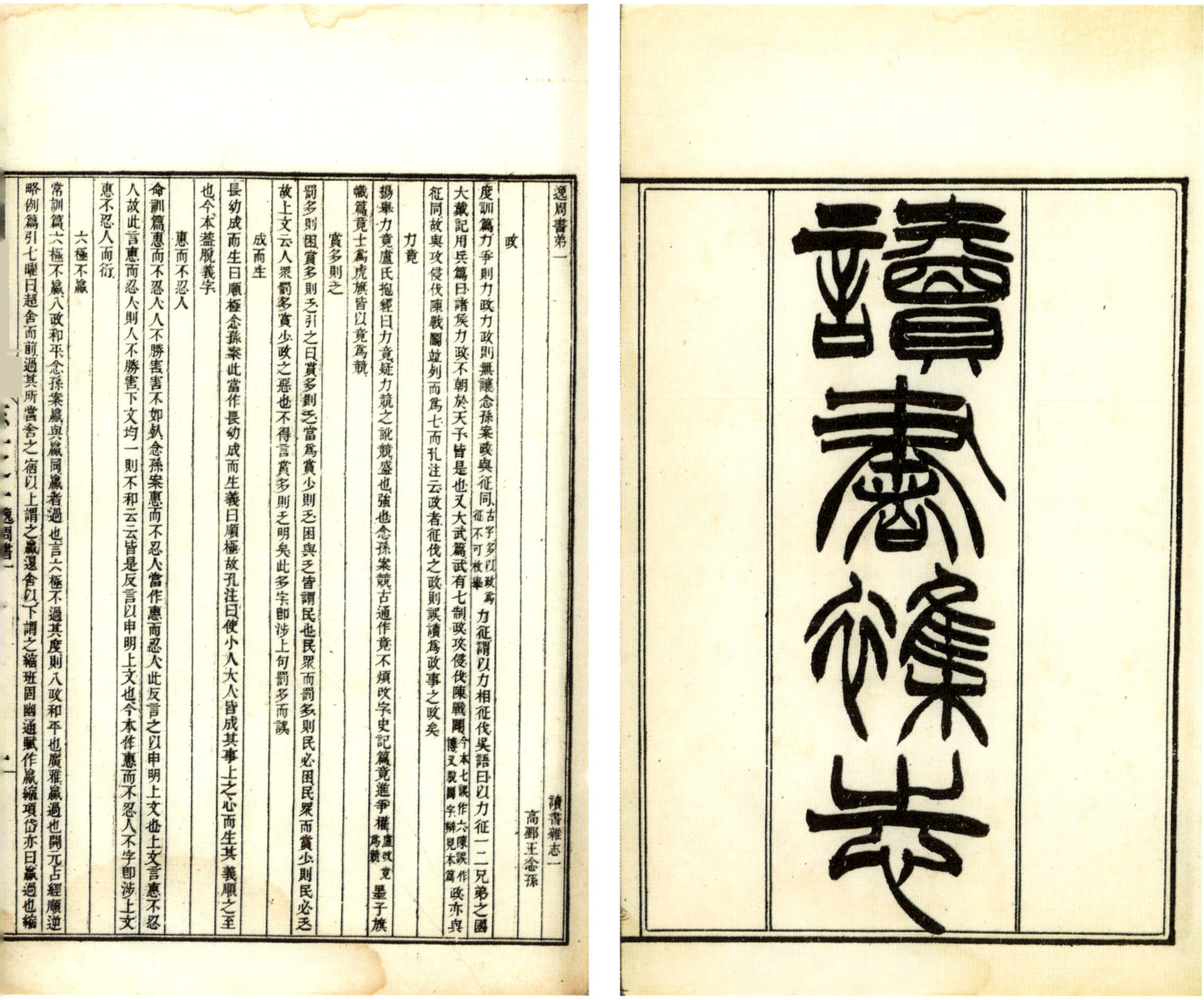

159 讀書雜志十卷 （清）王念孫撰　清光緒二十一年（1895）

上海鴻文書局石印本

框高 15.5 釐米，寬 11.4 釐米。半葉二十二行，行四十六字，小字雙行同，黑口，四周雙邊。

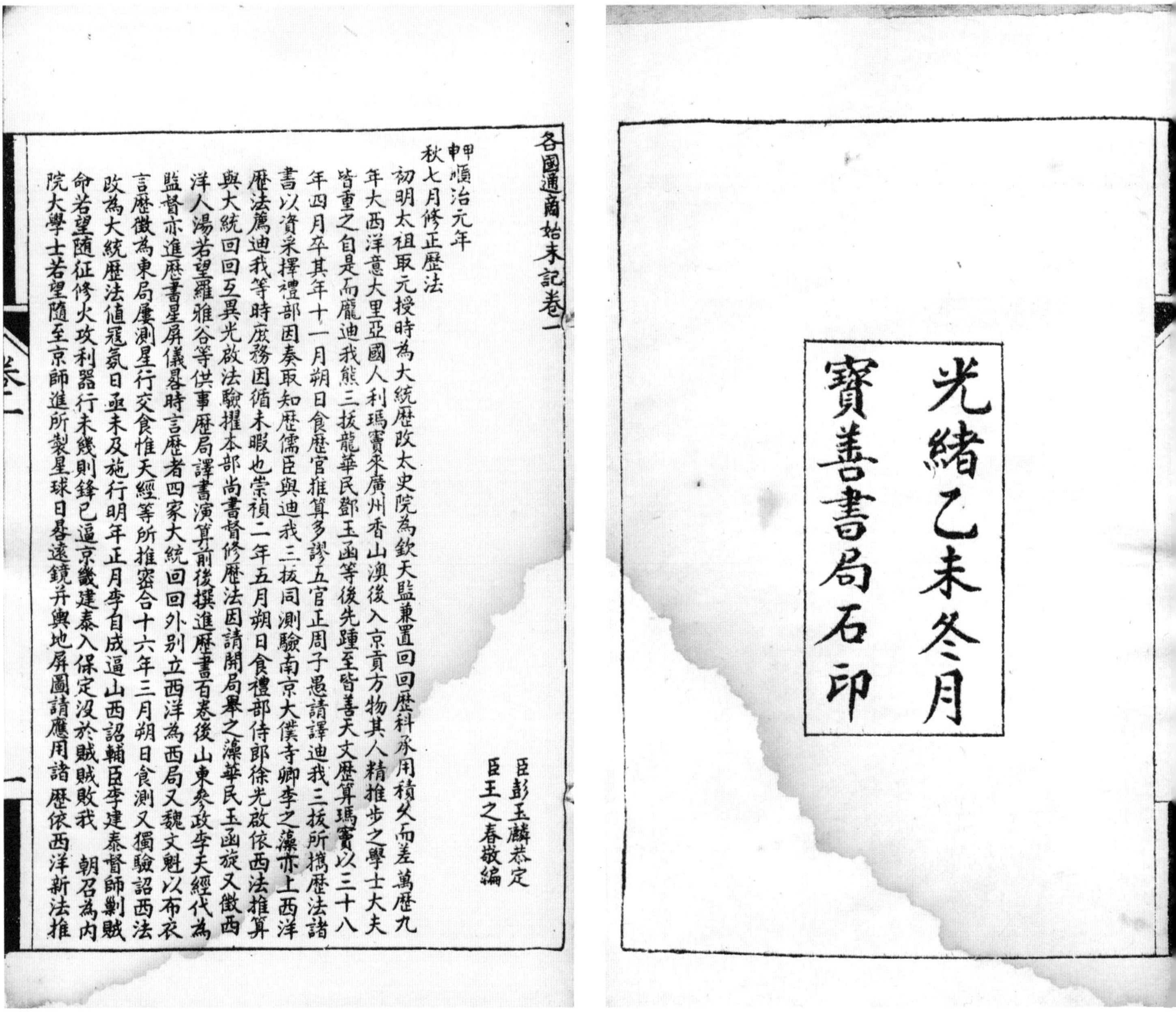

光緒乙未冬月
寶善書局石印

各國通商始末記卷一
臣彭玉麟恭定
臣王之春敬編

甲申順治元年
秋七月修正歷法
初明太祖取元授時為大統歷改太史院為欽天監兼置回回歷科承用積久而差萬歷九年大西洋意大里亞國人利瑪竇來廣州香山澳後入京貢方物其人精推步之學士大夫皆重之自是而龐迪我熊三拔龍華民鄧玉函等後先踵至皆善天文歷算瑪竇以三十八年四月卒其年十一月朔日食歷官推算多謬五官正周子愚請譯迪我三拔所攜歷法諸書以資采擇禮部因奏取知歷儒臣與迪我三拔同測驗南京大僕寺卿李之藻亦上西洋歷法薦迪我等時庶務因循未暇也崇禎二年五月朔日食禮部侍郎徐光啟依西法推算與大統回回互異光啟法驗擢本部尚書督修歷法因請開局舉之藻華民玉函旋又徵西洋人湯若望羅雅谷等供事歷局譯書演算前後撰進歷書百卷後山東參政李天經代為監督亦進歷書星屏儀晷時言歷者四家大統回回外別立西洋為西局又魏文魁以布衣言歷徵為東局屢測星行交食惟天經等所推密合十六年三月朔日食測又獨驗詔西法改為大統歷法值寇氛日亟未及施行明年正月李自成逼山西詔輔臣李建泰督師剿賊命若望隨征修火攻利器行未幾則鋒已逼京畿建泰入保定沒於賊賊敗我 朝召為內院大學士若望隨至京師進所製星球日晷遠鏡并輿地屏圖請應用諸歷依西洋新法推

160 各國通商始末記二十卷 （清）王之春編 清光緒二十一年（1895）寶善書局石印本

框高12.2釐米，寬8.2釐米。半葉十八行，行三十六字，小字雙行同，黑口，四周單邊。

館藏索書號：209.5/10135

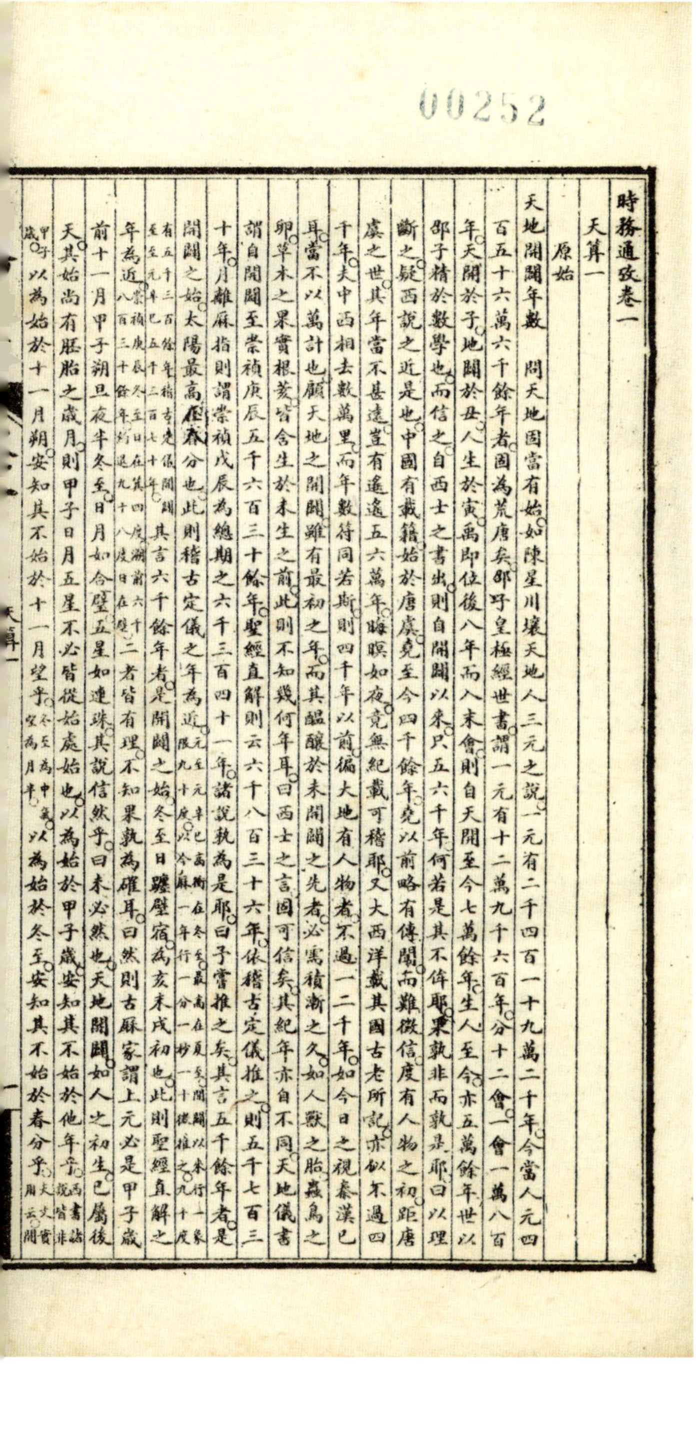
時務通攷卷一
天算一
原始
天地開闢年數　問天地固當有始如陳星川壞天地人三元之說一元有二千四百一十九萬二千年今當人元四
百五十六萬六千餘年者固為荒唐矣邵野皇極經世書謂一元有十二萬九千六百年分十二會一會一萬八百
年天開於子地闢於丑人生於寅禹即位後八年而入未會則自天開至今七萬餘年生人至今亦五萬餘年世以
邵子精於數學也而信之自西士之書出則自開闢以來只五六千年何若是其不侔耶果孰非而孰是耶曰以理
斷之疑西說之近是也中國有載籍始於唐虞堯至今四千餘年堯以前略有傳聞而難徵信度有人物之初距唐
虞之世其年當不甚遠豈有邃遠五六萬年晦暝如夜竟無紀載可稽耶又大西洋載其國古老所記亦似不過四
千年夫中西相去數萬里而年數符同若斯則四千年以前徧大地有人物者不過一二千年如今日之視秦漢已
耳當不以萬計也顧天地之開闢雖有最初之年而其醞釀於未開闢之先者必寓積漸之久如人獸之胎蟲鳥之
卵草木之果實根荄皆含生於未生之前此則不知幾何年耳曰西士之言固可信矣其紀年亦自不同天地儀書

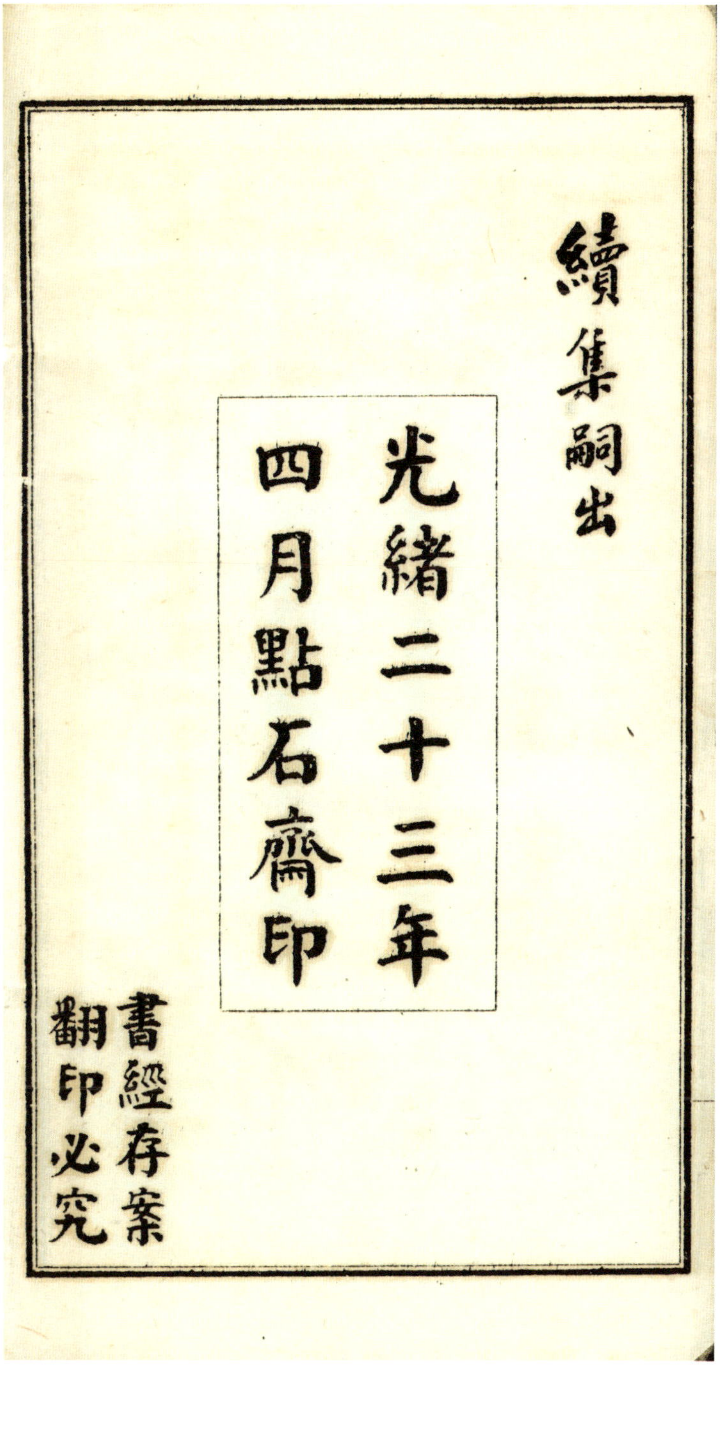
續集嗣出
光緒二十三年
四月點石齋印
書經存案
翻印必究

161 時務通攷三十一卷　（清）杞廬主人等輯　清光緒二十三年（1897）上海點石齋石印本

框高13.9釐米，寬8.2釐米。半葉二十行，行四十五字，小字雙行同，黑口，四周雙邊。

館藏索書號：209.1/47208

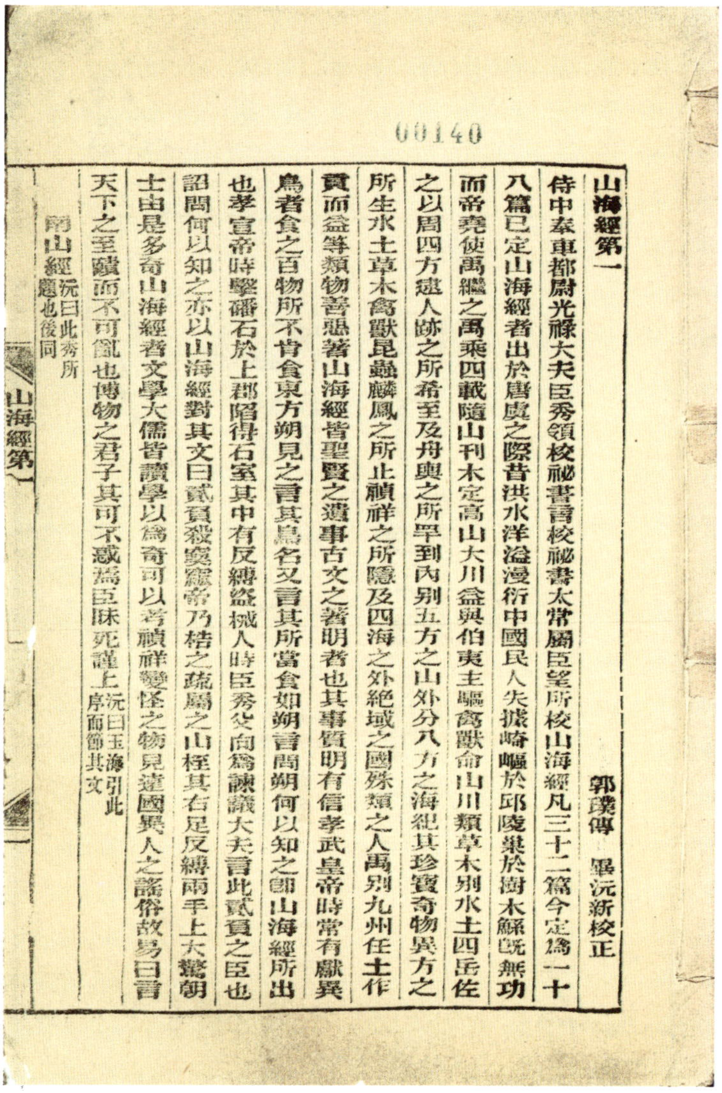

山海經第一

郭璞傳　畢沅新校正

侍中奉車都尉光祿大夫臣秀領校祕書言校祕書太常屬臣望所校山海經凡三十二篇今定爲一十八篇已定山海經者出於唐虞之際昔洪水洋溢漫衍中國民人失據崎嶇於邱陵巢於樹木鯀既無功而帝堯使禹繼之禹乘四載隨山刊木定高山大川益與伯翳主驅禽獸命山川類草木別水土四嶽佐之以周四方逮人跡之所希至及舟輿之所罕到內別五方之山外分八方之海紀其珍寶奇物異方之所生水土草木禽獸昆蟲麟鳳之所止禎祥之所隱及四海之外絕域之國殊類之人禹別九州任土作貢而益等類物善惡著山海經皆聖賢之遺事古文之著明者也其事質明有信孝武皇帝時常有獻異鳥者食之百物所不肯食東方朔見之言其鳥名又言其所當食如朔言問朔何以知之卽山海經所出也孝宣帝時擊磻石於上郡陷得石室其中有反縛盜械人時臣秀父向爲諫議大夫言此貳負之臣也詔問何以知之亦以山海經對其文曰貳負殺窫窳帝乃梏之疏屬之山桎其右足反縛兩手上大驚朝士由是多奇山海經者文學大儒皆讀學以爲奇可以考禎祥變怪之物見遠國異人之謠俗故易曰言天下之至賾而不可亂也博物之君子其可不惑焉臣昧死謹上沅曰玉海引此序而節其文

南山經沅曰此秀所題也後同

山海經第一

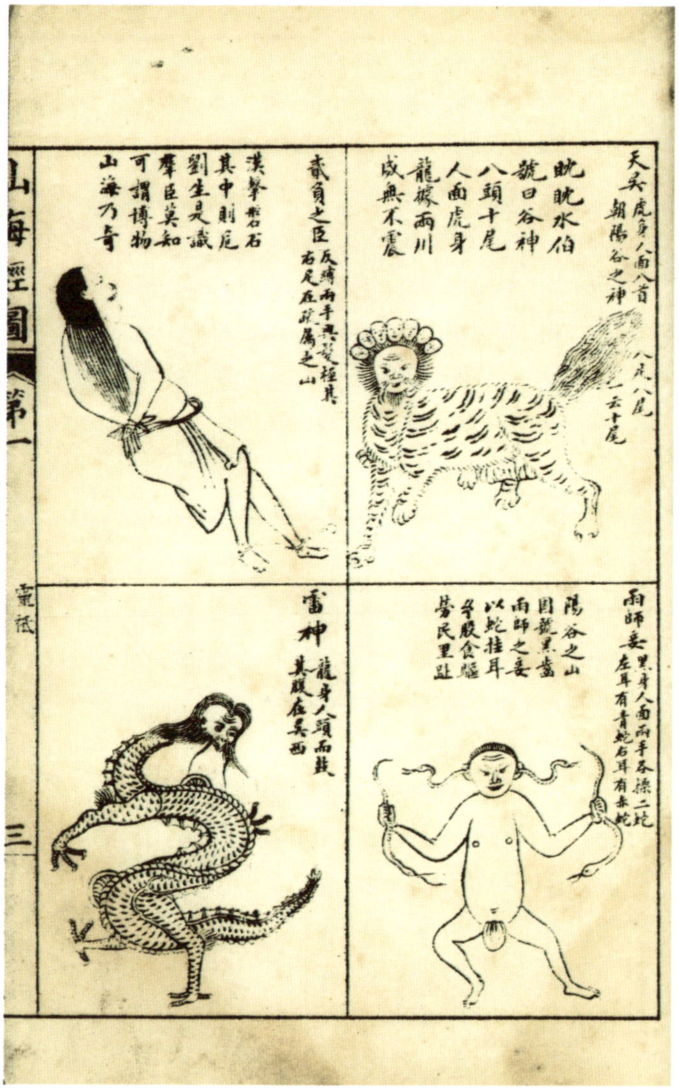

162 山海經新校正十八卷 （晉）郭璞傳　（清）畢沅校正

清光緒二十三年（1897）文瑞樓石印本

框高 15.6 釐米，寬 11.4 釐米。半葉十三行，行四十字，小字雙行同，白口，四周單邊。

館藏索書號：213.4/07413

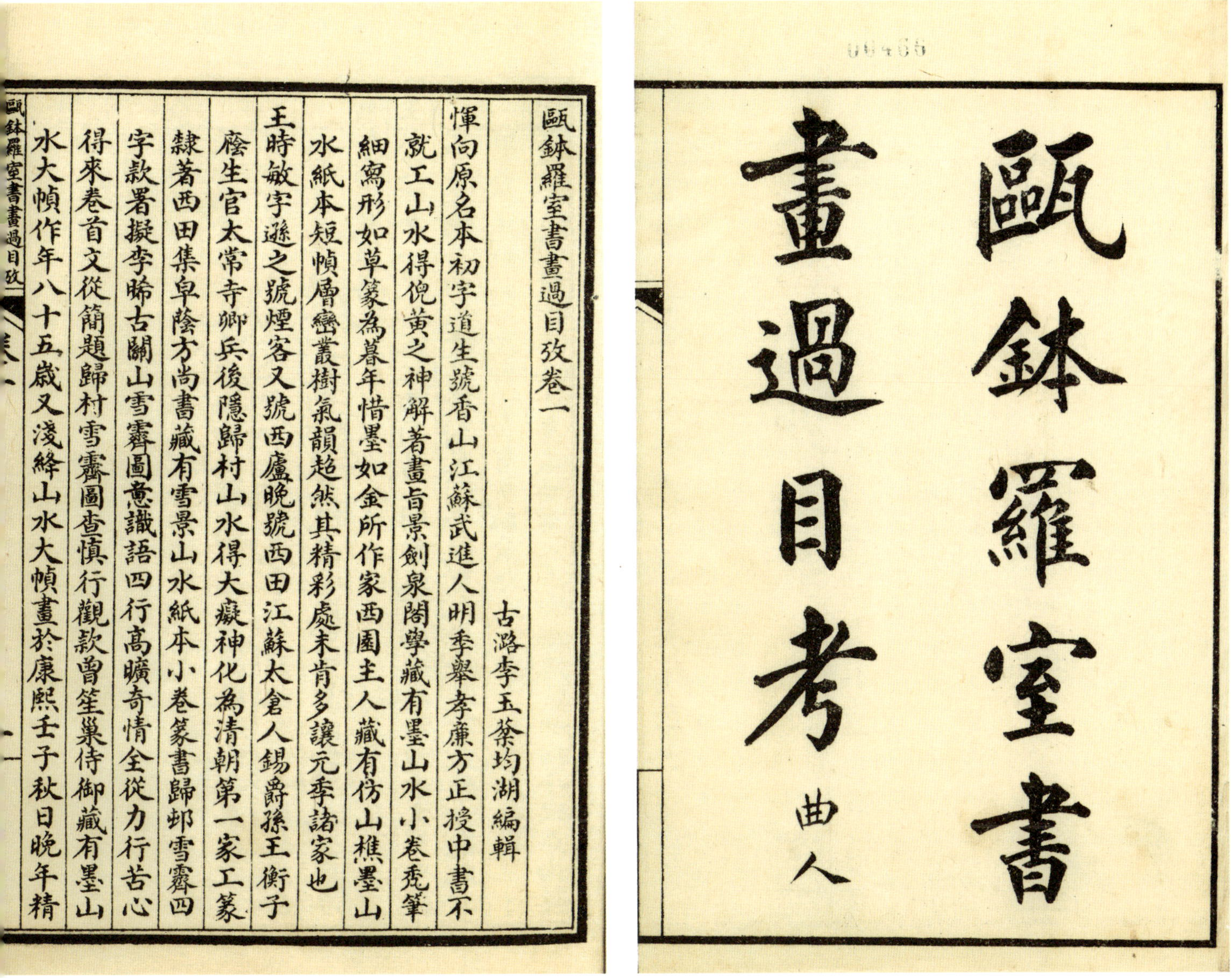

甌鉢羅室書畫過目考

曲人

甌鉢羅室書畫過目攷卷一

古潞李玉棻均湖編輯

惲向原名本初字道生號香山江蘇武進人明季舉孝廉方正授中書不就工山水得倪黄之神解著畫旨景劍泉閣學藏有墨山水小卷禿筆細寫形如草篆為暮年惜墨如金所作家西園主人藏有仿山樵墨山水紙本短幀層巒叢樹氣韻超然其精彩處未肯多讓元季諸家也

王時敏字遜之號煙客又號西廬晚號西田江蘇太倉人錫爵孫王衡子蔭生官太常寺卿兵後隱歸村山水得大癡神化為清朝第一家工篆隸著西田集阜蔭方尚書藏有雪景山水紙本小卷篆書歸邨雪霽四字款署擬李晞古關山雪霽圖意識語四行高曠奇情全從力行苦心得來卷首文從簡題歸村雪霽圖查慎行觀款曾笙巢侍御藏有墨山水大幀作年八十五歲又淺絳山水大幀畫於康熙壬子秋日晚年精

甌鉢羅室書畫過目攷 卷一 一

163 甌鉢羅室書畫過目攷四卷首一卷附録一卷 （清）李玉棻編　清光緒二十三年（1897）上海鴻文齋石印本

框高 17.3 釐米，寬 12 釐米。半葉十二行，行二十八字，黑口，四周雙邊。

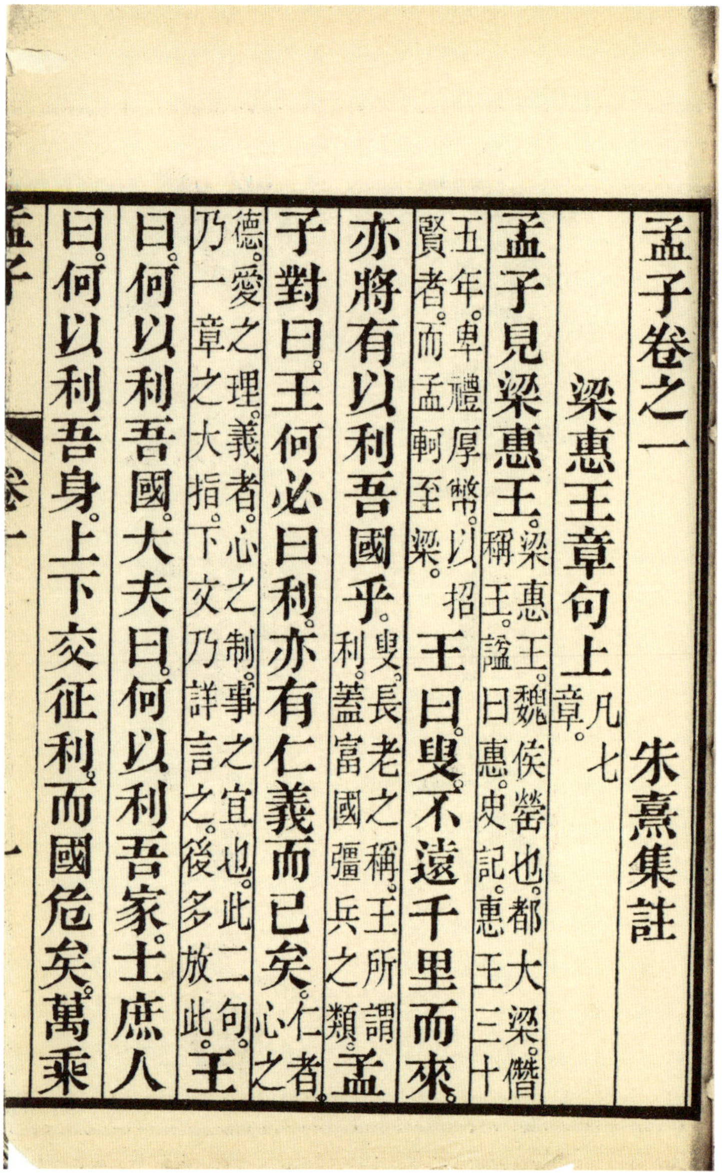

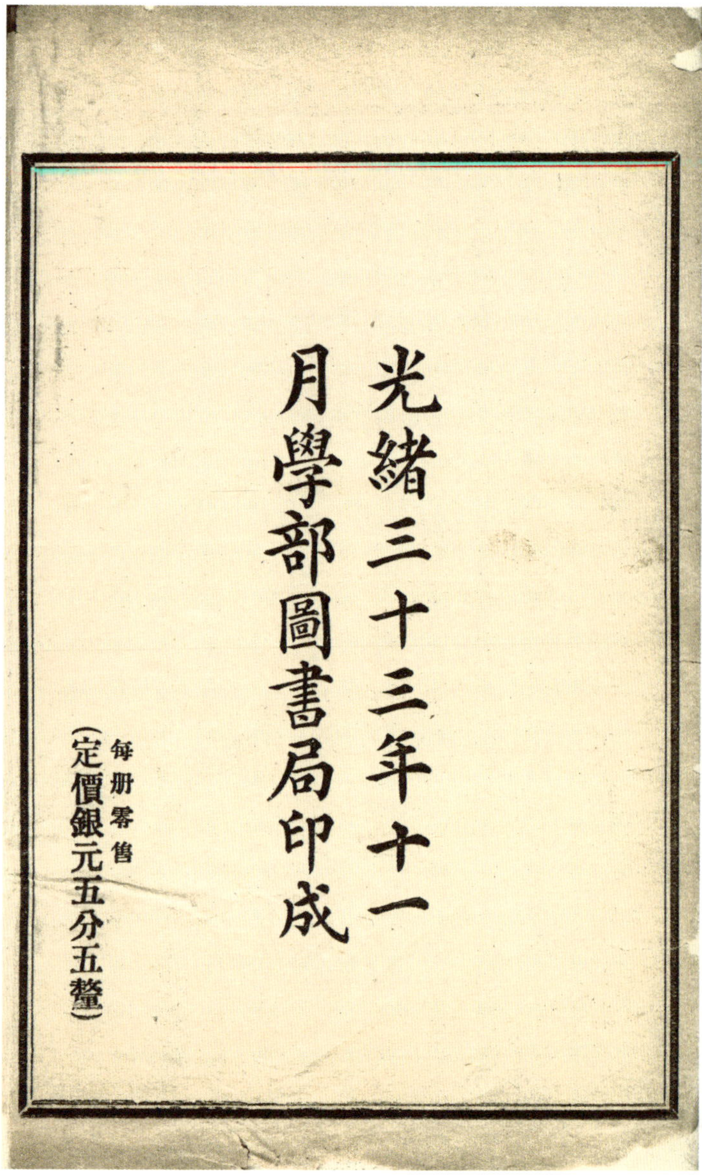

164 孟子集註七卷　（宋）朱熹集註　清光緒三十三年（1907）學部圖書局石印本

框高 18.2 釐米，寬 11.3 釐米。半葉九行，行十七字，小字雙行同，白口，左右雙邊。

館藏索書號：108.2/17151

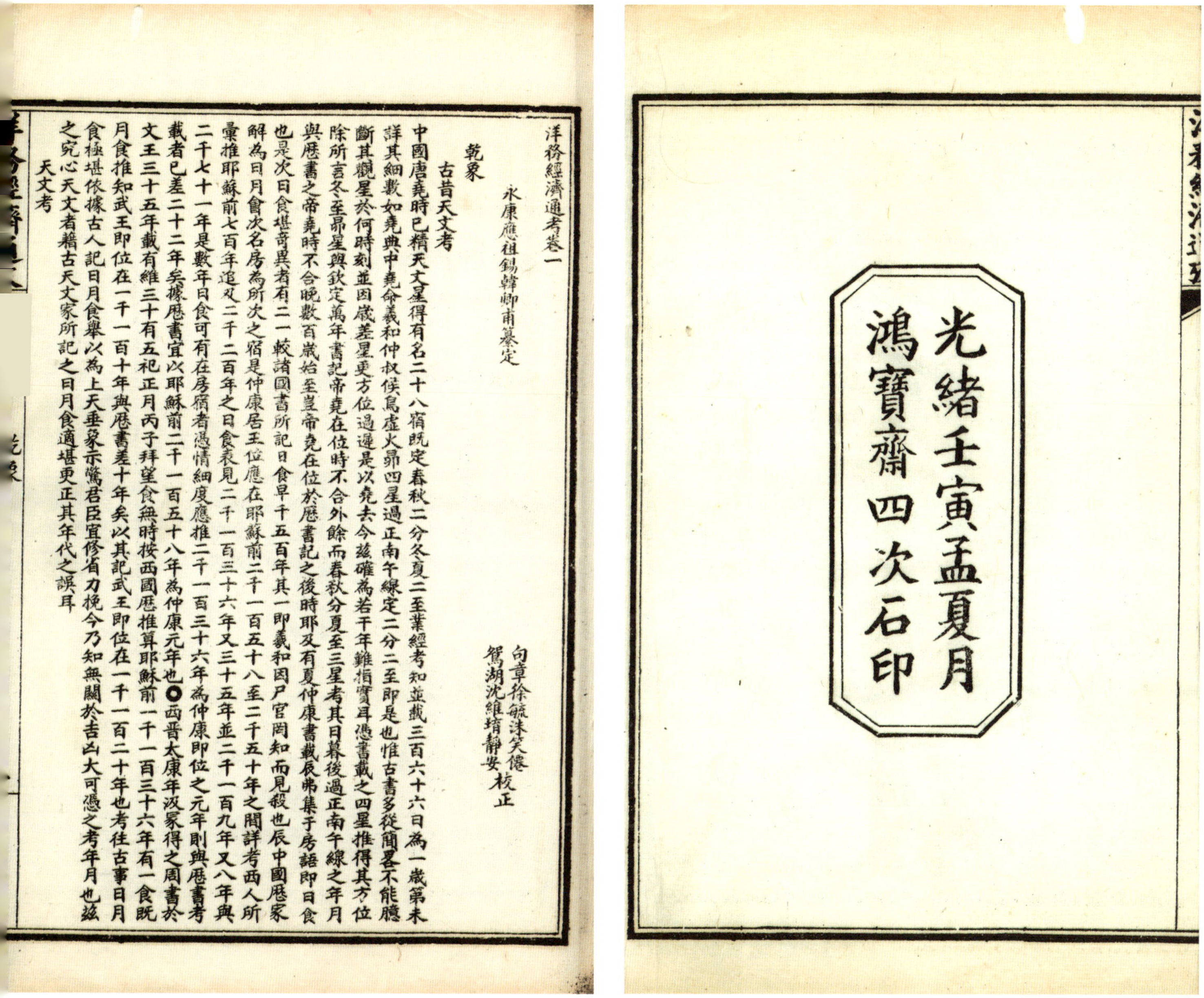

光緒壬寅孟夏月
鴻寶齋四次石印

洋務經濟通考卷一
永康應祖錫韓卿甫纂定
向章徐毓洙笑儂
鴛湖沈維堉靜安 校正
乾象
古昔天文考
中國唐堯時已精天文星得有名二十八宿既定春秋二分冬夏二至業經考知並載三百六十六日為一歲第未詳其細數如堯典中堯命羲和仲叔候鳥虛火昴四星過正南午線定二分二至即是也惟古書多從簡畧不能臆斷其觀星於何時刻並因歲差星更方位過遲是以堯去今茲確為若干年難指實耳憑書載之四星推得其方位除所言冬至昴星與欽定萬年書記帝堯在位時不合外餘而春秋分夏至三星考其日暮後過正南午線之年月與歷書之帝堯時不合晚數百歲始至是帝堯在位於歷書記之後時耶及有夏仲康書載辰弗集于房語即日食也是次日食堪奇異者有二一較諸國書所記日食早千五百年其一即羲和因尸官罔知而見殺也辰中國歷家解為日月會次名房為所次之宿是仲康居王位應在耶穌前二千一百五十八至二千五十年之間詳考西人所彙推耶穌前七百年追及二千二百年之日食表見二千一百三十六年又三十五年並二千一百九年又八年與二千七十一年是數年日食可有在房宿者憑情細度應推二千一百三十六年為仲康即位之元年則與歷書考載者已差二十二年矣據歷書宜以耶穌前二千一百五十八年為仲康元年也◎西晋太康年汲冢得之周書於文王三十五年載有維三十有五祀正月丙子拜望食無時按西國歷推算耶穌前一千一百三十六年有一食既月食推知武王即位在一千一百十年與歷書差十年矣以其記武王即位在一千一百二十年也考往古事日月食極堪依據古人記日月食舉以為上天垂象示驚君臣宜修省力挽今乃知無關於吉凶大可憑之考年月也茲之究心天文者藉古天文家所記之日月食適堪更正其年代之誤耳
天文考

165 洋務經濟通考十六卷 （清）應祖錫纂 （清）徐毓洙（清）沈維堉校 清光緒二十八年（1902）鴻寶齋石印本

框高 16.3 釐米，寬 11 釐米。半葉二十行，行四十四字，白口，四周雙邊。

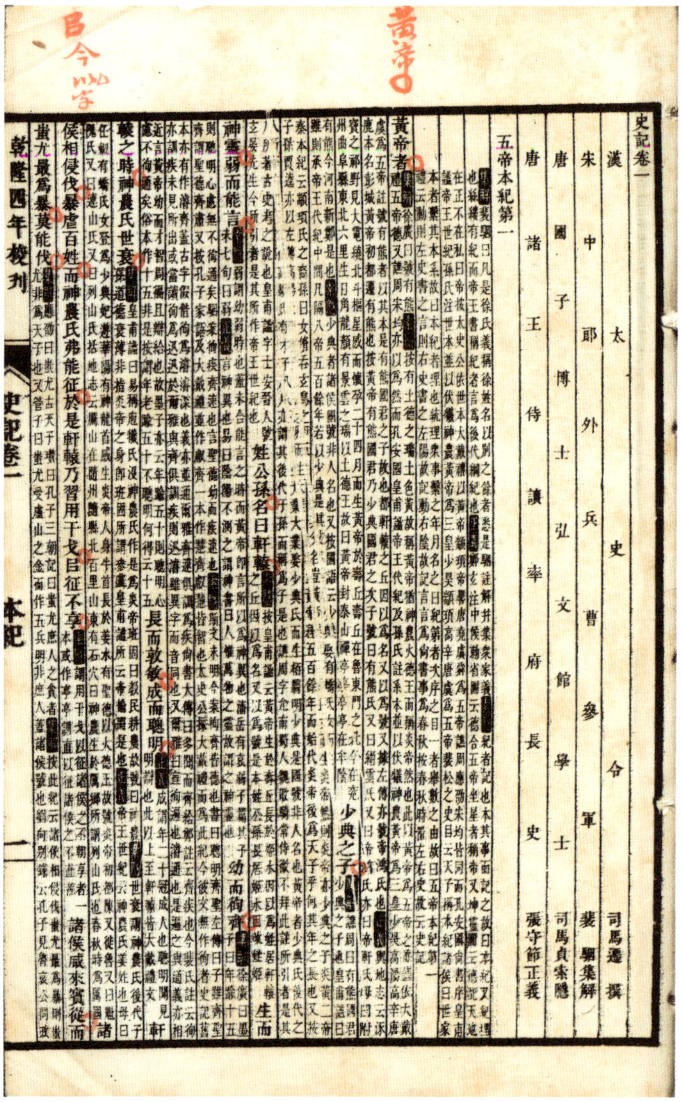

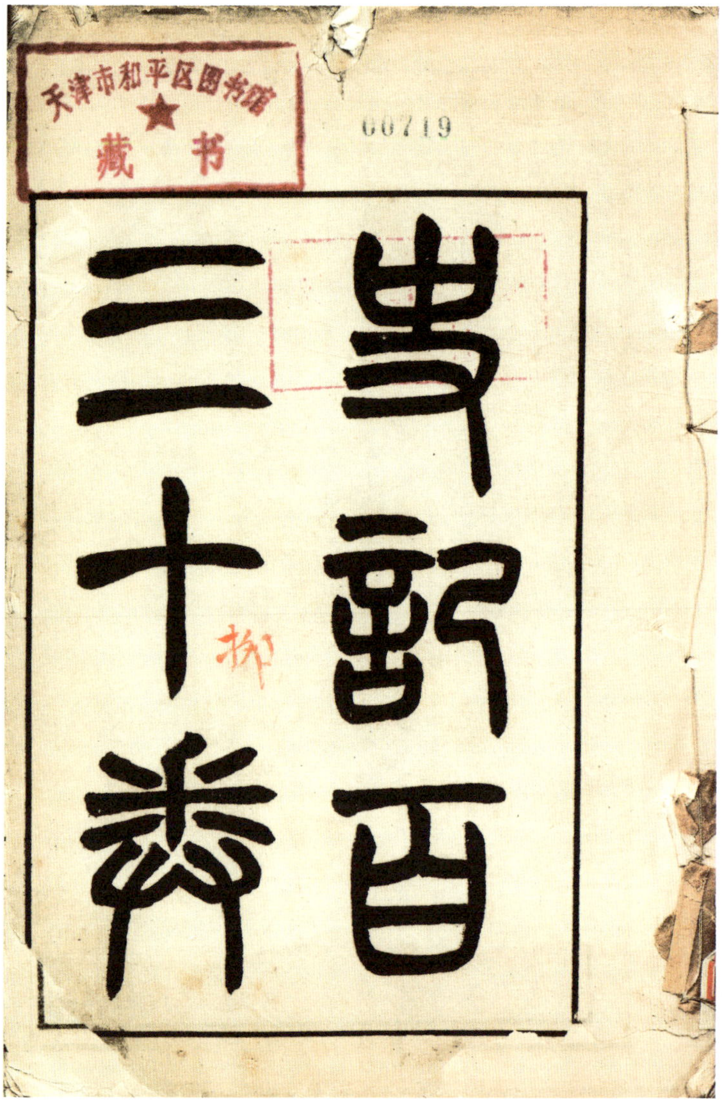

166 史記一百三十卷 （漢）司馬遷撰 （南朝宋）裴駰集解

（唐）司馬貞索隱 （唐）張守節正義 清光緒二十八年（1902）竢實齋石印欽定二十四史本

框高 17.2 釐米，寬 12 釐米。半葉二十三行，行五十一字，小字雙行同，白口，四周單邊。

館藏索書號：202.2/17631

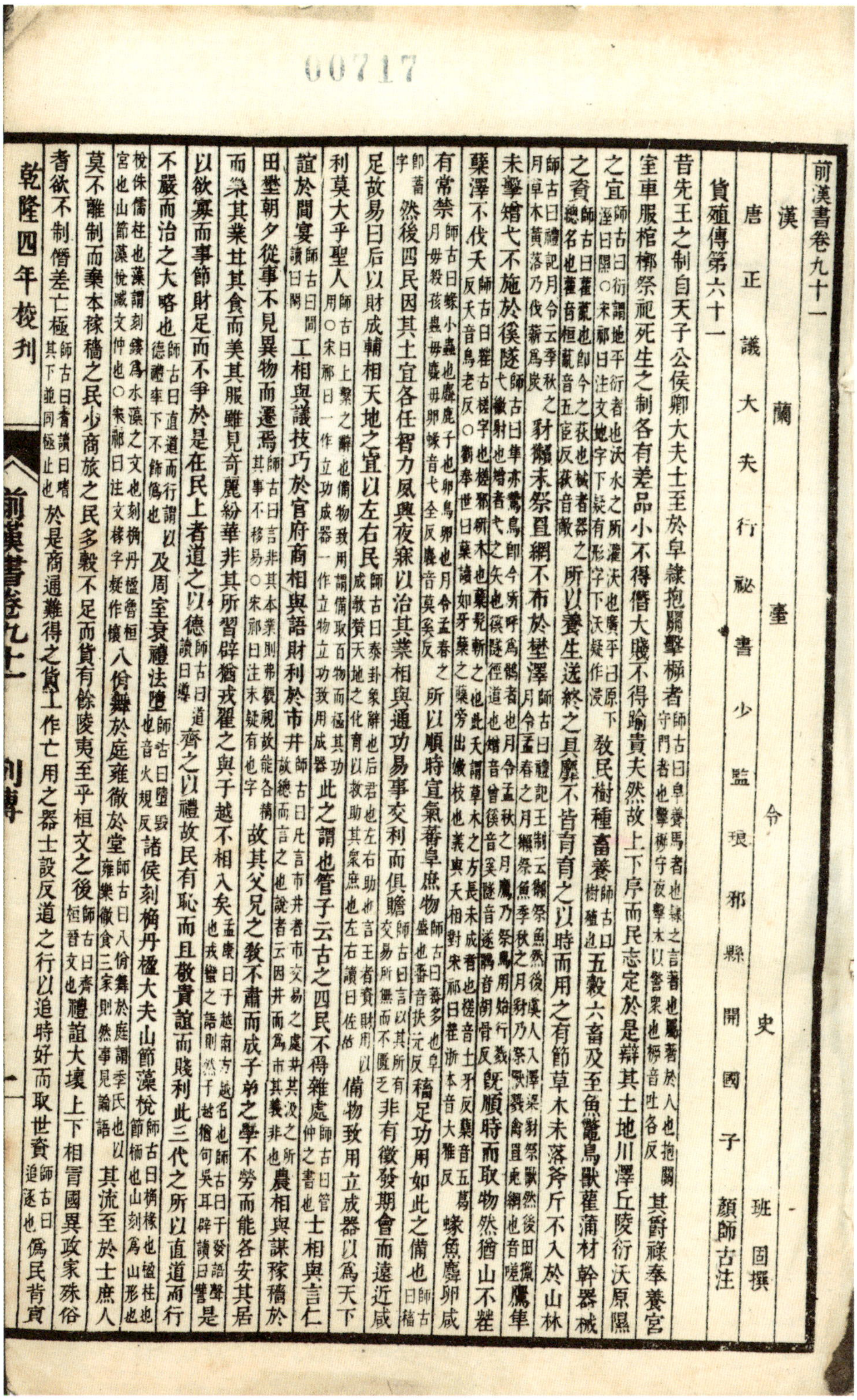

167 漢書一百卷 （漢）班固撰 （唐）顔師古注 清光緒二十八年（1902）誒實齋石印欽定二十四史本

框高 17.1 釐米，寬 11.8 釐米。半葉二十三行，行五十一字，小字雙行同，白口，四周單邊。

館藏索書號：201.3/11160

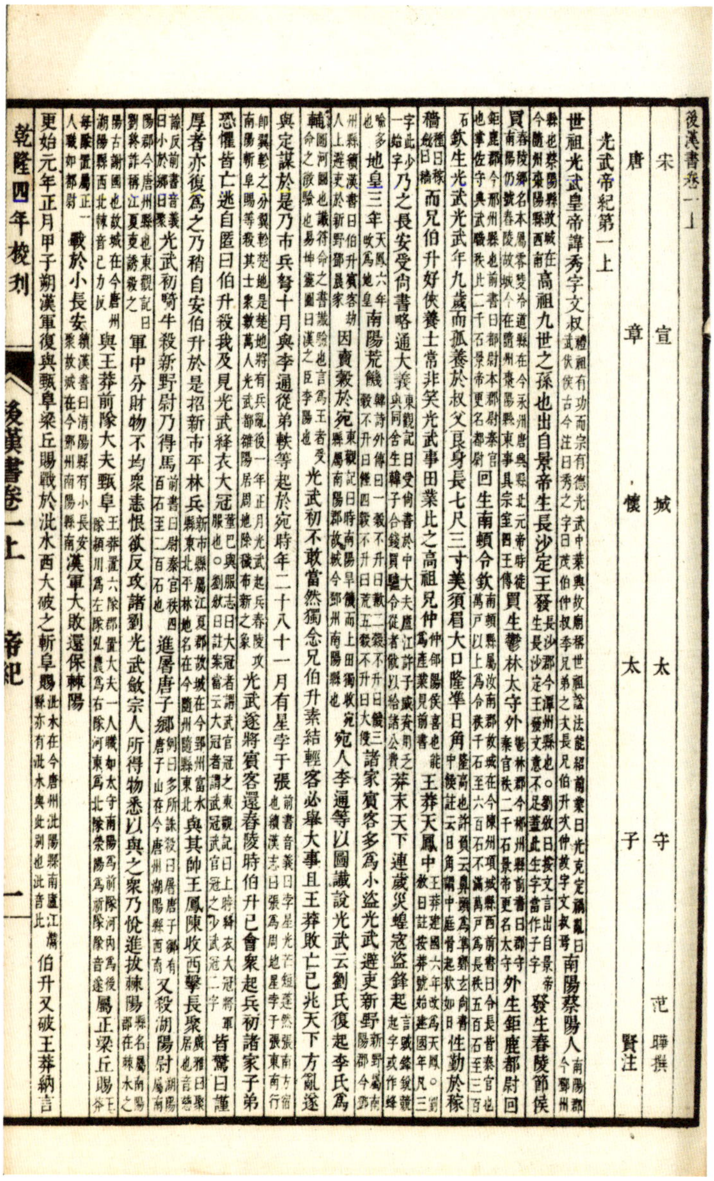
後漢書卷一上

宋　宣城太守　范曄撰

唐　章懷太子　賢注

光武帝紀第一上

世祖光武皇帝諱秀字文叔南陽蔡陽人高祖九世之孫也出自景帝生長沙定王發發生舂陵節侯買買生鬱林太守外外生鉅鹿都尉回回生南頓令欽欽生光武光武年九歲而孤養於叔父良身長七尺三寸美須眉大口隆準日角性勤於稼穡而兄伯升好俠養士常非笑光武事田業比之高祖兄仲王莽天鳳中乃之長安受尚書略通大義莽末天下連歲災蝗寇盜鋒起地皇三年南陽荒饑諸家賓客多為小盜光武避吏新野因賣穀於宛宛人李通等以圖讖說光武云劉氏復起李氏為輔光武初不敢當然獨念兄伯升素結輕客必舉大事且王莽敗亡已兆天下方亂遂與定謀於是乃市兵弩十月與李通從弟軼等起於宛時年二十八十一月有星孛于張光武遂將賓客還舂陵時伯升已會衆起兵初諸家子弟恐懼皆亡逃自匿曰伯升殺我及見光武絳衣大冠皆驚曰謹厚者亦復為之乃稍自安伯升於是招新市平林兵與其帥王鳳陳牧西擊長聚光武初騎牛殺新野尉乃得馬進屠唐子鄉又殺湖陽尉軍中分財物不均衆恚恨欲反攻諸劉光武斂宗人所得物悉以與之衆乃悅進拔棘陽與王莽前隊大夫甄阜屬正梁丘賜戰於小長安漢軍大敗還保棘陽

更始元年正月甲子朔漢軍復與甄阜梁丘賜戰於沘水西大破之斬阜賜伯升又破王莽納言

乾隆四年校刊　後漢書卷一上　帝紀　一

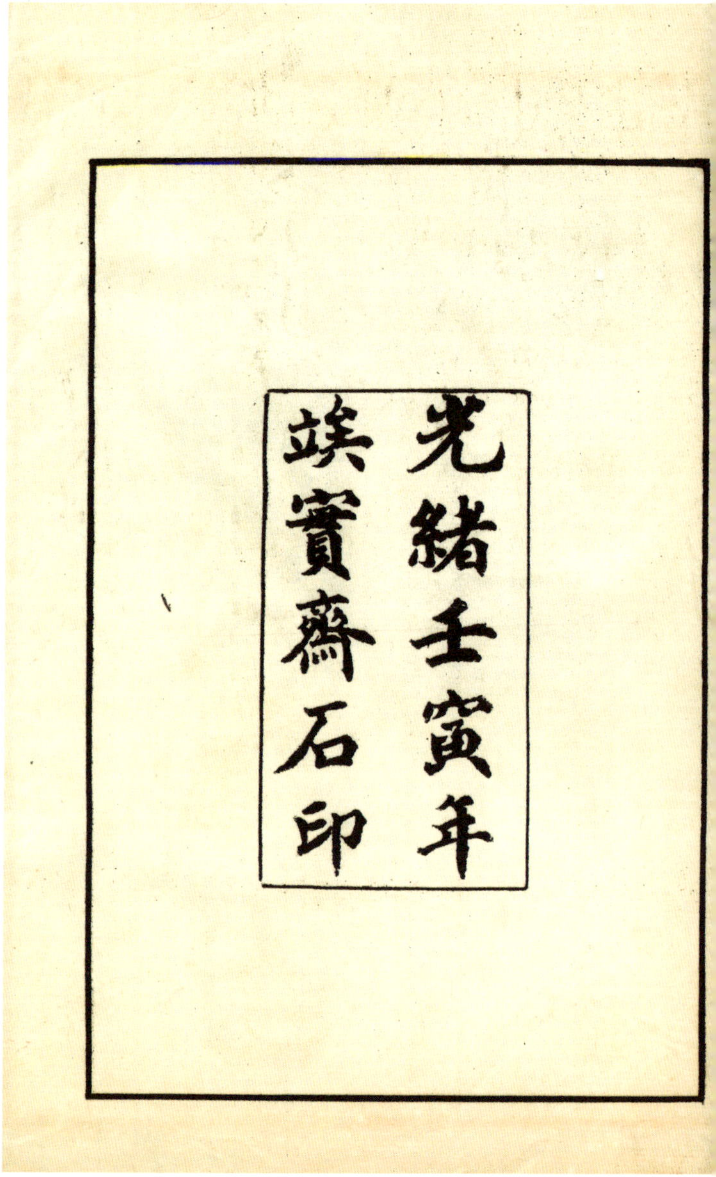
光緒壬寅年

竢實齋石印

168 後漢書一百二十卷（南朝宋）范曄撰　（唐）李賢注

清光緒二十八年（1902）竢實齋石印欽定二十四史本

框高 17.1 釐米，寬 11.8 釐米。半葉二十三行，行五十一字，小字雙行同，白口，四周單邊。

館藏索書號：201.3/44164

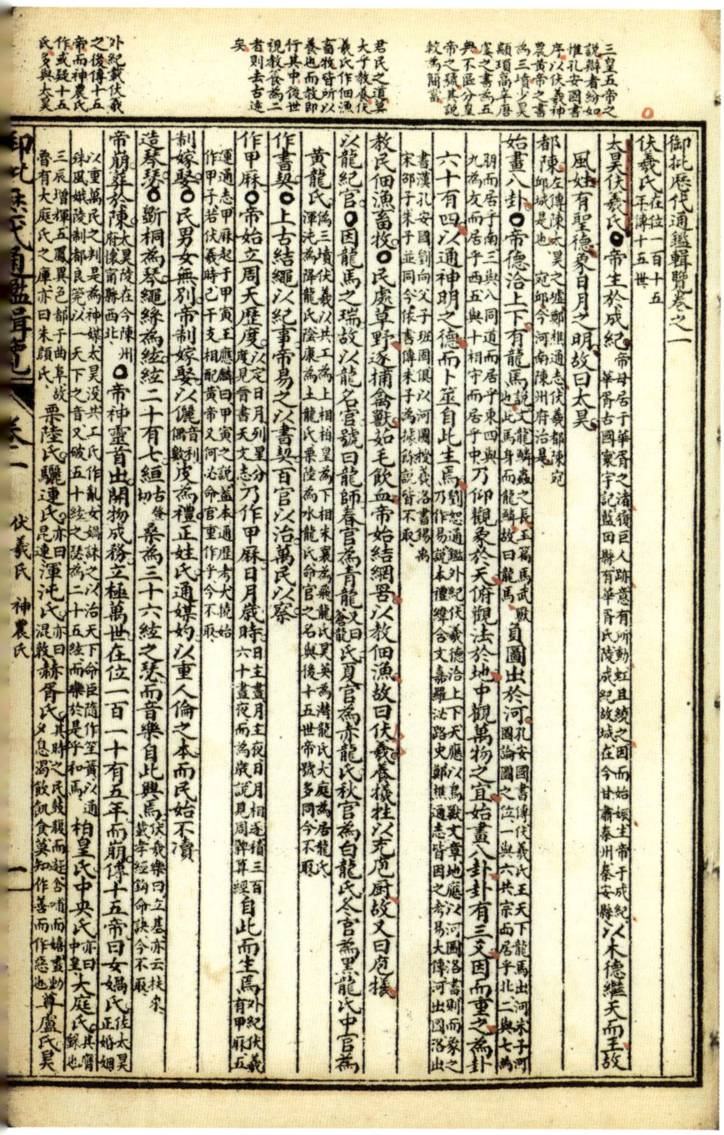

169 御批歷代通鑑輯覽一百二十卷 （清）傅恒等編　清光緒二十八年（1902）山西書業德石印本

框高 16.5 釐米，寬 11.8 釐米。半葉二十行，行四十八字，小字雙行同，白口，四周雙邊。

館藏索書號：202.1/23291

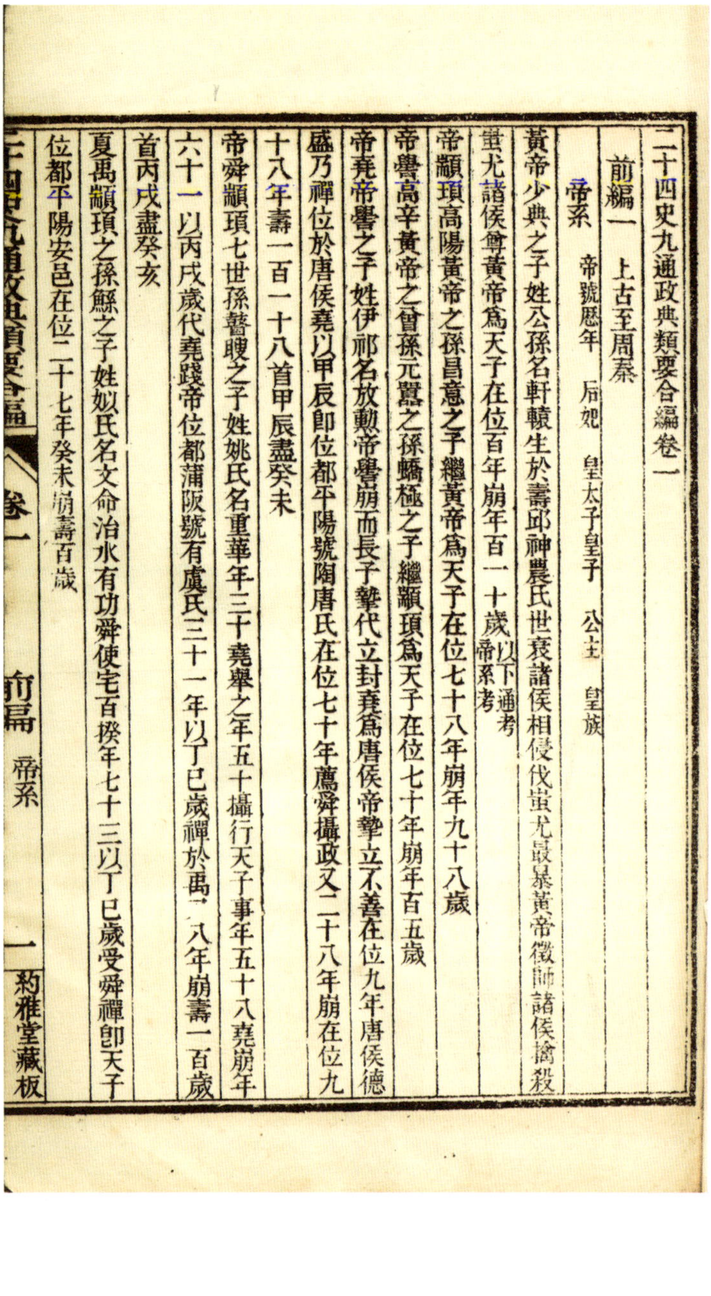

二十四史九通政典類要合編卷一
前編一　上古至周秦
帝系　帝號歷年　后妃　皇太子皇子　公主　皇族
黃帝少典之子姓公孫名軒轅生於壽邱神農氏世衰諸侯相侵伐蚩尤最暴黃帝徵師諸侯擒殺
蚩尤諸侯尊黃帝爲天子在位百年崩年百一十歲以下通考帝系考
帝顓頊高陽黃帝之孫昌意之子繼黃帝爲天子在位七十八年崩年九十八歲
帝嚳高辛黃帝之曾孫元囂之孫蟜極之子繼顓頊爲天子在位七十年崩年百五歲
帝堯帝嚳之子姓伊祁名放勳帝嚳崩而長子摯代立封堯爲唐侯帝摯立不善在位九年唐侯德
盛乃禪位於唐侯堯以甲辰即位都平陽號陶唐氏在位七十年薦舜攝政又二十八年崩在位九
十八年壽一百一十八首甲辰盡癸未
帝舜顓頊七世孫瞽瞍之子姓姚氏名重華年三十堯舉之年五十攝行天子事年五十八堯崩年
六十一以丙戌歲代堯踐帝位都蒲阪號有虞氏三十一年以丁巳歲禪於禹又八年崩壽一百歲
首丙戌盡癸亥
夏禹顓頊之孫鯀之子姓姒氏名文命治水有功舜使宅百揆年七十三以丁巳歲受舜禪即天子
位都平陽安邑在位二十七年癸未崩壽百歲

二十四史九通政典類要合編　卷一　前編　帝系　一　約雅堂藏板

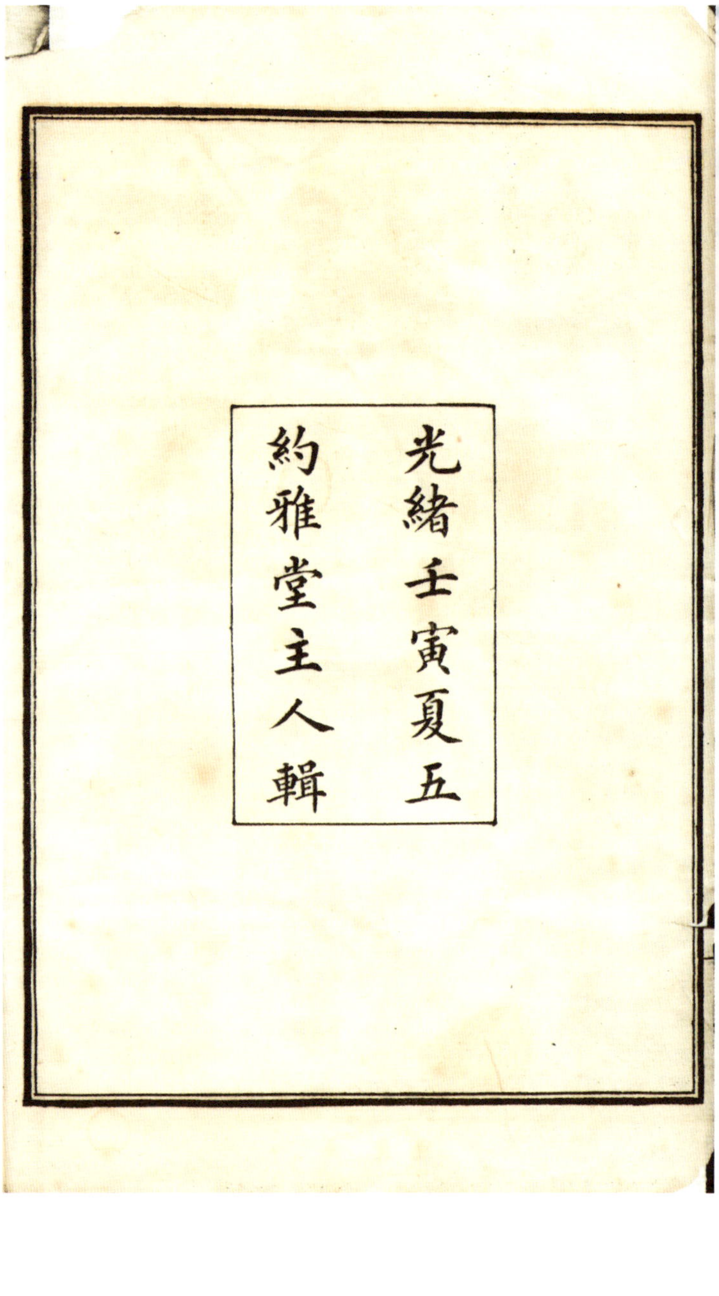

光緒壬寅夏五
約雅堂主人輯

170 二十四史九通政典類要合編三百二十卷（清）黄書霖輯

清光緒二十八年（1902）約雅堂石印本

框高 16.2 釐米，寬 11.1 釐米。半葉十五行，行三十八字，小字雙行同，白口，四周雙邊。

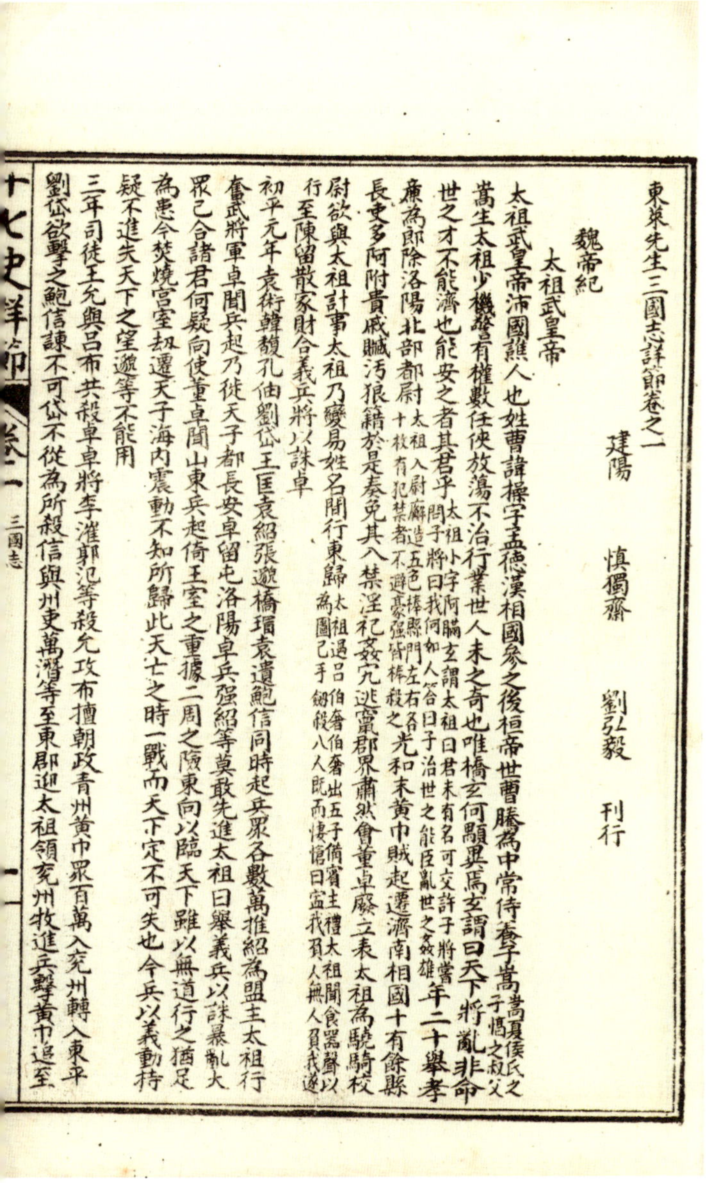

東萊先生三國志詳節卷之一　　建陽　慎獨齋　劉弘毅　刊行

魏帝紀

太祖武皇帝

太祖武皇帝沛國譙人也姓曹諱操字孟德漢相國參之後桓帝世曹騰為中常侍養子嵩嵩夏侯氏之子惇之叔父嵩生太祖少機警有權數任俠放蕩不治行業世人未之奇也唯橋玄何顒異焉玄謂曰天下將亂非命世之才不能濟也能安之者其君乎太祖小字阿瞞玄謂太祖曰君未有名可交許子將問子將曰我何如人答曰子治世之能臣亂世之姦雄年二十舉孝廉為郎除洛陽北部都尉太祖入尉廨造五色棒縣門左右各十枚有犯禁者不避豪強皆棒殺之光和末黃巾賊起遷濟南相國十有餘縣長吏多阿附貴戚贓污狼藉於是奏免其八禁淫祀姦宄逃竄郡界肅然會董卓廢立表太祖為驍騎校尉欲與太祖計事太祖乃變易姓名間行東歸太祖過呂伯奢伯奢出五子備賓主禮太祖聞食器聲以為圖己手劍殺八人既而悽愴曰寧我負人無人負我遂行至陳留散家財合義兵將以誅卓

初平元年袁術韓馥孔伷劉岱王匡袁紹張邈橋瑁袁遺鮑信同時起兵眾各數萬推紹為盟主太祖行奮武將軍卓聞兵起乃徙天子都長安卓留屯洛陽卓兵強紹等莫敢先進太祖曰舉義兵以誅暴亂大眾已合諸君何疑向使董卓聞山東兵起倚王室之重據二周之險東向以臨天下雖以無道行之猶足為患今焚燒宮室劫遷天子海內震動不知所歸此天亡之時一戰而天下定不可失也今兵以義動持疑不進失天下之望邈等不能用

三年司徒王允與呂布共殺卓卓將李傕郭汜等殺允攻布擅朝政青州黃巾眾百萬入兗州轉入東平劉岱欲擊之鮑信諫不可岱不從為所殺信與州吏萬潛等至東郡迎太祖領兗州牧進兵擊黃巾追至

十七史詳節　卷之一　三國志　一

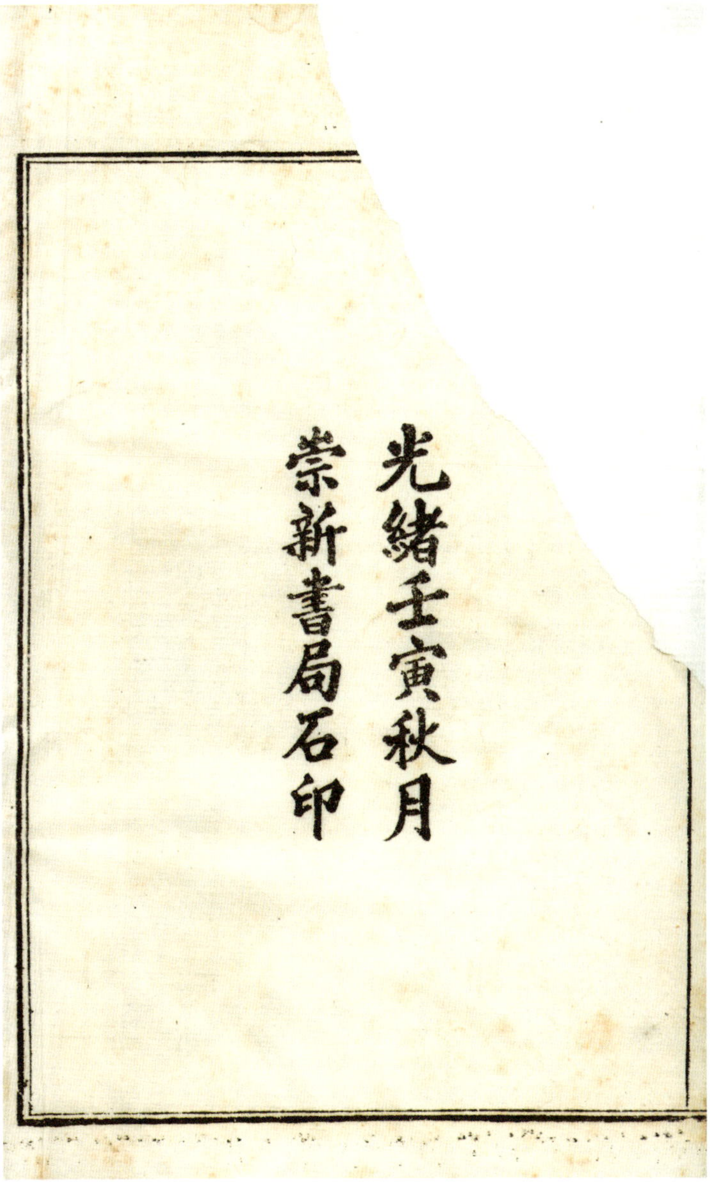

光緒壬寅秋月
崇新書局石印

171 十七史詳節十七種二百七十三卷 （宋）呂祖謙輯

（明）劉弘毅校　清光緒二十八年（1902）崇新書局石印本

框高 15.8 釐米，寬 11.6 釐米。半葉十八行，行四十字，白口，四周雙邊。

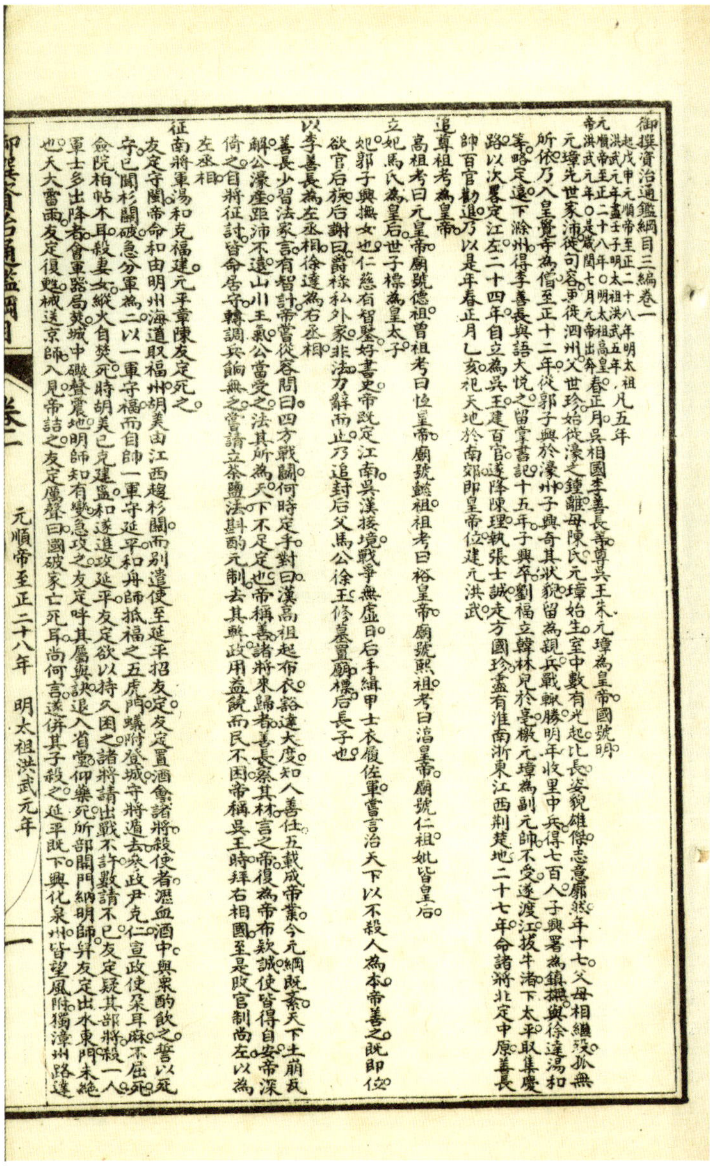
御撰資治通鑑綱目三編卷一
起戊申元順帝至正二十八年明太祖洪武元年盡壬子明太祖洪武五年凡五年
元順帝至正二十八年。是歲閏七月元帝出奔。明太祖高皇帝洪武元年春正月。吳相國李善長等尊吳王朱元璋為皇帝。國號明。
元璋先世家沛。徙句容。再徙泗州。父世珍。始從濠之鍾離。母陳氏。元璋始生。室中數有光起。比長。姿貌雄傑。志意廓然。年十七。父母相繼歿。孤無所依。乃入皇覺寺為僧。至正十二年。從郭子興於濠州。子興奇其狀貌。留為親兵。戰輒勝。明年收里中兵。得七百人。子興署為鎮撫。與徐達湯和等。略定遠。下滁州。得李善長與語大悅。留掌書記。十五年。子興卒。劉福立韓林兒於亳。檄元璋為副元帥。不受。遂渡江。拔牛渚。下太平。取集慶路。以次畧定江左。二十四年自立為吳王。建百官。遂降陳理。執張士誠。走方國珍。盡有淮南浙東江西荊楚地。二十七年。命諸將北定中原。善長帥百官勸進。乃以是年春正月乙亥。祀天地於南郊。即皇帝位。建元洪武。
追尊祖考為皇帝。
高祖考曰元皇帝。廟號德祖。曾祖考曰恆皇帝。廟號懿祖。祖考曰裕皇帝。廟號熙祖。考曰淳皇帝。廟號仁祖。妣皆皇后。
立妃馬氏為皇后。世子標為皇太子。
妃郭子興撫女也。仁慈有智鑒。好書史。帝既定江南。吳漢接境。戰爭無虛日。后手緝甲士衣履佐軍。嘗言治天下以不殺人為本。帝善之。既即位。欲官后族。后謝曰。爵祿私外家。非法。力辭而止。乃追封后父馬公徐王。修墓置廟。標。后長子也。
以李善長為左丞相。徐達為右丞相。
善長少習法家言。有智計。帝嘗從容問曰。四方戰鬬。何時定乎。對曰。漢高祖起布衣。豁達大度。知人善任。五載成帝業。今元綱既紊。天下土崩瓦解。公濠產。距沛不遠。山川王氣。公當受之。法其所為。天下不足定也。帝稱善。諸將來歸者。善長察其材。言之帝。復為帝布款誠。使皆得自安。帝深倚之。自將征討。皆命居守。轉調兵餉無乏。嘗請立茶鹽法。斟酌元制。去其弊政。用益饒而民不困。帝稱吳王。時拜右相國。至是改官制尚左。以為左丞相。
征南將軍湯和克福建。元平章陳友定死之。
友定守閩。帝命和由明州海道取福州。胡美由江西趨杉關。而別遣使至延平招友定。友定置酒會諸將。殺使者。瀝血酒中。與衆酌飲之。誓以死守。已聞杉關破。急分軍為二。以一軍守福。而自帥一軍守延平。和舟師抵福之五虎門。蟻附登城。守將遁去。參政尹克仁。宣政使朶耳麻不屈死。僉院柏帖木耳殺妻女。縱火自焚死。時胡美已克建寧。和遂進攻延平。友定欲以持久困之。諸將請出戰。不許。數請不已。友定疑其部將。殺一人。軍士多出降者。會軍器局災。城中礮聲震地。明師知有變。急攻之。友定呼其屬與訣。退入省堂。仰藥死。所部開門納明師。舁友定出水東門。未絕也。天大雷雨。友定復甦。械送京師。入見。帝詰之。友定厲聲曰。國破家亡。死耳。尚何言。遂併其子殺之。延平既下。興化泉州皆望風附。獨漳州路達
御撰資治通鑑綱目 卷一 元順帝至正二十八年 明太祖洪武元年 一

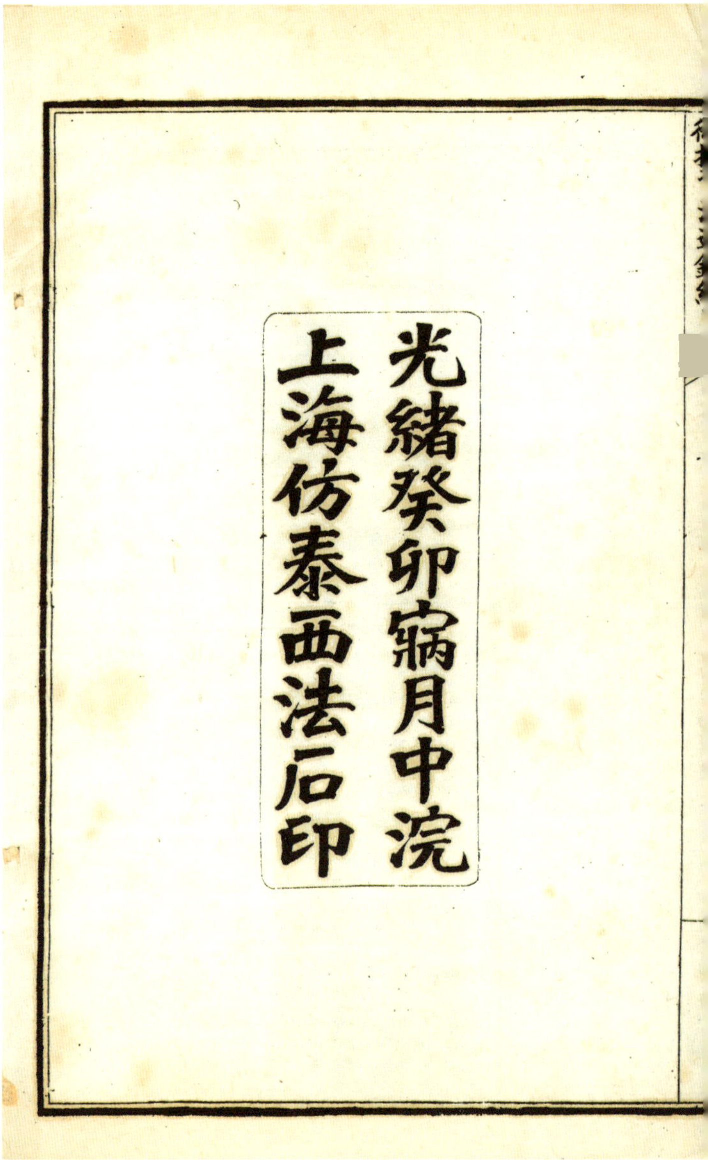
光緒癸卯孟月中浣
上海仿泰西法石印

172 御撰資治通鑑綱目三編五卷 （清）張廷玉等編　清光緒二十九年（1903）上海石印本

框高 16.6 釐米，寬 11 釐米。半葉二十四行，行五十六字，小字雙行同，白口，四周雙邊。

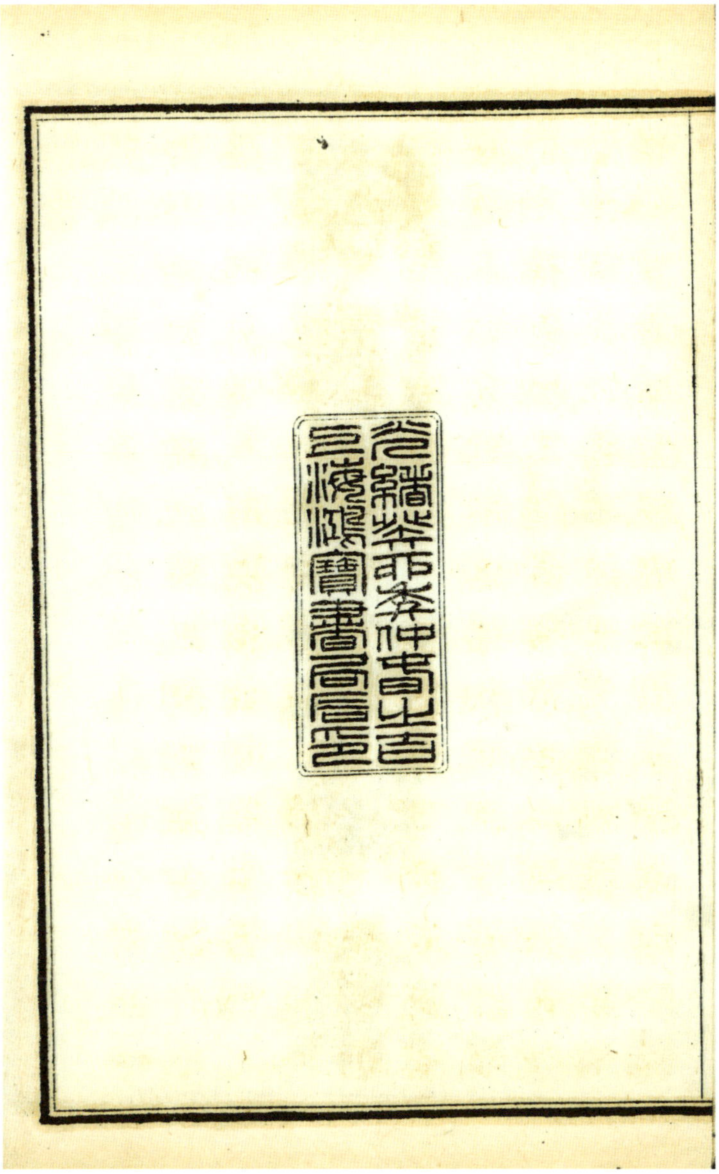

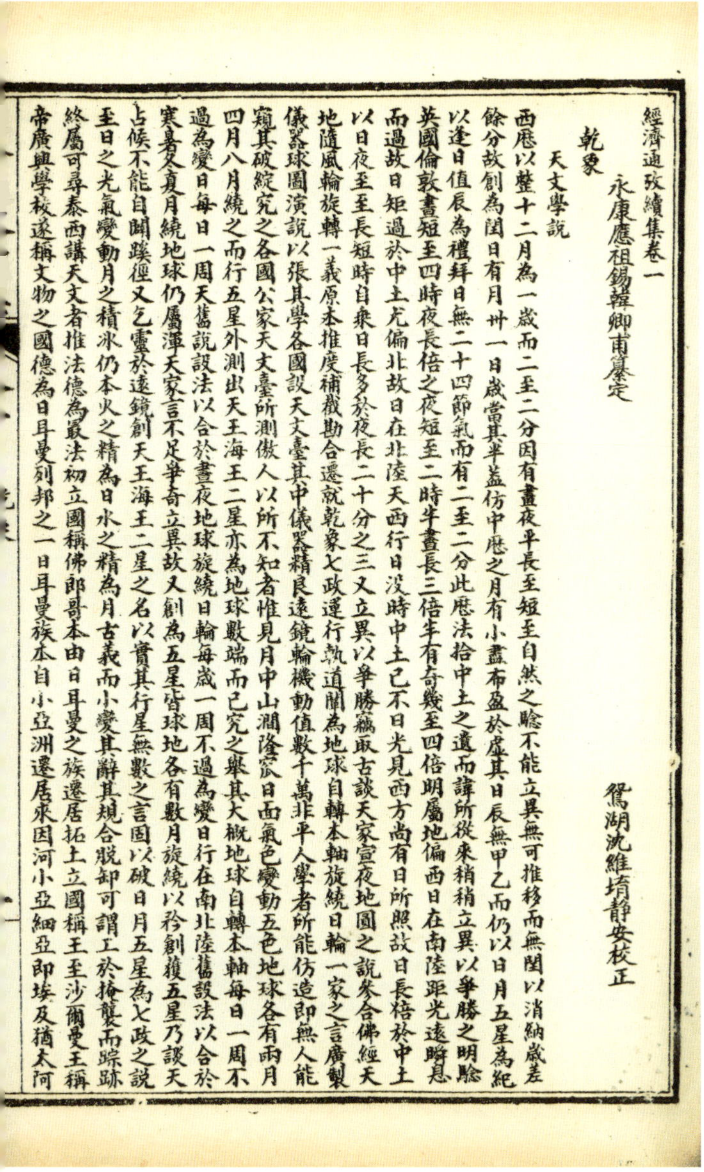
經濟通攷續集卷一

永康應祖錫韓卿甫纂定　鴛湖沈維埥靜安校正

乾象

天文學說

西歷以整十二月為一歲而二至二分因有晝夜平長至短至自然之驗不能立異無可推移而無閏以消納歲差餘分故創為閏日有月卅一日歲當其半蓋仿中歷之月有小盡布盈於虛其日辰無甲乙而仍以日月五星為紀以逢日值辰為禮拜日無二十四節氣而有二至二分此歷法拾中土之遺而諱所從來稍稍立異以爭勝之明驗英國倫敦晝短至四時夜長倍之夜短至二時半晝長三倍半有奇幾至四倍明屬地偏西日在南陸距光遠躔息而過故日短過於中土尤偏北故日在北陸天西行日沒時中土已不日光見西方尚有日所照故日長倍於中土以日夜至至長短時自乘日長多於夜長二十分之三又立異以爭勝竊取古談天家宣夜地圖之說參合佛經天地隨風輪旋轉一義原本推度補綴勘合遷就乾象七政運行執道闢為地球自轉本軸旋繞日輪一家之言廣製儀器球圖演說以張其學各國設天文臺其中儀器精良遠鏡輪機動值數千萬非平人學者所能仿造即無人能窺其破綻究之各國公家天文臺所測傲人以所不知者惟見月中山澗隆窊日面氣色變動五色地球各有兩月四月八月繞之而行五星外測出天王海王二星亦為地球數端而已究之舉其大概地球自轉本軸每日一周不過為變日每日一周天舊說設法以合於晝夜地球旋繞日輪每歲一周不過為變日行在南北陸舊設法以合於寒暑冬夏月繞地球仍屬渾天家言不足爭奇立異故又創為五星皆球地各有數月旋繞以矜創獲五星乃談天占候不能自闢蹊徑又乞靈於遠鏡創天王海王二星之名以實其行星無數之言固以破日月五星為七政之說至日之光氣變動月之積冰仍本火之精為日水之精為月古義而小變其辭其規合脫卸可謂工於掩襲而蹤跡終屬可尋泰西講天文者推法德為最法初立國稱佛郎哥本由日耳曼之族遷居拓土立國稱王至沙爾曼王稱帝廣興學校遂稱文物之國德為日耳曼列邦之一日耳曼族本自小亞洲遷居來因河小亞細亞即埃及猶太阿

173 洋務經濟通攷續集十六卷　（清）應祖錫纂　（清）沈維埥校

清光緒二十九年（1903）上海鴻寶書局石印本

框高 16.8 釐米，寬 11.2 釐米。半葉二十行，行四十四字，白口，四周雙邊。

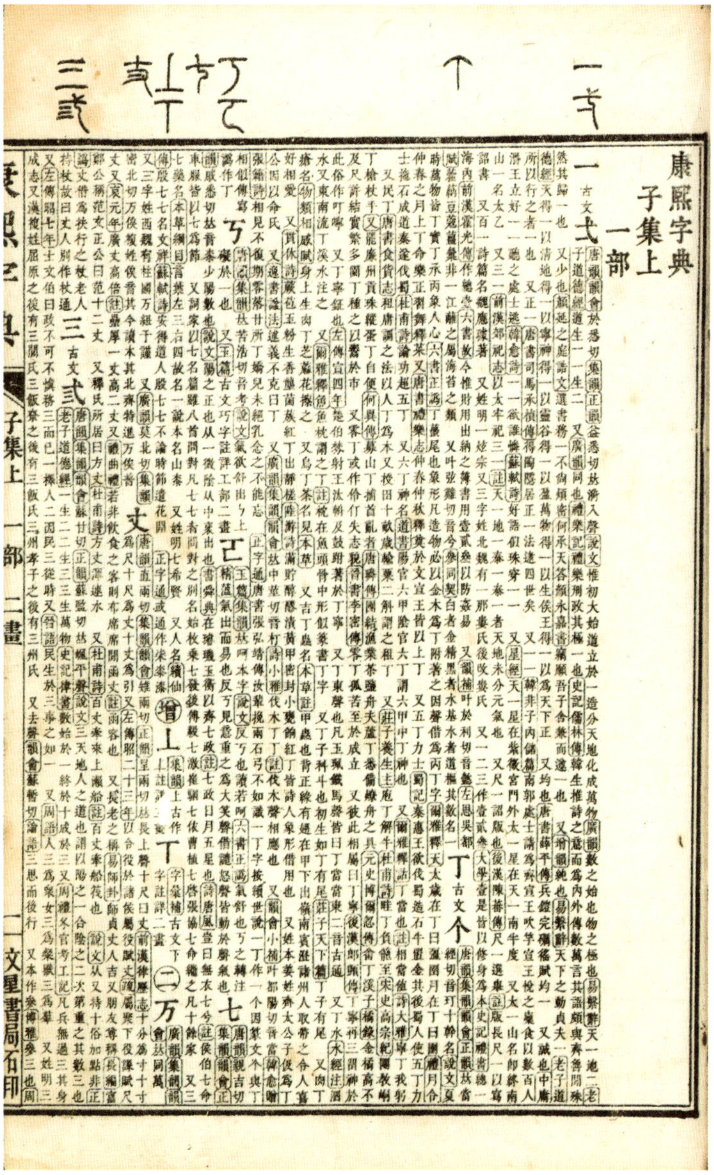

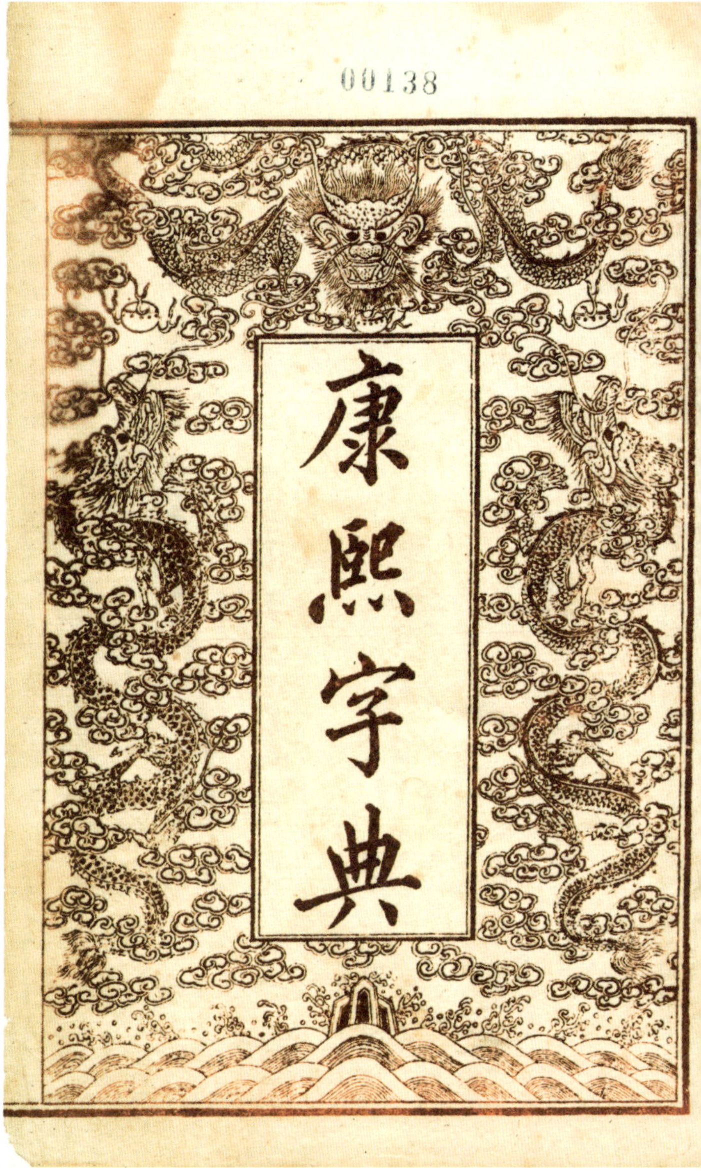

174康熙字典十二集　(清)張玉書等編纂　清光緒三十年(1904)

上海文星書局石印本

框高16.5釐米，寬12釐米。半葉二十一行，行三十字，小字雙行六十字，白口，四周雙邊。

館藏索書號：108.1/11215

天津劉子澄先生編輯

小學中史圖說上編

光緒乙巳夏幼棋趙元禮題

禮

書經存案
翻印必究

天津北馬路普文石印

175 小學中史圖說口口編 （清）劉秋濤編繪　清光緒三十一年（1905）燕翼堂石印本

框高 19.2 釐米，寬 12.1 釐米。半葉十行，行三十字，小字雙行同，白口，半葉四周雙邊。

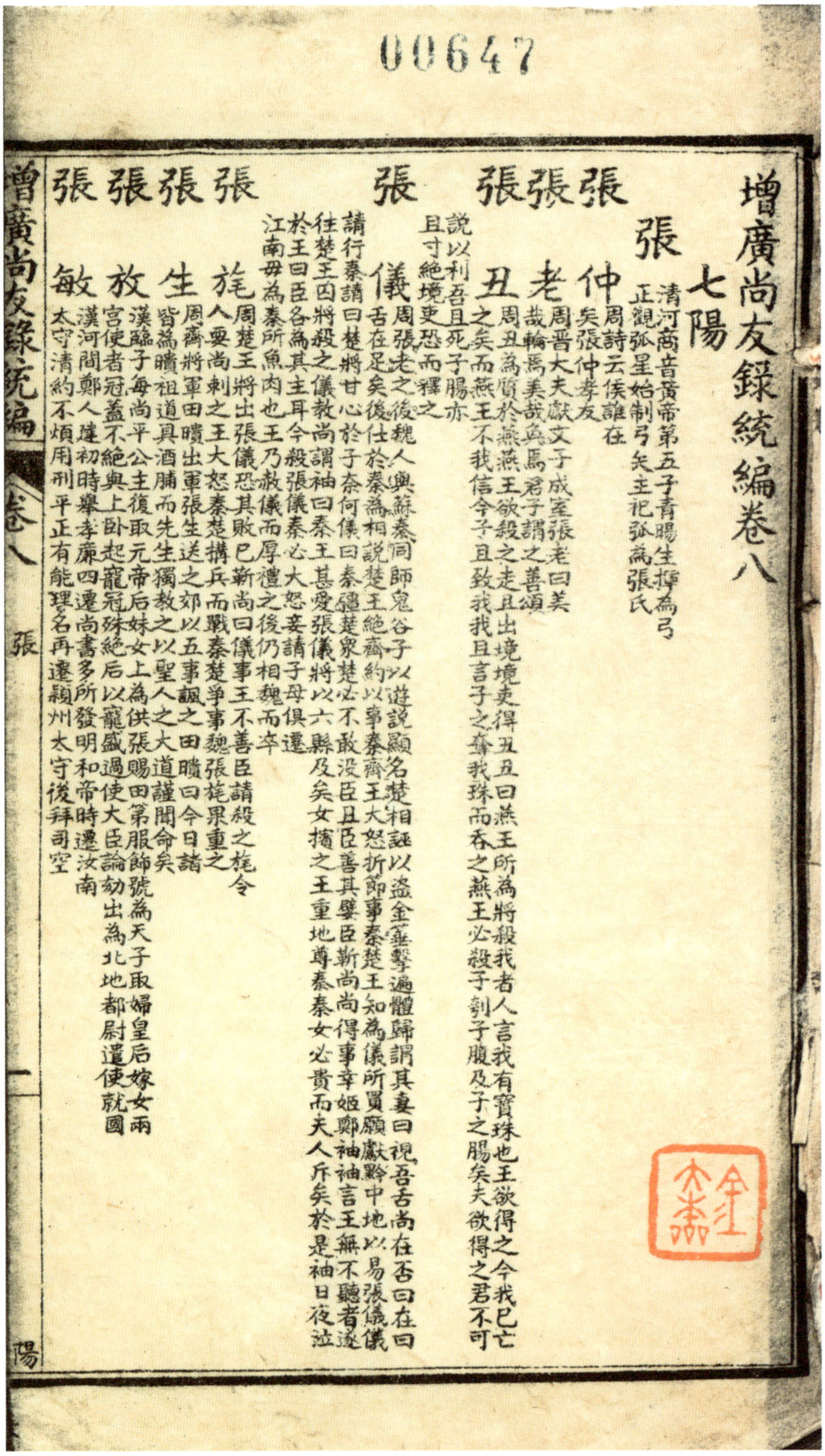

176 增廣尚友録統編二十二卷 （清）應祖錫輯　清光緒石印本

框高 12.8 釐米，寬 8.2 釐米。半葉十四行，行二十五字，小字雙行五十字，白口，四周雙邊。

館藏索書號：206.7/94822

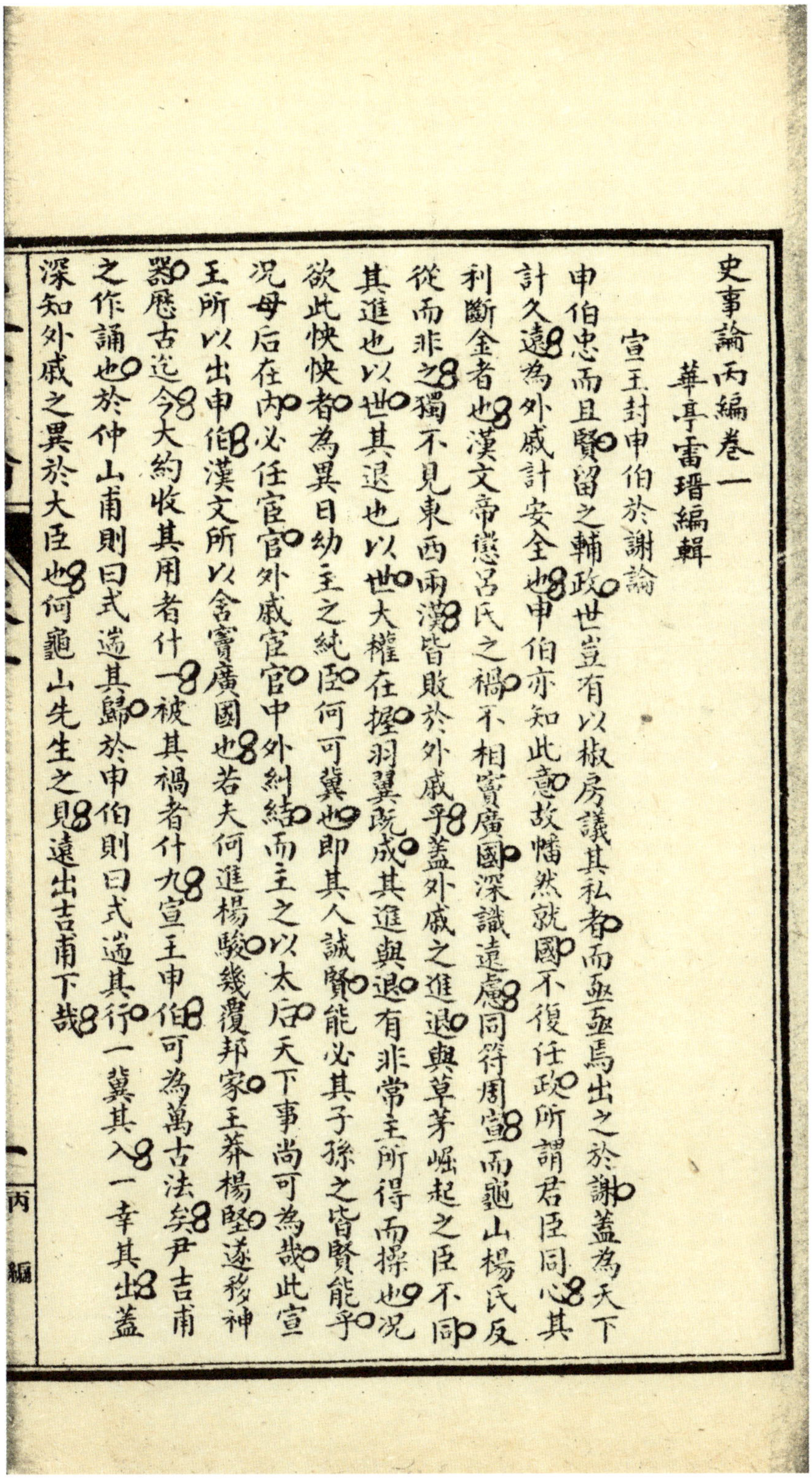
史事論丙編卷一
華亭雷瑨編輯
宣王封申伯於謝論
申伯忠而且賢留之輔政世豈有以椒房議其私者而亟亟焉出之於謝蓋為天下
計久遠為外戚計安全也申伯亦知此意故慉然就國不復任政所謂君臣同心其
利斷金者也漢文帝懲呂氏之禍不相竇廣國深識遠慮同符周宣而龜山楊氏反
從而非之獨不見東西兩漢皆敗於外戚乎蓋外戚之進退與草茅崛起之臣不同
其進也以世其退也以世大權在握羽翼既成其進與退有非常主所得而操也況
欲此快快者為異日幼主之純臣何可冀也即其人誠賢能必其子孫之皆賢能乎
況母后在內必任宦官外戚宦官中外糾結而主之以太后天下事尚可為哉此宣
王所以出申伯漢文所以舍竇廣國也若夫何進楊駿幾覆邦家王莽楊堅遂移神
器歷古迄今大約收其用者什一被其禍者什九宣王申伯可為萬古法矣尹吉甫
之作誦也於仲山甫則曰式遄其歸於申伯則曰式遄其行一冀其入一幸其出蓋
深知外戚之異於大臣也何龜山先生之見遠出吉甫下哉
丙編

177 史事論四編二十四卷 （清）雷瑨輯　清光緒石印本

框高 13.1 釐米，寬 9 釐米。半葉十四行，行三十二字，白口，四周雙邊。

風箏誤傳奇　　湖上笠翁編次

巔末

蝶戀花　好事從來由錯誤劉阮非差怎入天台路若要認真纔下步反因穩極成顛仆　更是婚姻拿不住欲得嬌娃偏娶强顏婦橫豎總來緣定數迷人何用求全悟

漢宮春　才士韓生偶向風箏題句線斷飄零巧被佳人拾着彤管相賡重題再放落墻東別惹風情私會處忽逢奇醜抽身跳出淫坑　赴試高登榜首統王師靖蜀一戰功成聞説前姻締就悔恨難勝良宵獨宿棄新人坐守長更相勸處銀燈高照方纔喜得娉婷

放風箏放出一本簇新的傳奇　相佳人相着一副絶精的花面
贅快婿贅着一箇使性的冤家　照醜妻照出一位傾城的嬌豔

賀歲第一齣

鵲橋仙（生巾服上）乾坤寂寞藐懷焉寄自負情鍾我輩良緣未許便相遭知造物定非無意　烏帽鵲衣犢鼻褌風流猶自傲王孫三都賦後才名重百尺樓頭氣岸尊手不太真休捧硯眉非虢國敢承恩佳人端的書中有老大梁鴻且莫婚　小生韓世勳字琦仲茂陵人也囊饑學飽體瘦才肥人推今世安仁自擬當年張緒雖然好色心還恥作登徒亦自多情緣獨慳于宋玉不幸二親早背家道凌夷四壁蕭然未圖婚媾賴有鄉達戚補臣係先君同盟好友自幼撫養成人與他令郎戚友先同窗肄業今乃元旦之日須要整肅衣冠候他出來賀歲

小蓬萊（小生三髯冠帶末隨上）最喜門清似水譜東山幾局閒棊（副淨巾服上）家聲儘舊橋名朱雀巷是烏衣（見介）（生）老伯請台坐容小侄拜賀新正（小生）賢侄是客老夫是主怎敢受禮同拜就是（同拜介）（生）改歲之餘

風箏誤　賀歲　一　十種曲

178 風箏誤傳奇　（清）李漁編　清光緒石印本

框高 18.2 釐米，寬 11.3 釐米。半葉十八行，行四十二字，白口，左右雙邊。

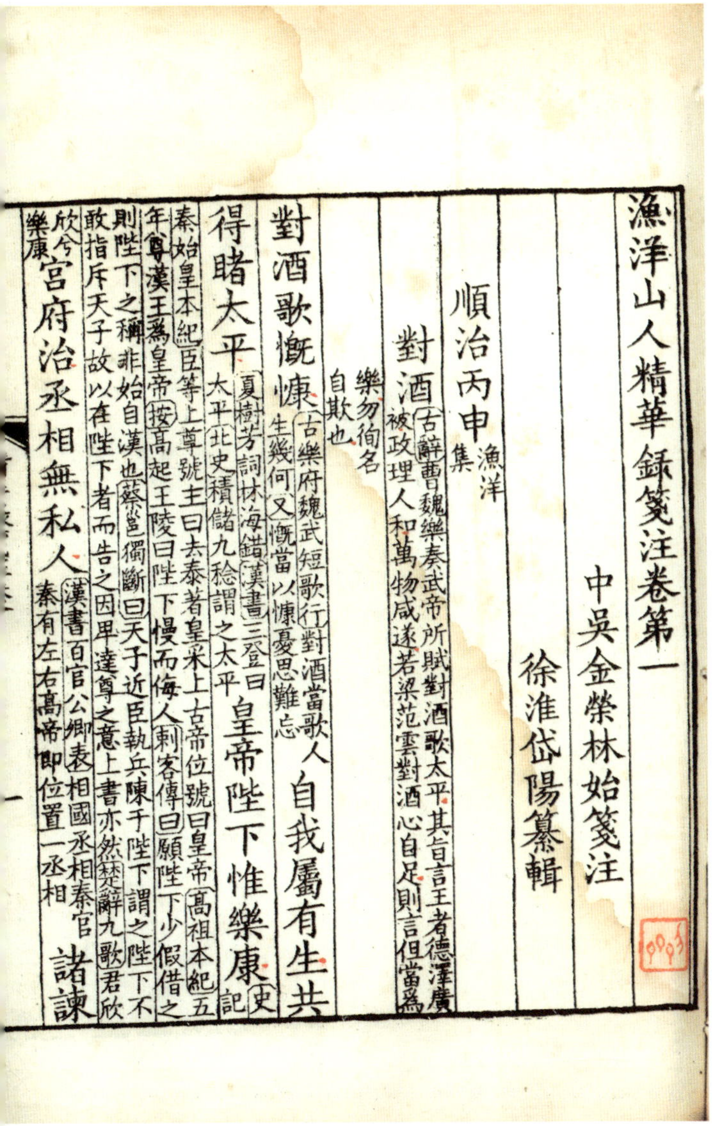

漁洋山人精華録箋注卷第一

中吳金榮林始箋注

徐淮岱陽纂輯

順治丙申 漁洋集

對酒 古辭曹魏樂奏武帝所賦對酒歌太平其旨言王者德澤廣被政理人和萬物咸遂若梁范雲對酒心自足則言但當爲樂勿徇名自欺也

對酒歌慨慷 古樂府魏武短歌行對酒當歌人生幾何又慨當以慷憂思難忘 自我屬有生共得睹太平 夏樹芳詞林海錯漢書三登曰太平北史積儲九稔謂之太平 皇帝陛下惟樂康 史記秦始皇本紀臣等上尊號王曰去泰著皇采上古帝位號曰皇帝 高祖本紀五年尊漢王爲皇帝 按高起王陵曰陛下慢而侮人 刺客傳曰願陛下少假借之 蔡邕獨斷曰天子近臣執兵陳于陛下謂之陛下不敢指斥天子故以在陛下者而告之因卑達尊之意上書亦然 楚辭九歌君欣欣兮樂康 宮府治丞相無私人 漢書百官公卿表相國丞相秦官秦有左右高帝即位置一丞相 諸諫

179 漁洋山人精華録箋注十二卷補注一卷年譜一卷

（清）王士禛撰 （清）金榮箋注 清光緒上海寶文書局石印本

框高14釐米，寬11.6釐米。半葉十一行，行二十字，小字雙行三十字，白口，左右雙邊。

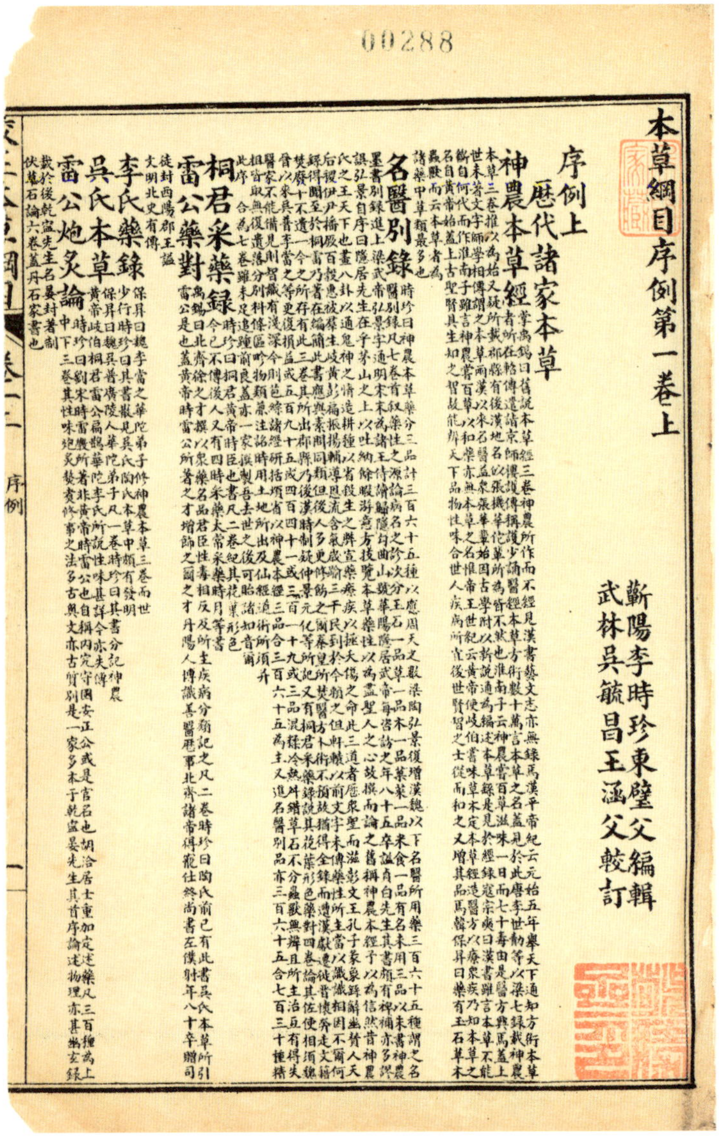

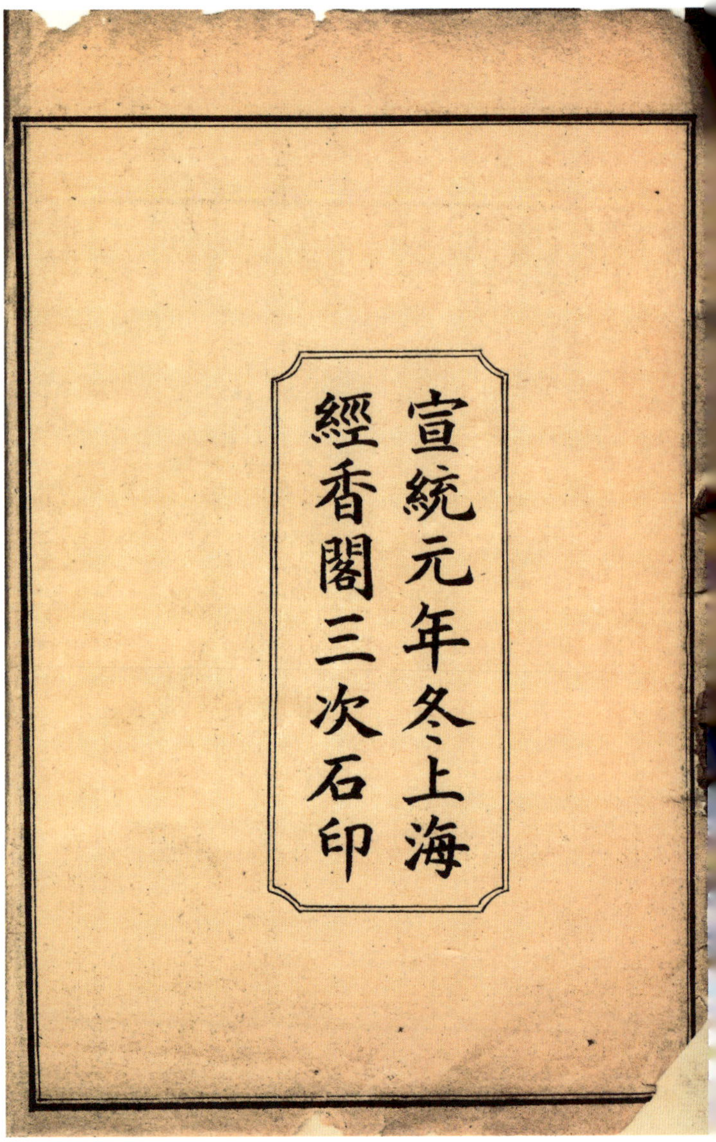

180 本草綱目五十二卷 （明）李時珍撰　清宣統元年（1909）

上海經香閣石印本

框高 17.3 釐米，寬 12 釐米。半葉二十二行，行二十八字，白口，四周雙邊。

館藏索書號：308.3/40461

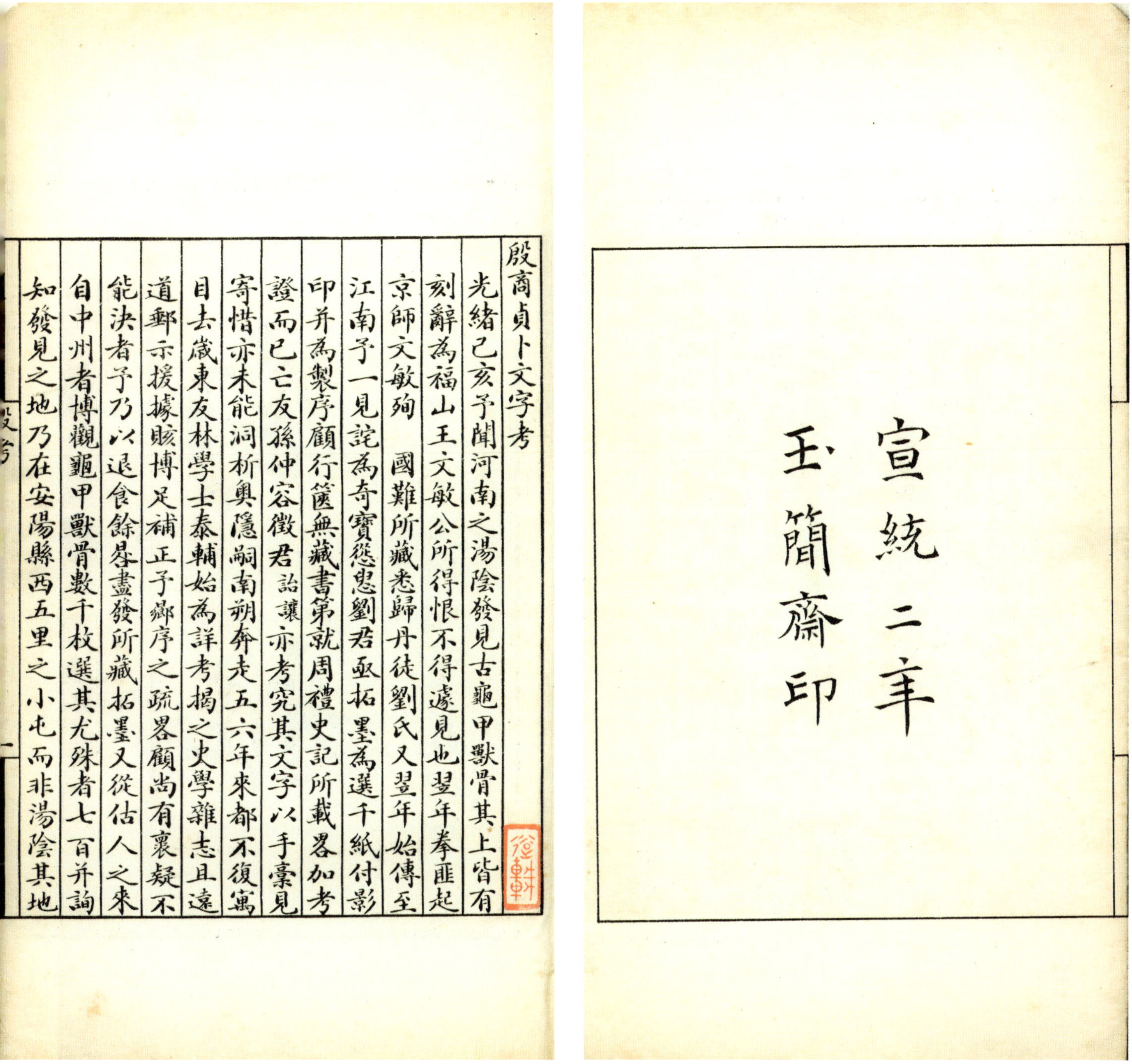
宣統二年
玉簡齋印

殷商貞卜文字考
光緒己亥予聞河南之湯陰發見古龜甲獸骨其上皆有
刻辭為福山王文敏公所得恨不得遽見也翌年拳匪起
京師文敏殉　國難所藏悉歸丹徒劉氏又翌年始傳至
江南予一見詫為奇寶慫恿劉君亟拓墨為選千紙付影
印并為製序顧行篋無藏書第就周禮史記所載畧加考
證而已亡友孫仲容徵君詒讓亦考究其文字以手稾見
寄惜亦未能洞析奧隱嗣南朔奔走五六年來都不復寓
目去歲東友林學士泰輔始為詳考揭之史學雜志且遠
道郵示援據賅博足補正予鄉序之疏畧顧尚有褢疑不
能決者予乃以退食餘晷盡發所藏拓墨又從估人之來
自中州者博觀龜甲獸骨數千枚選其尤殊者七百并詢
知發見之地乃在安陽縣西五里之小屯而非湯陰其地

181 殷商貞卜文字考一卷　羅振玉撰　清宣統二年（1910）

玉簡齋石印蟫隱廬叢書本

框高 16.7 釐米，寬 13.3 釐米。半葉十三行，行二十三字，黑口，四周單邊。

館藏索書號：110.2/60351

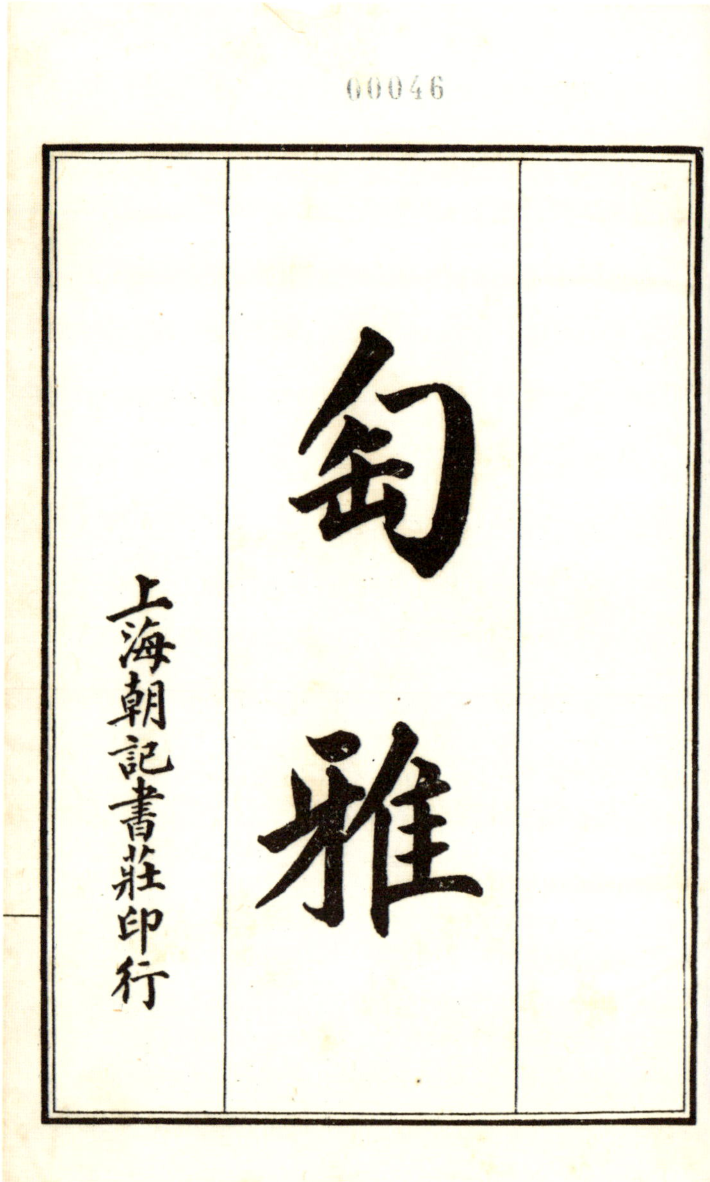

00046

匋雅

上海朝記書莊印行

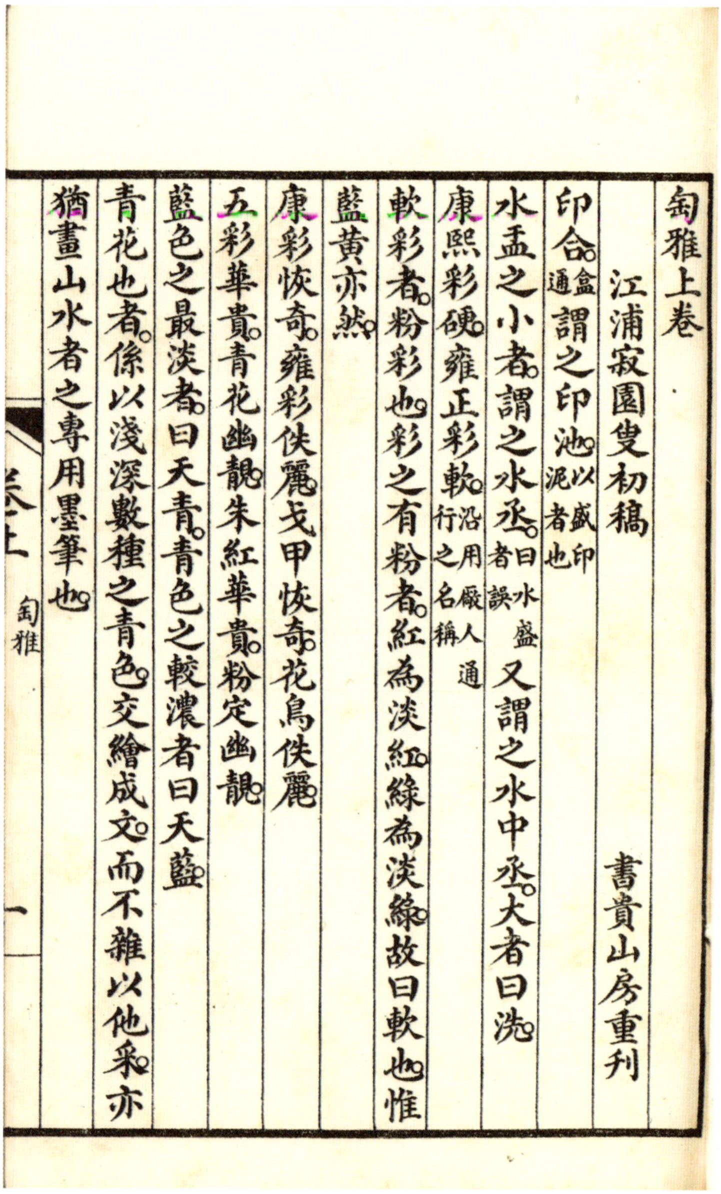

匋雅上卷

江浦寂園叟初稿　書賈山房重刊

印合。盒通謂之印池。以盛印泥者也

水盂之小者。謂之水丞。曰水盛者誤又謂之水中丞。大者曰洗

康熙彩硬。雍正彩軟。沿用廠人通行之名稱

軟彩者。粉彩也。彩之有粉者。紅為淡紅。綠為淡綠。故曰軟也。惟

藍黃亦然

康彩恢奇。雍彩佚麗。戈甲恢奇。花鳥佚麗

五彩華貴。青花幽靚。朱紅華貴。粉定幽靚

藍色之最淡者。曰天青。青色之較濃者曰天藍

青花也者。係以淺深數種之青色。交繪成文。而不雜以他彩。亦

猶畫山水者之專用墨筆也

卷上　匋雅　一

182 匋雅二卷　寂園叟撰　清宣統二年（1910）上海朝記書莊

石印本

框高 16.1 釐米，寬 12 釐米。半葉十二行，行二十四字，小字雙行同，白口，四周單邊。

館藏索書號：220.4/30962

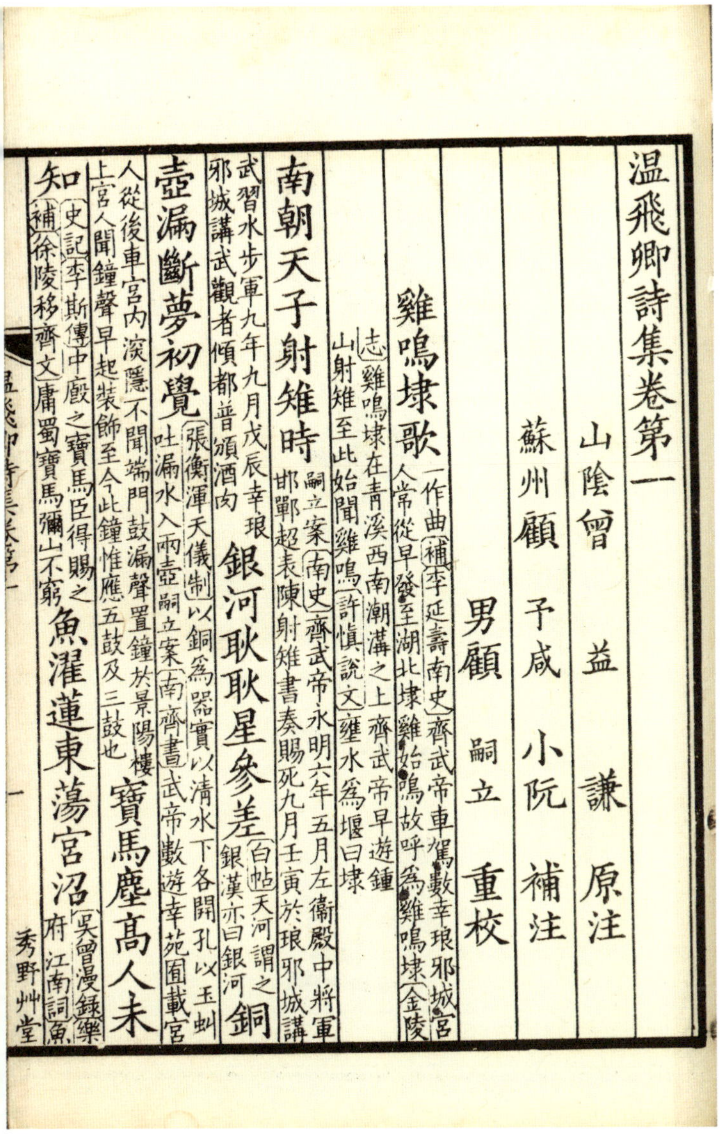

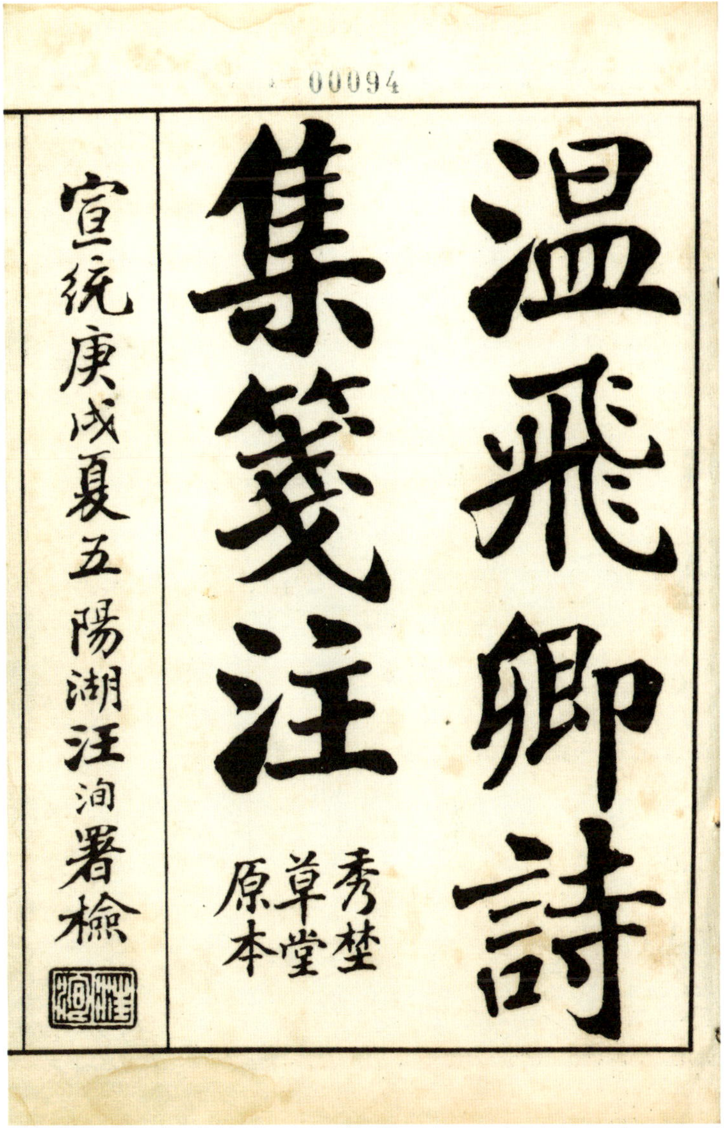

183 温飛卿詩集箋注九卷 （唐）温庭筠撰　（明）曾益謙等注

清宣統二年（1910）上海國學扶輪社石印本

框高 16.1 釐米，寬 12.2 釐米。半葉十一行，行二十字，小字雙行三十字，白口，左右雙邊。

館藏索書號：403.2/36108

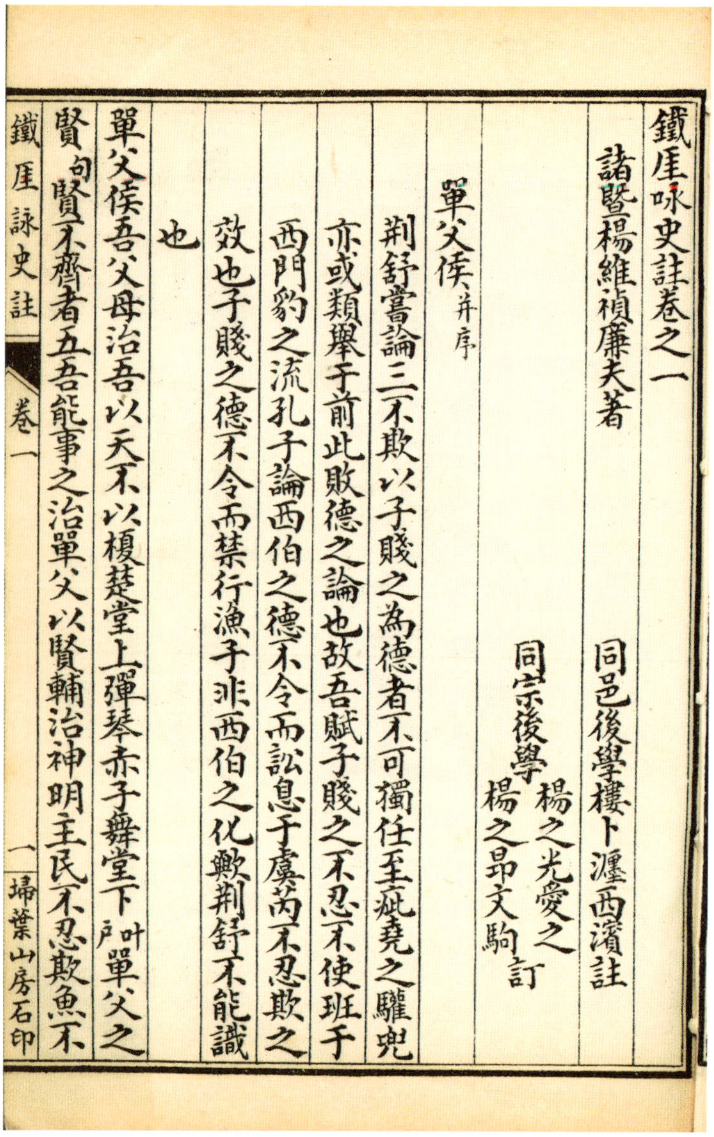
鐵厓咏史註卷之一
諸暨楊維禎廉夫著
同邑後學樓卜瀍西濱註
同宗後學楊之光愛之
楊之昂文駒訂
單父侯并序
荆舒嘗論三不欺以子賤之為德者不可獨任至疵堯之驩兜
亦或類舉于前此敗德之論也故吾賦子賤之不忍不使班于
西門豹之流孔子論西伯之德不令而訟息于虞芮不忍欺之
效也子賤之德不令而禁行漁子非西伯之化歟荆舒不能識
也
單父侯吾父母治吾以天不以榎楚堂上彈琴赤子舞堂下叶戶單父之
賢句賢不齊者五吾能事之治單父以賢輔治神明主民不忍欺魚不
鐵厓詠史註　卷一　一　掃葉山房石印

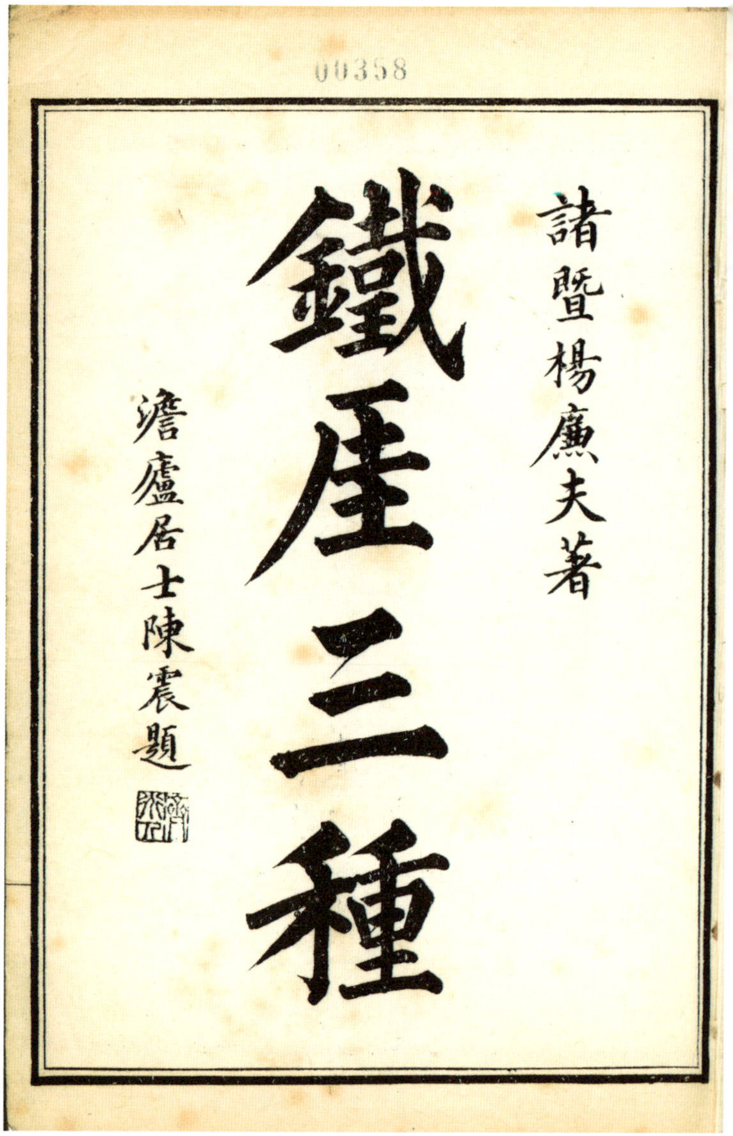

鐵厓三種
諸暨楊廉夫著
澹廬居士陳震題

184 鐵厓咏史註八卷　（元）楊維禎撰　清宣統二年（1910）

上海掃葉山房石印本

框高 17.1 釐米，寬 12.2 釐米。半葉十二行，行二十七字，白口，四周雙邊。

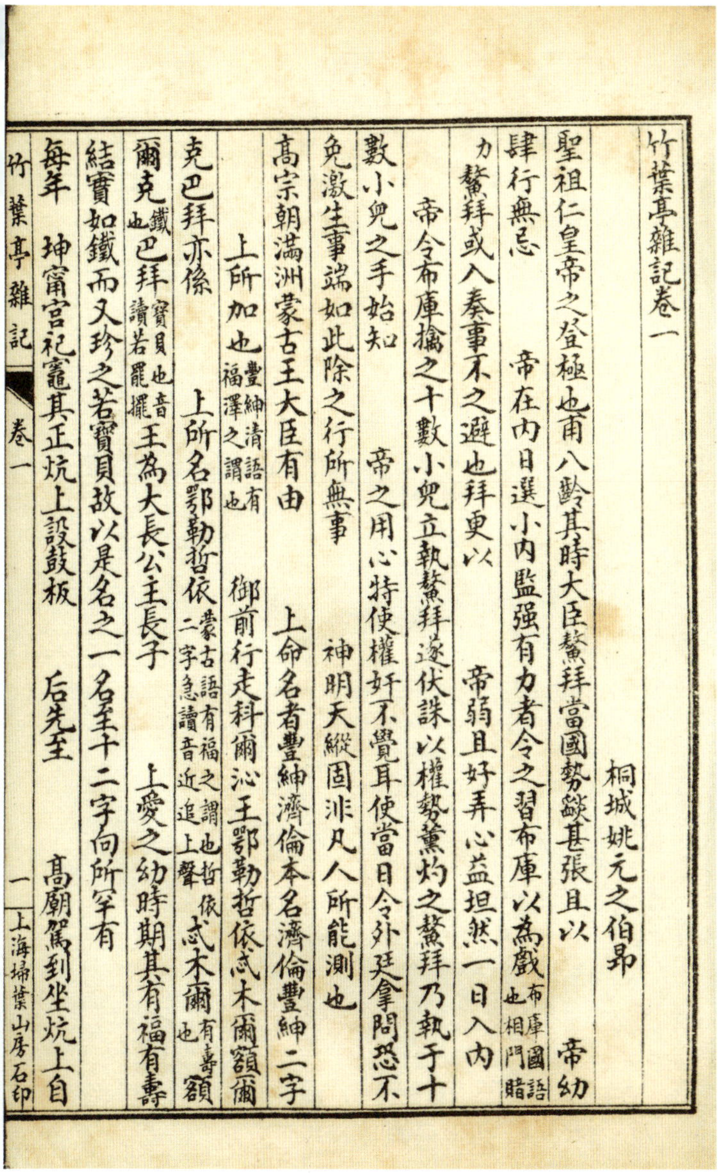
竹葉亭雜記卷一

桐城姚元之伯昂

聖祖仁皇帝之登極也甫八齡其時大臣鰲拜當國勢燄甚張且以 帝幼肆行無忌 帝在内日選小内監强有力者令之習布庫以為戲（布庫國語相撲也）力鰲拜或入奏事不之避也拜更以 帝弱且好弄心益坦然一日入内 帝令布庫擒之十數小兒立執鰲拜遂伏誅以權勢薰灼之鰲拜乃執于十數小兒之手始知 帝之用心特使權奸不覺耳使當日令外廷拿問恐不免激生事端如此除之行所無事 神明天縱固非凡人所能測也

高宗朝滿洲蒙古王大臣有由 上命名者豐紳濟倫本名濟倫豐紳二字 上所加也（豐紳清語有福澤之謂也） 御前行走科爾沁王鄂勒哲依忒木爾額爾克巴拜亦係 上所名鄂勒哲依（蒙古語有福之謂也哲依二字急讀音近追上聲）忒木爾（有壽也）額爾克（鐵也）巴拜（寶貝也音讀若罷擺）王為大長公主長子 上愛之幼時期其有福有壽結實如鐵而又珍之若寶貝故以是名之一名至十二字向所罕有

每年 坤甯宮祀竈其正炕上設鼓板 后先至 高廟駕到坐炕上自

竹葉亭雜記 卷一 一 上海掃葉山房石印

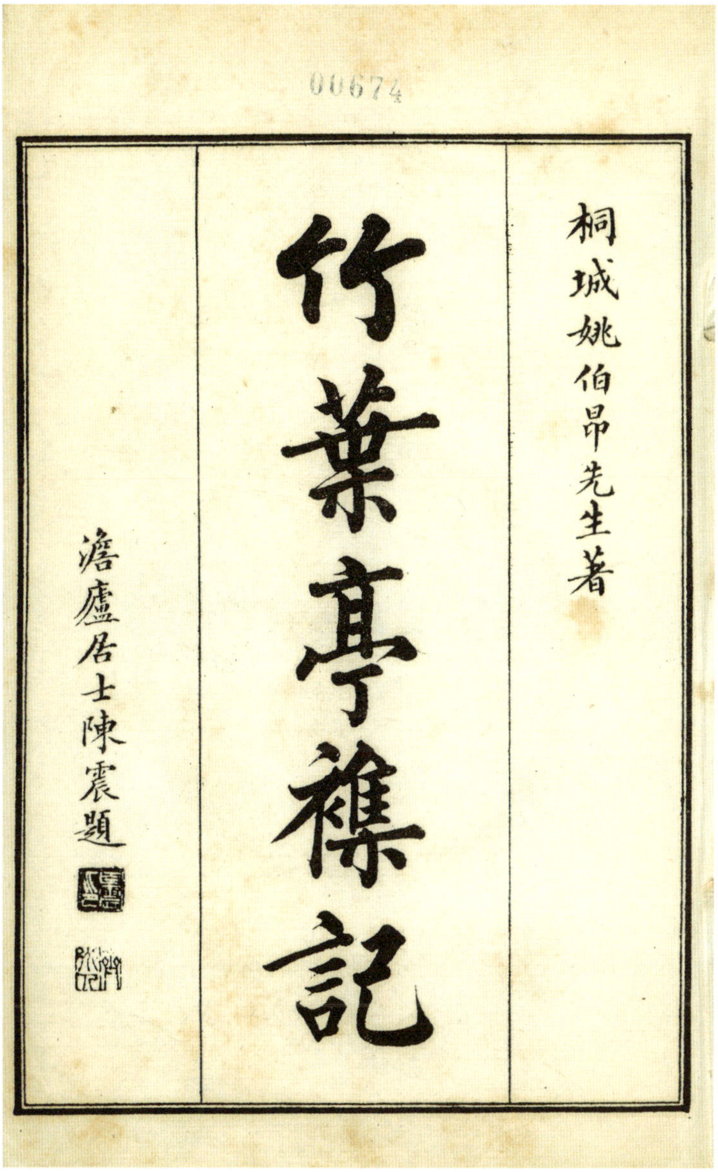
00674

桐城姚伯昂先生著

竹葉亭雜記

澹廬居士陳震題

185 竹葉亭雜記八卷 （清）姚元之撰 清宣統二年（1910）

上海掃葉山房石印本

框高 16.8 釐米，寬 11.4 釐米。半葉十四行，行三十一字，小字雙行同，白口，四周雙邊。

館藏索書號：407.12/42426

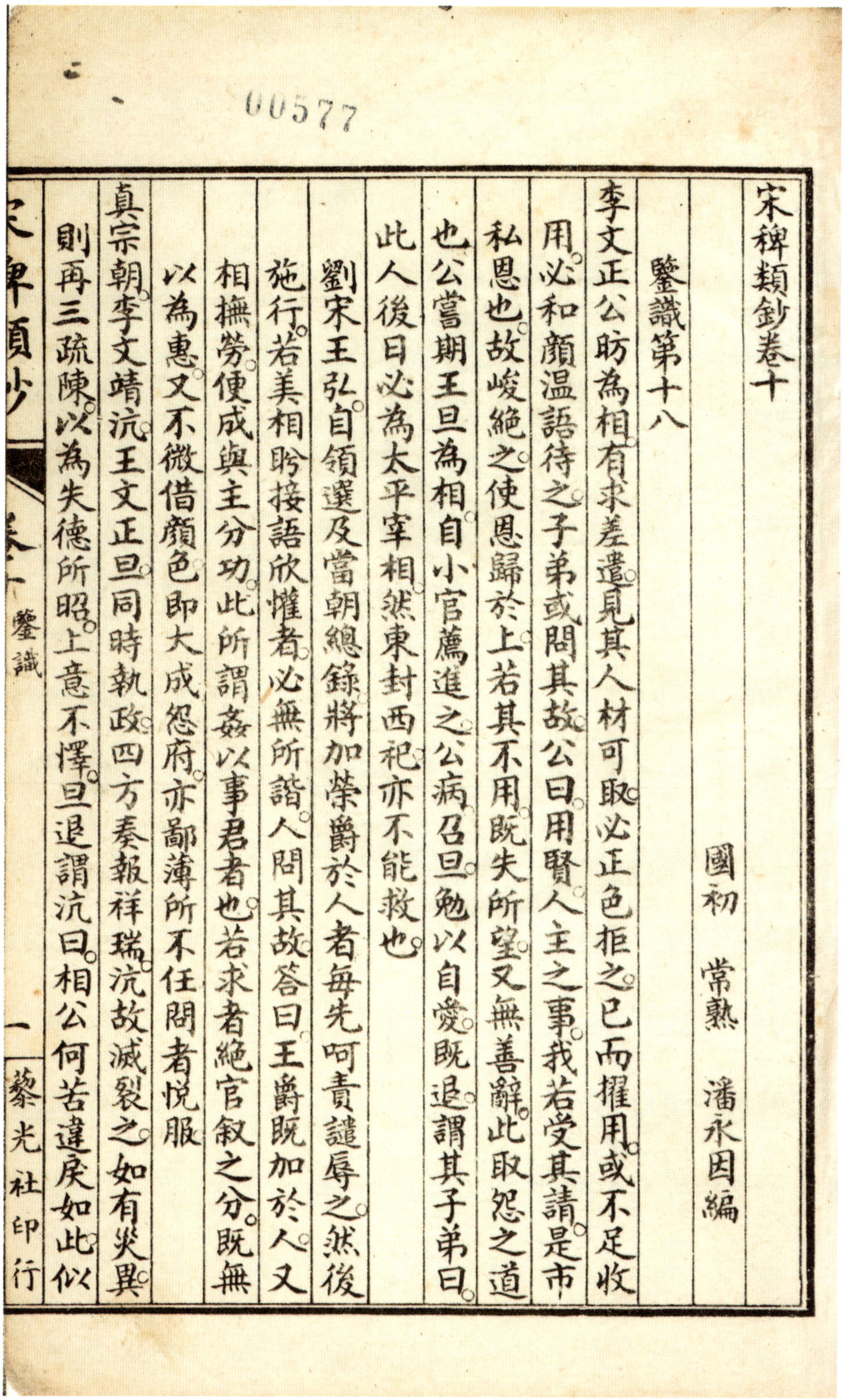

00577

宋稗類鈔卷十

國初　常熟　潘永因編

鑒識第十八

李文正公昉為相有求差遣見其人材可取必正色拒之已而擢用或不足收用必和顏温語待之子弟或問其故公曰用賢人主之事我若受其請是市私恩也故峻絶之使恩歸於上若其不用既失所望又無善辭此取怨之道也公嘗期王旦為相自小官薦進之公病召旦勉以自愛既退謂其子弟曰此人後日必為太平宰相然東封西祀亦不能救也

劉宋王弘自領選及當朝總録將加榮爵於人者每先呵責譴辱之然後施行若美相盼接語欣懽者必無所諧人問其故荅曰王爵既加於人又相撫勞便成與主分功此所謂姦以事君者也若求者絶官叙之分既無以為惠又不微借顏色即大成怨府亦鄙薄所不任聞者悦服

真宗朝李文靖沆王文正旦同時執政四方奏報祥瑞沆故滅裂之如有災異則再三疏陳以為失德所昭上意不懌旦退謂沆曰相公何苦違戾如此似

宋稗類鈔　卷十　鑒識　一　藜光社印行

186 宋稗類鈔三十六卷（清）潘永因編　清宣統三年（1911）

藜光社石印本

框高 16.3 釐米，寬 11.4 釐米。半葉十四行，行三十字，白口，四周雙邊。

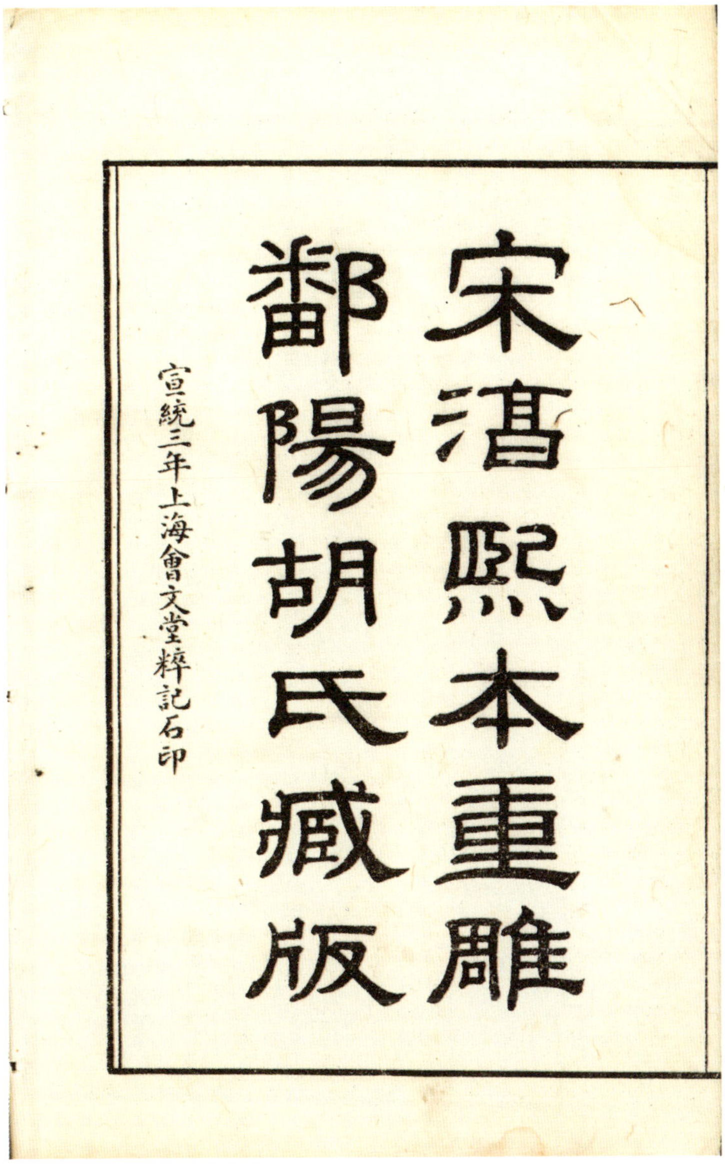
宋淳熙本重雕
鄱陽胡氏藏版
宣統三年上海會文堂粹記石印

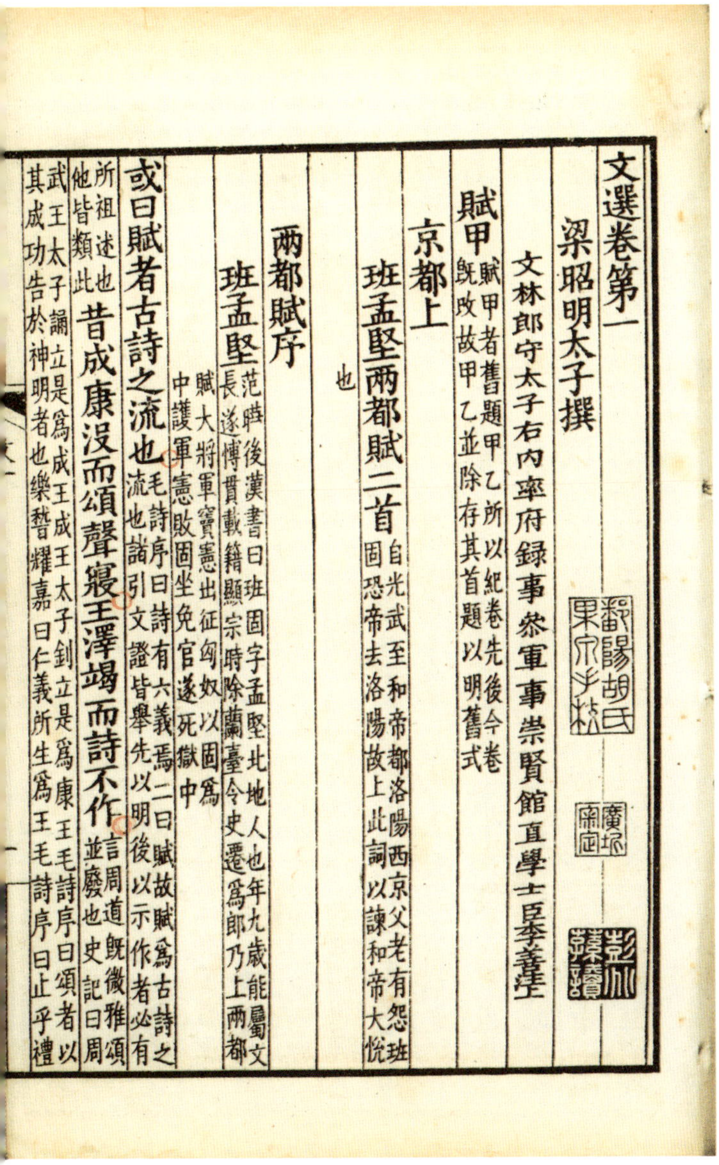
文選卷第一
梁昭明太子撰
文林郎守太子右内率府録事參軍事崇賢館直學士臣李善注
賦甲 賦甲者舊題甲乙所以紀卷先後今卷既改故甲乙並除存其首題以明舊式
京都上
班孟堅兩都賦二首 自光武至和帝都洛陽西京父老有怨班固恐帝去洛陽故上此詞以諫和帝大悅也
兩都賦序
班孟堅 范曄後漢書曰班固字孟堅北地人也年九歲能屬文長遂博貫載籍顯宗時除蘭臺令史遷爲郎乃上兩都賦大將軍竇憲出征匈奴以固爲中護軍憲敗固坐免官遂死獄中
或曰賦者古詩之流也 毛詩序曰詩有六義焉二曰賦故賦爲古詩之流也諸引文證皆舉先以明後以示作者必有所祖述也他皆類此 昔成康沒而頌聲寢王澤竭而詩不作 言周道既微雅頌並廢也史記曰周武王太子誦立是爲成王成王太子釗立是爲康王毛詩序曰頌者以其成功告於神明者也樂稽耀嘉曰仁義所生爲王毛詩序曰止乎禮

187 文選六十卷 （南朝梁）蕭統撰 （唐）李善注 清宣統三年（1911）上海會文堂粹記石印本

框高 16.1 釐米，寬 11.2 釐米。半葉十三行，字數不等，小字雙行，字數不等，黑口，左右雙邊。

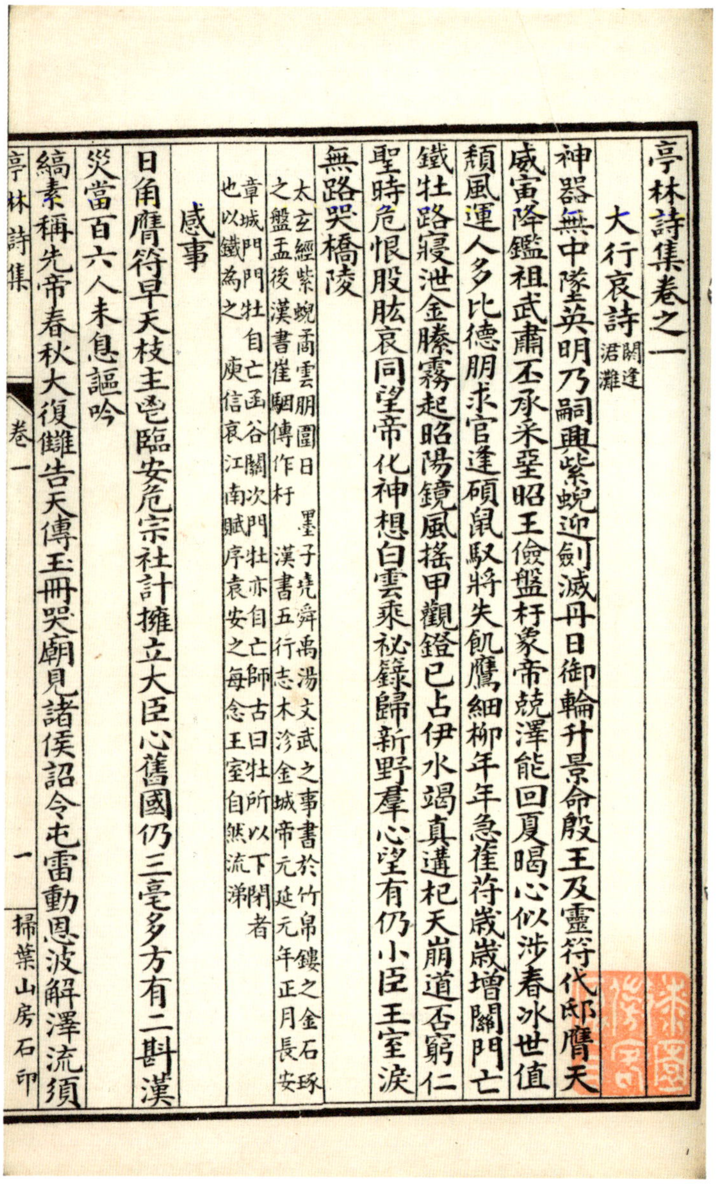

亭林詩集卷之一

大行哀詩 闕逢涒灘

神器無中墜英明乃嗣興紫蜺迎劍滅丹日御輪升景命殷王及靈符代邸膺天威寅降鑑祖武肅丕承采壑昭王儉盤杅象帝兢澤能回夏暍心似涉春冰世值頹風運人多比德朋求官逢碩鼠馭將失飢鷹細柳年年急萑苻歲歲增關門亡鐵牡路寢泄金縢霧起昭陽鏡風摇甲觀鐙已占伊水竭真遘杞天崩道否窮仁聖時危恨股肱哀同望帝化神想白雲乘祕籙歸新野羣心望有仍小臣王室淚無路哭橋陵 太玄經紫蜺嚚雲朋圍日 墨子堯舜禹湯文武之事書於竹帛鏤之金石琢之盤盂後漢書崔駰傳作杅 漢書五行志木沴金城帝元延元年正月長安章城門門牡自亡函谷關次門牡亦自亡師古曰牡所以下閉者也以鐵為之 庾信哀江南賦序袁安之每念王室自然流涕

感事

日角膺符早天枝主鬯臨安危宗社計擁立大臣心舊國仍三亳多方有二斟漢災當百六人未息謳吟

縞素稱先帝春秋大復雠告天傳玉冊哭廟見諸侯詔令屯雷動恩波解澤流須

亭林詩集　卷一　一　掃葉山房石印

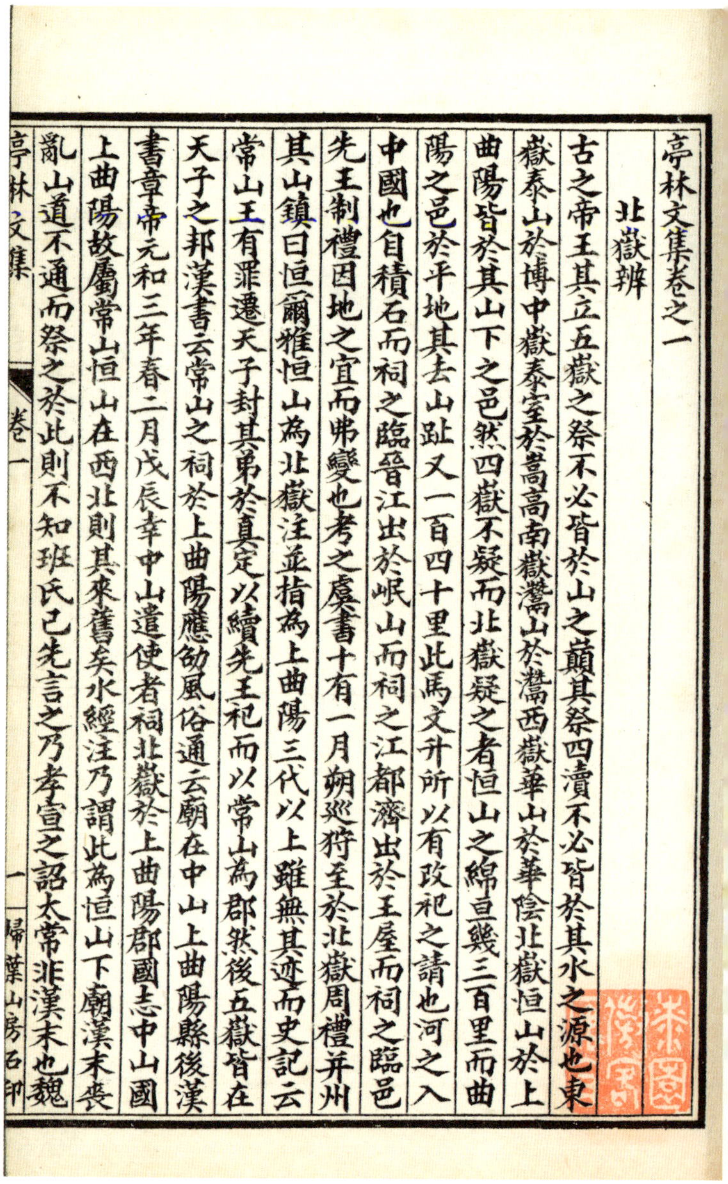

亭林文集卷之一

北嶽辨

古之帝王其立五嶽之祭不必皆於山之巔其祭四瀆不必皆於其水之源也東嶽泰山於博中嶽泰室於嵩高南嶽灊山於灊西嶽華山於華陰北嶽恒山於上曲陽皆於其山下之邑然四嶽不疑而北嶽疑之者恒山之綿亘幾三百里而曲陽之邑於平地其去山趾又一百四十里此馬文升所以有改祀之請也河之入中國也自積石而祠之臨晉江出於岷山而祠之江都濟出於王屋而祠之臨邑先王制禮因地之宜而弗變也考之虞書十有一月朔巡狩至於北嶽周禮并州其山鎮曰恒爾雅恒山為北嶽注並指為上曲陽三代以上雖無其迹而史記云常山王有罪遷天子封其弟於真定以續先王祀而以常山為郡然後五嶽皆在天子之邦漢書云常山之祠於上曲陽應劭風俗通云廟在中山上曲陽縣後漢書章帝元和三年春二月戊辰幸中山遣使者祠北嶽於上曲陽郡國志中山國上曲陽故屬常山恒山在西北則其來舊矣水經注乃謂此為恒山下廟漢末喪亂山道不通而祭之於此則不知班氏已先言之乃孝宣之詔太常非漢末也魏

亭林文集　卷一　一　掃葉山房石印

188 亭林文集六卷詩集五卷　（清）顧炎武撰　清宣統三年（1911）掃葉山房石印本

框高 16.7 釐米，寬 11.8 釐米。半葉十四行，行三十一字，小字雙行同，白口，四周雙邊。

館藏索書號：403.7/31291

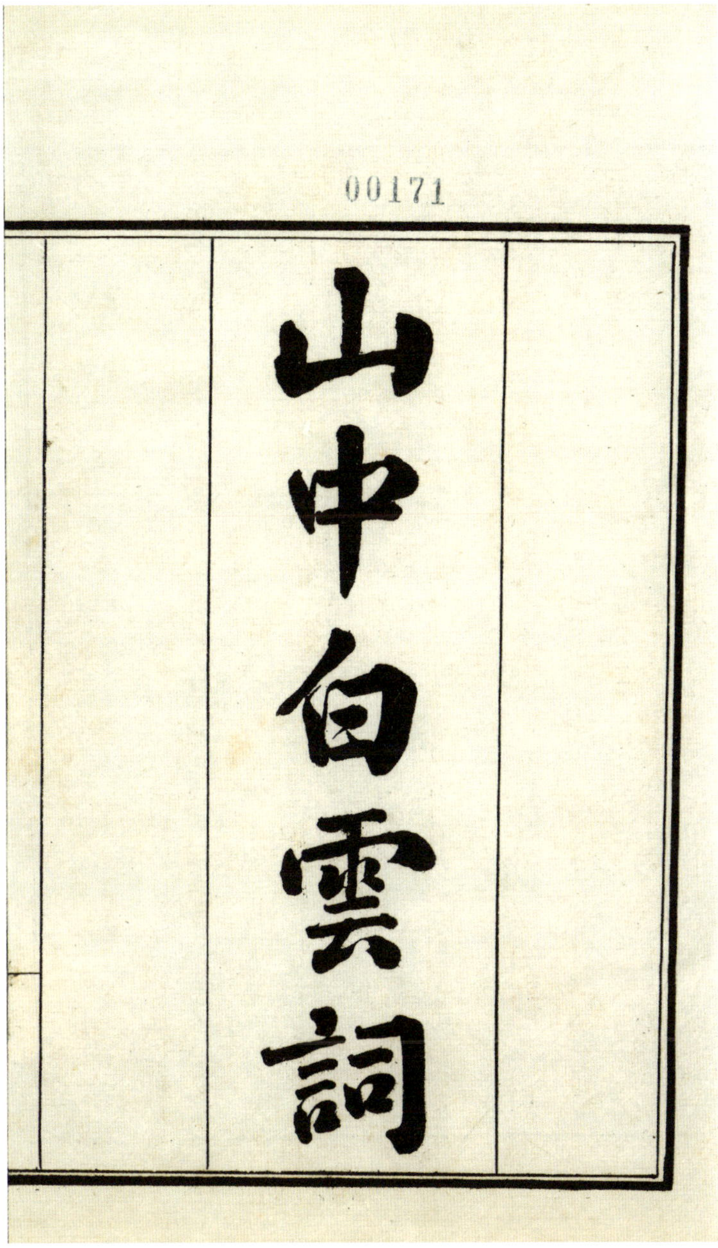

00171

山中白雲詞

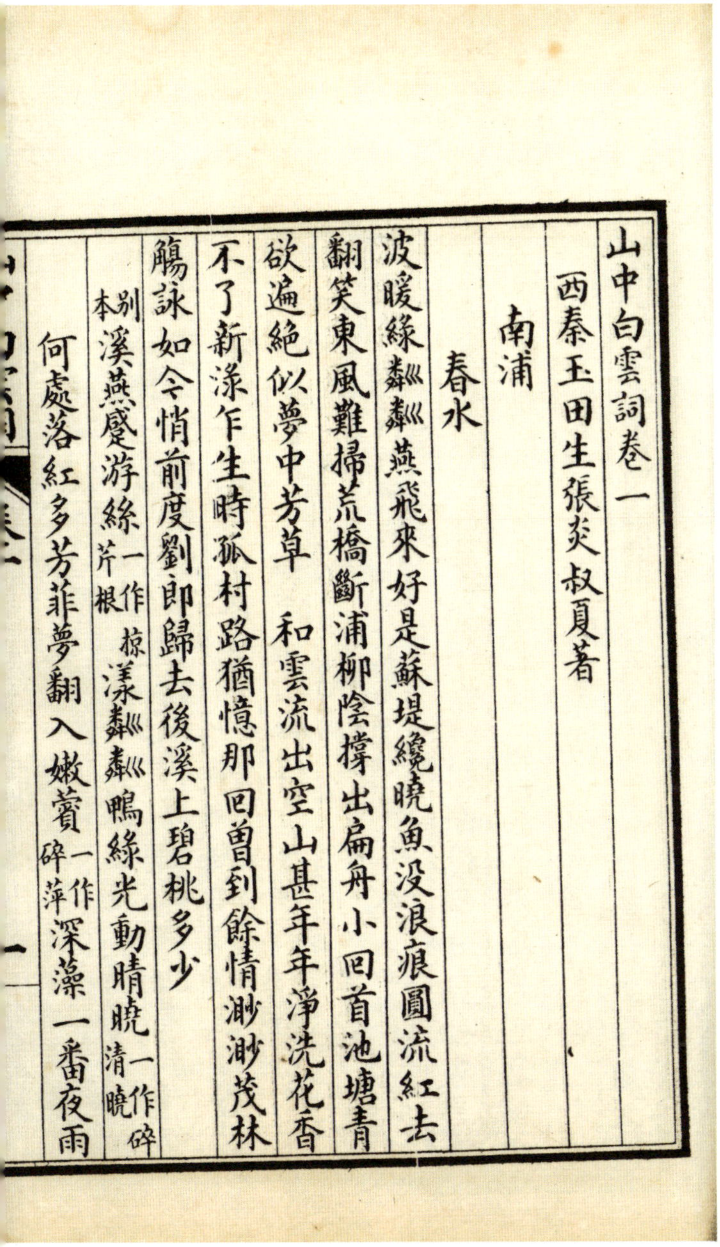

山中白雲詞卷一

西秦玉田生張炎叔夏著

南浦

春水

波暖綠粼粼燕飛來好是蘇堤纔曉魚没浪痕圓流紅去翻笑東風難掃荒橋斷浦柳陰撑出扁舟小回首池塘青欲遍絶似夢中芳草　和雲流出空山甚年年淨洗花香不了新淥乍生時孤村路猶憶那回曾到餘情渺渺茂林觴詠如今悄前度劉郎歸去後溪上碧桃多少

別本溪燕壓游絲一作芹根掠漾粼粼鴨綠光動晴曉一作清曉碎何處落紅多芳菲夢翻入嫩蘋一作碎萍深藻一番夜雨

189 山中白雲詞八卷附樂府指迷一卷　（宋）張炎撰　清宣統三年（1911）龍文閣書莊石印本

框高 15.1 釐米，寬 10.4 釐米。半葉十一行，行二十二字，小字雙行同，白口，四周雙邊。

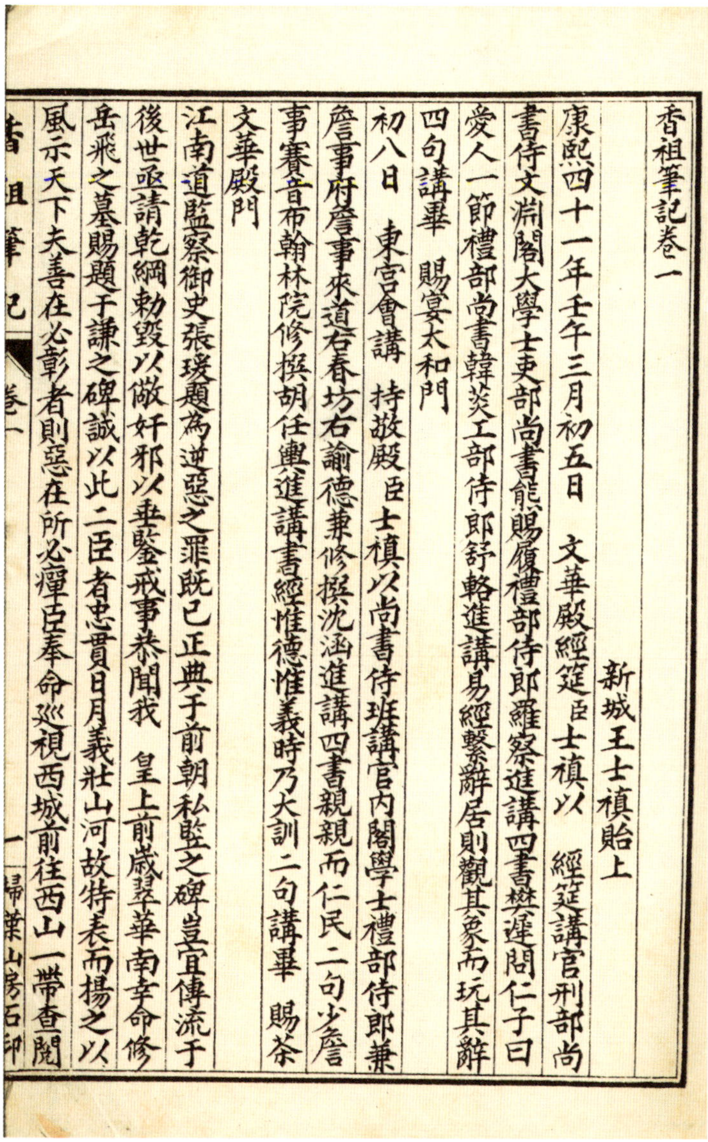
香祖筆記卷一

新城王士禎貽上

康熙四十一年壬午三月初五日　文華殿經筵臣士禎以　經筵講官刑部尚書侍文淵閣大學士吏部尚書熊賜履禮部侍郎羅察進講四書樊遲問仁子曰愛人一節禮部尚書韓菼工部侍郎舒輅進講易經繫辭居則觀其象而玩其辭四句講畢　賜宴太和門

初八日　東宮會講　持敬殿臣士禎以尚書侍班講官內閣學士禮部侍郎兼詹事府詹事來道右春坊右諭德兼修撰沈涵進講四書親親而仁民二句少詹事賽音布翰林院修撰胡任輿進講書經惟德惟義時乃大訓二句講畢　賜茶文華殿門

江南道監察御史張瑗題為逆惡之罪既已正典于前朝私監之碑豈宜傳流于後世亟請乾綱勅毀以儆奸邪以垂鑒戒事恭聞我　皇上前歲翠華南幸命修岳飛之墓賜題于謙之碑誠以此二臣者忠貫日月義壯山河故特表而揚之以風示天下夫善在必彰者則惡在所必癉臣奉命巡視西城前往西山一帶查閱

香祖筆記　卷一　一　掃葉山房石印

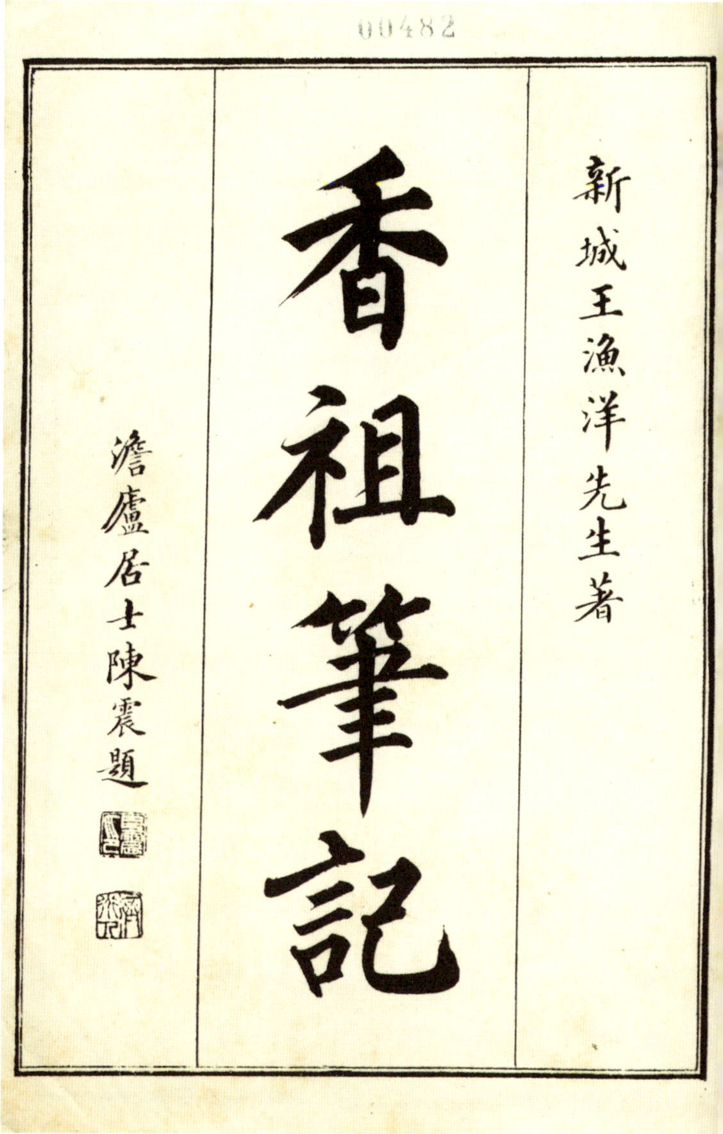
00482

新城王漁洋先生著

香祖筆記

澹廬居士陳震題

190 香祖筆記十二卷　（清）王士禛撰　清宣統三年（1911）

上海掃葉山房石印本

框高 17.1 釐米，寬 11.7 釐米。半葉十四行，行三十一字，小字雙行同，白口，四周雙邊。

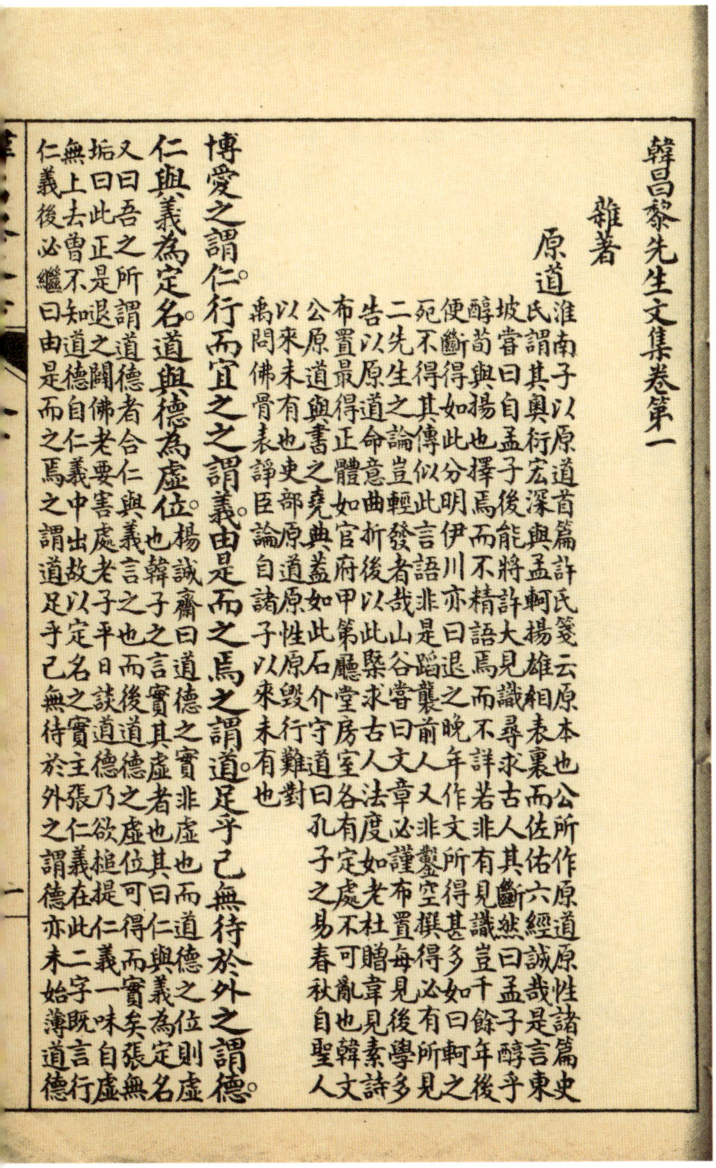

韓昌黎先生文集卷第一

雜著

原道

淮南子以原道首篇許氏箋云原本也公所作原道原性諸篇史氏謂其奧衍宏深與孟軻揚雄相表裏而佐佑六經誠哉是言東坡嘗曰自孟子後能將許大見識尋求古人其斷然曰孟子醇乎醇荀與揚也擇焉而不精語焉而不詳若非有見識豈千餘年後便斷得如此分明伊川亦曰退之晚年作文所得甚多如曰軻之死不得其傳似此言語非是蹈襲前人又非鑿空撰得必有所見二先生之論豈輕發者哉山谷嘗曰文章必謹布置每見後學多告以原道命意曲折後以此槩求古人法度如老杜贈韋見素詩布置最得正體如官府甲第廳堂房室各有定處不可亂也韓文公原道與書之堯典蓋如此石介守道曰孔子之易春秋自聖人以來未有也吏部原道原性原毀行難對禹問佛骨表諍臣論自諸子以來未有也

博愛之謂仁。行而宜之之謂義。由是而之焉之謂道。足乎己無待於外之謂德。

仁與義為定名。道與德為虛位。揚誠齋曰道德之實非虛也而道德之位則虛也韓子之言實其虛者也其曰仁與義為定名又曰吾之所謂道德者合仁與義言之也而後道德之虛位可得而實矣張無垢曰此正是退之闢佛老要害處老子平日談道德乃欲槌提仁義一味自虛無上去曾不知道德自仁義中出故以定名之實主張仁義在此二字既言行仁義後必繼曰由是而之焉之謂道足乎己無待於外之謂德亦未始薄道德

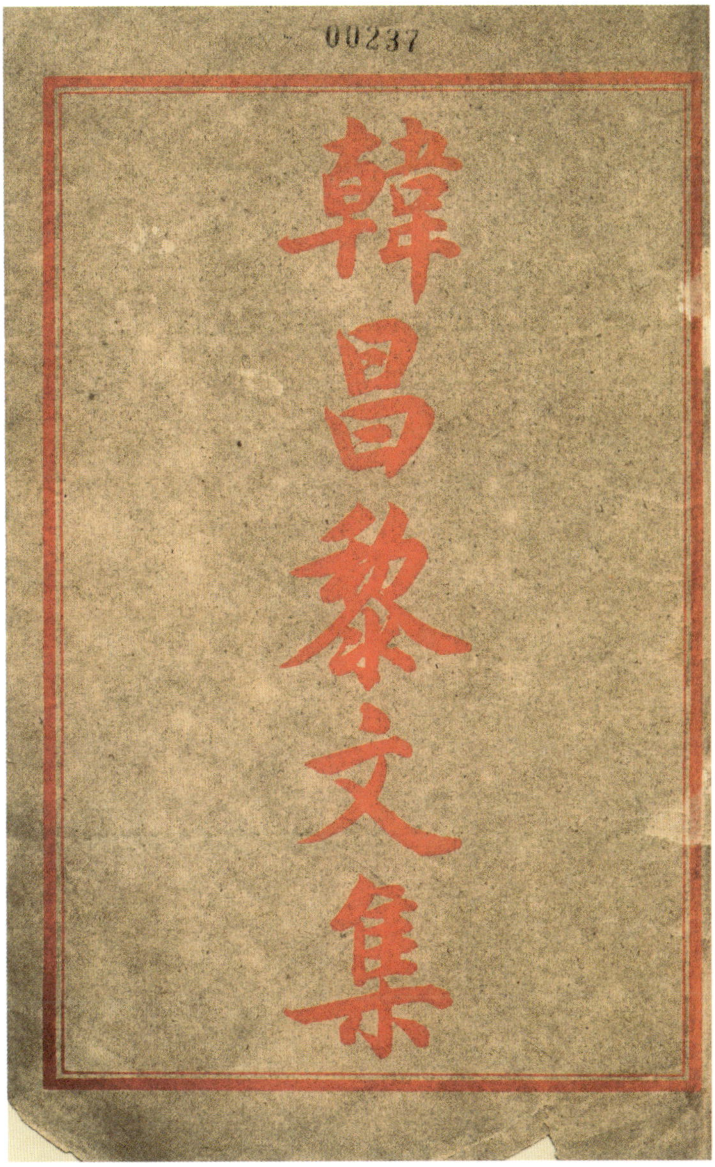

191 韓昌黎先生文集三十卷 （唐）韓愈撰 （明）李漢編

清末石印本

框高 17 釐米，寬 11.8 釐米。半葉十二行，行三十字，小字雙行同，白口，四周單邊。

長生殿傳奇卷下之上

錢塘洪昇昉思填詞
同里吴人舒鳧論文

獻飯（生引丑上）

（黄鐘引子）西地錦 憤恨蛾眉輕喪一宵千種悲傷早來慵把金鞭颺午餘玉粒誰嘗

寡人匆匆西幸昨在馬嵬驛中六軍不發無計可施只得把妃子賜死（淚介）咳空做一朝天子竟成千古忍人（忍人一恨真足千古較如何四紀為天子不及盧家有莫愁更覺傷心）勉强行了一程已到扶風地面駐蹕鳳儀宫内不免少息片時（外扮老人持麥飯上）炙背可以見天子獻芹由來知野人老漢扶風野老郭從謹是也聞知皇上西巡暫駐鳳儀宫内老漢煮得一碗麥飯特來進獻以表一點敬心（見丑介）公公煩乞轉奏一聲説野人郭從謹特來進飯（丑傳介）（生）召他進來（外進見介）草莽小臣郭從謹見駕（生）你是那里人（外）念小臣呵

（黄鐘過曲）降黄龍 生長扶風白首躬耕共慶時康聽驀然變起鳳輦游巡無限驚惶聊將一盂麥飯匍匐向旗門陳上願吾君不嫌粗糲野人供養（曲樸而穩直接元人衣鉢）

（生）生受你了高力士取上來（丑接飯送生介）（生看介）寡人晏處深宫從不曾嘗著此味

（前腔換頭）尋常進御大官饌玉炊金食前方丈珍羞百味猶兀自嫌他調和無當（淚介）不想

長生殿卷下之上　獻飯　七

長生殿卷下之上　圖　六

192 長生殿傳奇二卷（清）洪昇撰　清末石印本

框高 14.6 釐米，寬 9.8 釐米。半葉十五行，行三十四字，白口，半葉四周單邊。

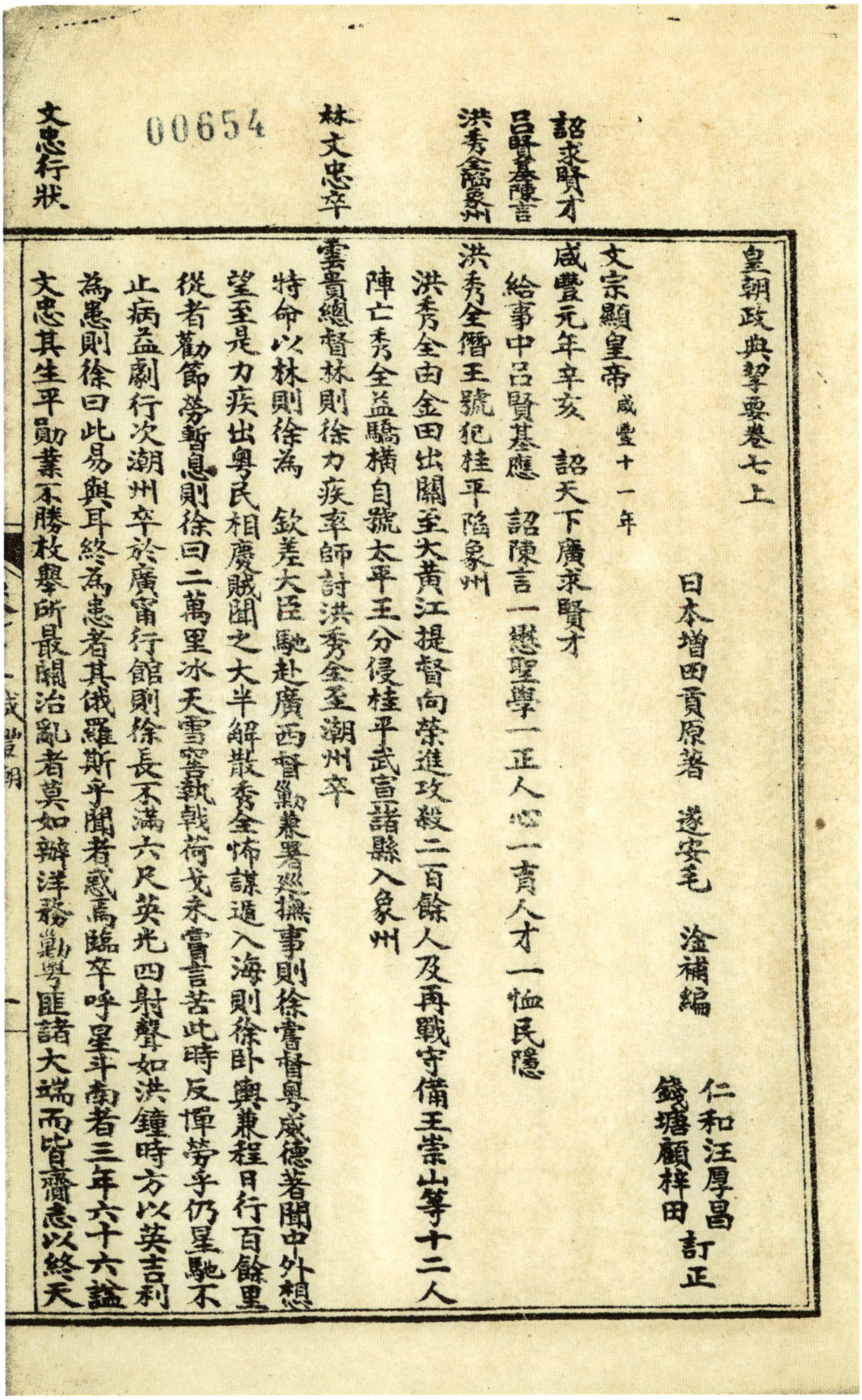
詔求賢才
呂賢基陳言
洪秀全陷象州
00654
林文忠卒
文忠行狀

皇朝政典挈要卷七上
日本增田貢原著　遂安毛　淦補編
仁和汪厚昌　錢塘顧梓田　訂正
文宗顯皇帝咸豐十一年
咸豐元年辛亥　詔天下廣求賢才
給事中呂賢基應　詔陳言一懲聖學一正人心一青人才一恤民隱
洪秀全僭王號犯桂平陷象州
洪秀全由金田出關至大黃江提督向榮進攻殺二百餘人及再戰守備王崇山等十二人
陣亡秀全益驕横自號太平王分侵桂平武宣諸縣入象州
雲貴總督林則徐力疾率師討洪秀全至潮州卒
特命以林則徐為　欽差大臣馳赴廣西督勦兼署巡撫事則徐嘗督粵威德著聞中外想
望至是力疾出粵民相慶賊聞之大半解散秀全怖謀遁入海則徐卧輿兼程日行百餘里
從者勸節勞暫息則徐曰二萬里冰天雪窖執戟荷戈未嘗言苦此時反憚勞乎仍星馳不
止病益劇行次潮州卒於廣甯行館則徐長不滿六尺英光四射聲如洪鐘時方以英吉利
為患則徐曰此易與耳終為患者其俄羅斯乎聞者惑焉臨卒呼星斗南者三年六十六謚
文忠其生平勛業不勝枚舉所最關治亂者莫如辦洋務勸學匪諸大端而皆齎志以終天

193 皇朝政典挈要八卷　（日本）增田貢撰　（清）毛淦補編

（清）汪厚昌　（清）顧梓田訂正　清末石印本

框高 14.8 釐米，寬 10.6 釐米。半葉十六行，行三十六字，白口，四周雙邊。

館藏索書號：209/48161

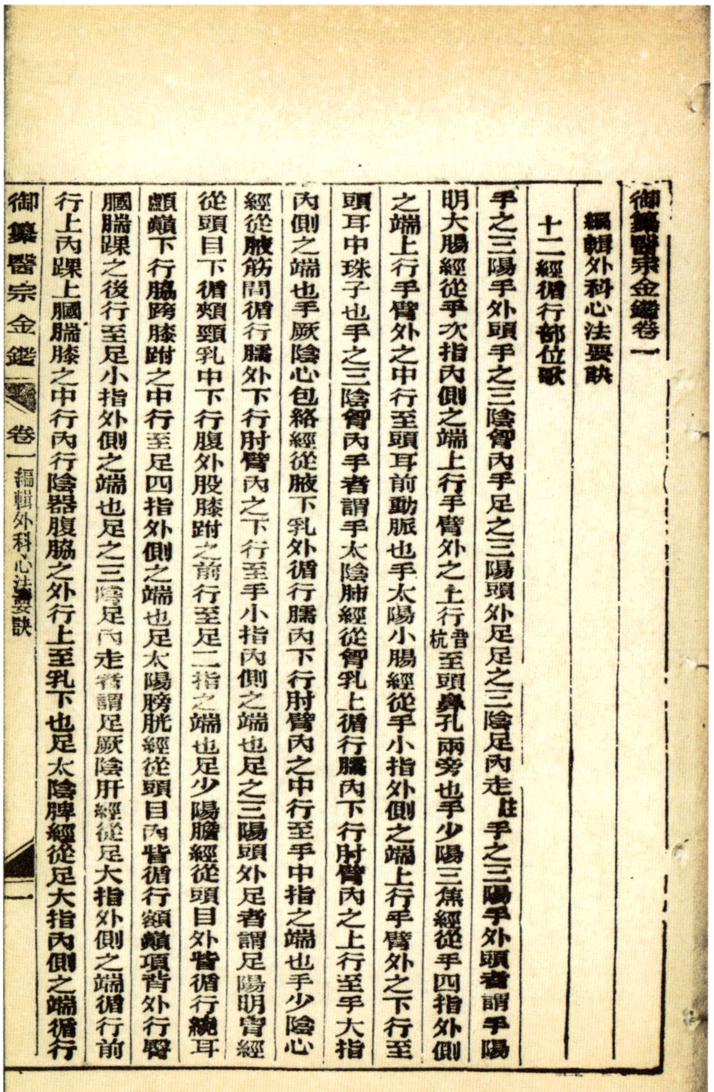

御纂醫宗金鑑卷一

編輯外科心法要訣

十二經循行部位歌

手之三陽手外頭手之三陰胷內手足之三陽頭外足足之三陰足內走注手之三陽手外頭者謂手陽
明大腸經從手次指內側之端上行手臂外之上行昔杭至頭鼻孔兩旁也手少陽三焦經從手四指外側
之端上行手臂外之中行至頭耳前動脈也手太陽小腸經從手小指外側之端上行手臂外之下行至
頭耳中珠子也手之三陰胷內手者謂手太陰肺經從胷乳上循行臑內下行肘臂內之上行至手大指
內側之端也手厥陰心包絡經從腋下乳外循行臑內下行肘臂內之中行至手中指之端也手少陰心
經從腋筋間循行臑外下行肘臂內之下行至手小指內側之端也足之三陽頭外足者謂足陽明胃經
從頭目下循頰頸乳中下行腹外股膝跗之前行至足二指之端也足少陽膽經從頭目外眥循行繞耳
顱巔下行脇跨膝跗之中行至足四指外側之端也足太陽膀胱經從頭目內眥循行額巔項背外行臀
膕腨踝之後行至足小指外側之端也足之三陰足內走者謂足厥陰肝經從足大指外側之端循行前
行上內踝上膕腨膝之中行內行陰器腹脇之外行上至乳下也足太陰脾經從足大指內側之端循行

御纂醫宗金鑑　卷一　編輯外科心法要訣　一

194 御纂醫宗金鑑九十卷（清）吴謙撰　清末石印本

框高 15.7 釐米，寬 11.8 釐米。半葉十三行，行四十字，小字雙行同，白口，四周單邊。

館藏索書號：308.1/67215

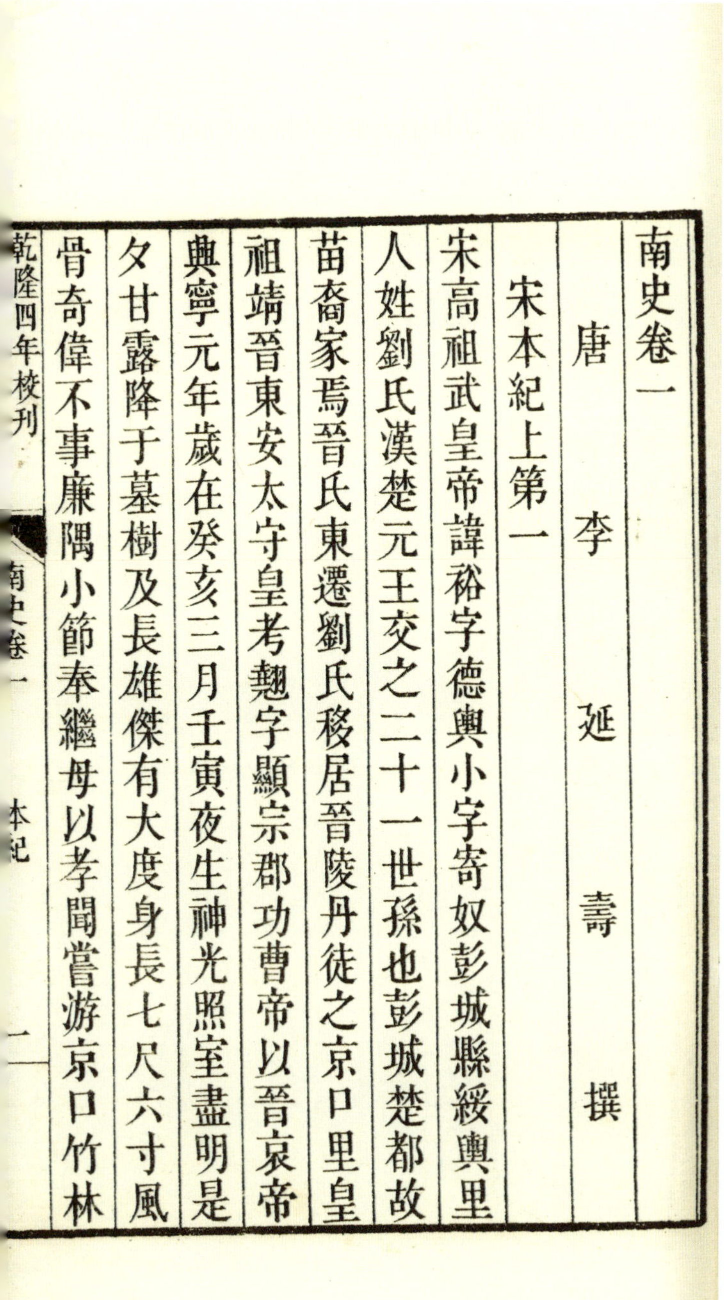
乾隆四年校刊

南史卷一

唐　李　延　壽　撰

宋本紀上第一

宋高祖武皇帝諱裕字德輿小字寄奴彭城縣綏輿里
人姓劉氏漢楚元王交之二十一世孫也彭城楚都故
苗裔家焉晉氏東遷劉氏移居晉陵丹徒之京口里皇
祖靖晉東安太守皇考翹字顯宗郡功曹帝以晉哀帝
興寧元年歲在癸亥三月壬寅夜生神光照室盡明是
夕甘露降于墓樹及長雄傑有大度身長七尺六寸風
骨奇偉不事廉隅小節奉繼母以孝聞嘗游京口竹林

南史卷一　本紀　一

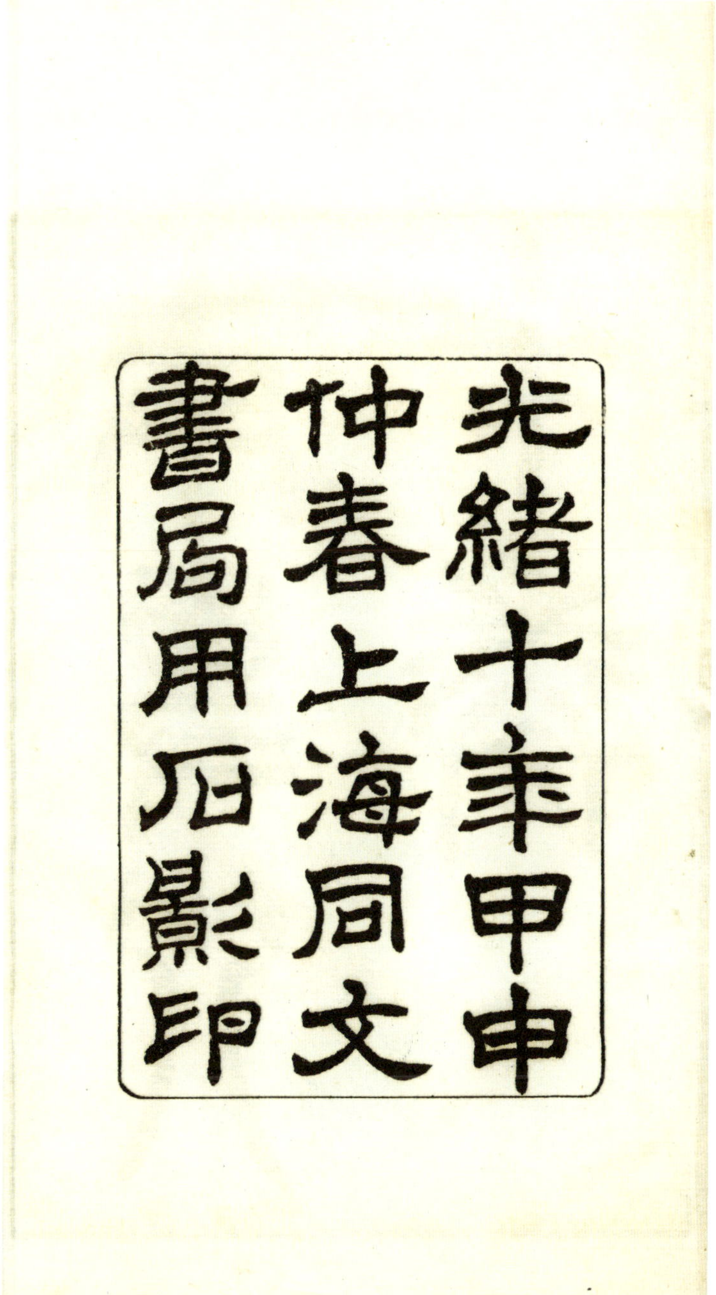
光緒十年甲申
仲春上海同文
書局用石影印

195 南史八十卷（唐）李延壽撰　清光緒十年（1884）上海同文書局影印本

框高 14.9 釐米，寬 10.2 釐米。半葉十行，行二十一字，白口，左右雙邊。

館藏索書號：201.2/40415

196 芥子園畫傳三集四卷（清）王概等繪　清末影印本

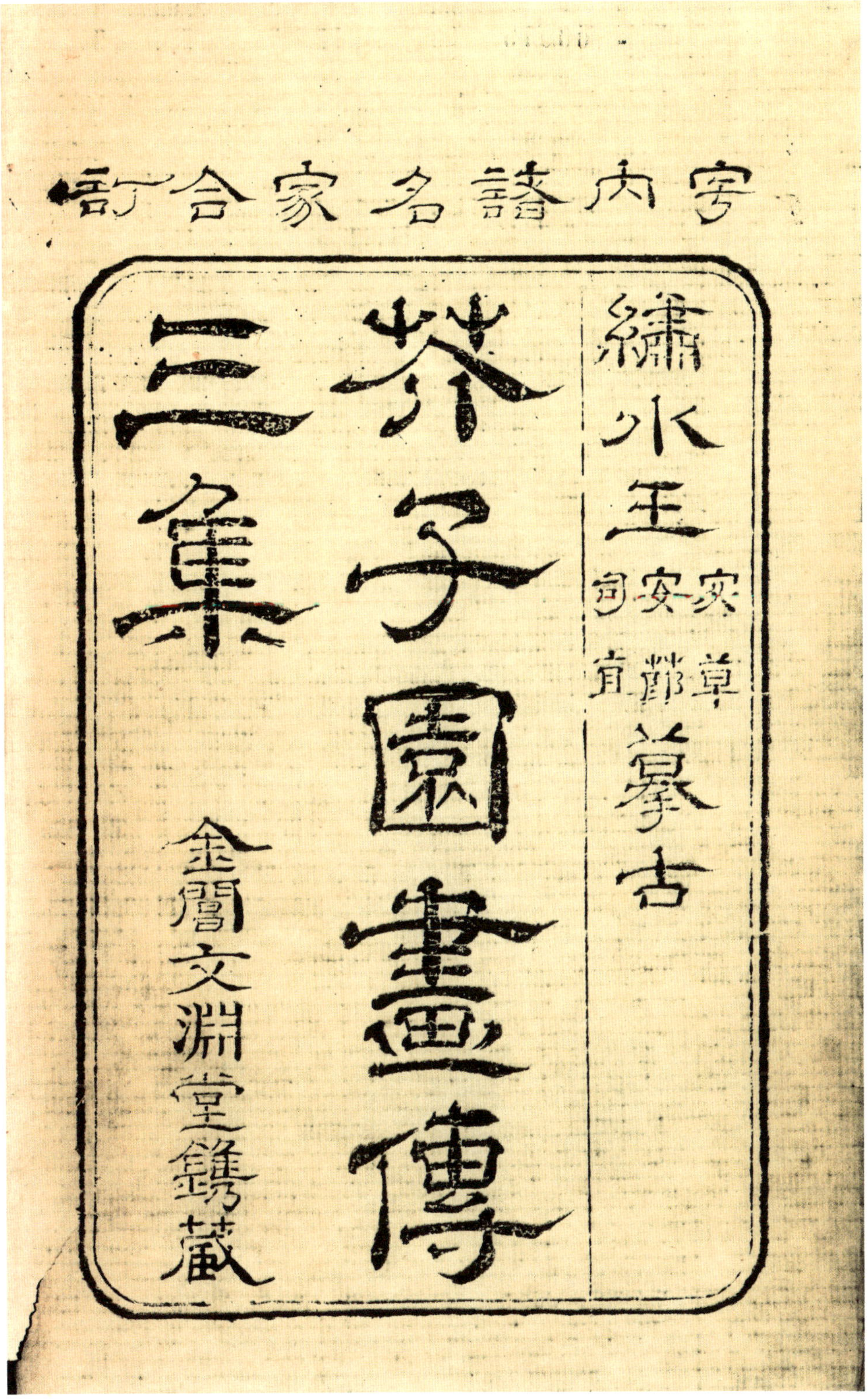

宇內諸名家合訂

繡水王宓草安節司直摹古

芥子園畫傳三集

金閶文淵堂鐫藏

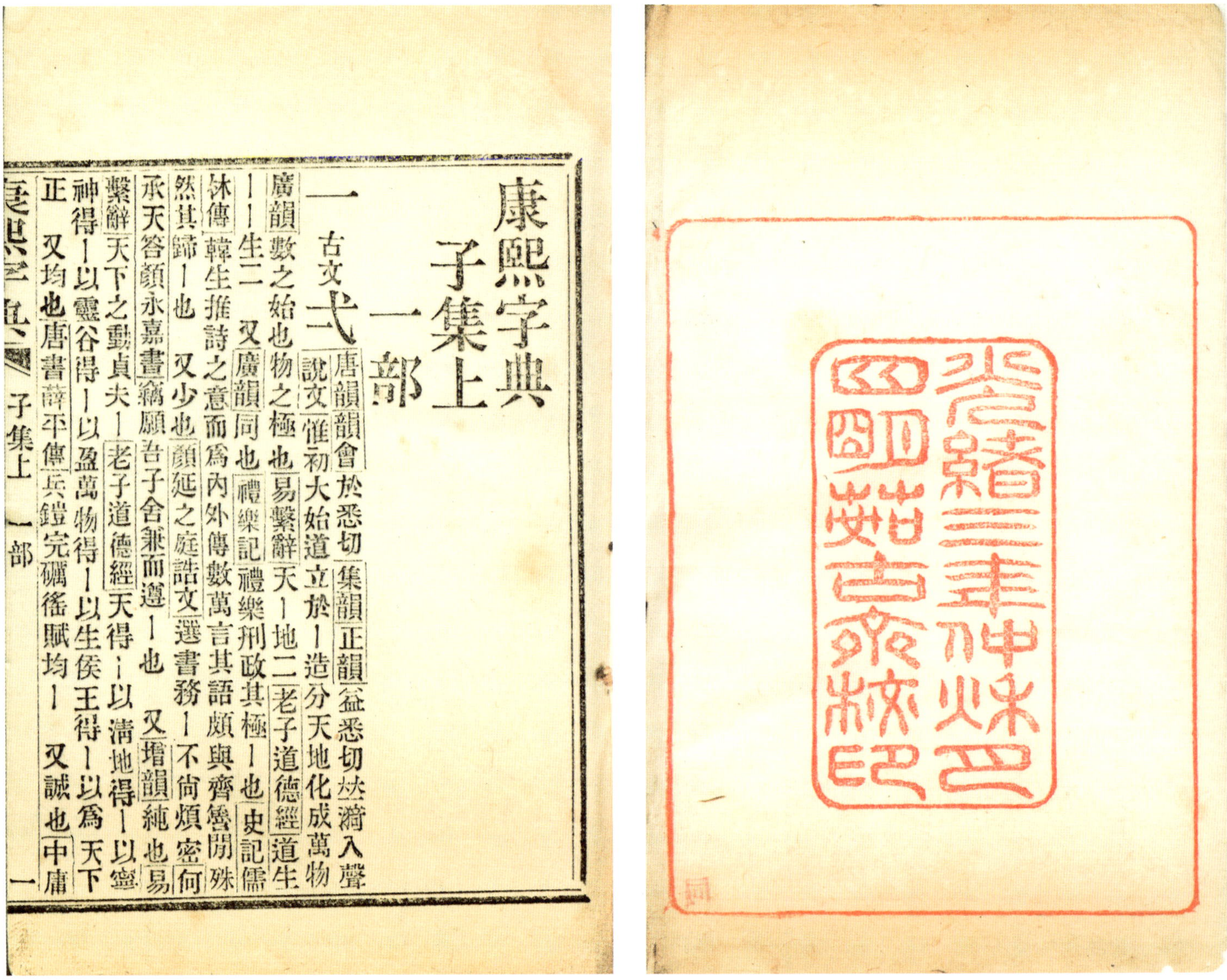

197 康熙字典十二集 （清）張玉書等編纂　清光緒三年（1877）

四明茹古齋鉛印本

框高9.6釐米，寬7.3釐米。半葉八行，行十二字，小字雙行二十四字，白口，四周雙邊。

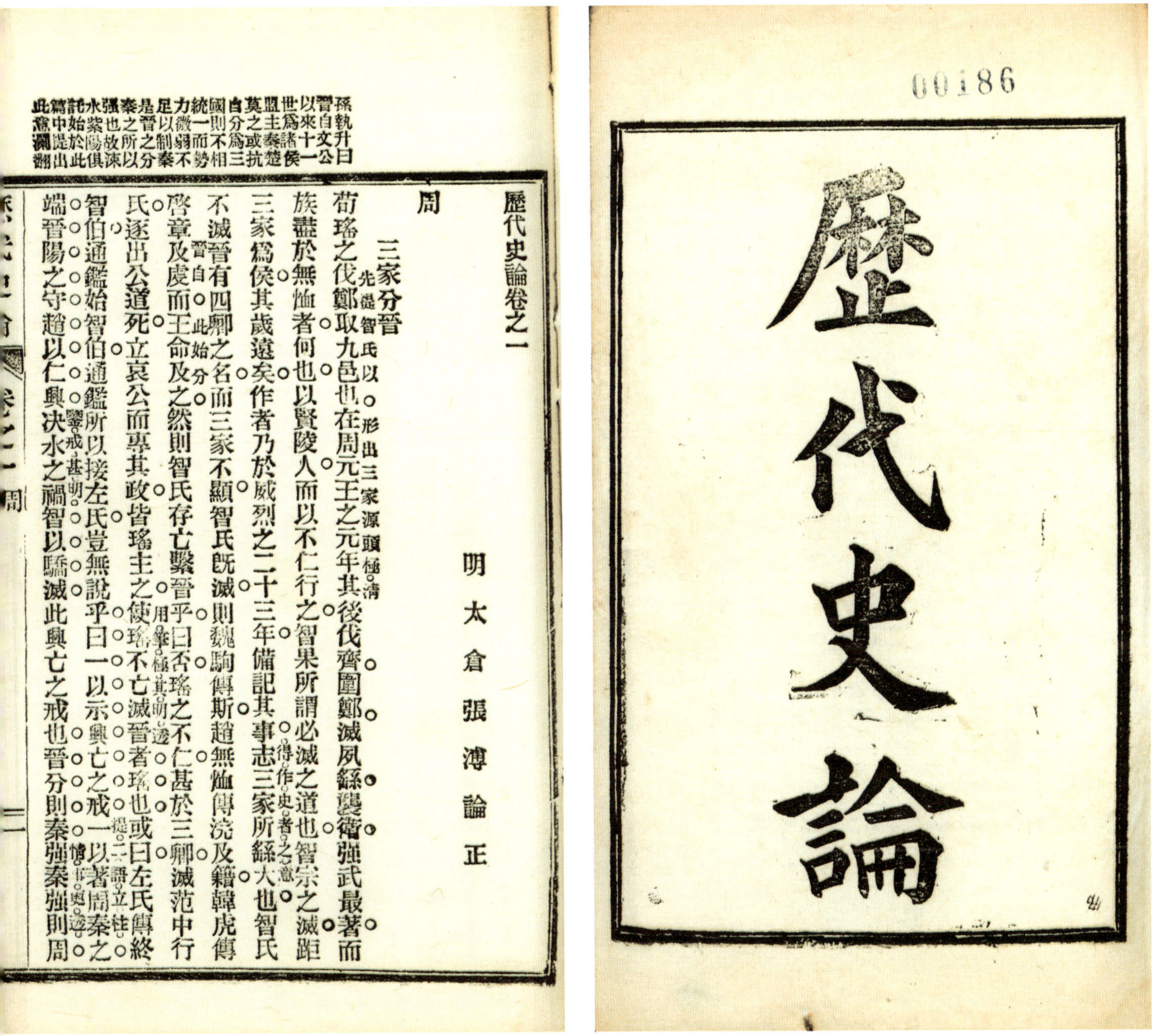
孫執升曰晉自文公以來十一世爲諸侯盟主秦楚莫之或抗自分爲三國則不相統一而勢力微弱不足以制秦是晉之分秦之所以强也故涑水紫陽俱託始於此篇中提出此意瀾翻

歷代史論卷之一

明太倉張溥論正

周

三家分晉

先提智氏以形出三家源頭極清

荀瑤之伐鄭取九邑也在周元王之元年其後伐齊圍鄭滅夙繇襲衛强武最著而族盡於無恤者何也以賢陵人而以不仁行之智果所謂必滅之道也智宗之滅距三家爲侯其歲遠矣作者乃於威烈之二十三年備記其事志三家所繇大也（得作史者之意）智氏不滅晉有四卿之名而三家不顯智氏既滅則魏駒傳斯趙無恤傳浣及籍韓虎傳啓章及虔而王命及之（晉自此始分）然則智氏存亡繫晉乎曰否瑤之不仁甚於三卿滅范中行氏逐出公道死立哀公而專其政皆瑤主之使瑤不亡滅晉者瑤也（用筆極其明透）或曰左氏傳終智伯通鑑始智伯通鑑所以接左氏豈無說乎曰一以示興亡之戒（警戒甚明）一以著周秦之（提二語立柱）端晉陽之守趙以仁興決水之禍智以驕滅此興亡之戒也晉分則秦强秦强則周（情事爽透）

歷代史論

198 歷代史論十二卷宋史論三卷元史論一卷 （明）張溥撰

明史論四卷 （清）谷應泰撰 **左傳史論二卷** （清）高士奇撰

清光緒五年（1879）上海珍藕書局鉛印本

框高 12.3 釐米，寬 8.5 釐米。半葉十二行，行三十二字，白口，四周雙邊。

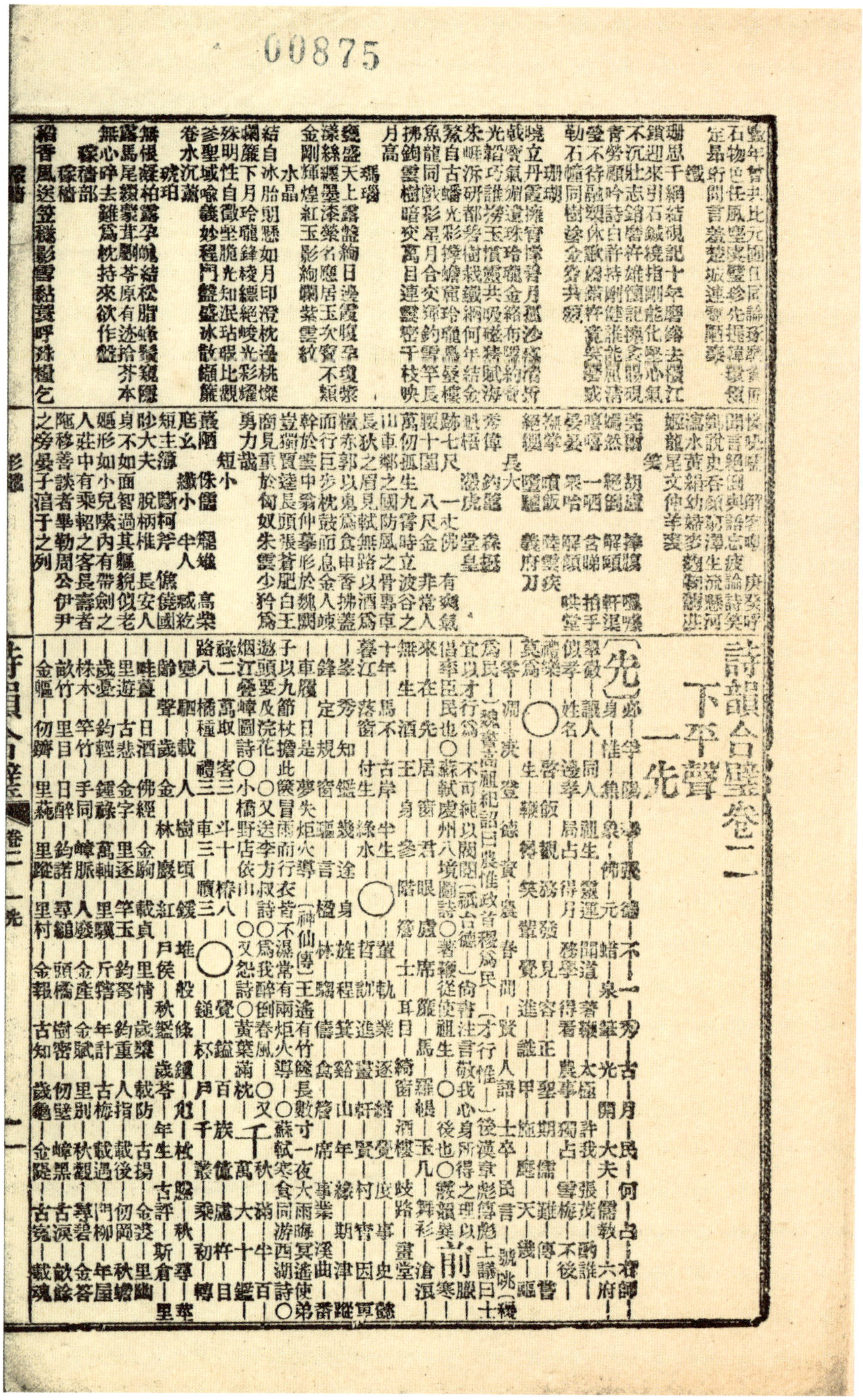

199 詩韻合璧五卷（清）湯文潞輯　清光緒十三年（1887）

鉛印本

框高 16.5 釐米，寬 10.5 釐米。三截版，行字不一，白口，四周雙邊。

館藏索書號：404/04087

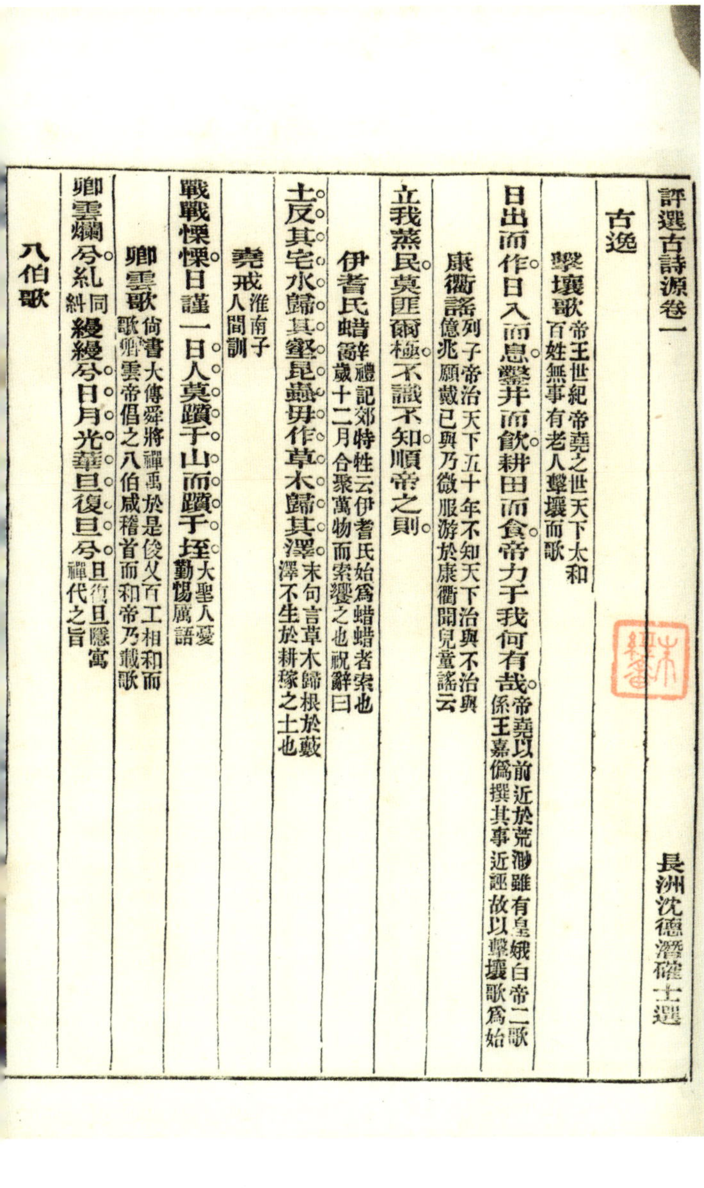
評選古詩源卷一　長洲沈德潛確士選

古逸

擊壤歌 帝王世紀帝堯之世天下太和百姓無事有老人擊壤而歌

日出而作日入而息鑿井而飲耕田而食帝力于我何有哉 帝堯以前近於荒渺雖有皇娥白帝二歌係王嘉僞撰其事近誣故以擊壤歌爲始

康衢謠 列子帝治天下五十年不知天下治與不治與億兆願戴已與乃微服游於康衢聞兒童謠云

立我蒸民莫匪爾極不識不知順帝之則

伊耆氏蜡辭 禮記郊特牲云伊耆氏始爲蜡蜡者索也歲十二月合聚萬物而索饗之也祝辭曰

土反其宅水歸其壑昆蟲毋作草木歸其澤 末句言草木歸根於藪澤不生於耕稼之土也

堯戒 淮南子人間訓

戰戰慄慄日謹一日人莫蹪于山而蹪于垤 大聖人憂勤惕厲語

卿雲歌 尚書大傳舜將禪禹於是俊乂百工相和而歌卿雲帝倡之八伯咸稽首而和帝乃載歌

卿雲爛兮糺縵縵兮日月光華旦復旦兮 糺同糾 旦復旦隱寓禪代之旨

八伯歌

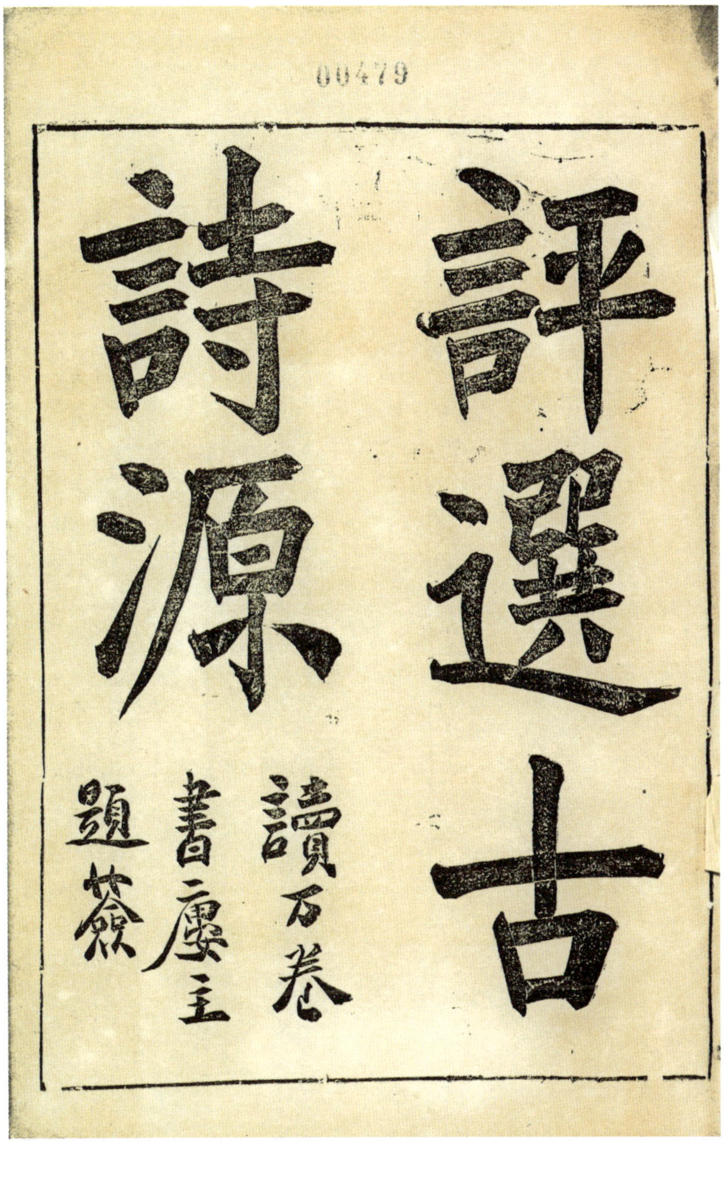
00479

評選古詩源

讀万卷書廔主題簽

200 評選古詩源二卷　（清）沈德潛評選　清光緒二十年（1894）

上海圖書集成印書局鉛印本

框高 15.6 釐米，寬 12.1 釐米。半葉十三行，行四十字，小字雙行同，白口，四周單邊。

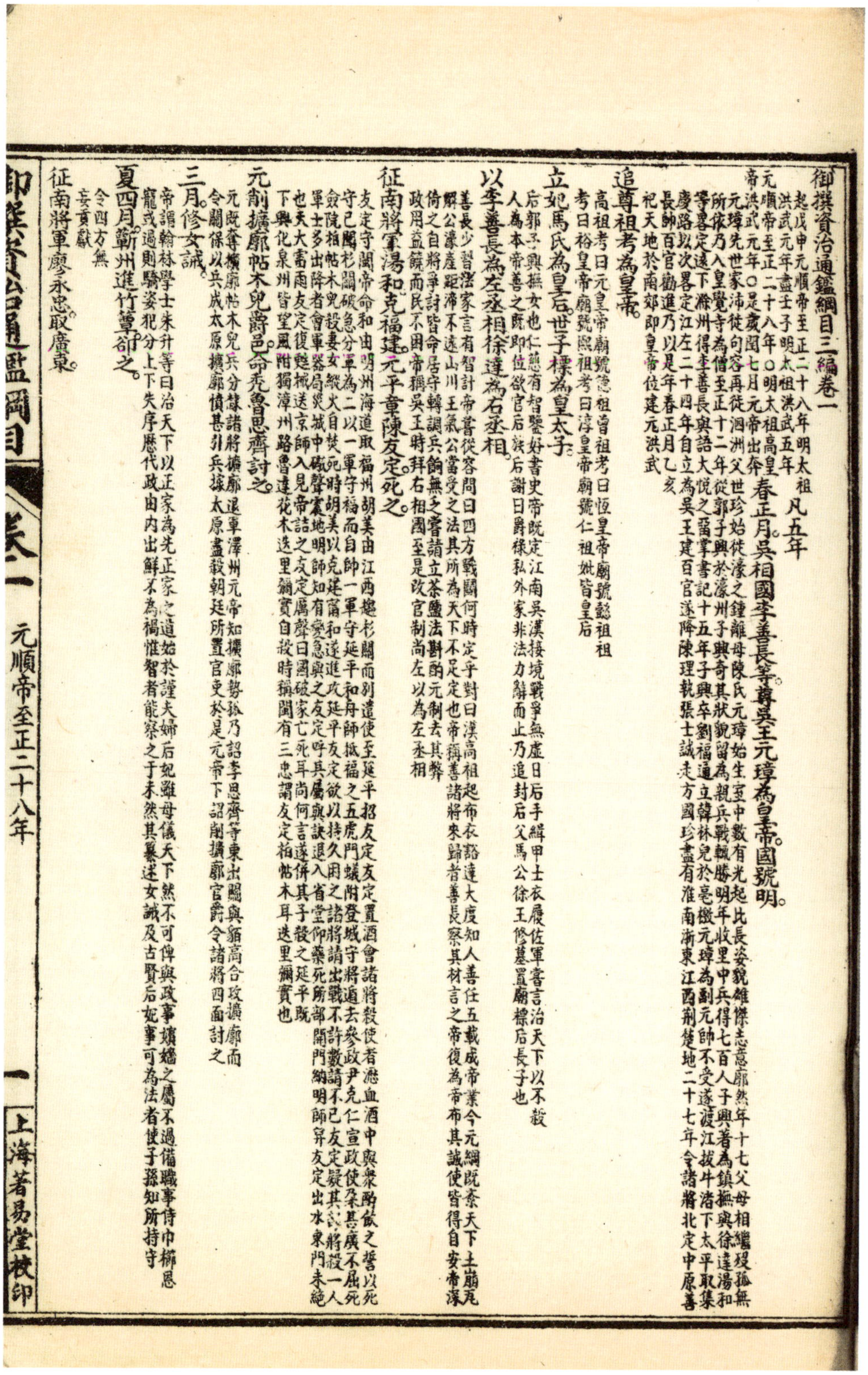

御撰資治通鑑綱目三編卷一

起戊申元順帝至正二十八年明太祖洪武元年盡壬子明太祖洪武五年 凡五年

元順帝至正二十八年○明太祖高皇帝洪武元年○是歲閏七月元帝出奔 春正月。吳相國李善長等尊吳王元璋為皇帝。國號明。

元璋先世家沛徙句容再徙泗洲父世珍始徙濠之鍾離母陳氏元璋始生室中數有光起比長姿貌雄傑志意廓然年十七父母相繼歿孤無所依乃入皇覺寺為僧至正十二年從郭子興於濠州子興奇其狀貌留為親兵戰輒勝明年收里中兵得七百人子興著為鎮撫與徐達湯和等略定遠下滁州得李善長與語大悅之留掌書記十五年子興卒劉福通立韓林兒於亳擬元璋為副元帥不受遂渡江拔牛渚下太平取集慶路以次略定江左二十四年自立為吳王建百官遂降陳理執張士誠走方國珍盡有淮南浙東江西荊楚地二十七年令諸將北定中原善長帥百官勸進乃以是年春正月乙亥祀天地於南郊即皇帝位建元洪武

追尊祖考為皇帝。

高祖考曰元皇帝廟號德祖曾祖考曰恆皇帝廟號懿祖祖考曰裕皇帝廟號熙祖考曰淳皇帝廟號仁祖妣皆皇后

立妃馬氏為皇后。世子標為皇太子。

后郭子興撫女也仁慈有智鑒好書史帝既定江南吳漢接境戰爭無虛日后手緝甲士衣履佐軍嘗言治天下以不殺人為本帝善之既即位欲官后族后謝曰爵祿私外家非法力辭而止乃追封后父馬公徐王修墓置廟標后長子也

以李善長為左丞相。徐達為右丞相。

善長少習法家言有智計帝嘗從容問曰四方戰鬭何時定乎對曰漢高祖起布衣豁達大度知人善任五載成帝業今元綱既紊天下土崩瓦解公濠產距沛不遠山川王氣公當受之法其所為天下不足定也帝稱善諸將來歸者善長察其材言之帝復為帝布其誠使皆得自安帝滁倚之自將爭討皆命居守轉調兵餉無乏嘗請立茶鹽法斟酌元制去其弊政用益饒而民不困帝稱吳王時拜右相國至是改官制尚左以為左丞相

征南將軍湯和克福建。元平章陳友定死之。

友定守閩帝命和由明州海道取福州胡美由江西趨杉關而別遣使至延平招友定友定置酒會諸將殺使者瀝血酒中與衆酌飲之誓以死守已聞杉關破急分軍為二以一軍守福而自帥一軍守延平和舟師抵福之五虎門蟻附登城守將遁去參政尹克仁宣政使朵思廣不屈死僉院柏帖木兒殺妻女縱火自焚死時胡美以克建寧和遂進攻延平友定欲以持久困之諸將請出戰不許數請不已友定疑其貳將殺一人軍士多出降者會軍器局災城中礟聲震地明師知有變急與之友定呼兵屬與訣退入省堂仰藥死所部開門納明師舁友定出水東門未絕也天大雷雨友定復甦械送京師入見帝詰之友定厲聲曰國破家亡死耳尚何言遂併其子殺之延平既下興化泉州皆望風附獨漳州路魯達花木迭里彌實自殺時稱閩有三忠謂友定柏帖木耳迭里彌實也

元削擴廓帖木兒爵邑。命禿魯思齊討之。

元既奪擴廓帖木兒兵分隸諸將擴廓退軍澤州元帝知擴廓勢孤乃詔李思齊等東出關與貊高合攻擴廓而令關保以兵戍太原擴廓憤甚引兵據太原盡殺朝廷所置官吏於是元帝下詔削擴廓官爵令諸將四面討之

三月。修女誡。

帝謂翰林學士朱升等曰治天下以正家為先正家之道始於謹夫婦后妃雖母儀天下然不可俾與政事嬪嬙之屬不過備職事侍巾櫛恩寵或過則驕姿犯分上下失序歷代政由內出鮮不為禍惟智者能察之于未然其纂述女誡及古賢后妃事可為法者使子孫知所持守

夏四月。蘄州進竹簟。卻之。

令四方無妄貢獻

征南將軍廖永忠取廣東。

御撰資治通鑑綱目 卷一 元順帝至正二十八年 一 上海著易堂校印

201 綱鑑會纂三十九卷 （明）王世貞編 （明）李遜齋校

清光緒二十五年（1899）上海著易堂影印本

框高 16.6 釐米，寬 11.5 釐米。半葉二十四行，行五十四字，小字雙行同，黑口，四周雙邊。

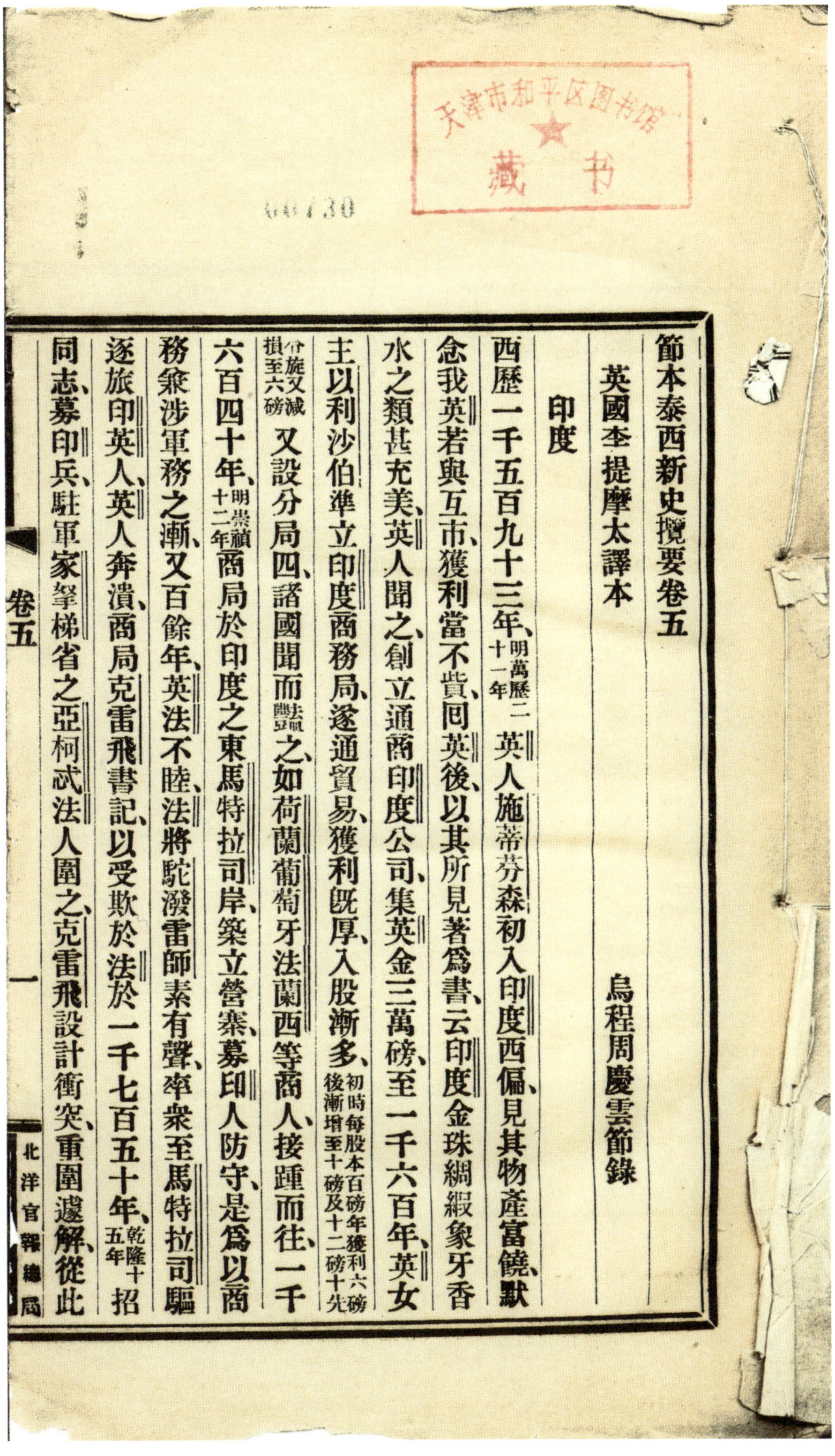

節本泰西新史攬要卷五

英國李提摩太譯本　　烏程周慶雲節錄

印度

西歷一千五百九十三年、（明萬歷二十一年）英人施蒂芬森初入印度西偏、見其物產富饒、默念我英若與互市、獲利當不貲、回英後、以其所見著爲書、云印度金珠綢緞象牙香水之類甚充美、英人聞之、創立通商印度公司、集英金三萬磅、至一千六百年、英女主以利沙伯準立印度商務局、遂通貿易、獲利既厚、入股漸多、（初時每股本百磅年獲利六磅後漸增至十磅及十二磅十先令旋又減損至六磅）又設分局四、諸國聞而豔之、如荷蘭葡萄牙法蘭西等商人接踵而往、一千六百四十年、（明崇禎十二年）商局於印度之東馬特拉司岸、築立營寨、募印人防守、是爲以商務兼涉軍務之漸、又百餘年、英法不睦、法將駝潑雷師素有聲、率衆至馬特拉司驅逐旅印英人、英人奔潰、商局克雷飛書記、以受欺於法、於一千七百五十年、（乾隆十五年）招同志、募印兵、駐軍家孥梯省之亞柯忒、法人圍之、克雷飛設計衝突、重圍遽解、從此

卷五　一

北洋官報總局

202 節本泰西新史攬要八卷　（英）馬懇西撰　（英）李提摩太譯　（清）周慶雲節録　清光緒二十八年（1902）北洋官報總局鉛印本

框高 18.3 釐米，寬 12.6 釐米。半葉十二行，行三十二字，小字雙行同，黑口，四周雙邊。

館藏索書號：209.5/40504

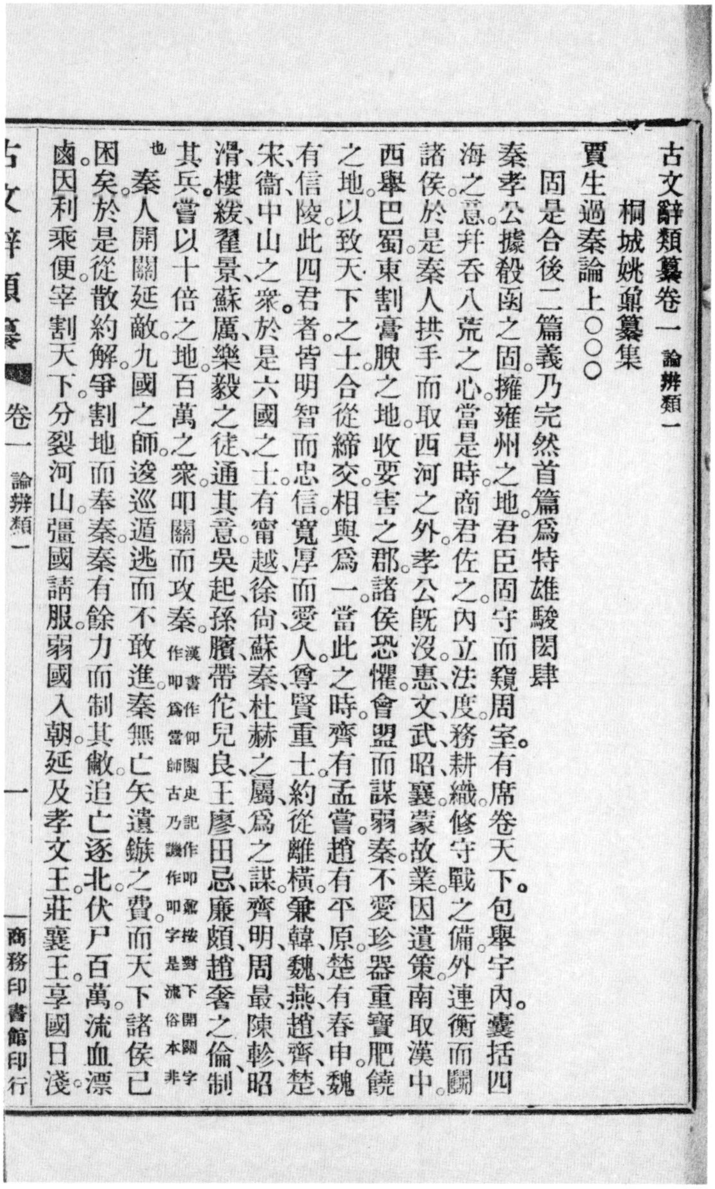
古文辭類纂卷一　論辨類一

桐城姚鼐纂集

賈生過秦論上○○○

固是合後二篇義乃完然首篇爲特雄駿閎肆

秦孝公據殽函之固。擁雍州之地。君臣固守而窺周室。有席卷天下。包舉宇內。囊括四海之意。并吞八荒之心。當是時。商君佐之。內立法度。務耕織。修守戰之備。外連衡而鬬諸侯。於是秦人拱手而取西河之外。孝公既沒。惠文、武、昭襄。蒙故業。因遺策。南取漢中。西舉巴蜀。東割膏腴之地。收要害之郡。諸侯恐懼。會盟而謀弱秦。不愛珍器重寶肥饒之地。以致天下之士。合從締交。相與爲一。當此之時。齊有孟嘗。趙有平原。楚有春申。魏有信陵。此四君者。皆明智而忠信。寬厚而愛人。尊賢重士。約從離橫。兼韓、魏、燕、趙、齊、楚、宋、衞、中山之衆。於是六國之士。有甯越、徐尚、蘇秦、杜赫之屬。爲之謀。齊明、周最、陳軫、昭滑、樓緩、翟景、蘇厲、樂毅之徒。通其意。吳起、孫臏、帶佗、兒良、王廖、田忌、廉頗、趙奢之倫、制其兵。嘗以十倍之地。百萬之衆。叩關而攻秦。漢書作仰關史記作叩關按對下開關字作叩爲當師古乃謂作叩字是流俗本非也秦人開關延敵。九國之師。逡巡遁逃而不敢進。秦無亡矢遺鏃之費。而天下諸侯已困矣。於是從散約解。爭割地而奉秦。秦有餘力而制其敝。追亡逐北。伏尸百萬。流血漂鹵。因利乘便。宰割天下。分裂河山。彊國請服。弱國入朝。延及孝文王、莊襄王。享國日淺。

古文辭類纂　卷一　論辨類一　一

商務印書館印行

丁未年上海商務印書館鑄版

203 古文辭類纂七十四卷　（清）姚鼐輯　**續三十四卷**

（清）王先謙輯　清光緒三十三年（1907）上海商務印書館鉛印本

框高 16.2 釐米，寬 11.6 釐米。半葉十六行，行三十三字，小字雙行同，白口，四周雙邊。

館藏索書號：401.1/42417

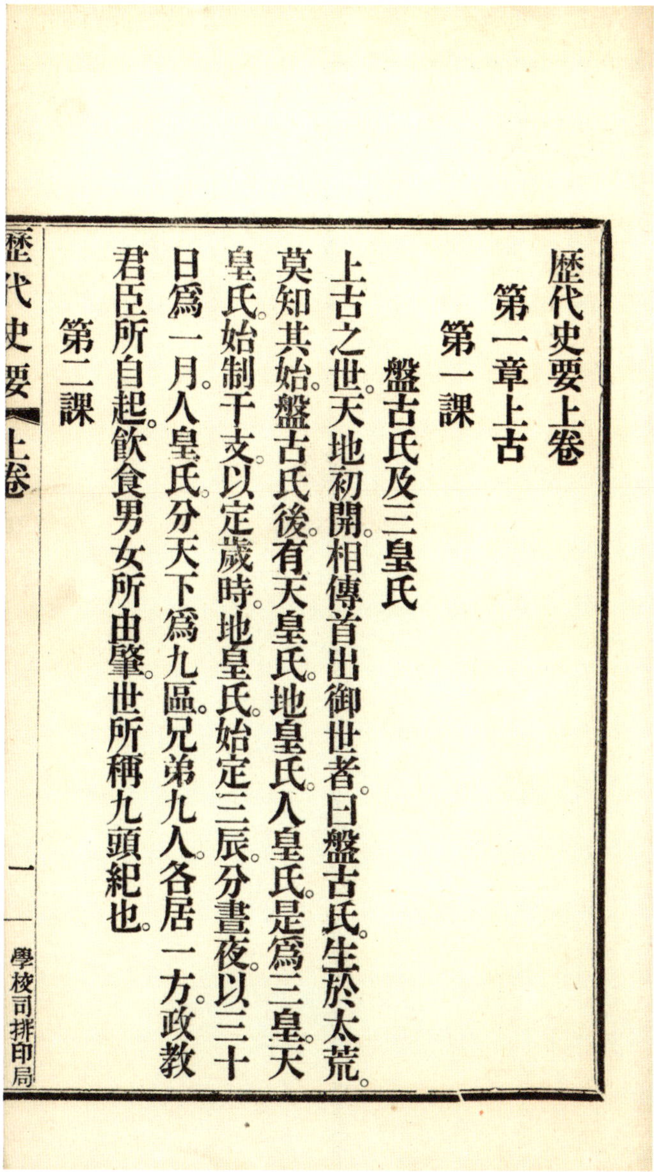
歷代史要上卷

第一章上古

第一課

盤古氏及三皇氏

上古之世。天地初開。相傳首出御世者。曰盤古氏。生於太荒。莫知其始。盤古氏後。有天皇氏。地皇氏。人皇氏。是爲三皇。天皇氏始制干支。以定歲時。地皇氏始定三辰。分晝夜。以三十日爲一月。人皇氏分天下爲九區。兄弟九人。各居一方。政教君臣所自起。飲食男女所由肇。世所稱九頭紀也。

第二課

歷代史要 上卷 一 學校司排印局

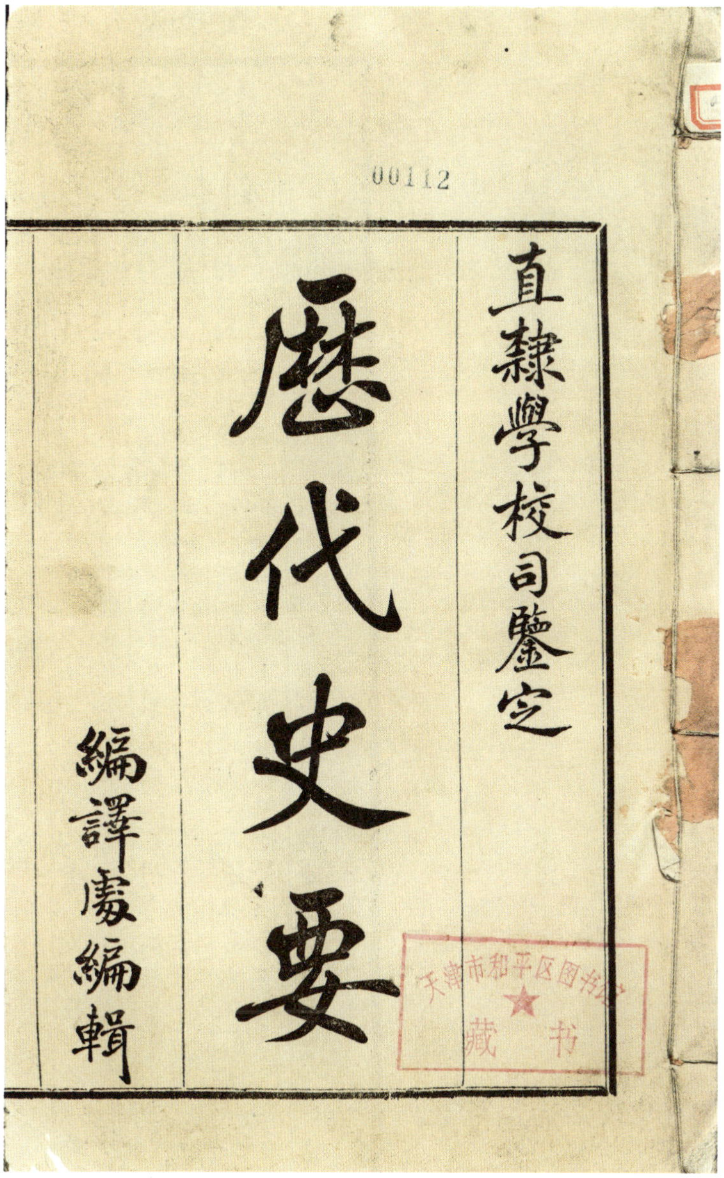
00112

直隸學校司鑒定

歷代史要

編譯處編輯

204 歷代史要二卷 （清）蔣蔭椿編 清光緒學校司排印局鉛印本

框高 17.9 釐米，寬 12.2 釐米。半葉十行，行二十三字，白口，四周雙邊。

館藏索書號：202.1/44744

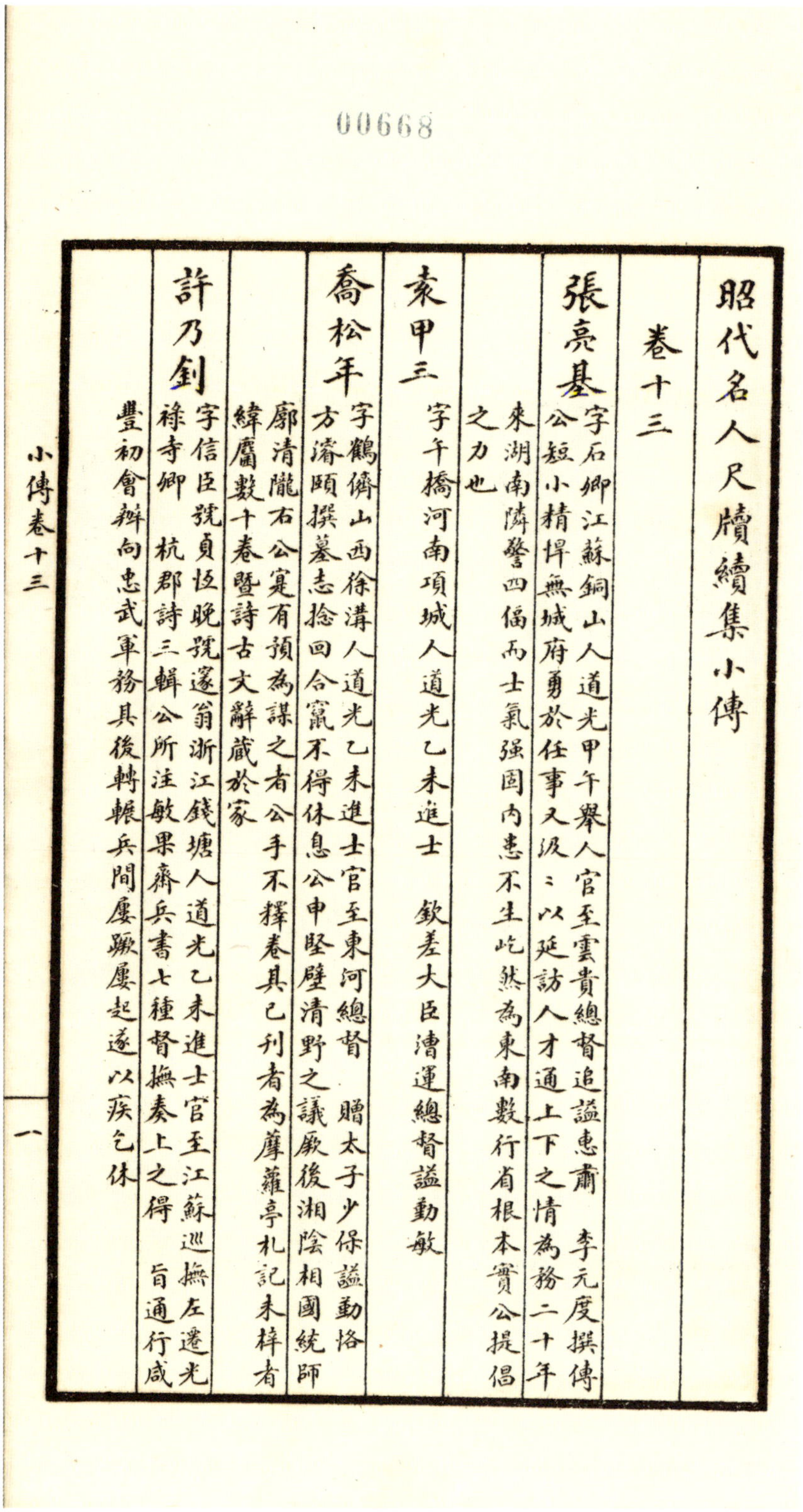

00668

昭代名人尺牘續集小傳

卷十三

張亮基 字石卿江蘇銅山人道光甲午舉人官至雲貴總督追謚惠肅 李元度撰傳
公短小精悍無城府勇於任事又汲汲以延訪人才通上下之情爲務二十年
來湖南隣警四偪而士氣强固内患不生屹然爲東南數行省根本實公提倡
之力也

袁甲三 字午橋河南項城人道光乙未進士 欽差大臣漕運總督謚勤敏

喬松年 字鶴儕山西徐溝人道光乙未進士官至東河總督 贈太子少保謚勤恪
方濬頤撰墓志捻回合竄不得休息公申堅壁清野之議厥後湘陰相國統師
廓清隴右公寔有預爲謀之者公手不釋卷具已刊者爲藦蘿亭札記未梓者
緯攟數十卷暨詩古文辭藏於家

許乃釗 字信臣號貞恒晚號遂翁浙江錢塘人道光乙未進士官至江蘇巡撫左遷光
祿寺卿 杭郡詩三輯 公所注敏果齋兵書七種督撫奏上之得 旨通行咸
豐初會辦向忠武軍務具後轉輾兵間屢蹶屢起遂以疾乞休

小傳卷十三　一

205 昭代名人尺牘續集二十四卷 （清）陶湘選輯　清宣統三年（1911）天寶石印局石印本

框高 19.5 釐米，寬 11.6 釐米。行字不一，白口，半葉四周單邊。

館藏索書號：407.12/77336

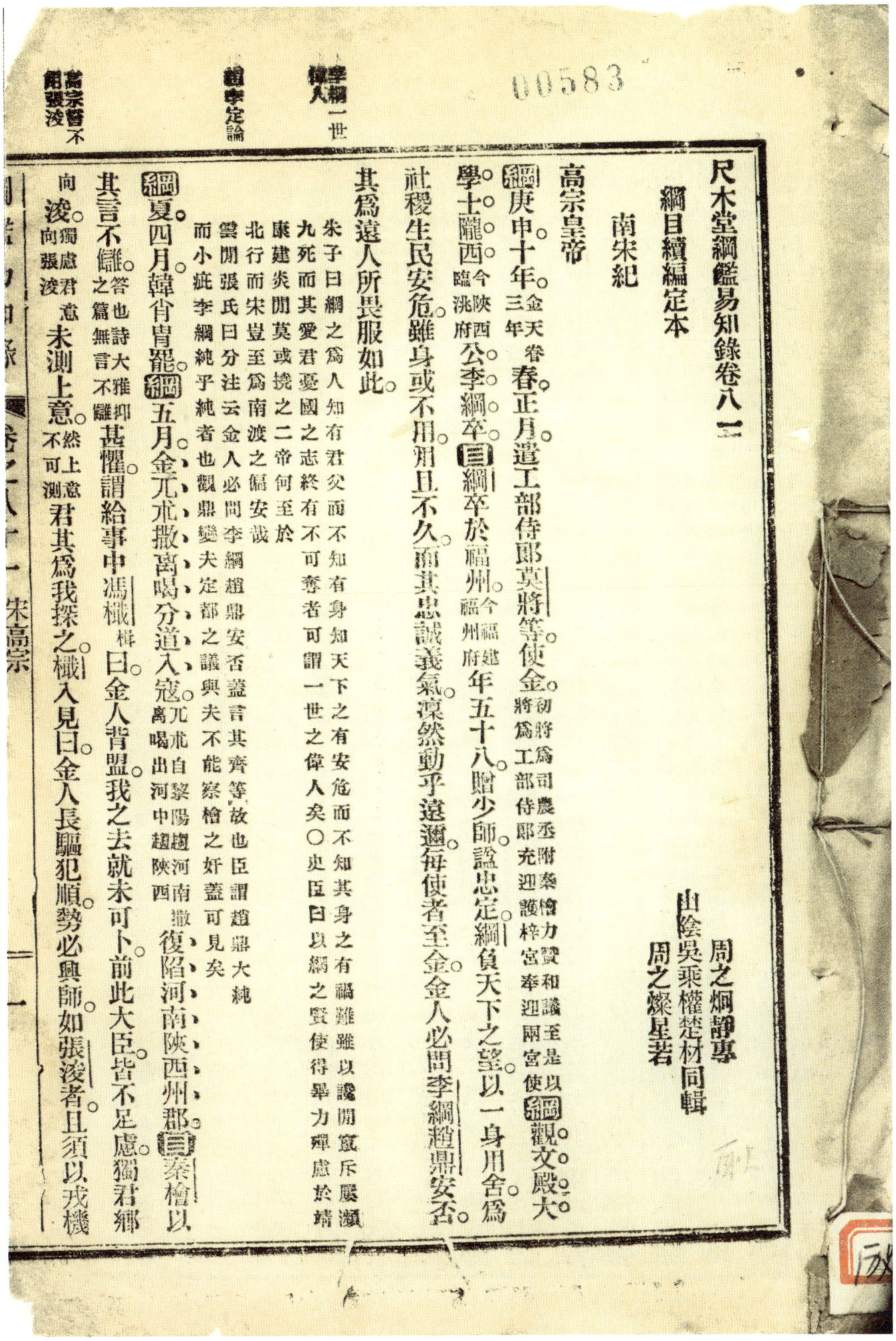
尺木堂綱鑑易知錄卷八十二

綱目續編定本　周之炯靜專　山陰吳乘權楚材同輯　周之燦星若

南宋紀

高宗皇帝

綱 庚申十年。金天眷三年 春正月。遣工部侍郎莫將等使金。初將為司農丞附秦檜力贊和議至是以工部侍郎充迎護梓宮奉迎兩宮使 綱 觀文殿大學士。隴西。今陝西臨洮府 公李綱卒。目 綱卒於福州。今福建福州府 年五十八。贈少師諡忠定。綱負天下之望。以一身用舍為社稷生民安危。雖身或不用。用且不久。而其忠誠義氣。凜然動乎遠邇。每使者至金。金人必問李綱趙鼎安否。其為遠人所畏服如此。

朱子曰綱之為人知有君父而不知有身知天下之有安危而不知其身之有禍難雖以讒間竄斥屢瀕九死而其愛君憂國之志終有不可奪者可謂一世之偉人矣○史臣曰以綱之賢使得畢力殫慮於靖康建炎間莫或撓之二帝何至於北行而宋豈至為南渡之偏安哉

雲間張氏曰分注云金人必問李綱趙鼎安否蓋言其齊等故也臣謂趙鼎大純而小疵李綱純乎純者也觀鼎變夫定都之議與夫不能察檜之奸蓋可見矣

綱 夏四月。韓肖胄罷。綱 五月。金兀朮撒离喝分道入寇。兀朮自黎陽趨河南撒离喝出河中趨陝西 復陷河南陝西州郡。目 秦檜以其言不讎。答也詩大雅抑之篇無言不讎 甚懼。謂給事中馮檝 曰。金人背盟。我之去就。未可卜。前此大臣。皆不足慮。獨君鄉向浚。獨慮君意向張浚 未測上意。不然上意不可測 君其為我探之。檝入見曰。金人長驅犯順。勢必興師。如張浚者。且須以戎機

李綱一世偉人　趙李定論　高宗晉不用張浚

綱鑑易知錄　卷八十二　宋高宗

206 尺木堂綱鑑易知錄九十二卷（清）吳乘權等輯　清末

鉛印本

框高 16 釐米，寬 10.8 釐米。半葉十四行，行四十二字，小字雙行同，白口，四周雙邊。

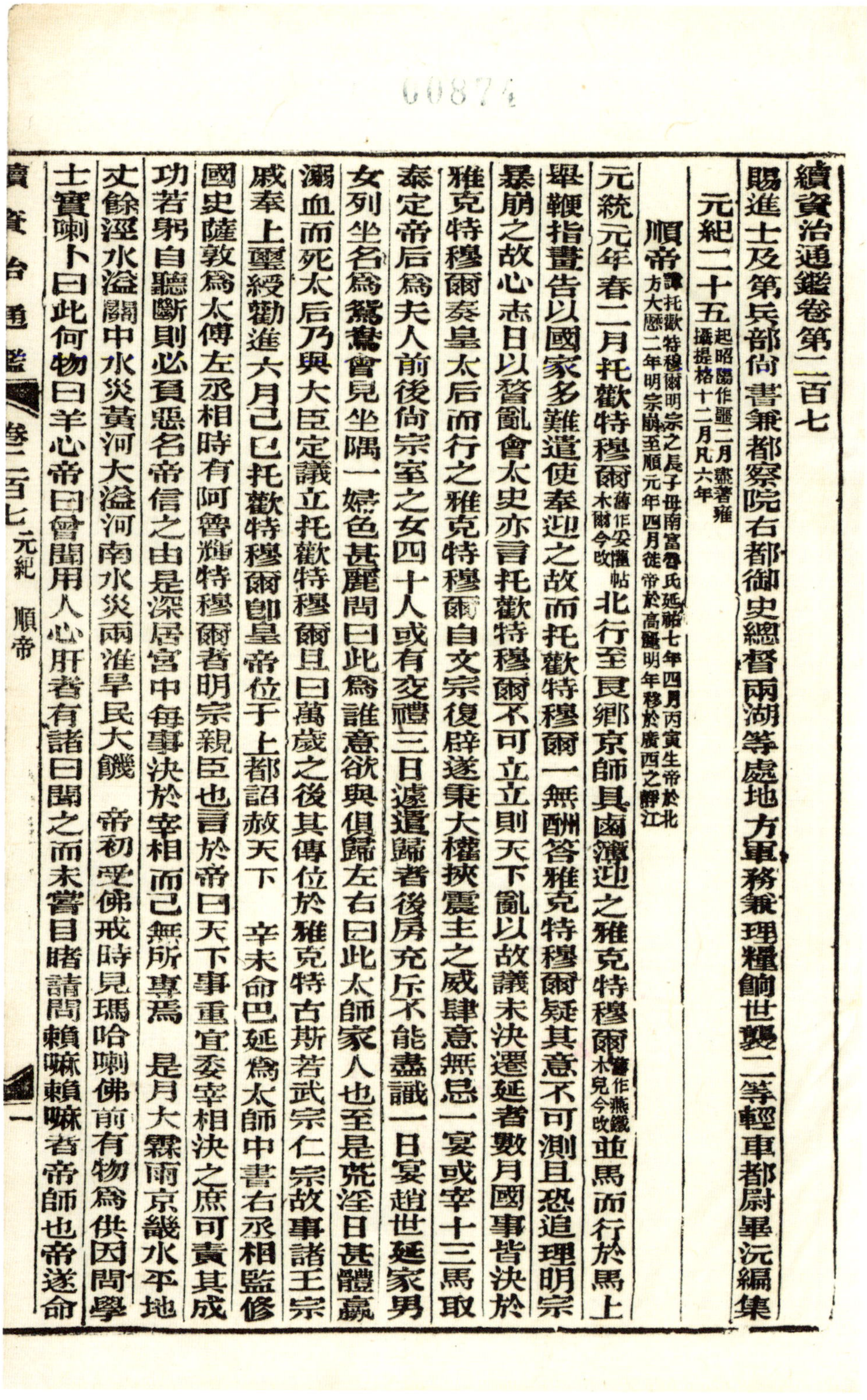

續資治通鑑卷第二百七
賜進士及第兵部尚書兼都察院右都御史總督兩湖等處地方軍務兼理糧餉世襲一等輕車都尉畢沅編集
元紀二十五起昭陽作噩二月盡著雍攝提格十二月凡六年
順帝諱托歡特穆爾明宗之長子母南富魯氏延祐七年四月丙寅生帝於北方大歷二年明宗崩至順元年四月徙帝於高麗明年移於廣西之靜江
元統元年春二月托歡特穆爾舊作妥懽帖木爾今改北行至良鄉京師具鹵簿迎之雅克特穆爾舊作燕鐵木兒今改並馬而行於馬上舉鞭指畫告以國家多難遣使奉迎之故而托歡特穆爾一無酬答雅克特穆爾疑其意不可測且恐追理明宗暴崩之故心志日以瞀亂會太史亦言托歡特穆爾不可立立則天下亂以故議未決遷延者數月國事皆決於雅克特穆爾奏皇太后而行之雅克特穆爾自文宗復辟遂秉大權挾震主之威肆意無忌一宴或宰十三馬取泰定帝后爲夫人前後尚宗室之女四十人或有交禮三日遽遣歸者後房充斥不能盡識一日宴趙世延家男女列坐名爲鴛鴦會見坐隅一婦色甚麗問曰此爲誰意欲與俱歸左右曰此太師家人也至是荒淫日甚體羸溺血而死太后乃與大臣定議立托歡特穆爾且曰萬歲之後其傳位於雅克特古斯若武宗仁宗故事諸王宗戚奉上璽綬勸進六月己巳托歡特穆爾卽皇帝位于上都詔赦天下　辛未命巴延爲太師中書右丞相監修國史薩敦爲太傅左丞相時有阿魯輝特穆爾者明宗親臣也言於帝曰天下事重宜委宰相決之庶可責其成功若躬自聽斷則必負惡名帝信之由是深居宮中每事決於宰相而已無所專焉　是月大霖雨京畿水平地丈餘涇水溢關中水災黃河大溢河南水災兩淮旱民大饑　帝初受佛戒時見瑪哈喇佛前有物爲供因問學士實喇卜曰此何物曰羊心帝曰嘗聞用人心肝者有諸曰聞之而未嘗目睹請問賴嘛賴嘛者帝師也帝遂命

續資治通鑑　卷二百七　元紀　順帝　一

207 續資治通鑑二百二十卷（清）畢沅編　清末鉛印本

框高 16.6 釐米，寬 11.8 釐米。半葉十六行，行四十三字，小字雙行同，白口，四周單邊。

館藏索書號：202.1/60531

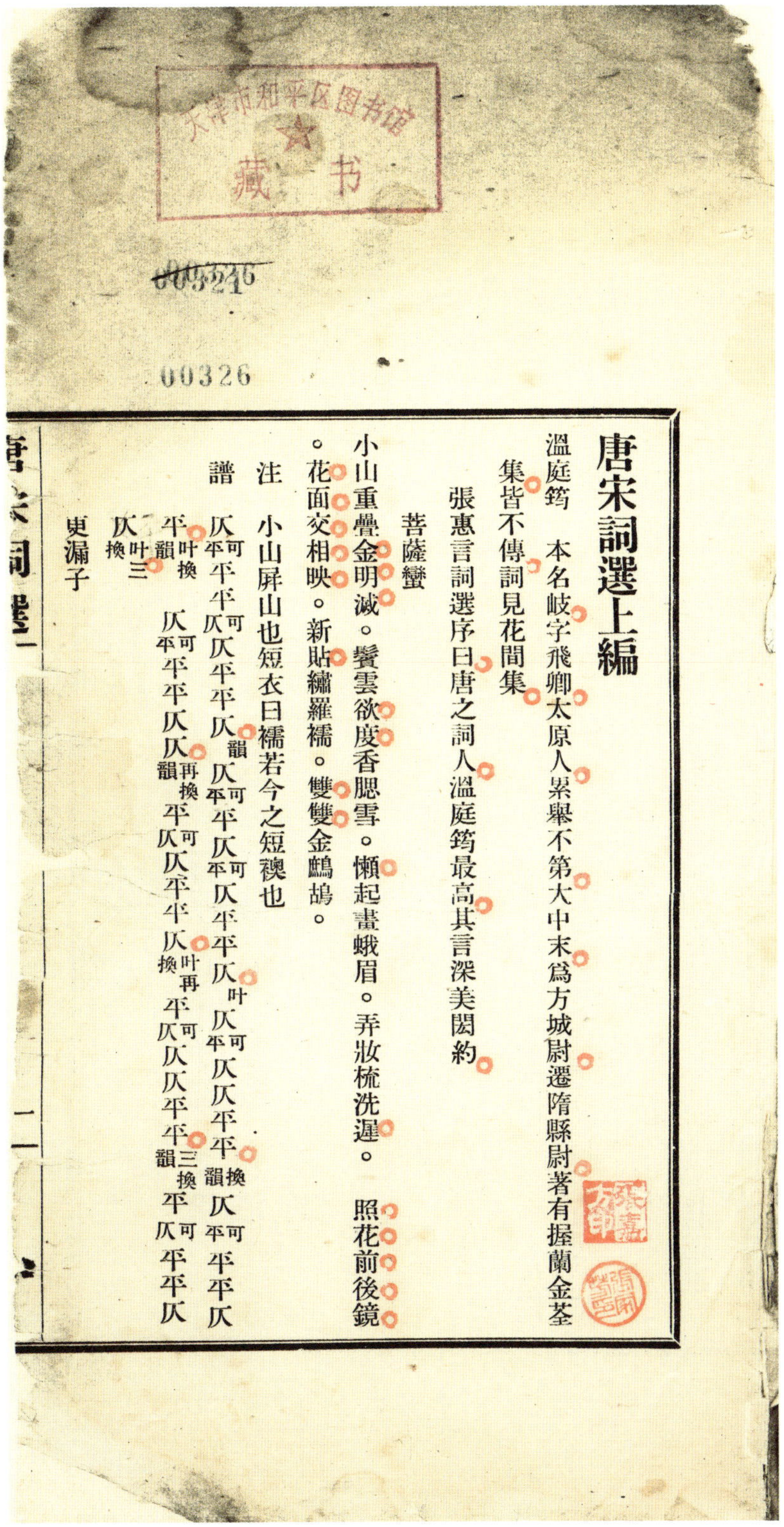

唐宋詞選上編

溫庭筠　本名岐字飛卿太原人累舉不第大中末爲方城尉遷隋縣尉著有握蘭金荃集皆不傳詞見花間集

張惠言詞選序曰唐之詞人溫庭筠最高其言深美閎約

菩薩蠻

小山重疊金明滅。鬢雲欲度香腮雪。懶起畫蛾眉。弄妝梳洗遲。　照花前後鏡。花面交相映。新貼繡羅襦。雙雙金鷓鴣。

注　小山屏山也短衣曰襦若今之短襖也

譜　仄可平平平可仄仄平平仄韻　仄可平平仄可平仄平平仄叶　仄可平仄仄平平換韻　仄可平平平仄
平叶換平韻　仄可平平平仄仄再換韻　平可仄仄平平仄叶再換　平可仄仄仄平平三換韻　平可仄平平仄
仄叶三換

更漏子

唐宋詞選一　一

208 唐宋詞選一卷附詞韻一卷　（□）□□撰　清末鉛印本

框高 16.7 釐米，寬 11.8 釐米。半葉十二行，行三十四字，小字雙行同，白口，四周雙邊。

館藏索書號：404.1/11240

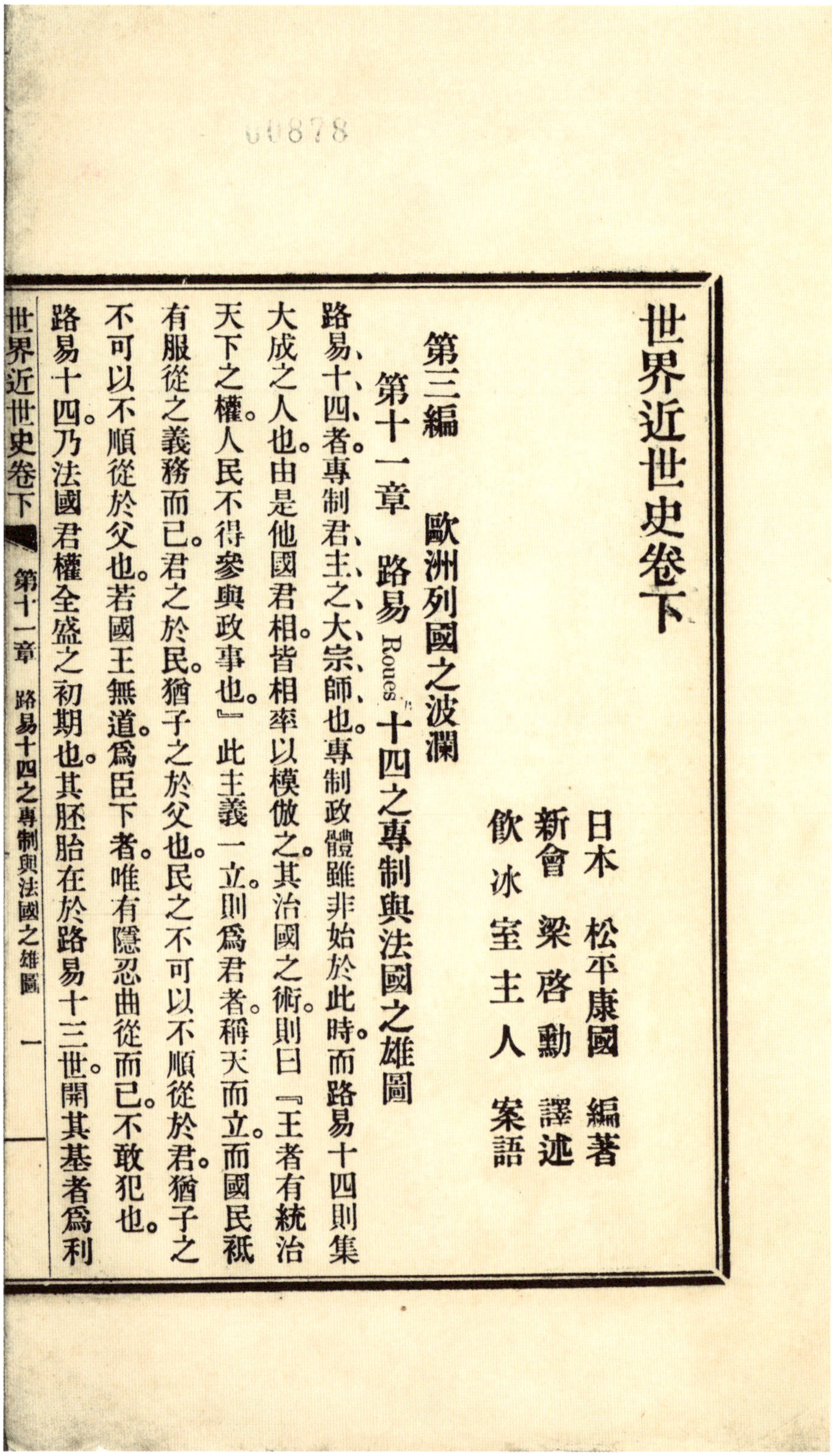

世界近世史卷下

日本　松平康國　編著
新會　梁啓勳　譯述
飲冰室主人　案語

第三編　歐洲列國之波瀾

第十一章　路易 Roues 十四之專制與法國之雄圖

路易十四者。專制君主之大宗師也。專制政體雖非始於此時。而路易十四則集大成之人也。由是他國君相。皆相率以模倣之。其治國之術。則曰『王者有統治天下之權。人民不得參與政事也。』此主義一立。則爲君者。稱天而立。而國民祇有服從之義務而已。君之於民。猶子之於父也。民之不可以不順從於君。猶子之不可以不順從於父也。若國王無道。爲臣下者。唯有隱忍曲從而已。不敢犯也。路易十四。乃法國君權全盛之初期也。其胚胎在於路易十三世。開其基者爲利

世界近世史卷下　第十一章　路易十四之專制與法國之雄圖　一

209 世界近世史　（日本）松平康國編　梁啓超評　清末鉛印本

框高 15.6 釐米，寬 11 釐米。半葉十二行，行三十一字，小字雙行同，白口，四周雙邊。存卷下。

書名拼音索引

後　記

時光荏苒，季節交替。本《圖録》從2014年2月份提出選題出版意向，到今天正式出版，一年的組稿、編輯工作即將結束。手捧著這部《圖録》，從籌劃到最終付梓的過程依然歷歷在目。這本《圖録》的編印出版，是集體智慧的結晶。全體參與者憑著過硬的業務素質、嚴謹的工作作風、開拓創新的進取精神，在古籍這片園地中默默耕耘，終於結出這顆碩果。

作爲和平區文化和旅遊局局長，趙濱先生從滿足多層次文化需求的高度出發，親自擘劃此書。趙局長高屋建瓴，親自謀劃，多次下基層督辦，協調各方，從經費、技術等多方面鼎力帮助，爲本《圖録》的順利編輯出版提供了基礎保障。

作爲和平區圖書館的主要負責人，李金玲館長十分重視本《圖録》各項具體工作的落實情況。她誠邀著名古籍專家擔任本書顧問，選定優秀學者和業務骨幹作爲編委，爲本《圖録》的出版奠定了人才基礎。在實際工作中，李館長克服諸多困難，想方設法推進工作，爲本《圖録》的順利出版做出了不懈努力。

天津圖書館歷史文獻部主任、天津市古籍保護中心負責人之一的李國慶先生和天津圖書館歷史文獻部原副主任季秋華女士擔任本《圖録》的學術顧問。他們從傳承古典文化的歷史責任感出發，在編印設計、館藏古籍的版本鑒定等多方面提供了專業性的技術指導。

作爲和平區圖書館業務工作的主要負責人，楊衛紅副館長承擔了本《圖録》在編輯和出版方面的具體工作。她憑藉自己數十年圖書館業務的工作積累指導館内業務骨幹遴選古籍、擇録書影、撰寫釋文、校對書稿，高品質完成了各項任務。

孫連清、張磊、吕欣、趙海雲、支音作爲天津圖書館歷史文獻部的業務骨幹，也參與了本《圖録》的編校工作。孫連清、張磊兩位古籍專家擔任了本書編委，她們以過硬的業務素質、嚴謹的治學態度，對本書的著録内容逐項校對。吕欣、趙海雲擔任本《圖録》的所收古籍的原件掃描和破損古籍的修復工作。支音指導了本《圖録》文字植圖、掃描書影的電腦調色和排版工作。他們以自己嫻熟的專業技術和技能爲保證，高品質、高效率地完成了任務。

曹鑒非和梁岩是和平區圖書館的業務骨幹，他们承擔了本《圖録》的具體選編工作，爲本書的出版提供了堅實保障。其他不少同志在幕後辛勤工作，付出了不少心血和汗水，爲本《圖録》提供了後勤支援。

國家圖書館出版社方自金社長、賈貴榮總編和廖生訓主任，得知我們擬出版《圖録》的消息後，欣然應允。他们在時間短、任務重、要求高的情況下，全力組織上報選題及各項審稿工作。

在本書即將付梓之際，謹向編委會諸位同仁、出版社諸位領導和編輯，以及一直關注和支持本《圖録》的友好人士表示誠摯感謝！由於古籍業務的博大精深及編輯時間較緊，書中難免有紕漏之處，敬請批評指正。

《天津市和平區圖書館藏古籍圖録》編委會

2014年12月